〔英〕莫里斯·罗奇 著
金骆彬 蒋林 译

大型活动与现代性
全球文化发展中的奥运会与世博会

Maurice Roche

Mega-Events and Modernity
Olympics and Expos in the Growth of Global Culture

南京大学出版社

Mega-events and Modernity: Olympics and Expos in the Growth of Global Culture
by Maurice Roche / 9780203443941

Copyright © 2000 Maurice Roche

Authorized translation from English language edition published by Routledge, part of Taylor & Francis Group LLC

All rights reserved.

本书原版由 Taylor & Francis 出版集团旗下，Routledge 出版公司出版，并经其授权翻译出版。版权所有，侵权必究。

Nanjing University Press is authorized to publish and distribute exclusively the Chinese (Simplified Characters) language edition. This edition is authorized for sale throughout Mainland of China. No part of the publication may be reproduced or distributed by any means, or stored in a database or retrieval system, without the prior written permission of the publisher.

本书中文简体翻译版授权由南京大学出版社独家出版并限在中国大陆地区销售。未经出版者书面许可，不得以任何方式复制或发行本书的任何部分。

Copies of this book sold without a Taylor & Francis sticker on the cover are unauthorized and illegal.

本书封面贴有 Taylor & Francis 公司防伪标签，无标签者不得销售。

江苏省版权局著作权合同登记　图字：10-2018-309 号

图书在版编目(CIP)数据

大型活动与现代性：全球文化发展中的奥运会与世博会／(英)莫里斯·罗奇著；金骆彬，蒋林译. — 南京：南京大学出版社，2023.4
书名原文：Mega-events and Modernity: Olympics and expos in the growth of global culture
ISBN 978-7-305-26486-3

Ⅰ.①大… Ⅱ.①莫…②金…③蒋… Ⅲ.①奥运会—研究②博览会—研究—世界 Ⅳ.①G811.21②G245

中国国家版本馆 CIP 数据核字(2023)第 011985 号

出版发行	南京大学出版社
社　　址	南京市汉口路 22 号　邮　编　210093
出 版 人	金鑫荣

书　　名	大型活动与现代性——全球文化发展中的奥运会与世博会
著　　者	(英)莫里斯·罗奇
译　　者	金骆彬　蒋　林
责任编辑	张淑文　　　　　　　　编辑热线　(025)83592401
照　　排	南京南琳图文制作有限公司
印　　刷	南京人民印刷厂有限责任公司
开　　本	718 mm×960 mm　1/16 开　印张 25.75　字数 335 千字
版　　次	2023 年 4 月第 1 版　2023 年 4 月第 1 次印刷
ISBN 978-7-305-26486-3
定　　价	80.00 元

网址：http://www.njupco.com
官方微博：http://weibo.com/njupco
官方微信号：njupress
销售咨询热线：(025) 83594756

* 版权所有，侵权必究
* 凡购买南大版图书，如有印装质量问题，请与所购图书销售部门联系调换

译者序

《大型活动与现代性——全球文化发展中的奥运会与世博会》的作者莫里斯·罗奇为谢菲尔德大学社会学系荣誉教授,已出版的著作主题广泛,涉及大型活动、流行文化和公民身份等。在这本著作里,作者对世界上两个最具盛名的大型活动——奥运会和世博会在现代性和全球文化发展中的演变和作用进行了深入探究。这项研究历时多年,考察了世界范围内的大量案例和丰富的文献资料,探讨了奥运会和世博会在国家认同、城市发展、全球化、商业化、文化交流等方面的作用和影响,并深入剖析了这些大型活动所涉及的政治、经济、文化和社会问题。

"大型活动"指大型的文化(包括商业和体育)活动,具有鲜明的特点、大众普遍的需求与国际性意义,是一种多维度的社会现象,需采用多视角方法进行研究。作者基于社会学理论,主要从戏剧化、媒体化和语境论三个视角,探讨了大型活动在现代化中的意义和社会角色,并通过对1851年水晶宫世博会、1936年柏林奥运会和1992年巴塞罗那奥运会等大型活动的案例分析,考察大型活动的发展,包括它们的起源、特殊性、类别及其在公共文化中的作用,重点探讨世博会与奥运会对现代时期的民族认同、公共时间和空间的标志、国家公民身份和国际社会的各种影响。本书还考察了城市、体育、旅游和媒体的流行文化,特别是这些文化领域中与世博会和奥运会等大型活动相关的内容。

在全球化和现代性的时代背景下,大型活动成为国家和城市展示自身形象和实力的重要平台,同时也引发了社会各界对于这些活动的关注和批评。本书通过对奥运会和世博会的历史演变、主要参与方的角色和利益、活动策划和执行等方面的分析,展示了对大型活动的深入理解和思考,对于理解当今世界和全球化趋势具有重要的参考价值。本书对于国际关系、全球化、文化研究、体育研究等领域的学者,以及对大型活动有兴趣的读者是一部不可多得的著作。

在本书的翻译过程中,我们尽力保留了作者原文的风格和语调,尽可能准确传达书中的思想和观点。在此,感谢余叶子、李艳琴、傅振修、郑雪琳、赵敬敬、李娜、陈丰丰等人参与部分章节的初译。本书涉及内容广泛,立意精深,翻译中难免有错译或不当之处,恳请读者批评指正。

前　言

20世纪80年代末,我开始对大型活动产生兴趣。1986年,我的家乡谢菲尔德成功申办了"1991年世界大学生运动会"(规模并非宏大,且饱受争议)。我对这一活动的社会背景和政策意义进行了考察,探寻其主题和问题以供进一步研究。最终,我在20世纪90年代中期开始撰写本书。早在20世纪80年代末,以及之后的很长一段时间,我对大型活动的兴趣一直以来都令我许多从事社会学研究的同事感到困惑——尽管与我在书中提到的不同专业的历史学家和其他研究人员产生了共鸣。值得庆幸的是,并非所有人都困惑于我对大型活动的兴趣(正如"致谢"部分所述)。那些感到困惑的同事,似乎把大型活动看作微不足道的民粹主义文化蜉蝣,认为当时的现实世界的问题和大型活动无关,如当代反战时期的斗争、阶级不平等、性别歧视、种族主义和仇外心理,还有促进和平的斗争、促进社会正义和公民权以及社会包容的斗争等。然而,他们的困惑又令我迷惑不解。这些活动继续提供定期的焦点和象征性表达,成为与许多"重大问题"相关的争论和斗争的场所。尽管这些活动具有周期性,但它们毋庸置疑都是现代社会许多公民的"现实世界的问题",正如同事们在整个现代时期一直所做的那样,他们怎么可能会看不明白?

近年来,相互不理解的阴云逐渐消散。"千禧年"(the Millennium)这一概念尤其如此,纪念和庆祝千禧年的迫切需要已经在政府计划和世界各地公众意识中体现出来。在我最初的计划里,这本书并非在2000年出版。尽管如此,这还是成了一个幸运的巧合。在英国千禧年博览会、汉诺威世博会、悉尼奥运会以及众多各类大型活动集中的年份里,包括社会学家在内,几乎没有人会继续声称对大型活动采取漠视的态度。

大型活动在当代具有很强的政治色彩。在20、21世纪之交的2000年,它们再次开始承担起20世纪初期的那种高度政治化的文化形象。1900年见证了在巴黎举办的有史以来世界上规模最大、最引人注目的世博会,即"美好时代"(belle epoque)的高潮,第二届现代奥运会也包括在这一活动中。随后在20世纪早期,在美国布法罗(1901年)和圣路易斯(1904年)举办了两届大型世博会,其中后者同时举办了第三届奥运会。正如本书想要阐述的,这不仅仅是一场短暂的展现民族文化自信和国际文化外交的活动,如果从这个角度来看,当前对大型活动的政治和文化的高度关注同样被误解了。本书的主体部分探索了国际大型活动主要形式的历史发展、形成背后的种种原因、力量以及它们的影响。然而,就目前而言,指出各国赢得和举办大型活动的利益,简要说明千禧年及之后的大型活动在当代巨大的政治影响还是有益的。以英国和南非为例,在这些国家,执政党试图重新确立其国家的政治身份,并重新确定其发展道路,这与它们主办和组织全球大型活动的雄心密切相关。

英国在经历了近一代的"新右派"保守党政府之后,旨在重整英国社会和政治的新工党政府于1997年上台。在执政早期,它承诺在伦敦举办千禧年世界博览会。这届世博会颇受争议,由上届保守党政府发起,被许多新工党支持者批评为毫无必要且代价高昂的奢侈品,而且在目的和内容方面概念不清。尽管如此,它独特而不朽的中心建筑——千禧穹顶,与1951年"英国节"的中心圆顶相呼应。因此,新工党象征性地将自己与"旧工党"在战后英国社会和国家重建中所扮演的奠基性角色重新联系起来。此外,作为全国大型活动中的旗舰队,世博会为庆祝新工党执政的当代英国及其新民族主义的愿景提供了一个引人注目、易于识别且难以忘怀的平台。

将新工党政府的愿景和命运与大型活动联系起来,不仅因为它支持举办千禧年博览会,还因为它积极致力于申办至少两个国际大型活动,即2006年足球世界杯和2008年奥运会或2012年奥运会。温布利体育场——1924年帝国博览会的遗产,成为真正的传奇"梦想剧场"和整个20世纪英国公众(尽管主要是男性)的国家体育活动的朝圣地。温布利体育场要彻底重建以支持这两大活动的申办。此外,千禧穹顶未来在伦敦举办的奥运会中也有可能在某些方面发挥作用。尽管还没到设立部长和"重大项目部"的阶段,但在1999年,前体育部长托尼·班克斯(Tony Banks)在2006年世界杯英国申办团队中担任政府代表,这表明当今人们对重大国际活动的重视程度。与英国竞争,最后赢得2006年世界杯赛事主办权的国家是南非。

1995年主办的橄榄球联盟世界杯,是新民主化的后种族隔离国家南非的第一批国际文化行动之一。南非成功实现这一目标并成为世界冠军,以及其对新南非国内外形象带来的积极影响,似乎使纳尔逊·曼德拉(Nelson Mandela)总统相信了这一活动的重要性。他自1999年退休以来,一直对南非申办2006年世界杯和2008年奥运会给予支持,在一些关键时刻,还会在国际大型赛事组织的会议中发挥领导作用。一个具有这种地位的政治家会选择通过参与此类活动的申办来继续为他的国家理想服务,这一事实有力地说明21世纪初大型活动对于国家的自我形象和在世界上的地位的重要性。

这些前瞻性的观察或许能够说明,为什么我认为大型活动比以往认为的更值得社会学,更广义而言,人文社会科学研究(有一些明显的例外)。在我看来,对大型活动的研究为20世纪的社会历史、建筑和城市规划、媒体以及政治历史研究等多个领域打开了窗口和视角。在大型活动本身及其生产和消费的过程中,均包含并凝聚了来自其他学科领域的诸多兴趣和关注。它们包含了很多关于现代社会和当代世界秩序中文化、政治和经济的建构和相互联系。要了解它们的起源、现代性的本质及发展,就要对现代性中的现象和过程有所了解,即使在某一具体活动的焦点已经转移或者"表演"似乎要结束时,这些现象和过程仍将继续影响我们。

致　谢

活动是一种社交展示,但遗憾的是,关于活动的写作往往并不属于社交。尽管如此,由于这个项目已经酝酿了很多年,我的很多朋友和同事不得不忍受我的长期坚持,感谢他们对我有意无意的鼓励和帮助。

20 世纪 80 年代末,谢菲尔德大学的同事分享了我对研究和出版关于谢菲尔德"1991 年世界大学生运动会"专著最初的兴趣,并对我关于这一赛事的理解提供了帮助,其中包括罗伊·达克(Roy Darke)、保罗·佛利(Paul Foley)和帕特·赛德(Pat Seyd),埃迪·弗里尔(Eddie Friel)从格拉斯哥的角度对该运动会问题的分析也使我受益。在此期间,谢菲尔德大学图书馆的大卫·佩罗(David Perrow)也协助过我研究。

20 世纪 80 年代末以来,迈克尔·霍尔(Michael Hall)关于活动及旅游的政治方面的研究和伊恩·亨利(Ian Henry)有关休闲政治与体育政策的研究特别有价值。十分感谢他们对本项目持续的支持。同样在这个时期,在国际活动研究领域,与《旅游研究年报》(*The Annals of Tourism Research*)有关的同事如布伦特·里奇(Brent Ritchie)、唐纳德·盖茨(Donald Getz)和贾法·贾法里(Jafar Jafari)对我最初的想法以及有关大型活动的研究给予了鼓励。此外,近年来,有时我在这个项目上进展缓慢,我会定期与弗兰科·比安奇尼(Franco Bianchini)、约翰·厄里(John Urry)、克里斯·罗杰克(Chris Rojek)、索莱达·加西亚(Soledad Garcia)、迈克尔·里尔(Michael Real)、加里·惠内尔(Garry Whannel)、艾伦·汤姆林森(Alan Tomlinson)、大卫·克兰西(David Chancy)和克劳迪诺·费雷拉(Claudino Ferreira)等同事交流观点,这些交流极有助益。与本书主题相关的观点和论文,在伦敦和巴黎的一些大学,以及毕尔巴鄂、比勒费尔德、拉夫堡、莱斯特和谢菲尔德等地举办的各种社会科学国际会议和研讨会上已经有所展示和讨论。我要感谢伊恩·亨利、弗兰科·比安奇尼、丽埃娜·乔吉(Liana Giorgi)、艾伦·汤姆林森、加里·惠内尔和彼得·泰勒(Peter Taylor)创造了让我展示的机会。

从与我的博士生们的讨论,特别是关于活动、旅游和公民身份相关的讨论中,我获益良多。艾伦·弗朗士(Alan France)博士、约翰·麦科尔(John McColl)博士和王宁(Ning Wang)博士的许多研究有助于我对大型活动的思考。谢菲尔德大学社会学系的同事们对活动分析表现出了令人鼓舞的兴趣,其中包括莎伦·麦克唐纳(Sharon MacDonald)、理查德·詹金斯(Richard Jenkins)和我的好友尼克·史蒂文森(Nick Stevenson)。在谢菲尔德大学,除了社会学系同事,彼得·杰克逊(Peter Jackson)、巴里·冈特(Barrie Gunter)、约翰·阿隆德尔(John Arundel)、唐纳德·特雷福(Donald Trelford)、洛娜·伍兹(Lorna Woods)、彼得·泰勒和(谢菲尔德哈勒姆大学的)克里斯·格拉顿(Chris Gratton)也对这个项目给予了鼓励和支持。

在本书的撰写过程中,我查阅了各种档案和专业藏书,感谢国际博览会机构(巴黎)、国际奥林匹克委员会、纽约公共图书馆、大英图书馆、英国公共记录办公室、维多利亚和阿尔伯特博物馆、英国皇家艺术学会、英国奥林匹克协会、维纳图书馆(伦敦)、丘吉尔学院图书馆(牛津)、爱丁堡国际艺术节办公室和国家博览会档案馆(谢菲尔德)。特别感谢国际展览局秘书长文森特·洛塞泰斯(Vincente Loscertales)、RSA图书馆馆员苏珊·本尼特(Susan Bennett)、国家展览档案馆主任凡妮莎·图尔明(Vanessa

Toulmin)博士以及体育图书馆(谢菲尔德城市图书馆)的工作人员对这一项目提供的帮助。感谢劳特利奇出版社(Routledge)的编辑——最初是克里斯·罗杰克(Chris Rojek),后来是马里·舒勒(Mari Shullaw),感谢他们对我在这个项目研究上的鼓励。

当然,这里提到的所有人都无须对本书中包含的观点和信息的任何不足之处负责。最后,我要感谢简(Jan)、海伦(Helen)和史蒂芬·罗奇(Stephen Roche)多年来对该研究和其他研究项目的耐心和支持。

因为被授权允许复制照片,本书作者和出版商要感谢以下人士和机构:伦敦布伦特档案馆提供了1924年温布利帝国博览会的照片,来自伦敦的哈顿·格蒂(Hulton Getty)提供了水晶宫的内景照片,承蒙伦敦科巴尔收藏馆(Kobal Collection)的恩惠,奥林匹亚电影公司提供了1936年柏林奥运会上阿尔伯特·斯皮尔(Albert Speer)灯光建筑的照片,巴黎罗杰-奥维莱画廊(Roger-Viollet)提供的1900年巴黎世博会和1937年巴黎世博会期间埃菲尔铁塔的照片,位于伦敦的V&A图像图书馆和维多利亚及阿尔伯特博物馆提供了水晶宫的外景照片。

我们已穷尽一切努力与版权所有者联系,以获得他们在本书中重印材料的许可。出版商非常感谢任何未在此致谢的版权所有者,并将承诺纠正本书未来版本中的所有错误或遗漏。

目 录

第一章　大型活动与现代性:视角与主题 …………………… 1

第一部分　大型活动与国际文化的发展

第二章　世博会与文化权力:资本主义、民族主义和帝国主义

　　　　………………………………………………………… 41

第三章　大型活动与文化公民身份:消费主义、包容/排斥和

　　　　国际主义 ………………………………………………… 82

第四章　奥运会、国际主义和超民族主义:战争期间国际体育

　　　　赛事和运动……………………………………………… 126

第二部分　大型活动与全球文化的发展

第五章　大型活动、城市和旅游文化:奥运会和世博会……… 161

第六章　大型活动与媒体文化:体育和奥运会 ………………… 207

第七章 大型活动与全球公民身份:奥运会的问题及应对
          策略……………………………………………… 253
第八章 大型活动、身份认同和全球社会:理论思考………… 282

注　释 ……………………………………………………… 306
参考文献 …………………………………………………… 343
索　引 ……………………………………………………… 389

第一章　大型活动与现代性：视角与主题

俗话说，"众人皆喜游行"。至少，政府和当权者常常希望我们如此。本书的内容主要与现代社会中一些可称为"大型活动"的大型"游行"与"表演"有关。"大型活动"指大型的文化（包括商业和体育）活动，它具有鲜明的特点、大众普遍的需求与国际性意义，往往通过国家政府和国际非政府组织之间各式各样的合作来开展，因此可以说是"官方"公共文化中的重要元素。本书旨在探索两种重要活动形式，即世界博览会（简称世博会，也称国际展览会，博览会）[1]和奥林匹克运动会（简称奥运会）的历史和社会意义。这些活动对处于国家和国际水平的现代社会中"公共文化""文化公民身份"和"文化包容/排斥"的意义和发展做出了贡献，而其贡献的方式将是本书讨论的兴趣所在。

要公正地看待这些社会及政治利益，就必须采取宏观和历史的视角。因此，本书涵盖了从19世纪中后期世博会和奥运会的起源，到战争期间再至现代的漫长历史。英美两国的民族主义、公民社会与帝国建立，战争期间德国纳粹的专制政治文化发展，以及当代城市政治和全球性媒体帝国等都是与这些大型活动相关的问题，本书将考察它们所扮演的角色。除了世博会和奥运会，本书还考察了城市、体育、旅游和媒体的流行文化，特别是这些文化领域中与大型活动相关的内容。本章第四节的后半部分将对这些主题和问题进行概述，探讨穿插在构成本书的各种研究和章节中。最后一节将对章节内容进行总结。

为了在主题概述这一方面做好准备，我们需要思考一些关于大型活动的基本问题,即大型活动是什么,为什么以及如何研究它们。本章的第一节探讨了前两个问题,但值得注意的是,这里提出的一般性观点在以理论思考为主的最后一章中会再次提及。第二节对第三个问题进行了讨论,即如何研究大型活动。它概述了现有的大型活动相关研究中主要观点的一些优缺点,以及本书采取的方法的一些主要特点。我们首先需要对大型活动的性质,以及它们对理解我们所处的社会和时代方面所蕴含的潜在重要性有一个全面了解。

1.1 大型活动的性质和重要性

本节我们首先思考的是一些存在于现代文化中的大型活动。其次,我们会从个人、历史和社会学意义方面来研究大型活动的理论基础。最后,我们将讨论大型活动的一些主要特征。

1.1.1 大型活动现象

表1.1列举了当代(1980—2012)一些重要的全球性大型活动。我们将在本书的第二部分详细探讨其中的一些内容,以及它们在帮助构建国际公共文化方面的作用。

表1.1 建构国际公共文化:1980—2012年间重要的大型活动

时期	城市/国家	大型活动
1980—1989年间		
1980	莫斯科	奥运会
1982	西班牙(马德里)	世界杯(FIFA)
1984a	洛杉矶	奥运会
1984b	新奥尔良	世博会
1986a	墨西哥(墨西哥城)	世界杯

(续表)

时期	城市/国家	大型活动
1980—1989 年间		
1986b	温哥华	世博会
1988	汉城①	奥运会
1990—2000 年间		
1990	意大利(罗马)	世界杯
1992a	巴塞罗那	奥运会
1992b	塞维利亚	世博会
1994	美国(纽约)	世界杯
1996	亚特兰大	奥运会
1998a	法国(巴黎)	世界杯
1998b	里斯本	世博会
2000a	悉尼	奥运会
2000b	伦敦	世博会(千禧年)
2000c	汉诺威	世博会(国际性)
21 世纪早期		
2002	日本和韩国	世界杯
	盐湖城	冬季奥运会
2004	雅典	夏季奥运会
2006	德国	世界杯
	都灵	冬季奥运会
2008	(地点待定)②	夏季奥运会
2010	(地点待定)	世界杯
	(地点待定)③	冬季奥运会
2012	(地点待定)④	夏季奥运会

---

① 2005 年更名首尔——译者注。
② 2008 年夏奥会在中国北京举办——译者注。
③ 2010 年世界杯在南非举办,2010 年冬奥会在加拿大温哥华举办——译者注。
④ 2012 年夏奥会在英国伦敦举办——译者注。

在分析这些活动的特征之前,有必要指出一点,即在现代社会中,奥运会和世博会是密集性社会生态系统和公共文化活动的社会议程中最明显,也是最引人关注的例子。这种蓬勃发展的"活动生态学"或"综合性表演",包括了在20世纪末开展的一系列专业性更强的大型国际活动。例如,从世博会发展而来的活动包括大量技术和行业(如飞机、汽车、电脑、书籍等)的全球性专业国际贸易博览会。从奥运会发展而来的活动则包括世界级的专业国际体育竞赛(如足球、田径、橄榄球等世界杯比赛和赛马、赛车等大奖赛赛事)。在这种背景下,世界杯尤为重要,因为它以电视和体育文化的全球传播为媒介,吸引了空前庞大的全球性观众,已发展到了与奥运会同等的规模。[2]专业性的世界级国际艺术和文化活动(如爱丁堡电影节、戛纳电影节等)都源自这两种主要的大型活动。此外,这些活动还有"世界区域性"形态。就体育而言,这些活动可能与多种体育项目的奥运会(如亚运会、泛美运动会、非洲运动会等)或世界级专业赛事(如欧洲足球世界杯资格赛)有关。

国际层面之下的国家层面传统上是发展和举办公共活动的主要地点。本书中,我们关注的国际大型活动均以多个年份为一个周期,如每四年一次的奥运会和世界杯,它们通过对国际公共文化进行时间建构,并以类似的方式来建构国家级公共活动的年度日程。国家内部和各国之间每年举行的公共活动,例如纪念游行和体育活动,其文化和政治象征意义的性质和价值以多种方式得到解释。表1.2罗列了战时苏联和德国各自为维持苏维埃和纳粹权力结构而构造的公共活动对比大事记,以及在现代英国,有关英国中上层阶级、阿尔斯特①的支持者和阿尔斯特的爱尔兰共和党人的准国家活动对比。

---

① 北爱尔兰的旧称——译者注。

表1.2 国家公共活动：当代与战争期间案例比较

	英国-1：伦敦	英国-2：阿尔斯特忠诚主义者	英国-2：阿尔斯特共和主义者	苏联	纳粹德国
冬季	·特维克纳姆橄榄球赛 ·克拉夫特犬展	·德里学徒男孩游行	·红色星期日纪念日	·苏联陆海军建军节 ·工程师节	·崛起日 ·建党日
春季	·国家大型赛马 ·牛津-剑桥划船赛	·德里学徒男孩游行	·圣帕特里克节游行 ·1916复活节起义纪念日	·巴黎公社纪念日 ·列宁诞辰纪念日 ·劳动节	·元首诞辰日 ·德意志人民国家劳动节
夏季	·德比马赛 ·赛马大会 ·温布尔登网球锦标赛 ·亨利划船赛	·橙带党游行 ·德拉姆克里 ·索姆河纪念日	·沃尔夫音乐节	·冶金工人节 ·铁路工人节 ·矿业工人节	·夏至日 ·国家党日
秋季	·马展 ·伦敦市长秀（城市） ·赛车拉力赛	·宗教改革纪念日		·十月社会主义革命纪念日 ·火箭兵和炮兵节 ·农业工人节	·啤酒馆暴动纪念日

来源：英国部分见 Debrett's Social Calendar Information Presented in Rojek 1993：43；北爱尔兰部分见 Jarman 1997；苏联部分见 Lane 1981；纳粹德国部分见 Grunberger 1974。

在国家层面以下，"活动生态学"的概念包含城市和社区层面的活动。当然，在任何情况下，我们总是会在国际水准的大型活动中找到地方层面的城市维度，我们将在第五章讨论到这一点。此外，无论是国际的、国家的还是地方的，公共活动的体验和影响在很大程度上取决于两个方面，即它们吸引媒体报道的程度以及它们是否能成为国家或国际的媒体事件(稍后将在第六章进一步讨论)。表1.3对公共活动的一些主要类型、级别和范围进行了初步概述,其中就有"大型活动"。

表1.3 公共活动:类型和维度

活动类型	示例	目标观众/市场	媒体类型
大型活动	世博会 奥运会 世界杯(足球)	全球性	全球电视台
特定活动	国际汽车大赛(F1) 世界地区性体育赛事 (如泛美运动会)	世界地区性/国家性	国际/ 国家电视台
标志性活动	国家运动会 (如澳大利亚运动会) 大型城市运动会	国家性 地区性	国家电视台 本地电视台
社区性活动	乡镇运动会 地方社区运动会	地区性/本地性	本地电视台/新闻 本地新闻

引自 Hall 1989;IOC 1996a:50。

到目前为止,我们一直试图展示公共文化活动生态系统和"综合性表演"的特征及其丰富性。虽然不得不说,在描绘和理解国际、国家以及地方层面的现代社会方面,这些系统对社会学而言不可或缺,但出于篇幅原因,本书并不打算阐述一门综合性的、复杂且全方位的社会学,希望读者们理解。在探索这些大型活动时,我们的确会涉及国家公共仪式、城市节日和媒体活动等。然而,从特殊层面来说,这仅仅是因为它们有助于阐述奥运会和世博会的演变和发展,而这才是我们主要关注的典型性大型活动的两种类型。

1.1.2 现代性中大型活动的意义

大型活动受到学界的关注相对较少,因为作为一种文化现象,它们更倾向于一些截然不同、互不相关的学科和领域,如世博会和奥运会,一方面它们包含了关于科学、艺术和技术的社会历史学,另一方面也包含了与体育有关的社会历史学。对这两种大型活动的研究都是以实践管理为导向,而不是进行社会科学文献的探究。正是因为它们的"一次性"特征,以及它们本身蕴含的独特历史需口口相传,一般的社会科学更倾向于将其归属于历史的主题,但这并非通用的概念。因此作为一种公认复杂但经久不衰的流行文化流派和一场有影响力的文化运动,它们很难成为焦点。然而,这一努力是值得的,原因有很多。像奥运会(尤其是在战后时期)和世博会(尤其是在19世纪末和世界大战期间)这样的大型活动在众多方面都属于重要的现象。社会科学关注这一流派,至少有个人、国家历史、文化历史和一般社会学四个方面的原因。在本章节的其余部分,我们会重点关注前三个原因,第四个原因会在下一节探讨。所有问题都会在最后一章中再次被提及。

1.1.2.1 个人层面

有个常见的现象,即一切社会中的人都会根据其"生活事件"以及其所处社区的"成长仪式"来划分生活的周期(Van Gennep 1960)。这也是现代大型复杂社会中的一种普遍现象,人们对其变迁史进行反思,并将其与影响他们一生的那些众所周知且富有纪念意义的大型公共活动联系起来。显然,这就是人们对于影响重大的战争和革命的反应。这一点同样适用于各种文化活动,比如,发生在音乐或服饰领域的"时尚革命"已成为战后几代人眼中的普遍现象。但是,除了根据几十年的流行时尚来反思并更新变迁史外,人们依旧将大型活动作为时间和文化的标志,保持着同样的身份,做着类似的工作。无论是世博会还是世博类活动,或是奥运会和其他大型体育活动,大体都是如此。[3]

1.1.2.2 国家历史层面

在这一层面,国际大型活动的发展与现代性和国家民族意识的成长和传播是平行前进的。不管是过去和现在,国际大型活动的举办对于"一个国家的人民、民族和历史"而言,都可谓至关重要。它们象征着某些关键场合,在这些场合中,各国可以构建并展示自身形象,从而在其他国家以及"世界的眼中"获得认可。在这些场合中,国家"传统"和"社群"的形成和设想——包括一个国家的过去、现在和未来(即国家的"进程""潜能"和"命运")——不仅有主办国的领导人和公民参与,还有其他国家公民的参与。[4]通过这样一个事实可以衡量各国历史的重要性:正如我们稍后将看到的那样,从好时期到坏时期(如19世纪70年代和20世纪30年代的经济大萧条以及战后重建时期),大型活动存在于现代国家历史中的所有时期,且各国政府通常还会提供高额补贴。

1.1.2.3 现代性中的文化史

总的来说,大型活动,特别是最初的世博会,是现代国际文化史上一股极具影响力的重要力量。本书的第一部分详细回顾了它们的作用和影响。然而就目前而言,我们只能通过跨学科性、受欢迎程度、制度效应和态度效应来总结它们的重要性和影响力。在跨学科方面,19世纪末的世博类活动包含了一系列有关当代最伟大成就的特殊展览,作为固定地点中既定活动的一部分,它们包含了科学、技术、艺术和建筑等以"高级文化"形式为主的西方文明。此外,这些高级文化的展览非常受欢迎,吸引了大量的国内和国际游客。高级文化以活动为基础,其大众化的进程也产生了制度效应,推动了以公共博物馆和艺术画廊、百货商店和主题公园为主的永久性文化展览,更使小学后的公共教育形式得以普及。最后,在培养群众消费文化和旅游文化的兴趣方面,世博会具有重要的态度影响,而奥运会在培养群众体育文化兴趣方面也起着相同的作用。

1.2 大型活动的社会学研究

1.2.1 多视角分析法

现在我们用一般方法来对本书中有关大型活动的要点和术语进行分析,这种方法在下文有更详细的介绍。本节的讨论分为三个主要步骤:首先,对大型活动的一般社会意义进行阐述;其次,针对大型活动的多维性,指出在对其进行深入分析时应考虑的主要特征;最后,概述针对大型活动社会学的多视角分析法,即在任何情况下,分析都需要将"戏剧学"和"语境"结合起来。接下来的章节将对大型活动社会学的其他分析法进行综述,并阐述社会学的其他方法,分析它们与此处采取的一般方法之间的关系。

1.2.2 大型活动的社会学意义

本书认为,在理解现代社会的结构、变化和作用等方面,大型活动在本质和形式上都很重要。事实上,大型活动一直是而且仍将是国家社会走向国际或全球社会的重要因素,同时也是这一层面公共文化和公民社会理论发展和实践进展中的重要因素。它们一直是民族国家之间变革和现代化进程的重要参照点,进一步说,是全球化进程的重要参照点。在信息、价值和技术的交流、转让和传播方面,大型活动的发展及其构建的网络仍发挥重要作用。在前电视时代,它们是文化全球化的主要载体之一。如今,尽管在现代旅游文化和电视文化中它们仅次于常规的国际人员流动和形象传播,但它们仍保持着独特的影响力,尤其是在全球社会的时空结构方面。

国内和国际上的"大型公共活动的生态"有助于建构国家和国际层面的现代化(社会)时空维度,这些活动既是魅力非凡的奇观,又是合理估算的产物,更是"具有功能"的社会仪式。在空间维度上,大型活动的特殊性使其存在于国家、国际的媒体市场和旅游市场以及消费者的视野中,短期内判定某些特殊的城市和国家选点。在时间维度上,这些活动以事件编年为准则,在跨代计划过程中进行。在"流动化"的世界里,它们既提供了象征性,也提供了真实的渠道、连接点和终点。在时空被逐步"压缩"的世界里,它们所形成的历程和运行周期导致距离和空间的产生。在文化逐渐同质化、地点可互相更换的世界里,它们在空间和时间上创造了短期的独特性、差异性及本土性。从社会学的角度来看,它们在短期内提供了具象化的象征意义和参与性的社会景象。

通过解读它们对现代化的普遍意义,我们可以观察到,像奥运会这种国际活动,以及现代流行文化中以活动为基础的其他类别,如电影、流行音乐、职业体育等,都为国内和国际公众提供了一些独特、戏剧性的超凡体验。也就是说,它们预示着现代化,代表着一种魅力和光环的出现(讽刺的是,这同时也代表着对它们的控制),而这种魅力和光环往往表现得过于理性,缺乏日常生活及世俗之外的任何维度。[5]此外,在它们的历程和运行周期中,大型活动为现代化进程提供了可预测的视角,可以控制时间变化的速度和方向。在这个社会、技术、生态和其他方面经常会"失控"的世界中,这些"失控"常常不可预测,变化无常,难以适应,漫无目的且处于一种反常状态。[6]

更抽象地说,研究大型活动可以为解决社会学说存在的难题提供思路,从而进一步理解社会结构与主观能动性之间的关系,以及结构如何变化。理论家们常常思考社会结构是如何形成的,行动又如何产生结构。例如,在对现代资本主义的重大批判性分析中,马克思曾试图应用"人类创造历史,但其条件并非自己创造"的原则,成功避免了结构决定论和唯意志论。[7]其他人则放弃了这种努力,而是选择了一维视角,这种视角只关注一面,因而会造成对另一面的忽视。要认识结构和主观能动性的本质和关联性，至少需要在二维视角下分析大型活动。此外，作为社会现象，它们自身也具有一种模糊的流动性特征，在结构与行为之间充当着媒介。

这些行为包含对其内部结构的反思，并具有重新确认结构或标志着结构内部变化的潜力。它们是与之相关的现象，尽管如此，随着时间的推移，日趋成为极为复杂和不可预测的行动过程。关于大型活动的研究并不是为了试图解决结构-主观能动性关系中存在的理论问题。本书采用的分析方法，就像对社会现象相对具体的描述一样，不可避免地会倾向于借鉴，而非质疑其对结构-主观能动性关系的假设。总的来说，大型活动作为一种社会现象具有明显的媒介特征，并具有潜在的理论意义。我们将在后面的章节中再次提及这些假设，并在最后一章回答相关的理论问题。

1.2.3 大型活动是多维的社会过程

从社会学角度来看，大型活动可被定义并分解为含有三组不同特征的综合体，每组都包含一个轴和/或对立的两极。因此，至少相对于这些轴而言，大型活动在系统上是二元混杂的现象。大型活动同时还有三组主要特征，即"现代"与"非现代"，"国家"与"非国家"，"地方"与"非地方"（或"城市的"与"中介的"）。第一组特征作为一个贯穿全书且反复出现的主题，在全书中都进行了探讨。关于第二组的探讨则集中于第二、三和四章中。对第三组的讨论集中于第五和第六章。每组特征都可单独进行分析，但所有特征都需在上下文分析中进行思考和讨论。

1.2.3.1 大型活动的现代/非现代维度

作为"现代"的文化活动，大型活动可谓是"进步"的。也就是说，它们通常涉及与"西方文明"相关的非宗教/世俗价值观、意识形态及与"西方文明"有关的组织原则，包括"技术理性主义"（科技的积极作用）、资本主义、人文主义、城市主义以及跨国通信和运输组织。然而,正是因为它们的"现代化"和其体现的自反性,大型活动也必然包含或涉及一些非现代("前"现代和"后"现代)维度。也就是说,它们会或隐秘或明确地提到现代化进程中有关其过去和未来的不断变化的构思。此外,大型活动有时也推动社会变革,从而促进现代化进程,在这一进程中,前一阶段被视为"传统"和"前现代"。这些变革往往处于最前沿,被视为一种超越,且在质量上也与现在的变革大相径庭,实际上应该是"后现代"。

作为现代文化活动,大型活动是由"展览"和"表演"两种小类别活动组合而成的流派。[8]表演是一种兼收并蓄的展示形式,因此大型活动通常会涉及以下几种或所有的表演形式:仪式、庆典、戏剧、节日、嘉年华、庆祝会、大型演出。在其他方面,大型活动也是"混合体"。特别是我关注的奥运会和世博会两个大型活动的典型范式,它们是其领域中的"普遍"事件。也就是说,它们尝试代表并展示大量不同类型的文化现象,即信息/产品/表演。

1.2.3.2 大型活动的国家/非国家维度

作为"国家"活动,大型活动以国家为基础,涉及"东道主"的国家权力精英、与东道主民族主义有关的正式"传统"、法定的东道主"公共领域"(公共空间、公众、公民身份等)以及这一公共领域中的民粹主义"包容"战略(但这一战略通常包含了具有独特分裂性和排斥性的重要特征以及与阶级、性别和族裔息息相关的变动),因此大型活动具有多重意义。一方面,它们为精英们提供了有力的媒介和场合,使他们既能游走于自身与国际精英之间,又能向"公众"展现并传播新旧霸权主义以及"官方"意识形态。另一方面,它们也通过信息超载、混合信息、选择性阅读、信息失败、群聚时的创造性反应以及充满分裂性和排斥性的变动,为"公共文化"的发展和偶尔由公众做出的"抵抗"反应的发生创造机会。

作为"国际"活动,大型活动既具有跨国性和世界性,也具有超民族性和全球性。具有跨国性,是因为它们包括众多国外代表团以及他们对东道主的"认可";具有世界性,是因为它们涉及东道主公众对发展"旅游消费主义"的看法和标准,这与国外代表团以及相关的展览和表演息息相关。

最后,在不同情况下,它们都具有超民族性。也就是说,东道主通常能比参与国发挥更大的作用。东道主可以利用这类活动来证明其在维持世界秩序和世界历史上的领导地位、主要使命和强大力量,可以根据其帝国或准帝国或"超级大国"的角色,或通过其政治意识形态、政治文化和组织的某些特征,来宣称自身的特殊地位。

由于这些因素,大型活动的规模显著(因此冠以"大"之称),同时发挥东道主作用的机会也在国内传播,这是由各种国际活动及其所属组织规划的一个进程。[9]大型活动在现代具有独特的国际性规模和特征,加上全球媒体体系的发展,因而在国际社会和全球文化中被视为"全球性事件"。

1.2.3.3 大型活动的地方/非地方维度

作为"地方"活动,大型活动体现的是参与者的具体表现,展示了地方的特殊性(一个城市的"地方"形象)。关于大型活动所蕴含的地方问题和地方特性,可以说,虽然大型活动是全国性的,更是国际性的,但作为一项活动,它们在空间和时间上都是地方性的。大型活动也被定位为地方性的城市事件,具有重要且独特的"城市"特征(Roche 1992a,b,1994,1999d;第五章)。

这些大型活动的城市特征如下。它们为城市建筑、居民区、公共功能和服务等方面提供了范式,对城市中一些具有战略意义的领域进行改造(即使是临时博览会也是如此,尤其对奥运会而言,"奥运城市"这一概念被成功写入《奥运会宪章》和国际奥委会与候选城市的合同书中;见第五章),展示了当地权力精英的形象和地位,正是他们为这座城市的公众策划了这类活动。

它们向世界展示城市,特别是城市在旅游业和外来投资方面的形象,并重新定位城市在全球城市间比较和经济竞争中的地位。

相比之下,将大型活动称为"非地方",是指大型活动需要经过媒介传播。至少它们曾一直属于"新闻"行列,但在20世纪末,它们已"不仅仅是新闻",而已成为"媒体事件"。[10]它们随着不同形式的大众媒体的发展而改变,甚至与大众媒体的发展发生了互动,包括19世纪末大量分发照片,20世纪初通过广播和电影,再到战后的电视时期。这种平行发展有两个方面。一方面,事件策划者显然热衷于使用最新的大众传播技术,促进活动宣传以及与活动有关的商业广告或政治宣传。所以从这个角度来看,媒体推动了大型活动的传播。而另一方面,大型活动,尤其是世博会,往往为首次公开展示和使用的技术提供了平台。所以从这个角度来看,大型活动有助于媒体传播。在第二部分,特别是第六章中,我们将进一步解释大型活动的媒体维度。

1.2.4 研究大型活动社会学的一种方法:三个维度和视角

目前已有人提出,大型活动可按其现代/非现代、国家/非国家、地方/非地方的特点来归纳。此外,从现代化的个人(变迁史)、历史(民族和文化史)和社会学(实质和抽象)三个方面来看,研究已证明其在现代化中普遍存在和意义的合理性。我们现在需要使用综合法来对本书中的大型活动进行研究,这种方法通常属于政治社会学,目的是对上述大型活动的三组社会学特征保持关注。下一节中,我们将对跨学科研究文献中关于事件和公共文化的优劣点、争论点和分歧点进行简要回顾,并将这一方法与之进行联系。

对于特定的大型活动,本书采用多视角方法进行分析,从而对明显的(就本节前面的讨论而言)、复杂的(多维的)、流动的和具有多重意义的社会现象进行合理解释。该方法试图将三个不同层面的分析联系在一起。这些分析基于所有事件的基本时间特征,被看作时间推移的过程。这包括与事件相关的当下(最近的过去与未来)(事件核心区域)、事件发生前期和发生后期的中间阶段(中间区域)、事件发生的长期原因与动机(事件发生前)和(事件发生后)长久影响(事件横向区域)。详情参见表 1.4，本书采用的方法与其他方法间的比较将于本章后进行讨论。

表 1.4　事件分析视角

多维度事件分析视角	事件分析其他视角
戏剧学维度 优先考虑： ・事件核心区域 ・经验与意义 ・代理人	人种学 文本主义 文化功能主义
媒体化语境维度 优先考虑： ・"媒体化"事件区域 ・事件的生产和消费过程 ・批判性政治社会学分析	经济功能主义 政治工具主义 批判功能主义
宏观语境维度 优先考虑： ・事件横向区域 ・结构变化 ・历史周期性	

1.2.4.1　事件核心区域

我们需要一种视角来对事件核心区域进行解析，该视角将事件定义为戏剧、表演情结以及参与者行为发生的平台(无论是工作人员、消费者、参展商、游荡者、演员或其他参与者)，是一场"生活"与"人生"并存的事件。该区域的一个重要问题是，无论是强大的精英还是公众部门或两者兼有，他们都可能利用特定事件，将其作为象征政治行为和交流的特殊场合。实际上，从政治视角来看，大型活动的核心区域有时会被看作一个平台，在这个平台上，人们可以对现代文化公民身份的性质和意义及文化包容与排斥进行辩论或象征性争论。各种各样的仪式化和戏剧性的特征，使得大型活动拥有强大的魅力、气场和公众吸引力,这表明这种视角能产生影响,我们不妨称之为"戏剧学"视角。[11]

1.2.4.2 事件中间区域

我们需要先对事件的政治和经济用途、功能、目标和影响进行各种分析,才能对事件中间区域有一定了解,这些分析通常涉及精英、社会群体(阶级、性别、民族等)和公众(国家的和国际的)。事件中间区域的核心问题包含两方面:一方面是事件与其中期生产和影响周期之间的关系,另一方面是文化公民身份和文化包容形式与制度的发展。我们可以称之为(中间)语境视角,或"批判政治社会学"视角。

1.2.4.3 事件横向区域

对事件中间区域和事件核心区域的长期建构以及变革原因/动机产生的前提和影响进行历史性、国际性/全球性的分析,从而达到对"事件横向"区域的深入理解,这种视角称为"一般现代性社会学"视角。

这三个视角的分析在本质上因三个时间段内事件相关的过程和行为引起的时间流动而联系在一起。以下是多视角研究下大型活动所呈现的一些联系:要想在社会学上站得住脚,对于事件的分析绝不能脱离语境;将事件分析理解为需要考虑事件相关过程和行为的事件前后传播,从横向视角到事件再回到该视角本身,这一过程和行为可防止其从社会学视角和戏剧学视角对事件核心进行去语境化;在每个时间段内及其期间,对与事件有关的集体行为参与者间的连续性和不连续性进行思考(如组织利益、群众运动和群众利益,即国际奥林匹克委员会、民族国家及其政府、大众体育运动、高等文化职业、网络以及与科学艺术有关的运动等),同时,也伴随着不断变化的权力斗争和联盟,这些视角也可产生一定的联系;最后,互相关联的视角有利于人们进一步理解特定国家和国际上"公共文化"以及"文化政策"的发展路线和政治观点。同理,也可推动对文化"公民身份"的构成、文化"包容性"和"排斥性"以及国家内部和国家之间的"公民社会"的理解,这些国家往往都正在举办或正在参与大型活动。

考虑到这些关系,本书选取了大型活动社会学中的三个视角,利用多种组合下展示的具体"公共文化"形式和变化进行研究。然而,本章所描述的大多数研究主要关注事件的中间区域。因此,主要利用语境分析对特定大型活动或一系列大型活动或大型运动的批判政治社会学,通常包括对中间区域的政治和经济进程、过程中涉及的行动以及这些大型活动产生的影响进行说明,从而有利于人们对这些活动、对公共文化以及文化公民身份含义进行语境联系。此外,关于大型活动和公共文化的戏剧学视角、横向视角和语境视角之间的联系——生活区域和长期事件横向区域的各个方面与中间区域的联系——在每一章都会有所讨论,并贯穿全书。这一点尤其重要,因为本书主要集中于奥运会赛事,而这些赛事同时为组织者、主办方、参与者、来访者以及现代世界各地的电视观众提供了戏剧般的生动体验,带来了重要的中期政治、文化和经济项目,对城市和国家的发展产生了重大影响,也为现代国际文化运动的长期演变提供了基本要素,同时还促进了人们对国际公共文化的理解。

作为一项典型大型活动,奥运会具有重大的现代化特征和意义。为了把握这一点并理解所有特定的奥运会赛事,必须充分考虑上述三种视角。最先考虑的是"批判政治社会学视角"(Roche 1994),但也需要适当考虑戏剧学视角和现代性社会学视角所包含的横向语境(Roche 1992a)。就这两个视角而言(为了本书的实用性),一方面需要对奥运会的仪式性和戏剧性有所了解;另一方面,需要对奥林匹克运动进行了解,尤其要关注国际奥林匹克委员会在20世纪国际文化政治中所属性质和作用的变化。因此,本书有关大型活动的戏剧学视角主要在书中所研究的奥运会、世博会和其他重大文化活动等案例中提及。相比之下，我所讨论的横向视角主要体现在本书的历史范畴和主题结构上。因此，从19世纪末的"国际社会"到战后时期的"超民族社会"（第一部分）再到现代的"全球化社会"（第二部分），本书从历史的角度探讨了大型活动的发展，包括它们的起源、特征、类别及其在公共文化中的作用。

随后的概述部分会对这三种视角的应用进行探讨，尤其是批判政治社会学和现代性社会学视角。但是，先将本书采用的多视角方法和大型活动及公共文化社会学相关的备选方法进行简单联系，这必然会对研究有所帮助。

1.3 理解大型活动的其他方法

大型活动是一种多维度的社会现象，需采用上文所说的多视角方法进行研究，这一点也反映在文化活动和大型活动相关的研究文献中。这类研究具有各种理论和方法上的优缺点，因此不管是积极的或是批判的，都可以作为推行多视角方法的典型和来源。为了回顾这类研究，并对它们的一般用途进行简要说明，我们会根据上面提到的视角进行讨论，并将这些视角简化为戏剧学和语境视角（后者结合了中间和横向区域视角）。戏剧学视角下，大型活动研究的主要类型依次可分为"人种学""文本主义"和"文化功能主义"以及这几种类型的结合体。语境视角下，大型活动研究的主要类型可分为"经济功能主义""政治工具主义"和"批判功能主义"以及它们的结合体。

1.3.1 戏剧学视角

1.3.1.1 人种学

参与事件也涉及事件参与者的工具理性和非理性经验态度，

人种学方法试图对这些态度和经验进行捕捉和描绘。至少,事件组织者们需要政客和相关专业人士表现出相应的工具理性态度(见下文"语境法")。但是,类似的态度也存在于大型文化活动中,不同社会群体和社会阶层,如少数民族和青年亚文化,会利用这些活动来展示他们的文化特色或增进他们的集体利益。个人工具理性主义探索了人们"利用""消耗"或参与大型公共活动的多种个人原因,这些原因可能与个人、家庭或朋友团体的消遣、休闲或旅游利益息息相关。例如,莱伊(Ley)和奥尔兹(Olds)关于1986年温哥华世博会的著名研究就表明了后者的顾虑(Ley and Olds 1988)。

不同社会阶层、少数民族、青年亚文化等群体对于参与活动所产生的非理性经验会从情感表达过渡到审美情趣,甚至最终进入麻痹状态。由于个人态度和经验不断变化——从短暂的"审美化"甚至"神圣化"的生活进入一种狂喜、陶醉或精疲力竭的麻痹状态——人们随即探讨了个人和群众参与大型文化活动的两大视角。在某种程度上,参与者会对大型公共仪式、庆典以及庆祝活动内嵌的戏剧化或令人惊奇的特征产生许多经验,而通过探索这些经验,后来所提及的受人类学影响的人种学文化研究能推动该方法的实施。定性研究和人种学研究试图在现代流行文化形式中保留"声音"和组织。根据这些大型公共活动领域的研究路线,研究尝试从事件组织者和事件参与者的文件(尤其是事件组织者的文件)、言辞和态度中,再现他们的"声音"和组织,并对之加以分析。反之,在随后讨论的事件分析中,这种文本主义的人种学方法可与语境法和政治学方法相兼容,甚至可以说是一种必要的初期描述方法。在文化地理学和城市文化研究两个新兴领域中,可以找到这种利益相交的实例。[12]

研究实例包括1897年普雷德(Pred)对斯德哥尔摩国际展览的研究,该研究对展览的壮观场面、消费主义及其"梦幻世界"的特点进行了详细说明;考特(Cauter)对19世纪末的展览所推崇的"迷幻"和"经验解构"进行了叙述。(Pred 1991;Cauter 1993;Gunning 1994)对世界博览会参与者经验的不同解释,以及对这些解释的分析都会受到后现代思维的强烈影响,并且会与文本主义方法重叠。

1.3.1.2 文本主义

文本研究是指将文化现象视为交流途径的文化性研究,侧重于对文化现象中显性和隐性意义的解释(即文化现象本身的意义,也包括研究者们根据意义-社会结构关系理论对其进行的社会概括)。这些意义存在于书面"文本"中,如报刊文章和小说中;通过类比,它们也存在于各种形式的人类交流和表达中,如戏剧表演、视觉符号,以及言语、姿态和行为,这些都是定性和人种学研究的内容。文本主义的形式可以互相重叠,并与强调功能主义、工具主义和语境的研究有多方面的联系,由于它们会在事件分析中出现,我们可以对这些形式和关系进行概述。

大型公共活动涉及多种文本和意义。传统的文本主义形式来源于人类学理论和人种学。结构主义等人类学理论会将与部落集体意义和神话有关的文本视作一种理论体系,这种体系有时还与文化功能主义有关。人种学与人类学的观点则将部落或传统的仪式和节日视为自我理解的行为和形式,并对其进行探索。同时,也将其作为积极创造、重建认知和社会秩序的方法,这一点与文化功能主义一致(如Handelman,见下文)。

在现代文化研究中,分析现代社会文本主义的方式极具批判性。它通常会对各种形式或流派的流行文化进行鉴别,分析其显性内容和隐性内容(意义、符号和交际),以及包含的对立性和颠覆性潜能。在巴赫金(Bakhtin)对前现代狂欢节和现代文化狂欢节举办的大型庆祝活动的分析中,以及在巴赫金启发下的文化分析者们的工作中可以找到这种案例。(Bakhtin 1984;Morris 1994)

后者的一个典型案例是史泰利布拉斯和怀特（Stallybrass and White 1986）在《越界的政治学和诗学》（*The Politics and Poetics of Transgression*）一书中所阐述的文化史，该书描绘了18世纪的英国集市、市场和城市生活。与事件分析有关的批判性文本主义作品包括菲斯克（Fiske 1989a,b）对现代流行文化和媒体文化的批判性民粹主义解读，钱尼（Chaney 1986,1993）对现代公共生活中的戏剧化和表演化社会学研究，以及麦圭根（McGuigan 1992，1995）对文化政策话语的判断。在有关批评性和后现代主义的文本主义文本中，权威机关、作者身份和叙述形式在高级文化和正式文化文本及流派中，其性质和作用受到了批判，并被解构为形式与意义可能性的集合，可用于多元阅读和相对通俗的阅读。有时，这与更泛化的个体和现代化理论有关，后者强调表演、仪式和戏剧在人类生活中的重要性。[13]

1.3.1.3 文化功能主义

这种研究策略在基于人类学方法或新涂尔干社会学（neo-Durkheimian sociology）的分析中最为明显。本尼迪克特（Benedict）在其对世界博览会的研究中认为它们"是人类学家经常研究的仪式……（每个仪式）都是一个集体的代表，象征着整个社区与其他社区的巨大威望……它们既关乎权力和经济，也关乎文化"。[14] 古典人类学把小规模的前现代社会视为可自我再现的文化系统，通常是部落或传统社会。在人类学研究中，人们会重点关注各种仪式、庆典和节日活动在理解社会和再现特定部落及传统社会制度方面的作用。

受人类学影响的事件分析研究者们更倾向于把现代的大型活动类比为部落和传统型事件，因为它们能"创造传统"，并且还有极具特点的仪式和庆典。[15] 在一些著名的研究中，可以找到使用前现代仪式、典礼和节日的人类学类比来理解现代社会中的公共事件的例子。[16]例如,汉德尔曼对"公共事件"进行分析,他强调其连续性以及前现代和现代社会形式中事件之间的类比,试图通过同时使用文本主义和工具主义来限制功能主义,并使它处于正确的位置中。尽管如此,在他看来,公共活动是"密集的符号集中地",是"将参与者引入社会秩序情景中的交流地点"。在现代化中,正如在前现代化中一样,它们的任务是"参与思想、人和事物的秩序中……公共事件是构成秩序的存在"(Handelman 1998:9,15,16)。

涂尔干(Durkheim)的社会学理论对前现代和现代社会的规模以及它们所表现出的社会团结力和凝聚力的本质进行了区分,强调个体(尽管是糅合了个人主义集体意识形态的社会化个体)、知识(科学和教育)、都市化、律法主义以及分工在现代化中的独特作用。然而,他把现代社会视为秩序规范和认知的自我再现系统,并根据它们与生物有机体和"原始"部落社会等事物间的类比,从多方面证明这些结构和过程是由此进化而来,并可以被解读。与人类学的影响一样,涂尔干社会学理论的影响亦可从事件分析中得出。它强调仪式和庆典的性质以及事件的功能性,并探索了事件意义的经验和结构,以及它们所蕴含和再现的认知性世界和象征性世界。无论是在传统的功能主义"现状"中,还是在对现代化更具批判性的形式中,新涂尔干思想与研究大型活动的相关性在当代媒体研究中都是显而易见的,即大型活动的媒体事件特征(见第六章)。[17]

1.3.2 语境法

1.3.2.1 经济功能主义

从标志性事件和大型活动的地方(城市和区域)经济成本和收益来看,这种研究策略在对其应用经济进行分析时最为明显,同时,它们还被视为自我再现的平衡系统。具有讽刺意味的是,它们也经常与权力精英的理性和非理性工具主义联系在一起,这一点我们随后会讨论。就地方经济体系而言,对事件的经济功能主义分析通常伴随了工具主义运动的"推进",从而为举办某一大型活动赢得支持。在夏季奥运会和冬季奥运会上,情况尤其如此,而在国际大型活动中,情况往往更为普遍。在这些大型活动中,城市必须相互竞争以争取主办权,需要当地公民的持续支持,而争取支持的过程往往漫长而昂贵。对活动举办的"推进"申明将同样作用于当地的经济,通常被视为对当地经济体系的外界推力。在这种经济体系中,新增收入、当地就业机会以及消费能力都可能成倍增长,这种概率是可见的,也是可预知和可控的(这一点至关重要)(Roche 1992 a,1999 d;第五章)。[18]

1.3.2.2 政治工具主义

政治工具主义有理性和非理性两种形式。理性的政治工具主义与上述的经济功能主义方法有关,适用于有权有势的群体,并根据名义上的理性标准,与经济(如成本效益)和/或政治手段与估算相关,制定、规划和管理大型活动。在规划和管理类文献中,名义上以理性经济学方式来应对大型活动,并将其作为经济增长和就业手段的案例有很多(如 Ritchie 1984;Getz 1991)。有关奥运会、世界杯以及其他大型活动的新闻和社会科学类文献越来越多,在一定程度上,这类政治行为、密谋和冲突也说明了理解大型活动时进行政治鉴别的重要性。[19]

政治工具主义的非理性形态更多地强调与大型公共活动相关的情感和象征意义,以及它们惊人的戏剧性和魅力非凡的特征。这种形态更关注权力阶层,表明其需要分析权力精英和规划者的意愿,在看似合理的项目启动期间,他们还需要承担未知的风险,并进行直观的判断以及对未来的设想,这很可能是由某一大型公共活动的举办而导致的。[20]正如霍尔(Hall)所观察到的,许多事件分析者都认为大型活动和标志性活动并非"理性决策过程下产生的结果",(它们)来自政治过程,而这个过程会涉及权力斗争。(Hall 1989b:219;Roche 1994)阿姆斯特朗(Armstrong)对全球主要城市的30个著名项目与大型活动的政策和规划过程进行了比较研究,他的研究支持这一观点。他得出的结论是,"决策的制定通常是在数据收集、分析、评估或限制确定之前"。突发奇想、影响力、创造力、直觉、视野和经验等非理性因素在项目的规划和决策中发挥了重要作用。

1.3.2.3 批判功能主义

这种旨在理解大型活动的研究策略在新马克思主义和批判理论方法中最为明显。前者将大型活动阐释为一个过程,这个过程通常由资本主义制度的需求、自我再现的需要以及"资本逻辑"和资本积累所构成。而这类研究既强调大型活动中商业主义和营利主义的经济作用,也强调它们在推动资本消费主义和商业主义的合法化,或是资本主义体系所适用的民族国家和国家间的制度合法化中的意识形态作用,有时两者会相互结合。一般而言,在关于推动公共事件产生的主导阶级力量和意识形态、"创造传统"以及正式"公共文化"的研究[21]中,我们可以找到这类案例。同时,我们也可以在有关主权国家公共事件作用的研究[22],以及关于当代奥运会的批判性研究中找到类似案例[23]。

伯恩(Byrne)对1936年柏林奥运会和1984年洛杉矶奥运会的分析中,对大型公共活动的政治(和政治经济)功能所具有的批判性特征进行了简要说明,他认为:

> 纳粹的奥运会是一个……现实的群众盛会和节日……1936年这一盛会的组织者们忙于塑造一个极具说服力的纳粹德国形象,并将其尽可能地与国际认可的奥林匹克形象相结合……很显然,(他们)成功地使这一活动成为一个承载着强大但热爱和平的德国人民形象的载体,

但这种形象仅仅是表面的。

(Byrne 1987:113,117,120)

在第四章中,我们将对具有政治作用的大型活动进行更详细的讨论。与之类似的是,格鲁诺(Gruneau 1984:2,15)认为战后"大多数资本主义国家(以及许多社会主义国家)的体育政策往往与推行奥运会的既得利益集团紧密相连,因而不容易遭到反对"。他认为,1984年的洛杉矶奥运会"作为一种更全面的表达方式,最能得到众人的理解,因为它将体育条例融入不断扩大的国际资本主义市场"。

许多批判政治功能主义者的阐述也包含了一些其他研究。也就是说,一方面,这些研究常常涵盖工具主义,会给统治阶级和精英权威们一些空间,赋予他们主动权,并在这种权力的行使过程中发挥政治斗争的作用。然而另一方面,研究也会关注历史性和结构性的变化,并重点关注社会"现状"的再现。贝内特(Bennett)在综合了对新马克思主义和福柯主义的批判分析后,对伦敦博览会和大英博物馆进行了研究;雷德尔(Rydell)对"帝国前景"以及二战期间的美国国际博览会和世界博览会进行研究;惠内尔(Whannel)将奥运会作为一种媒体现象进行分析研究,这些都属于更有趣味性和实质性的事件研究案例,混合了多种方法。然而,在某些方面,仍可将其归类为对媒体事件进行分析的一种广泛的批判功能主义方法。

卢克斯(Lukes)回顾了20世纪50年代和60年代对大型公共活动和"政治仪式"的社会学研究(如英国伊丽莎白二世的加冕典礼,肯尼迪总统的就职典礼、遇刺和葬礼等),对简化的涂尔干主义进行了批判,因为其假定这些事件有助于重建社会秩序,加速社会整体化进程。他的观点对此类事件潜在的主导阶级和意识形态角色提出了更严厉的批评。然而,卢克斯认为涂尔干的思想与现代社会大型公共活动的分析仍然具有相关性,尤其是仪式有认知和行为维度的观点。通过批判涂尔干的观点,他认为"政治仪式应该被看作巩固、再造和组织的集体代表,即社会模式或政治范式及其运作方式"。(Lukes 1975)

1.3.3 其他方法的隐性含义

如前所述,本书对大型活动的社会学研究是多视角的,主要探讨了中间区域和发展中的批判政治社会学理论,但同时也考虑了戏剧学视角和横向视角。显然,在我们概述的各种事件研究文献中,有许多值得借鉴和学习的方法。然而,我们同样也需要避免一些缺点,解决一些争论。戏剧学视角下的研究,一方面,有时会漠视现代化的政治和结构方面,以及文化事件对社会学语境化的需要;另一方面,它们会以过于抽象和简化的方式创造这种语境。人类学描绘和理论的影响在这两方面都很明显,而后现代理论的影响在后一方面更为明显。在这种情况下,语境法有时会与戏剧学视角断开联系,会过度使用政治或经济工具来解释大型活动的产生。此时,中间区域的语境分析也可能与横向区域失去连接,同时也与更泛化的社会结构变化失去连接。这一点尤其适用于经济和批判功能主义以及文化功能主义等方法,它们认为大型活动有效地促进了社会制度的再生产。为了更充分地探讨横向和中间区域的语境,本书试图从长远的历史角度开始讨论,使人们能够认识到大型活动本身所具有的戏剧化特性的起源和变化,以及它们与语境的发展关系,特别是长期变化中的国家和国际社会结构和政治所提供的语境。了解这些信息后,我们就可以进行本书主题的概述。

1.4 本书主题的概述

本书由八个章节组成,包括一系列关于现代历史和现代大型活动的研究。此外,在结束语部分,还对前面讨论所提出的关于大型活动、个人身份与现代性之间关系的一些理论思考进行了概述。主要章节分为两部分,第一部分是关于大型活动在19世纪末和20世纪初及中叶的国家和国际公共文化、文化公民身份以及文化包容的起源和发展中所起的作用。第二部分涉及20世纪末与国际社会相关的大型活动的当代维度和问题及其对公共文化和公民的影响。在本节中,我们首先概述每一部分讨论的背景主题,尤其是与长期结构变化的横向区域有关的主题;然后概述各部分及各章的主题重点;最后一节则对各章的内容做简要的总结。

1.4.1 国际社会的结构变化和形式

纵观本书的两个部分对大型活动的描述和分析,其主要观点是中期时间框架内的批判性政治社会学观点,同时也参考了戏剧学视角和横向视角。我们主要关注的是大型活动的政治社会学和戏剧学视角,对大型活动的宏观语境分析则隐含在大型活动的长期历史延展和周期化的描述中。这种宏观语境为大型国际流行文化活动的生产和消费提供了动力、机会和资源,并会一直持续下去。鉴于此,在这个关键时刻,有必要明确指出自19世纪以来现代化进程中长期社会变革下宏观语境的一些因素,这些因素为书中基于历史的章节内容提供了参考。最后一章将回顾这些和其他相关的宏观语境问题。

本书关注大型活动对现代公共文化建设所做的贡献,这需要从历史维度来分析。本书尤其侧重于公共文化的国际层面以及与"国际社会"有关的世界观的形成,其中包括对"国家世界"的通俗理解和人类普遍化的经验和利益。书中表明,国际主义(或者从另一个角度来看,是全球主义)有三种形式,它们自19世纪以来就一直存在并有所体现,同时也与大型活动密切相关,它们是"自由型帝国"的国际社会、超民族主义国际社会及全球社会。国际化的三种形式可以看作连续的浪潮或层次,在现代,它们主要受全球社会发展的影响,但与此同时,它们也一直受19世纪末和第一次世界大战前占主导地位的自由帝国主义以及超民族主义的影响。

1.4.2　第一部分　大型活动与国际文化:起源与发展

1.4.2.1　国际公共文化

"国际公共文化"概念可以概括为四个相关现象。第一,任何一个特定国家都有不同的从属民族、族裔或宗教团体(可能包括移民/侨民团体/跨国宗教团体的成员,也就是国际主义),它们产生了公共形象。第二,国家公众对"其他国家"("外国人"、差别等)的印象和态度。第三,任何特定国家公众对"国际社会"和跨国普遍原则及准则(如人权)的看法,这是他们对自身公民社会和公共领域看法的一部分。第四,由国家政府的外交政策、政府间组织、国际非政府组织(INGOs)和跨国公司(MNCs)运作的领域,是一个极小的(尽管正在慢慢形成的)管理领域,尤其在文化和通信方面(见第七章)。

从19世纪末开始,以世博会和国际体育赛事(尤其是奥运会)形式出现的国际大型活动在西方国家和国际政治文化的发展中发挥了重要作用。国际和超国家文化事件创造了一个脆弱的空间——某种"国际公共文化"。在这种文化中,得到集体认同(尤其是但又不完全是国家认同)的"官方"版本,在国际性"国家世界"中开始生效,并得到了认可(通常情况下,最好的时候是等级制和排他性;最坏的时候则是充满仇恨和战乱)。

在20世纪初和中期,随着国际联盟到联合国等全球层面管理的发展,以及协调国际贸易、旅游通信等必需的各种监管网络和国际非政府组织的建立,这一公共文化版本以同样脆弱的方式日趋制度化。从19世纪末到战后初期,即以工业为基础的经济和军事国际化时期,文化国际化与其他形式的国际化共同发展,却往往又落后于它们。这一时期,在大规模的全国性电视节目和大众国际电视节目(通过卫星技术)传播之前,大型活动是发展和促进民族文化和国际文化交流与互动的主要手段之一。

大型活动在很多方面都有助于"国际公共文化"的发展。在组织方面,它们为国际文化活动,如奥运会,提供了目标和动机、资源和地位。实际上,它们为这些活动制定了国际公认的日程表和周期表,并在特定的地点和时间召集了许多国家代表和国际游客。在全国范围内,它们则帮助创造并在大部分国家的公共文化中塑造了一个特定的"跨国"和"国际"的区域或"维度"。[24]

1.4.2.2 国际主义的起源与"后现代文化古迹"

文化研究和流行文化社会学的当代观点和争论,包括那些与大型活动有关的观点和争论,通常与当前流行文化的"后现代""全球性"和"消费者"特色有关。有关社会文化的研究对"宏观叙事"进行了典型的批判,如本书所举的现代化进程、工业资本主义的发展、全球化等案例。偶尔,它们的支持者也愿意承认后现代文化并非完全由现代孕育而成,它有先例,而所谓的"肤浅的现代"甚至可能有(深刻的)历史渊源。[25]在后现代主义者对历史的偶然认知和"我们曾到过这里"的事实中,其所谈及的"这里"往往被认为是19世纪末和20世纪初,法语中称为"颓废的世纪"(fin de siecle),或是"美好的年代"(belle époque),即第一次世界大战到来前,西方现代化社会快速发展的时期。第二章和第三章会重点讨论这个时期。在我看来,这些章节中的研究在某种程度上是对寻找"后现代文化古迹"所做的贡献。

然而,后现代对历史的让步也可能是过度选择的结果,在有关历史文化研究叙述的相关性认知中存在一个"缺失环节"的问题。例如,第一次世界大战(第一次军事全球化大浪潮)产生的政治和文化就导致了第二次世界大战中第二次军事全球化大浪潮的政治经济危机,同时还影响战后的发展。这些联系——将战后的今天与19世纪末联系起来的历史——在后现代的描述中可能被轻描淡写甚至完全忽略。因此,为了解决现今的问题和争论,特别是理解当代事件如奥运会的起源和特征(第三章和第四章),第一部分侧重介绍19世纪末和20世纪初的国际公共文化和国际文化活动的发展,尤其是世博会和奥运会。[26]

第二章和第三章分别对世博会的生产和消费进行了详细讨论,并在每一章中讨论了公民身份、包容和排斥方面的问题。我们认为,权力精英在世博会的举办过程中所扮演角色传递的信息和影响都具有包容性,但世博会作为一种早期的流行"信息娱乐"消费方式,包含了古典主义、性别歧视和种族主义,这些都呈现了一种排他性。这些方面在这一时期和后来的帝国主义形式的世博会中尤为显著。帝国主义是英法在19世纪50年代和60年代早期国际博览会上的一个基本主题。此外,在19世纪80年代和90年代的世博会上,它迅速成为一个重要主题。此后,它与欧洲国家"争夺非洲"以及美国通过夏威夷和菲律宾扩大其在太平洋影响力的行为紧密相关。第二章则对延续至两次世界大战期间的帝国版世博会进行了回顾。

1.4.2.3 作为超民族主义的国际主义:两次世界大战之间的"缺失环节"

如上所述,第一部分讨论了有关19世纪初20世纪末的"后现代"、消费主义和全球文化的起源问题,以及战时日常生活美学化所提供的19世纪末与现在之间的"缺失环节"。它通过19世纪末发展起来的"国际社会"的民族主义和帝国主义特点这一主题的影响来实现这一目标。此外,它还论述了20世纪初的新帝国主义,并认为在这一时期,我们看到的是"超民族主义"浪潮和国际社会维度的发展。

超民族主义这一主题在战时的新帝国主义中得到了最显著的推行。在此期间,政治和文化的发展与另外两个发展相互交织。

首先,这一时期涌现了一波新的通信和运输技术、文化产业和与之相关的机构,如无线电、电影和汽车产业。每项技术及其承诺的"渐进式"社会影响要么在这一时期的博览会上被"展出",要么被大量普及和宣传。第一次世界大战后的社会、经济和政治重建中,它们开始对现代社会的结构和进程产生重大影响。这股文化技术浪潮为多国提供了新的宣传与监督的形式和层次。但同时,它也开辟了可能超出政府控制并依赖于国际通信和贸易的新文化领域,这对这一时期的大型活动产生了重要影响,我们在第六章会提及与媒体方面有关的事件。

其次,超民族主义是两次世界大战的因和果。欧洲所谓的"进步"和"先进"文明,在这两个噩梦般的战争、屠杀和毁灭性时期,以历史上前所未有的技术效率和野蛮程度对这一时期的大型活动产生了影响。在所有这些对政治、文化和军事的影响方面,超民族主义对国际大型活动产生了实质性的负面影响。这些公共文化活动被试图作为宣传手段和对公众进行演说的模板,从而对这些公共文化活动产生实质性影响。超民族主义通过推动政治和文化矛盾的展示,通过文化事件来实现和平国际交流的追求和成就,这些对现代化的未来,以及无论精英和大众都关心的长期问题和利益产生历史性影响。

20世纪超民族主义的发展包括对大众发表演说,在政治和文化中利用并增进情感化和审美化,强调象征和神话,以及大众集体仪式、戏剧和节日这类文化形式。在超民族主义时期,政治和事件的戏剧化和仪式化都对体育运动的发展产生了直接影响,也为体育运动特别是奥运会的发展提供了一种模式。在1914年之前和两次世界大战期间,奥林匹克的标志和仪式都得到了制度化发展。第三章讨论了1914年前世博会对这一过程的影响,第四章则探讨了两次世界大战之间的超民族节日和仪式对这一过程的影响。此外,奥林匹克运动还受到战争期间超民族主义的直接影响,后者对其作为国际文化运动和机构的独立性及完整性构成了威胁。与以往相比,奥林匹克主义在创造一套独特且被认可的理想、象征和仪式时受到的影响则大得多。为了平衡超民族主义的影响,它需要同时具备跨国性和国际性。另一种选择要承担被超民族主义势力及其他版本的民族主义和国际主义所取代、利用和滥用的风险。这一风险无疑对 20 世纪 30 年代的奥林匹克运动与纳粹德国的关系产生了威胁。第四章讨论了在两次世界大战间的超民族主义影响下,奥林匹克主义和国际体育文化的发展。

值得注意的是,在许多文化分析和后现代视角中,战争期间超民族主义这个"缺失环节",在许多方面仍与当代公共文化和事件发展有关。第一,20 世纪末处于"后殖民"时期,这意味着无论是从定义还是从现实的政治经验来看,现代国家的本质、独立性和自我形象,在一定程度上是由其对帝国"相异性"的认知所定义的。也就是说,它根据它们过去的身份来进行定义,这些身份来自历史上的(即两次世界大战之间的)过去,它们表面上在积极地探寻,试图不再回到过去,既不做殖民者也不成为殖民地。第二,尽管如此,各国的和国际的体系仍受残余帝国主义的影响,这种影响通过移民的方式和人口流动以及许多其他方式来进行。第三,战后形成的强大的帝国主义新形式,实际上与美国和苏联这两个"世界超级大国"的出现有关,它们通过世界范围的核战争、"冷战"及其地区影响和附属国来产生威胁,从而对所有其他国家的存在都具有潜在的支配权。最后,在后共产主义时期,美国继续扮演着"超级大国"的角色,同时伴随着实际或潜在的新世界和"世界区域"超级大国的涌现,多极化全球经济开始出现。

1.4.3 第二部分 大型活动与全球文化:现代维度与问题

20 世纪末和 21 世纪初,国家基础的重要性、国际世界作为一个"国家世界"的性质以及它所产生的超民族主义并没有消失,将来也不会消失。因为美国作为唯一真正的"超级大国"仍享有全新的卓越地位,同时中国作为"超级大国"也在迅速崛起,这一点就显得尤为重要。然而,在第二次世界大战后和20世纪末,国际化和跨国化的长期趋势在本质上日益发展。这些趋势与经济、文化和政治领域的发展有关,长期以来,它们在现代国家的国家主义和资本主义中都有所体现,自19世纪末以来,在两次世界大战中已可窥见,而我们现在所熟悉的是"全球化"进程。大型活动在当代国际公共文化建设中的作用,在很大程度上与全球消费文化正在兴起的理念(第五章和第六章的关键主题之一)有关。此外,在进一步缩小的范围内,这种作用可以理解为与以下观点有关,即我们正开始见证全球管理的萌芽和形式的出现,随着21世纪的发展,这些领域和形式将变得更加重要。

20世纪末,随着新的通信和运输技术的发展,人们在理论上把人类世界想象成"一个世界",并在实践中坚定地走上"一个世界"的道路,这在人类历史上比以往任何时候都更具说服力。自20世纪60年代以来,快速高效的大规模人员和材料国际运输系统开始运行,同时还伴随着20世纪80年代初以来的卫星电视和计算机的发展。在这些和其他技术经济基础设施的基础上,资本主义经济一直在进行整合(尽管是以多极化的方式,并通过大型跨国公司的活动),并快速实现"全球化"。[27]在这个不断发展的"全球社会"环境下,"核心-边缘"的国际关系可以重新进行协商,各国表现得好像它们仅仅是(世界)区域或地方实体,但讽刺的是,真正的地方(次国家)一级,尤其是城市一级,可以达到一个新的社会地位。

1.4.3.1 全球消费文化

20世纪末运输和通信技术的高质量发展为全世界人民、形象和商品的大规模流动提供了物质基础,从而使全球消费文化成为可能。一方面,在强大的美国、日本和欧洲跨国公司的市场创造力的驱动下，这些跨国公司生产、分销并对与个人生活相关的商品进行宣传（如快餐和饮料、香烟、运动服装、个人电脑、汽车等），从而使这些相对标准化的商品以一种有效而常规的方式向世界各地不同社会的人们展示它们的形象。另一方面，它又受旅游业和旅游消费主义的驱动，在这种模式中，处于发达社会的人们会经常周游世界，以寻找逃避现实的乐趣和（少许）异国差异，而在不旅游时，消费媒体图像、商品和服务能唤起旅游享乐主义。

大型活动通过推动书中所提及的"旅游消费主义"（第三章和第五章），在全球消费文化的发展中正在并将持续发挥它的重要作用。它们还通过其承载普遍意义和理想的能力，对"一个世界"的理解和体验做出贡献，包括与国家、民族和意识形态团体间的和平文化交流（博览会和奥运会）、科技"进步"（博览会）、人类"进步"、个人和国家成就的价值以及通过法治竞争（奥运会和体育）获得认可的各种利益（见第七章）。

就旅游消费主义的全球化文化而言，重要的是要记住这种文化包含的意义和价值，且它们具有媒体化和本土化的特征。如果说全球文化是媒体化的，那仅仅是为了指出一个明显的事实，即它是由媒体公司传播的，特别是通过电视进行传播，且它还是人们现代生活中普遍存在和体现媒体力量的一部分。第六章中，我们将探讨大型活动在全球文化媒体方面的作用。

除了被媒体化之外，全球文化在重要方面也被本土化，这可能在一开始会显得有点自相矛盾。然而，这仅仅指的是，我们作为旅游消费者，通常希望并致力于感受特定的地点、时间和相关体验的特殊性。尽管全球文化在一般消费主义生活方式的传播和技术支持方面显然可以并确实具有同质化特征，但它也有另一面，即对特殊性的保留和建构。[28]

这与大型活动有着较好的关系，因为不管它们通常的标准化特征是什么，它们仍然为旅游消费者提供了三种不同的形式。首先,它们发生的时间(年份以及它们对国际公共时间和历史的标识能力)具有特殊性。其次,当人们亲自参加这些活动并体验时,会产生一些独特的戏剧性的和难忘的活动及体验。最后,它们发生的地点也具有特殊性,即展示主办的城市。因此,全球文化,特别在旅游消费主义方面,涵括了本土化和媒体化的图像和体验。大型活动由本土化和媒体化这两个过程组成,并促进了这两个过程的发展。我们将在第五章对全球文化的本土化进行讨论。

1.4.3.2 大型活动和全球文化:城市、媒体和全球管理

城市的公共文化一直是复杂而模糊的,总把国家作为一个维度(特别是在国家机构和职能方面,尤其是在涉及首都时)。然而,在20世纪末它们也开始在某种程度上容纳了国际化、多元文化和世界主义,这在以前是不多见的。20世纪末的大型活动往往反映了城市和国家间及其与国际/全球维度之间的新的权力平衡(正如它们反映了19世纪民族国家和"民族国家世界"的崛起一样)。如今,它们不仅反映了"一个国家的世界",还反映了"一个城市的世界"(一个本土化和具有不同认知的世界),以及"同一个世界"(一个持续单一化并相互关联的"全球社会")的世界观。全球化进程使得"地方"在当代社会形态中显得尤为重要。大型活动是推动全球化进程的一个重要因素,尤其是在促进其本土化方面。

大型活动至少能被视为具有二维特征的旅游活动(在全球旅游文化和全球旅游产业/文化经济领域),也可以被视为媒体活动(在全球媒体文化和全球媒体产业/文化经济领域)。从每一个视角来看,大型活动都代表了时间和空间的"本土化",即潜在的全球相关文化经济活动和流动(人员、信息和图像)。这些主要流动在任何情况下都是独特的,但有时允许对其进行简化。旅游业的运作方式是把特定地方"出售"给消费者,从而使他们和他们的财富在这些地方进行流通。相比之下,传媒业在很大程度上是通过以本地为基础的活动(例如新闻和体育节目)来运作的,并通过本地

的信息和影像的流动，进一步传播给非本地、全国的或国际观众。我们会在第六章讨论这个主题。由于大型活动（几乎没有例外）需要一个城市来主办或举办，因此，如果要充分理解大型活动的全球文化（和全球文化经济）特征及其在当地的重要性，就有必要了解举办当代大型活动的城市旅游背景。

第五章我们分析了奥运会和世博会这类大型活动所产生和传播的全球旅游和媒体文化形式。我们认为，大型活动，尤其是像奥运会这样以表演为导向的戏剧化事件，是为了使全球文化"本土化"。首先，它们通过空间定位（为"生产"和"导向"搭建一个"舞台"），从而策划一个极具意义和利益的非本地（历史性、全球化）的事件。其次，它们吸引并容纳国际游客和其他为活动而来的游客。最后，它们需要提供必要的技术设施，允许电视将该活动作为媒体事件向"世界观众"转播（这意味着允许"世界观众"以重要的方式与当地观众和来访观众共同参与该活动）。通过对"世博城市""奥运城市"和"奥运媒体城市"的讨论和阐述，我们将戏剧化和语境化的奥运会视为城市事件。

第六章我们将对大型活动的媒体事件视角进行详细论述。正如国家和国际层面在前电视时代是同一大型活动的两面一样，（除了中心轴外）城市和媒体、地方和全球也是20世纪末同一大型活动的两面。我们从总体上分析了体育文化尤其是奥运会的媒体事件特征，认为对于涉及全球形象和商品分销和营销的跨国媒体和产品组织，媒体事件显得越来越重要。大型体育活动作为全球媒体事件，是文化全球化进程中的重要组成部分。我们将戏剧化和语境化视角下的奥运会视为媒体事件，并与有关特定奥运会大型活动的媒体方面的案例研究相结合。

最后，除了全球消费文化外，全球管理领域也在慢慢兴起。第七章我们分析了现代奥林匹克运动中与全球管理领域有关的各种问题。这些问题源于奥林匹克运动对世界各地城市和全球媒体组织产生的巨大影响，它们可能会摧毁奥林匹克运动的魅力，并削弱其在现代全球公民社会中潜在的积极作用。

1.5 本书内容：总结

我们现在简要回顾并总结第一部分和第二部分每一章的内容。第一部分的章节涉及了以下内容。第二章根据它们在发达工业资本主义社会内部体现的权力关系，对"国际"和"帝国"版世博会大型活动的第一波事件浪潮进行了回顾。这一章讨论了埃里克·霍布斯鲍姆（Eric Hobsbawm）和托尼·班纳特（Tony Bennett）作品中对流行文化和事件的历史和分析中体现的主要观点。第三章探讨了世博会带来的文化公民身份和包容性的性质和局限，特别是与古典主义、性别歧视和种族主义问题有关的内容，以及基于世博会和奥运会的大型活动的起源。第四章回顾了两次世界大战期间奥林匹克主义的发展和体育文化的国际化。这些章节还包含了一系列有关世博会的描述，以及1851年水晶宫世界博览会、1924年温布利帝国博览会和1936年柏林奥运会的简要案例研究。

第二部分的章节与现代性有关，主要涉及以下内容。第五章介绍了世博会的类型，但第二部分的重点仍放在体育文化和奥运会的类型和变动上。每一章都探讨了大型活动对公共文化和文化公民身份的影响，即公民社会和城市社会、媒体社会和全球社会的关系。第五章主要与世博会和奥运会这两种大型活动有关，它们常被理解为促进城市旅游的活动，并与20世纪末主题公园这一重要旅游文化形式有关联。此外，第五章还讨论了大型活动对城市文化公民身份的影响。第六章则论述了被视为全球媒体事件的奥林匹克大型活动，以及更普遍意义上的体育文化媒体化，还论述了媒体化的大型体育活动与国家和跨国形式的文化公民身份之间的关系。这一章探讨了丹尼尔·达扬(Daniel Dayan)、埃利胡·卡茨(Elihu Katz)、约翰·麦卡隆(John MacAloon)和迈克尔·里尔(Michael Real)分析媒体和体育活动的主要观点。为了阐述这些观点,第五章和第六章包含了巴塞罗那奥运会的城市和媒体维度的案例研究。第七章讨论了位于世界前列的大型文化活动创造者的潜在作用和现今的问题,即奥林匹克运动及其相关的全球文化公民身份的概念。

最后,第八章总结了关于大型活动在现代性中的意义和社会角色的一般性思考,这些思考既出现在这一章节中,也出现在第一部分和第二部分对事件的回顾和分析中。国际性大型活动既是晚期现代性个人身份形成的重要方面,也是全球社会建构过程中的重要方面。

第一部分
大型活动与国际文化的发展

第二章 世博会与文化权力：资本主义、民族主义和帝国主义

引 言

本章回顾了1851—1939年间的国际博览会和帝国博览会，从四个部分展开讨论。第二节简要概述了国际博览会的起源和发展，第四节对同一时期的帝国博览会进行了比较性的概述。在叙述过程中，我们特别考虑了世博会的两个典型案例，即1851年伦敦水晶宫世博会，用于说明国际博览会风格；1924—1925年伦敦温布利世博会，用于说明帝国博览会风格。第三节论述了权力和博览会的举办问题，简要介绍外交和政治网络、活动策划团体和文化行业。在第一节中，为了帮助制定讨论的概念框架，我们考虑了19世纪末和20世纪初值得注意的公共文化和活动的两个相关分析，即埃里克·霍布斯鲍姆关于"大规模生产传统"的叙述和托尼·班纳特"展览情结"的叙述。

2.1 对公共文化的观点：19世纪末与20世纪初

本章中讨论的国际博览会这类大型活动，既是公共文化发展的产物，也对19世纪末开始蓬勃发展的公共文化做出了贡献。为了理解这些发展的戏剧性和关联性，有必要对其中两个显著的案

例进行评估和分析,即霍布斯鲍姆和兰杰(Ranger)对维多利亚时期"传统发明"的探索(Hobsbawm and Ranger 1992),以及班纳特对维多利亚时期"展览情结"的讨论(Bennett 1988)。这些分析以各种方式促进了历史学与社会学主流的"民族文化"概念,包括对民族文化有影响力的阐释,例如"想象的共同体"(Anderson)和"公共领域"(Habermas)的概念。[1]在安德森和哈贝马斯的分析中,他们倾向于夸大18世纪上层阶级的口头理性主义(如咖啡屋讨论)和19世纪中产阶级的笔头理性主义。相比之下,正如我们在本节中看到的,霍布斯鲍姆和班纳特在他们的分析中,以理性又戏剧化的方式给了包含中产阶级和工人阶级在内的流行文化活动和文化运动有趣又恰当的优先权。

然而,我在本节中的讨论还旨在从多个方面对他们的分析进行延伸。霍布斯鲍姆主要关注民族传统的"发明",班纳特则关注民族"展览情结"。因此,两者都低估了本书的关键主题——国际维度。此外,我认为,班纳特的概念化低估了"展览情结"中展示出的使人沉溺其中的戏剧性或表演性,因此他也就错过了这一时期世博会的发展与体育或奥林匹克式的大型流行文化活动之间的联系。关于这些观点,我认为要在现代社会中建立现代性的"展览情结",需形成一个关于19世纪末和20世纪初大型活动和竞技运动的观念。而在这种需求中,不论是民族和国际维度的传统文化,还是公共文化,都是各界精英通过大众积极参与的戏剧性的和大规模活动[2]媒体而建立的。

2.1.1 霍布斯鲍姆:19世纪公共文化和"被发明的传统"

霍布斯鲍姆影响力主要体现在对传统的"发明"上,实际上19世纪末传统的大规模生产是公共文化社会建设的一种。通过对英国、法国、德国和美国的调查可发现,它的优点之一是与许多基于国家的历史不同,它是相对的。因此,虽然它不打算提供这些建设过程系统性的社会理论，但它与当时西方社会的"现代性""现代化"和社会动态有关。借鉴和运用新马克思主义对资本主义动力和国家建设与阶级的关系，特别是新中产阶级和工人阶级之间关系的相关性分析，以及通过比较它所提供的历史信息，可以在文化领域延伸并与社会动态相联系。

考虑到许多国家的历史差异，特别是在欧洲，工业化和/或国家地位发展不平衡，霍布斯鲍姆的论述阐明了19世纪末由欧洲国家和美国政府与中产阶级精英创建的流行文化和公共文化相似模式的发展。这些模式是对民主化所造成的新政治形势的回应，即从19世纪70年代起，在美国和欧洲，将公民权和投票权首先扩展到男性，然后（很）晚些时候扩展到女性。这一过程常常令人担忧。从那时起，西方政府和国家一般都需要通过民主来体现合法化。这反过来又为国家"机构"、统治精英和中产阶级创造了强大的利益，他们试图通过非胁迫手段来引导和控制工人阶级的意识、需求和行为。在经济增长和国家建设中，需要赢得新的工人阶级"公民"的"身心"支持（Gellner 1983；Smith 1998）。

这促使政治和经济精英们制定了一系列"文化政策"，特别是"文化包容"政策和倡议，用于在新的文化机构和文化产业中引入大量公民。从19世纪70年代开始，最具体和制度化的文化政策可能是全民义务教育，这是一个由国家指定适合新"公民"技能、知识、态度和行为的特色课程（Bowles and Gintis 1976）。此外，新公民一方面可能会被吸引参与新形式的官方或民族性质的文化和"公民宗教"，从而在集体认同、意义和目的方面吸引公众利益。另一方面，他们可能会被吸引参与到以文明社会为基础的新形式公共文化活动和文化产业中，提升公民在娱乐、逃避工作和消费方面日益增长的兴趣。霍布斯鲍姆"被发明的传统"的概念是指新一代的文化包容政策。在这些文化政策中，他观察到：

1870—1914年间,在西方国家建立"被发明的传统"的群体相对来说比较容易。例如"旧式领带和纪念日""巴士底日"和"美国革命的女儿们(女性组织)""五一节""国际歌"和"奥林匹克运动会""杯赛决赛"和作为流行仪式的"环法自行车赛"以及美国的国旗崇拜制度。

(Hobsbawm 1992:303)

虽然霍布斯鲍姆关注的是官方和精英阶层倡导的"流行文化"政策,但他也认识到,国家公众对被发明的传统的接受程度各不相同,因此其中一些运动以失败告终。此外,新传统的出现是基于阶级运动而不是基于国家运动,例如农民中"民俗"服装的复兴或出现、阶级特定的节日如五一节(创立于1890年)(Hobsbawm 1992:283-288)和工人阶级中的移民亚文化,以及中产阶级特定的独家体育运动(Hobsbawn 1992:305-306)。[3]我在本节和下一节中介绍国内和国际公共文化和公共活动的历史,强调了这两大类别的大众观赏性及其相互联系的重要性,包括奥运会在内的大型体育活动和公众参与的博览会,还涉及大众仪式和节日(Roche 1999c,d)。由于霍布斯鲍姆的调查涵盖了这三个主要类别,有必要简述他对这些类别的看法。

第一,霍布斯鲍姆在讨论1870—1914年间法国官方文化政策的文章中谈到了展览。1870年危机之后,即普法战争失败和巴黎公社内战后,新的第三共和国开始实施一系列重要的文化政策以巩固自己与公众的关系。其中三项政策值得特别注意。首先,开创了初等教育,"一种世俗的相当于教会的教育……充满了革命和共和的原则和内容,并由世俗的与神职教士相当的教师管理……把农民变成法国人……把法国人变成好共和党人"。其次,"大量树立公共纪念碑",尤其是法国大革命的象征"玛丽安"的女性形象,以及地方政治家,实际上相当于"雕像狂热"(Roche 1999d:

272)且成为官方仪式的焦点。最后是"公共仪式的发明",包括与国家日历中的特殊节日有关的官方和非官方的庆祝活动,如 1880 年创建的巴士底日。关于法国大革命的象征和遗产在新一波国家建设中的用途,霍布斯鲍姆指出,这种政策总的趋势是"将革命的遗产转化为结合国家权力和公民快乐的表达方式"。在这方面,值得注意的是,第三共和国举办了 19 世纪末一系列国际展览中三个最大和最重要的展览,即 1878 年、1889 年和 1900 年在巴黎举办的展览,我们在本章后面将更详细地分析这些展览。在这方面,霍布斯鲍姆顺便指出,"一种不那么持久的公共庆祝活动是偶尔举行的世界博览会,这些博览会使共和国获得了繁荣的合法性、技术进步如埃菲尔铁塔以及他们所重视的全球殖民征服"(Roche 1999d:271)。从霍布斯鲍姆的观点延伸出去,值得注意的是,法国"雕像狂热"的重要和象征性的国际影响及其对展览和纪念碑的贡献是自由女神像。这是在 1886 年捐赠给年轻的美利坚合众国的,其中一部分曾在美国和法国博览会上(火炬在 1876 年费城世博会,头部在 1878 年巴黎世博会)展出过(Bond 1996)。

第二,关于体育,霍布斯鲍姆认为在 1870—1914 年间由娱乐衍生出来的新文化形式中,体育无疑是"最重要的新社会实践"(Bond 1996:298)。以德国为例,众多的体操运动及其活动和节日在整个 19 世纪都与民族主义有关,特别是在 1870 年德国统一后[4]。然而,起源于英国的精英和大众体育形式、运动和活动,加上美国和法国在全国(美式足球和棒球、法国大众自行车)和国际(奥林匹克)运动的发展,在所有受调查的社会活动中迅速变得非常重要。它们无论是通过国家特性还是通过国际竞争,都为促进国家认同提供了重要的文化载体,同时也为创造更具排他性和分裂性的阶级特定文化和认同[5]提供了机会。

第三,大众仪式和节日的发展问题。霍布斯鲍姆认为与 19 世纪末的公共文化和发明的传统有关,一个特殊的"公共象征性话语的习得",即"戏剧"以"公共典礼、游行和仪式化的群众集会"形式,对 20 世纪初期和中期的政治和历史产生了持久的影响(Mosse 1975;Roche 1999c)。认识到这些事件"远不是新的",他指出:

> 在这一时期,它们出于官方和非官方的目的(群众示威、足球比赛等)的扩张是相当惊人的。[它们与]正式仪式空间的建设有关,[而且]这似乎已经在系统地进行着,即使在迄今为止很少关注它的国家中。[这一时期见证了]……为群众仪式而发明的大量新的景观建筑,如户外和室内体育场。
>
> (Hobsbawm 1992:305)

这些建筑的使用预示着公共大规模仪式的正式空间的发展,这些空间由法西斯政权系统地培育,并且(正如他在提到红场时所含蓄承认的那样)在战争期间[6]也由共产党政权培育。

总之,霍布斯鲍姆的分析具有比较性和主题性,因此有助于阐明 19 世纪末公共文化的国际维度。然而,它主要是把民族传统和民族阶级联系起来。因此,他的研究所提供的国际公共文化的发展图景不可避免地是有限的。此外,作为历史调查,他的分析并不打算把重点放在特定的机构和流派上。这一点与班纳特的研究不同,因为班纳特的研究关注这些文化机构、流派和案例。正如我们看到的,他对 19 世纪末公共文化的分析最终与霍布斯鲍姆在解决国际问题上的分析一样具有局限性。

2.1.2 班纳特:19 世纪的公共文化和"展览情结"

班纳特对 19 世纪末的社会,特别是英国社会中博物馆和博览会的性质和作用很感兴趣。他通过对米歇尔·福柯(Michel Foucault)关于 19 世纪权力和知识关系的发展及其机构"监督"和

"学科"知识形式进行了建设性批评。这些叙述涵盖了精神病院和监狱代表,以及社会科学和人文科学代表。在监狱和收容所,囚犯很大程度上受到控制,被远离公众视线,被机构监督(护士或看守人员)并灌输学科知识(医疗、心理或其他专业知识)。

班纳特承认,博物馆和展览机构的历史及艺术史、考古学等相关学科的发展,与监狱和收容所平行发展,它们都对新的城市工人阶级的社会调控起相同作用,即"命令公众"。然而,他认为,福柯的叙述虽然足够清晰,但有限且过于笼统,特别是暗示其他类型的机构,如博物馆和展览机构,以"监督"机构的方式运作。

班纳特认为,事实上博物馆和展览机构与监狱和收容所的操作方式几乎是相反的。也就是说,博物馆和展览机构通过吸引公众参与"展览"来运作,它们可以调查大量有序和有价值的信息和物品,最终也可以调查其他"不同"的受众。此外,是通过娱乐来控制、命令和影响工人阶级和公众,即通过快乐而不是类似于监禁、治疗或惩罚的痛苦。对班纳特来说,这种形式的权力和意识形态影响最好用安东尼奥·葛兰西(Antonio Gramsci)的"霸权"概念来理解。该概念通过"现代国家的伦理和教育功能"和"公民社会"来行使权力(Bennett 1988:76,85)。他通过对大英博物馆和1851年大型展览的研究来阐述这一观点。下一节我们从一个更有批判性的角度对班纳特的"展览情结"概念做更深层次的思考。

从对霍布斯鲍姆和班纳特对19世纪末公共文化分析的简要介绍,我们可以确认许多文化与社会的分析人士对这一时期所做贡献的重要性。这一时期西方社会发生的变化,无论从本质上还是从其对20世纪末现代性的持久影响来看,都具有重大意义。正如我们前面所看到的,霍布斯鲍姆对19世纪末创造出的传统和社会对公共文化建设的描述涉及许多国家,且提到了国际层面,虽然内容有限。它是对一系列从官方政府和中产阶级形式到非政府和工人阶级形式的流行公共文化形式的纵览,包括体育、大众仪式和展览会。最后,涉及一种资本主义的、阶级层面的权力观和国家观,认为精英和中产阶级集团是通过民主来控制工人阶级的。然而,这种控制是不平衡的,存在失败的可能性,并且对此有批判和抵抗运动。相比之下,尽管班纳特关于"展览情结"的描述具有说服力和重要意义,就像福柯的"监督情结"一样是为了促进理论发展,但它仍然是有限的而且针对特定的机构。虽然它有助于理解博览会的文化和活动,但没有涉及动态的流行文化,这种流行文化是在1870—1914年间发展起来的,至少在形成集体认同方面即使不是更重要,也是同样重要的。

2.1.3 现代社会公共文化发展中的博览会与展览情结

笼统地说,我在本章和本书中的分析是关于19世纪末大型公共活动的发展,特别是国际博览会的发展,由此产生的奥林匹克运动会,与之相关的赛事运动、网络和周期,以及它们对创造一个国际公共文化的新层次和新形式起的决定性影响及其提供的帮助。然而,博览会本身是在19世纪末国家文化政策背景下的一系列更广泛的文化和政治文化运动及文化发展。在政治文化方面,19世纪末所有其他活动的背景都与欧洲、北美和南美的各种民族主义和民族国家建设有关(Anderson 1991),尤其是与各种版本的帝国主义和超民族主义相关。

这些民族主义运动是我们主要关注的文化运动的重要背景和资源。显然,民族主义与国家和政府发展中的权力结构密切相关,且对文化领域产生了巨大影响。但我们也应铭记,在直接获得国家权力方面与之没有可比性的其他社会政治运动,也是国家和国际政治环境中的重要因素和重要参与者。这些社会政治运动,特别是工会和社会主义运动,在公共文化领域、公共文化的历史和建设中也有一定的存在感和影响。

这里我们主要关注19世纪末的文化运动,虽不都是,但很大程度上是"理性娱乐"运动(包括体育教育和训练、大众体操和奥运会,以及起源于英国的运动和其他国家的运动)(Bailey 1978;Cunningham 1980)。在一定程度上,"理性娱乐"也与作为教育和娱乐形式的旅游业的发展有关。这些文化运动也与宗教或与宗教相关的运动有关,如"强身派基督教"和"禁酒运动"。

鉴于体育文化在19世纪末流行文化发展中的重要性,如果要充分体现和正确理解19世纪末中产阶级界定和主导的公共领域和公共文化的发展,就必须充分了解班纳特的"展览情结"概念。如果我们要像班纳特所说的那样理解这种文化的"奇观"特征,这一点尤其重要。他的叙述中明显没有考虑到体育运动及其在现代社会变革、文化和政治发展中的作用。[7]这在某种程度上是可以理解的,因为体育运动可以使大众成为观众,并常常有着迅速产生引人注目的场面的能力,却不能通过"展览"的语言和逻辑来理解。以"展览性比赛"为例,它不是具有戏剧性的体育剧,体育也以展览所不能达到的方式和程度吸引着人们。原则上,任何人都可以学习一个竞技项目,并不断练习,达到某个程度和水平。因此,体育赛事的观众能够直接获得信息且以某种形式参与其中。

我更愿意把参与体育运动和积极观看活动都视为"身体文化",进一步讲就是"身体表演文化"。毫无疑问,这与展览情结有联系,并以各种方式在不同程度上与展览情结重叠,但与展览情结又有着本质上的区别。有趣的是,体育和表演情结将文化分析和展览情结的元素重新连接起来,这与常识中(甚至是福柯)的"监督"概念相关,否则班纳特会促使我们认为其与流行文化的理解无关。可以从很多方面探讨展览和表演之间的重叠之处。首先,体育赛事是什么性质的展览(例如,关于人体本质、潜力和局限性,还有普遍的人性,就如奥林匹克运动的"世界观"一样)。其次,我们可以考虑参与盛大表演的行为要求。班纳特提到了这一点,但他似乎认为它可以被容纳在"展览"的语言和逻辑中;在我看来,并不能。正如他所指出的那样，在19世纪末的公共文化建构者看来，为了参加群众表演，人们不能是一个不受控制的暴力或酗酒的"暴徒"，他们的行为至少应该是平和、清醒和有序的。正如班纳特所说，博览会提供的表演中有一部分具有规模大以及和平有序的特性，这更好地体现在人们为彼此和活动而表演的想法上，而不仅仅认为人群是一种特殊的演出对象。[8]

最后，我们可以在博览会上看到"人体展示"这一有争议的事件，本章中将它们视为帝国主义政治文化的载体做进一步讨论。第三章更详细地讨论种族主义和博览会的旅游性。这些"人体展示"包括让主要的非洲和亚洲部落居民生活在代表他们"自然"生活方式和生活条件的"土著村落"。显然，这将相关的人具体化了，对19世纪"受教育"公众而言，这是使他们成为种族社会达尔文主义理论的对象、民众同情或种族歧视的对象。该事件中更复杂的是文化表现和权力关系的表现，而不是物体或"人作为物体"的展示。

部落成员必须"表演"，即他们必须表演各种仪式、舞蹈、歌曲和日常活动。这是我们现代旅游业中非常熟悉的"异乎寻常"的文化"真实性"的先兆(MacCannell 1989)。西方观众对这些"表演"的戏剧性特征非常感兴趣。正是通过这些表演，我们才能够最好地看到和理解他们与部落人之间的文明差异。表演代表了"这就是他们的生活方式""这就是他们所做的"，而不仅仅"是他们的本来面目"。所有这些都表明有必要将这些人体展示视为表演情结和展览情结的一部分。我们将在本章最后一节进一步讨论这两部分之间的重叠，以及其与理解奥运会的起源和世博会对这一问题的影响。

2.1.4　国际公共文化和活动

对霍布斯鲍姆和班纳特有关流行文化历史的优势和局限性的

讨论指明了探索公共文化国际维度的必要性,同时还指出有必要从"展览情结"的角度来探索这一维度,从而在国际事件中进行探讨。公共文化的国际维度可以定义为一方面包括世界各国和人类的"想象的共同体",[9]另一方面包括国际交流和互动领域(通过国家、国际机构、非政府组织和跨国公司,尤其是与文化相关的公司)。本章的其余部分探讨并说明了公共文化国际维度的特征及其在19世纪末作为国家建设和国家公共文化建设的副产品出现的情况。我们通过国际博览会和帝国博览会的"国际化"和"表演式"的文化活动形式展开研究,随后扩展到国际体育运动和项目部分,特别是20世纪初的体育运动和奥林匹克运动(第三章和第四章)。

通过文化活动行使权力的主题贯穿第一部分的各个章节。第三章讨论了博览会的排他性,尽管它表面上具有包容性,却构建了标准、二等和非形式的公民权和公民身份。第四章讨论了纳粹将奥运会和奥林匹克运动更广泛地用于宣传和塑造意识形态的企图。在这一章,为了有助于展开分析,我们在第三节和第四节中开始探讨国际事件的显著特征,即以"文化政策"的形式,通过象征和文化手段尝试行使国家精英力量和霸权。然而,除了权力主题外,我还打算探究在国家和国际层面这些大型活动在正式礼仪之外如何为展示公民社会及其实践提供机会和舞台。[10]

"公民社会"此处指除了国家和资助机构外,在国家和国际层面的非政府组织,包括资本主义公司、文化行业和机构,且通常都积极参与展览的筹办和展示,主要是中产阶级群体。即使有阶级偏见,他们也为许多展览的举办贡献了多样性和多元化的"公民社会"视角。此外,他们还经常正式和/或非正式地参与社会和政治运动,如从中产阶级和工人阶级中发展起来的社会主义和女权主义。一般来说,人群中多个社会阶层和民族的融合会有不可预测的文化反应甚至政治冲突。我们将在第三章进一步考虑这一点。

接下来的章节中,我们将探讨有精英参与的不同形式的国际博览会和帝国博览会或运动的"产物"。第三章将更直接地探讨大众参与这些活动"消费"的一般属性。第三章和第五章将讨论国际社会运动对国际大型文化活动的影响及其对包容和排他的社会政治动态的反应。

2.2 国际文化活动与运动:世博会的起源与发展

2.2.1 19世纪末20世纪初世博会概况

本节旨在提供1850—1914年间国际博览会的一些基本信息,并对其大体意义和社会作用进行评估。下一节,我们主要探讨与国际展览的"产物"方面相关的主题,特别是权力精英及权力网在世博会中的作用,以及展览会在帝国意识形态构建和重塑中的作用。我们还考虑了更多与博览会"消费"方面有关的问题,特别是公众能体验到的世博会的旅游和消费主义特征,以及文化包容性外表背后的社会分裂和争议问题。每一个主题都与世博会帮助构建的国际及国家公共文化的性质问题有关。一方面,对活动举办团体中的精英阶层的国际化进程进行了说明;另一方面,在大众阶层对旅游和消费主义公共文化形式日益开放的层面上,对国际化进程进行了说明。本节的目的是对世博会传统进行总结性回顾,为以下章节和第三章中更详细的主题分析打下基础。

在1851—1939年间,国际博览会是主办城市和主办国家以及国际社会一个非常重要的文化机构(见表2.1)。除了大型战争期间,博览会每隔几年在欧洲或美国举行。对国际博览会的定义模棱两可,1850—1914年间大约举行了15~20个大型活动,1918—1939年战争期间大约有5~10个大型活动。此外,世界各地的国家都举行了许多更为特殊或小规模的国际和国家活动。对于大型活动,并没有特定的时间周期或地点,但由于其规模和成本,它们在英国、法国和美国这三个主要国家每隔5到10年举行一次。

表2.1 1850—1970年间世博会:参与及利润

时期	城市	人流量(百万)	盈利/亏损
19世纪中晚期			
1851	伦敦	6.0	盈利
1855	巴黎	5.2	盈利
1862	伦敦	6.2	亏损
1867	巴黎	6.8	盈利
1873	维也纳	7.2	亏损
1876	费城	9.9	亏损
1878	巴黎	6.0	亏损
1893	芝加哥	27.5	盈利
1900—1915年间			
1900	巴黎	48.0	亏损
1901	布法罗	8.1	盈利
1904	圣路易斯	19.7	亏损
1908	伦敦	8.4	盈利
1910	布鲁塞尔	13.0	亏损
1911	格拉斯哥	11.5	盈利
1915	旧金山	18.8	盈利
战争期间			
1924/5	伦敦	27.0	亏损
1926	费城	6.4	亏损
1927	巴黎	无数据	无数据
1929	巴塞罗那	无数据	无数据
1931	巴黎	33.5	盈利
1933/4	芝加哥	48.7	盈利
1937	巴黎	34.0	亏损

(续表)

时期	城市	人流量(百万)	盈利/亏损
1938	格拉斯哥	2.6	无数据
1939	旧金山	17.0	盈利
1939/40	纽约	45.0	亏损
战后前期			
1958	布鲁塞尔	41.5	盈利
1964/5	纽约	51.0	亏损
1967	蒙特利尔	51.0	亏损
1970	大阪	64.2	盈利

资料来源：Allwood 1977；Schroeder-Gudehus and Rasmussen 1992；Knight 1978：47；Mattie 1998。

　　英国人于1851年创建了这一活动类型(见下文)，计划每十年举办一次，但在1862年世博会后，他们对这些活动的处理方式发生了变化，法国人以及之后的美国人实际上接管了世博会这一活动。在19世纪70年代，英国几乎每年都举办专业展览(Greenhalgh 1988：2，23，24，113)。从19世纪80年代到第一次世界大战期间，除了两个维多利亚女王禧年节日(1887年和1897年)，他们还举办了许多帝国博览会和节日庆祝活动(例如1886,1899,1908—1914年伦敦；1888,1901,1911年格拉斯哥)，并在战争期间通过1924—1925年温布利和1938年格拉斯哥的大型活动展现出新的帝国式的国际博览会风格。法国在1850—1900年间是这一活动的主要举办者，特别是巴黎举办了五场大型活动，大约每十年一场(1855,1867,1878,1889,1900年)。有趣的是，法国，尤其是巴黎的精英们似乎对意义深远的1900年世博会感到疲惫和厌倦。除了各种小规模的活动，他们近一代人都没有再举办世博会，直到第二次世界大战期间的一系列活动(即1922年马赛、1925,1931,1937年巴黎)。美国人在19世纪60年代忙于内战，此后又专注于重建家园。撇开 1853 年纽约对 1851 年水晶宫世博会的小规模复制之外，他们在 19 世纪 50 和 60 年代的主要展览上几乎没有什么行动。然而，他们从 19 世纪 70 年代到第一次世界大战期间举行了五场大型系列活动（1876 年费城、1893 年芝加哥、1901 年布法罗、1904 年圣路易斯、1915 年旧金山）和战争期间的四大活动（1926 年费城、1933 年芝加哥、1939 旧金山、1939—1940 年纽约），以及美国区域内的和州内的大量国家级活动。

各国政府总是积极参与这些活动，也总是或多或少地参与到这些活动的融资中，但这些活动往往造成相当大的损失。尽管如此，无论经济是繁荣还是衰退，各国政府仍继续鼓励和赞助这些官方的大型公共活动，我们稍后将探讨其原因。[11] 各国政府认为如果活动成功，将提供一个展示国家正面形象的平台。如果各国复制成功的模式，并试图在先前成功要素的数量或质量方面加以改进，则可以更好地确保成功。19 世纪 50 年代的伦敦世博会和 19 世纪 60 年代的巴黎世博会以及 1889—1904 年的巴黎世博会和美国世博会之间的关系都清楚地表明这种国家间和城市间的竞争和"跨越式发展"。

2.2.2　世博会文化活动类型：起源与发展

1851 年在伦敦举办的水晶宫世博会对整个世博会传统尤其是 19 世纪 50 年代和 60 年代举办的世博会产生了重大影响。随后的世博会，特别是法国和美国举行的世博会都取得了重大的发展。这一类型活动的要素是在很长一段时间内发展起来的，至少从 18 世纪末开始，特别是在法国和英国。1851 年英国水晶宫世博会的特殊贡献在于将这些要素结合起来，并在创新的制度和令人敬畏的建筑行业背景下将它们提升到一个新的水平。这一章节我们将简要讨论 1851 年世博会的起源和 1851 年后的发展。

2.2.2.1 起源

1851年英国世博会之前,世博会流派的早期现代性主要起源于法国。在拿破仑时期,法国政府于1798年和1801年在巴黎主办了商品展览会,展品主要有皇家制造厂等生产的产品(包括塞夫勒瓷器)。最初的目的是使这些展览成为年度活动,但复杂的政治环境注定这是不可能的,法国国家展览随后在卢浮宫的庭院和内部不定期举行。1801年的活动之后到1851年英国世博会之前的这段时间内,又举办了九场这样的全国性展览。同一时期,有人努力在英国举办类似的展览。但是,在这一时期,尽管英国在工业化生产方面领先于法国,且艺术协会和机械研究所等机构做出了努力,但生产商或公众对此类活动的兴趣微乎其微。1849年举行的法国国家展览是一个大型活动,并且专门为此打造了一栋建筑,共有4 500个参展商,包括国际参展商,持续了6个月。这给英国文化和政治精英团体留下了深刻的印象,有效地树立了一个可供英国参考的榜样,刺激英国来加速举办博览会的目标(Luckhurst 1951:ch.8;Allwood 1977:ch.1)。

2.2.2.2 发展动态

1855—1900年在巴黎举行的法国五大世博会系列活动具有重要的意义,为世博会赋予了新的形式、内容和文化特征。首先,形式上的变化包括构建容纳各国不同展览品的建筑,即用一座纪念性建筑来容纳所有国家的展览品,如水晶宫和1867年巴黎展馆。与1876年费城博览会的发展类似,法国博览会为各国提供了独特的展馆或用于建设展馆的土地。因此,19世纪末的国际博览会开始呈现出一种自给自足、充满异国情调的"城市"氛围(见第三章和第五章)。其次,形式上的变化与旅游娱乐区的创建有关,其中大量的商店、咖啡馆和娱乐设施以独特的民族文化的方式展现出来,且在世博会场地内纳入了游乐场开发项目,在此之前,这些项目通常都建在世博会的场地外。这些创新为官方的"信息和教育"目标增加了明显的享乐主义、旅游和消费主义特征(见第三章讨论)。这些变化在1878年和1889年的巴黎世博会以及1893年的芝加哥世博会上尤为显著。内容的变化与美术,特别是绘画(1855年第一届巴黎世博会)和"土著村落"(1889年巴黎世博会)有关。博览会中文化特征的变化与19世纪末展览中日益呈现的广泛的、不可调和的体验有关,这都是由我们之前注意到的形式和内容的变化引起的。19世纪末至第一次世界大战前的美国三大世界博览会(1876年费城、1893年芝加哥和1904年圣路易斯)给这一活动类型带来了新的规模和商业化特征,并拓展了法国人引入的娱乐和人体展示内容。最后,19世纪90年代和1908—1914年间在伦敦举行的各种英国博览会提供了一个新的具有帝国主义性质和戏剧性的世博会。

2.2.3　19世纪末世博会的文化意义和社会作用

世博会是一种向大众传播信息和价值观的新的强大的文化媒介。马歇尔·麦克卢汉(Marshall McLuhan)曾经评价说,在很大程度上,"媒介就是信息",这句话也可用于评价世博会。世博会带来的兴奋感、吸引力和壮观度很大一部分来自媒体、主要建筑和活动场地,以及历史上空前规模的公众和平聚集,而非大规模的战争动员。这与展览的内容一样重要。[12]然而,其内容也很壮观,由大量的收藏和展览组成,其中包括来自世界各地的原材料、新的生产和通信技术、新产品和商品、艺术品和科学信息。它们代表着先进工业社会对当前渊博的知识储备和实践状况的尝试,也代表着尝试在东道主和许多国家中通过新闻、后来的广播和电影来传播和普及。世博会实际上是一个大规模的剧院,在那里"进步",特别是正在改变人们生活世界的技术的"进步",被描绘成壮观的景象并被戏剧化。这种国际博览会的特征从19世纪开始延续到20世纪,直至今日(Allwood 1977;Rydell 1984/1993;Harvey 1996)。表2.2列出了在历代世博会上推出和推广的各种技术(世博会在推广媒体相关技术方面的作用见表6.1)。

表2.2 世博会与技术(1851—2000年)

时期和年份	城市	技术
1851—1915年间		
1851	伦敦	工业机械、工业谷物脱粒机、柯尔特左轮手枪
1853	纽约	电梯(Otis)
1862	伦敦	炼钢创新(Bessemer)、蒸汽机车创新(Crampton)
1867	巴黎	铝、石油、汽油发动机(德国)、海底电缆、液压升降机
1876	费城	单轨系统、大型蒸汽机(Corliss)
1878	巴黎	内燃机、橡胶轮胎、制冷
1889	巴黎	电灯、埃菲尔铁塔
1893	芝加哥	交流电(Westinghouse)、电灯泡、电动列车
1900	巴黎	活动人行道、军事技术
1901	布法罗	蓄电池
1904	圣路易斯	飞行机械
1915	旧金山	量产汽车
战争期间		
1925	巴黎	现代主义与"艺术装饰"设计
1929	巴塞罗那	现代主义建筑(建筑师密斯·凡德罗)(Mies van der Rohe)
1933	芝加哥	装饰建筑与设计、科技的普及
1939—1940	纽约	火箭技术、尼龙、家用空调
战后期间		
1958	布鲁塞尔	核反应、原子钟、原子能的和平使用
1962	西雅图	电车、多车单轨
1967	蒙特利尔	激光

(续表)

时期和年份	城市	技术
1985	筑波	机器人
1998	里斯本	海洋技术
2000	汉诺威	环境技术

资料来源：Allwood 1977；Wachtel 1986；Rydell 1993；Nye 1994。

注：这里提到的技术不包括媒体技术。博览会推广的媒体相关技术见表6.1。

作为世博会的支持者，美国总统麦金利（Mckinley）（讽刺的是，他后来在1901年布法罗世博会上遭枪杀）乐观而理想地总结了世博会的意义：

> 展览是进步的计时员。它们记录了世界的进步，激发了人们的能量、进取心和智慧，挖掘了人类的天赋。它们进入千家万户，拓宽和照亮了人们的日常生活，为学生打开了大量的信息宝库。每一次博览会，无论大小，都有助于推进这一进程。
>
> （Rydell 1984：4）

另一方面，法兰克福学派批判理论家沃尔特·本杰明（Walter Benjamin）1935年的文章中没有提及他那个时代的大型博览会，如1933年芝加哥世博会和1937年巴黎世博会，他观察了19世纪末的巴黎系列博览会后指出：

> 世界展览是拜物教商品的朝圣之地……时尚规定了崇拜商品的仪式……工人作为顾客走在面前。娱乐业的框架尚未形成，但公众节日提供了这一框架。〔一般说来，世博会〕提供了人们可以分散注意力的场所。娱乐业

将展览提升到商品的水平,使其更容易被接受。人们屈服于娱乐业的操纵,同时享受着与自我和他人的疏离。

(Benjamin 1973:165-166)

本杰明还观察到,1862年世博会对马克思国际劳工协会的成立具有直接作用(Benjamin 1973:166)。这也是第三章讨论的一个话题。

两位当代博览会历史学家承认博览会在整个19世纪末和20世纪初对普通人的真正普及、吸引和可记忆性(Greenhalgh 1988:225;Rydell 1993:2-3)。尽管如此,他们的总体评估和本杰明一样具有批判性。保罗·格林哈尔希(Paul Greenhalgh)评论道:"这一活动成为一种自生自灭的现象,是工业和帝国的非凡文化产物。"活动的目的是"表明文明正朝着某个已知的方向发展"(尽管19世纪工业化过程中经常会有混乱的变化),"事情会变得更好"。他对世博会的看法是,"作为文化的表现形式,它们在最耀眼的西方和最具活力的国家、巴洛克式过度表达的社会中,揭露出了一个扩张性的西方,且认为它们绝对统治着物质世界"。(Greenhalgh 1988:2,23,24)格林哈尔希认为,精英们利用世博会宣传民族主义:

这种(民族主义意识形态)以各种方式渗透到公共文化形式中,世博会组织者也采用了其中许多方式。这些展览不仅激起人们口头上的热情,还赋予亭台楼阁实物的形式,用民族主义的教条来渗透更高层次的文化生产。它们必须同时迎合受过教育的人和无知的人,为民族文化提供理论基础,从而使这种文化能够被各个阶层的人们所理解。

相似地,特别关注美国系列博览会的罗伯特·雷德尔(Robert Rydell)指出:

> 1876—1916年间,国际博览会网络遍布全国,展示了整个世界,塑造了数百万美国人全新的世界观。毫无例外,这些博览会都是由当地或全国知名精英发起和上流社会控制的……为了缓解[这一时期]弥漫在美国的强烈而广泛的焦虑,博览会的负责人为数百万观众提供了一个机会,使他们在白人至上理论和最新进程的综合体中,重申他们的集体国家身份……美国国际博览会的影响渗透到了国家的艺术、政治制度和经济结构中。这些博览会不仅是为了反映美国文化,而是为了塑造这种文化,留下一个永恒的帝国愿景。
>
> (Rydell 1984:234,235,237)

雷德尔还指出,"维多利亚时代的博览会……在塑造现代世界的轮廓方面发挥了重要作用",它们是"1851年伦敦水晶宫展览成功后,一场全球运动的一部分"。(Rydell 1984:15,18)因此,现在我们应该开始分析1851年水晶宫世博会作为一个大型活动的性质,并最终(见第三章)分析世博会作为大型活动对奥运会的影响。本案例概述了这一活动的形式、内容和传承的一些主要特征。

2.2.4 1851年水晶宫世博会:案例研究[13]

国际博览会作为一种不同于国家博览会的新的公共文化类型,最早是由英国人1851年在伦敦举办的大型国际展览会。这是由一个皇家委员会组织的,包括四位前首相,并由阿尔伯特亲王为首,由议会通过辩论决定选址。该博览会由维多利亚女王主持开幕,来自欧洲各地的国家元首纷纷参加,包括法国拿破仑三世。

1855年法国在巴黎举办第一届世博会时,也邀请了维多利亚女王。大约25个国家和许多殖民地参加了展览。5月至10月的世博会期间,吸引了600多万游客。阿尔伯特亲王率先提出,这次活动具有"国际性"而非"国家性"的创新性质,并将其命名为"国家和平节"。维多利亚女王对开幕式的看法是,"这一景象……很神奇,如此广阔,如此辉煌,如此感人",她认为这"联合了地球各国的工业"。(Allwood 1977:20)我们现在可以简单地考虑这一活动的内容、形式和遗产维度的一些主要特征。

2.2.4.1 内容

1851年世博会展示了四大类来自世界各地的产品和制作,其中三类按逻辑顺序展示了工业生产的力量,即来自世界各地的原材料、机械和制成品。英国精英们之所以有信心举办一场国际展览,是因为当时英国在这三个领域的明显实力和世界领先地位,包括通过殖民得到的原材料,以及通过能源和工业化生产力领先的机械和制造业。它几乎不用担心来自其他国家的竞争,且通过邀请其他国家参与,可以宣传其商品的优势和价值,颁发奖品以鼓励各主要类别的参展商。第四类是雕塑和造型艺术。这与后来的博览会,尤其是法国在巴黎举办的展览不同,绘画等美术作品没有展出,因为人们认为这些作品与展览的工业和经济主题无关。

2.2.4.2 形式

水晶宫建在英国海德公园,其规模庞大,设计新颖,气势恢宏,令人印象深刻(见图2.1)。这座建筑是由德文郡公爵的首席园艺师约瑟夫·帕克斯顿(Joseph Paxton)设计的,此前许多其他设计,包括维多利亚时代著名工程师伊桑巴德·布鲁内尔(Isambard Brunel)的设计都被否决。创新的模块化铁框架和玻璃面板设计使大量部件(例如超过3 000根铁柱和300 000块玻璃板)能够快速组装。与传统的以石头为基础的建筑形式相比,它代表了工程

第二章 世博会与文化权力：资本主义、民族主义和帝国主义 | 63

图 2.1 1851 年在伦敦海德公园为举办的大型国际展览建造的水晶宫。

技术在现代建筑和城市物理造型方面的新力量的胜利。受其在工业建筑技术中的影响，这一技术在 1851 年铁路桥梁、列车棚和为铁路旺季准备的候车室的建设中陆续出现，且在随后的展览中得到了强化。这同古斯塔夫·埃菲尔（Gustav Eiffel）为 1889 年巴黎世博会建造的工程观光塔一样是最为壮观的一个展览建筑。水晶宫和埃菲尔铁塔在现代城市及其现代性的外表上留下了永久和普遍的印记。由以利沙·奥蒂斯（Elisha Otis）设计的电梯在 1853 年纽约世博会上首次展示，之后在 19 世纪末的纽约和芝加哥展示了美国建筑师用组装的金属框架建造的具有纪念意义且公众可进入的建筑，最终建成了摩天大楼并具有重大影响力。[14]

图 2.2 1851 年水晶宫展览中的人群

水晶宫建筑本身就是英国当时工业能力和发展水平的有力证明。帕克斯顿的园艺背景有助于解释其设计的简单性和功能性，因为从某种意义上说，它是一个巨大的温室，一座规模空前的建筑，占地 19 英亩。它创造了建筑外观和内部空间的新视野，以及现代城市潜在的新功能，对现代建筑产生了深远而持久的影响。

例如,在北美和英国,当代大型购物中心的设计往往受到水晶宫建筑的影响。

2.2.4.3 "活动遗产"

本案例中,"活动遗产"的一个重要方面是建筑本身。随后,水晶宫被拆除并重新安置在伦敦南部的西德纳姆,在那里举办了几代人的大众展览和活动,包括1911年的帝国节。这是活动遗产的一个方面,也是世纪博览会的长期影响。这座建筑在1936年被大火烧毁,没有重建。活动遗产另一个更重要的方面是这类活动不同寻常,获得了非常大的利润。[15]这一活动在伦敦市中心南肯辛顿投资了87英亩土地,从1851年世博会起提供了一个非常重要和持久的"活动遗产",并在1862年和1886年举办了两次大型国际博览会。一个永久性的机构和建筑的"展览情结"从这里起源,现在被称为阿尔伯特城(Albertopolis),以表彰阿尔伯特王子在"展览情结"方面的作用。它包括现在被称为维多利亚和阿尔伯特博物馆的建筑、大英自然历史博物馆、阿尔伯特大厅、皇家艺术和音乐学院,以及帝国理工学院。[16]

2.3 举办国际文化活动:博览会和权力

2.3.1 博览会和权力网络

本章探讨了博览会的过程,无论是从自由主义角度来看,还是从批评主义角度来看,理解其举办者的目标和理由都与之相关。然而,博览会是一种多维现象,不能轻易地归结为自由主义或批判主义。一方面,尽管政治精英创造了这些活动,并试图利用这些活动以"大众教育"的形式向大众传达思想信息,但在这方面,他们也创造了一种新的用于行使知识利益、个人自由和公民社会的公共竞技场。此外,教育与这些活动中充满活力的娱乐和"休闲娱乐"

共存,使得人们很难预先确定它们的意识形态内容、影响以及用途。另一方面,虽然各国政府的参与和国家声誉在这些活动中发挥了作用,这些活动也体现了策划者的雄心,但它们总是脆弱的,甚至是危险的政治和意识形态项目。规划期的漫长和时间表的不灵活使它们容易受到国内和国际短期政治冲突和危机的影响。[17] 最后,它们作为国家和国际活动的基本二维结构,同时向外部世界和国内社会展示了一个国家的面貌。这种结构有时会使它们显得模棱两可,难以根据其重要性进行评估,例如,有时会宣称这些活动在世界范围内有重要性,但实际上只能在国家层面得到证实。

从 19 世纪开始,通常有四组精英活动人员参与国际活动的举办,即一个核心的策划人和组织团体,面向国家的政治精英团体,以及面向国际但基于国家的经济和文化精英团体,可能也会有基于国际的活动组织者。博览会最初的概念可能来自经济文化精英,也可能来自政治精英,他们随后创建了核心规划小组。

规划和组织小组通常是一个新的量身定制的国家权力网络的焦点,在该网络中,国家政治和经济文化精英的相关元素被正式或非正式地运用于活动的设计、财政、组织和营销。博览会典型的模式是一个国家支持的委员会,其中包括由主要的政治和经济精英所组成的规划小组,为这个活动规划经济和政治基础,并参与展览的各个分支和元素,由活动总负责人领导活动专员组成的组织小组。

1851 年水晶宫世博会不仅在理念、建筑、内容和知名度方面,而且在组织和举办方面,为后人提供了一个模板。最初的概念来自艺术协会(后来的皇家艺术协会)的文化精英圈,正如我们之前看到的,当时的英国政治和经济精英参与了大量活动。当时的整体组织和筹办模式是政治、文化和经济精英联盟游说政府和国家承认各种活动的合法性并支持博览会项目的结果。游说的目的是使该活动合法化,成为官方活动,在该活动中,领导小组可以声称是国家的代理人,并且可以邀请其他国家(公众)和世界地区参与活动。各国在活动组织和财政方面,在国家(包括从城市到国家的不同层面)与公众社会(包括为此目的而设立的市场经济或资本主义经济,以及自发和专业组织)的关系方面,存在着不同的平衡点。英国和美国的博览会往往严重依赖公众社会,尽管如此,它们却被纳入国家项目,而法国的博览会始终是国家主导的项目。

2.3.2 大型活动的国际化

1851年的世界博览会和19世纪末的系列博览会为博览会带来了成功的可能性,主要基于同意参加者、参观者或建造展馆以及展示商品的国家的质量和数量,以及对东道主的认可程度。为了向全国公众宣传这一活动具有重大的国家意义,同时确保该活动获得最大的国际认可,活动组织者通常通过组织委员会和/或开幕式和闭幕式,[18]将国家政府、政治领导人和国家元首与该活动联系起来。实际上,这使博览会成为国家外交政策和外交的一个临时文化部门,其他国家有义务作为国际关系互惠互利的一部分积极参与并做出回应。

2.3.2.1 活动策划和组织小组:国际维度

为了完成一个明显的"国际"(而不是纯粹的国家)活动,核心规划小组必须拥有某种国际视野和经验。在保持总体控制和责任的同时,他们通常试图在某种程度上举办"国际化"的活动。他们通常认为需要以下面两种方式中的一种或两种收集相关的国际活动经验和信息。首先,在可能的情况下,他们咨询和/或合并曾参与本国举办的国际活动且经验丰富的同胞。有时,同一个人可能会连续管理活动的策划和组织小组。例如,亨利·科尔(Henry Cole)在1851年和1862年的两届英国国际博览会上都发挥了这一作用。[19]弗雷德里克·勒·普莱(Frederic Le Play)在1855年巴黎世博会上发挥了主导作用并主持了1867年巴黎世博会。威廉·P.布莱克(William P. Blake)为1867年巴黎世博会的组织做出了贡献,他也是1876年费城世博会的负责人。阿尔弗雷德·皮卡德(Alfred Picard)撰写了关于1889年巴黎世博会的官方报告并主持了1900年巴黎世博会。伊姆雷·奇拉菲(Imre Kiralfy)是1899—1914年间一系列英国帝国博览会的负责人。在19世纪末和战争期间,美国企业界精英的迅速成长和制度化环境中,有一大批知名人士在连续举办的美国博览会中发挥着主导作用。[20]

其次,他们从其他国家举办的此类活动中吸取经验教训。定期的城际和国际比较与竞争在大型活动的历史上具有重要意义,如19世纪50年代和19世纪60年代英法两国在博览会上的竞争,以及19世纪70年代到20世纪90年代法美两国的竞争。活动策划和组织小组通过参与其他国家的博览会并与活动组织者联系,从而学习竞争对手的成功经验,以便模仿和超越竞争对手。例如,1851年伦敦活动的主要组织者亨利·科尔前往参加1849年巴黎的活动(Allwood 1977:14),收集了有关大型国家活动的信息。反过来,他把自己的专长运用到1855年巴黎第一届国际博览会,并把这方面的情报带回英国,运用于1862年伦敦世博会。伊姆雷·奇拉菲是1893年芝加哥世博会的顾问,在1899—1914年间到伦敦筹办系列帝国世博会之前,他在19世纪90年代为美国的大型活动做出了贡献,并报道了1889年巴黎的活动。[21]同样地,1901布法罗和1904圣路易斯世博会组织者参加了1900年巴黎世博会,1933年芝加哥世博会组织者参加了1931年巴黎世博会(Rydell 1993:72,82)。

最后,活动策划和组织小组必然涉及面向国际的国家经济精英、文化机构及其组织。尽管在19世纪和20世纪初,它们的国际化程度要低得多,但也必须涉及国际非政府组织。如果没有这些更加国际化的精英的支持和合作,特别是在这一时期,如果没有经济和文化精英、国家导向的组织团体和政治精英的支持和合作,就无法成功开展国际活动。就国家经济文化精英而言,一方面,核心组织团体需要能够充分利用本国最知名和最先进的资本主义产业的支持,在活动中展示其产品,并赞助活动。另一方面,他们需要得到以国际为导向和相互联系的非政府文化组织的支持,如艺术和设计、科学和技术以及人类和社会科学方面的知识和学术组织。

2.3.2.2 博览会和文化组织

文化组织需要通过设计展览项目的知识库、提供国际知名展品(科学、艺术、考古、人类学等)和公众教育(即尽可能用开放和吸引人的方法向公众解释和交流信息和知识)来直接帮助举办博览会。在英国,皇家艺术学会(原艺术学会,因1851年博览会的成功而获得皇家的资助和称号),以及南肯辛顿的"展览情结",特别是博物馆,在1851—1862年的活动中起到了至关重要的作用。[22] 在美国,华盛顿特区的史密森学会成为发挥这一作用的关键机构,它也是联邦政府1876年费城世博会后的重要组成部分。[23]

这些直接参与的精英文化组织也间接帮助了国际博览会。也就是说,它们将这些活动作为国家和国际科学和专业会议的场所,从而使这些活动的地位合法化。19世纪末20世纪初的主要知识分子参加了与国际博览会有关的会议,并为会议做出了贡献。西格蒙德·弗洛伊德(Sigmund Freud)作为一名普通的观光者参与了1873年维也纳世博会,其他观光者还包括爱弥尔·涂尔干(Emile Durkheim)(1900年巴黎)、亨利·庞加莱(Henri Poincare)和马克斯·韦伯(Max Weber)(1904年圣路易斯),以及阿尔伯特·爱因斯坦(Albert Einstein)(1939年纽约)。[24] 1889年在巴黎有一个殖民地博览会,其中包括美国史密森学会人员(继续为1893年的芝加哥做出贡献),还有69场会议(MacAloon 1981;

137）。1893年在芝加哥举行了一些国际会议，包括人类学和教育学会议。此外，还有美国历史协会的一次会议。1904年在圣路易斯举行了一次国际艺术和科学大会，马克斯·韦伯参加了这次大会(Bendix 1962:3)。正如我们稍后所讨论的，世博会在国际会议方面对奥林匹克运动的早期发展也具有相当重要的意义。

虽然机构试图在世博会的氛围中创造机会，但国际机构的协调性和合法性在19世纪末并没有得到发展，[25]直到20世纪30年代末才以国际展览局的形式获得认可。体育和奥运项目在19世纪末的重要性不如世博会。然而，它们在19世纪末极大程度地发展了国际理事机构，并在两战期间得以延续。从这个时期开始，国家精英们越来越多地不得不与这些国际非政府组织，特别是国际奥林匹克委员会、国际足球联合会和国际展览局进行谈判，并接受它们对这些活动的指导。

2.4 博览会和帝国主义：19世纪末和战争期间

2.4.1 背景

帝国主题是19世纪40年代法国国家博览会的一部分，也是1851年伦敦第一届世界博览会的重要组成部分。在这一时期，英国是世界上最主要的工业和帝国力量，并利用这次世博会展示其工业成就和帝国财产。保罗·格林哈尔希评论道，国际博览会是民族主义的载体。他谈及英国民族主义的特殊性及其与帝国的联系时指出："帝国是(英国)民族主义的载体，皇室是焦点，使皇室和帝国存在于展览中对他们来说是必要的。因此，在英国举办的每一个大型国际展览，直到第一次世界大战，都有大量的帝国部分和一个参与该组织的君主制成员。"(Greenhalgh 1988:121)在这一时期，法国和其他国家举办国际博览会的情况有所不同。

第二章 世博会与文化权力：资本主义、民族主义和帝国主义

重要的是要认识到国际博览会中的帝国主义。帝国主义尽管是作为国际博览会的一个流派，但它至今仍是博览会的一个主题，且在1880—1914年间达到了一个高点，一直持续到20世纪30年代和第二次世界大战期间。战争期间，在法西斯意大利和德国，"帝国主义"是一种将资本主义民主国家与极权国家联系起来的主题。我们将在第四章中进一步考虑这一联系。在这一部分我们重点讨论资本主义民主，特别是英国、美国和法国，以及它们在这一时期举办的一些博览会。这些国家对建立和展示帝国的明确承诺，即"超民族主义"，通常反映在许多活动中，而且实际上经常是这些活动的重要主题。

19世纪末的帝国博览会倾向于使用和发展壮观的群众游行，包括游行、合唱和带有各种历史、当代、传统或异域主题的戏剧（Roche 1999b）。正如19世纪末20世纪初/第一次世界大战前，世博会与奥运会之间存在着某种联系，世博会、大众节日与奥运会之间也存在着联系。二战期间，帝国和新帝国"超级大国"的官方仪式和大众节日中的帝国、权力和革命"剧场"影响了奥运会的典礼和仪式，尤其是开幕式和闭幕式。

19世纪末20世纪初发展起来的大型公共活动群众游行形式极具重要性和延续性，这可以从当代奥运会开幕式和闭幕式的主要元素及其他类似活动的戏剧化中得到生动体现。我们还应该注意到，在这一时期，另一种形式的大众展示，即德国和苏联的大众体操展示，至少在奥运会的规模和仪式方面做出了同样重要的贡献，我们稍后将考虑这一贡献（第四章）。

战争期间，尽管体育运动出现了大规模、持续的发展和普及，但世博会仍然像19世纪末那样受欢迎。这一部分，我们主要概述帝国博览会以及它们的主要特征，并特别关注1924—1925年温布利大英帝国博览会的情况。

2.4.2 帝国博览会:概述

印度曾是英国最大、最富有、最具异国情调的殖民地之一,这在1851年水晶宫世博会上得到了突出的展示。这是英国展示印度悠久传统的开始,无论是在英国的博览会还是在英国控制的外国博览会上,一直持续到英帝国的终结,或者说代表帝国主义终结开端的第二次世界大战为止。英国东印度公司(British East India Company)在组织1851年世博会方面发挥了主导作用,特别是在水晶宫内建立了一个"印度宫殿",展示印度农产品、纺织品、茶、香料等。随后,印度经常通过建造独具建筑风格的印度宫殿来进行展示,其中包括印度茶馆。工作人员是穿着传统服装的印度人,并帮助普及了维多利亚时期英国社会各个阶层的"典型英国人"的喝茶习惯。随着时间的推移,印度的展览变得日益奢华,从水晶宫世博会中占地3万平方英尺的印度宫殿,直到在1924—1925年温布利世博会占地5英亩的博览会上占据60%的场地。(Greenhalgh 1988:59)

与欧洲其他国家一样,英国致力于在19世纪末进一步扩张帝国,包括1898年布尔战争中"对南非的争夺"。英国的精英们专注于帝国的发展,需要获得民众的支持,因而反复利用举办大型世博会,以一种迷人、有趣和具有吸引力的方式向公众传达帝国信息。1887年和1897年的君主禧年庆典被用来宣传维多利亚作为"印度皇后"的主题,许多展览通常在伦敦举行,以普及英国的"帝国"身份及当时的帝国工程(Mackenzie 1984;Richards 1990)。殖民主义是19世纪70年代系列世博会的重要主题,也是1886年、1899年以及1908—1914年间系列大型博览会的重要主题。

1908—1914年间的系列活动主要由世博会主席兼制片人伊姆雷·奇拉菲与英国帝国主义的主要政治家合作(Mackenzie 1984:102-107)。该系列需要在伦敦建造一个相对永久性的世博会活动场地,包括一个大型体育场,既可用于帝国庆典,也可用于大型体育活动。为了纪念1893年芝加哥世博会,奇拉菲将他的选址命名为"怀特城",也就是众所周知的"白城"。怀特城体育场的最初用途是举办1908年第四届伦敦奥运会,后来成为英国国家和国际田径运动的发源地。[26] 世博会与主要体育活动之间的这种联系在英国大型活动体验中得到了回应。现在是足球和其他大型体育活动传奇舞台的温布利体育场,是1924—1925年帝国世博会设施的一部分,后来1948年在伦敦举办奥运会时,与其他世博会建筑一起用作奥林匹克体育场。

在1878年世博会上法国开始将与北非殖民地有关的帝国主题纳入其中。这场博览会标志着"帝国部分被描绘成异域城市风格的开端"(Greenhalgh 1988:65)。1886年伦敦举行的第一届明确意义上的帝国博览会(即英国的"殖民地和印第安人博览会")取得成功后,这一主题在1889—1900年巴黎博览会上得到了大规模的扩展。1889年世博会的组织者将新建的埃菲尔铁塔周围超过100英亩的世博会场地纳入了帝国及其殖民地的"异国风情城市"。[27]

在欧洲其他国家中,最致力于帝国博览会的是比利时,该国自1878年起殖民了中非的刚果地区。[28] 为了宣传该活动,比利时在第一次世界大战前举办了四次突出殖民主题的国际博览会(安特卫普,1894;布鲁塞尔,1897;列日,1905;布鲁塞尔,1910)。值得注意的是,作为大众传播手段的殖民地世博会并不局限于帝国中心地带的传播。这种形式的博览会也在殖民地内被复制。麦肯齐观察到,在欧洲:

> 它们标志着国家的自信心,偶尔也是对失败的安慰……在其他地方,它们标志着新国家的出现……在多米尼加,举办展览似乎是年轻又负责任的政府的一个必

要的通行仪式，而且总是在有显著的经济发展之后举行。

(Mackenzie 1984:99-100)

为了纪念多个领土和殖民地的发展，大英帝国举办了各种展览，包括澳大利亚（悉尼，1879—1880；墨尔本，1880—1881和1888—1889；阿德莱德，1887；塔斯马尼亚，1891—1892和1894—1895；布里斯班，1897）、新西兰（克赖斯特彻奇，1906—1907；达尼丁，1924—1926）、南非（开普敦，1877；金伯利，1893；约翰内斯堡，1936—1937）、印度（加尔各答，1883—1884；孟买，1910）、非洲（塞拉利昂，1865；桑给巴尔，1905）和牙买加（金斯顿，1891）。麦肯齐称，"这些殖民地展览是为了庆祝白人成功地扩张到世界最远的地方，并且在那里创造了仿照欧洲模式的社会。"（Mackenzie 1984:100）。

在美国，美国反殖民和民主的历史和传统限制了世博会组织者过于明确宣扬帝国主义主题。然而，从19世纪80年代起，美国在实践中迅速扩张其军事力量，并突显其在太平洋、加勒比和南美地区的存在感，创造了一个事实意义上的"美帝国"，与欧洲列强相抗衡。这种具有扩张性和干涉性的外交政策在1893年芝加哥博览会后的美国国际博览会上进一步明晰且合法化（Rydell 1984/1993），例如，通过1901年布法罗世博会和1904年圣路易斯世博会中涉及的"泛美主义"概念以及展示夏威夷和菲律宾等地相关的农产品来向人们来传达这一主题。圣路易斯世博会展示了菲律宾一块47英亩的土地，这表明美国对宣传和合法化的重视（Greenhalgh 1988:77）。

1914年前，英国和法国计划举办大型的帝国博览会。这些计划受战争影响推迟了，但很快又重新启动。1922年，法国在马赛举办了一场殖民地博览会，紧随其后的是1924—1925年在温布利举行的"大英帝国博览会"，吸引了约2 700万游客（见下文）。二战期间还举办了许多其他著名帝国博览会。其中还穿插了有关技术、科学和艺术"进步"的传统世博会主题的大型活动，尤其是1925年和1937年的巴黎博览会和1939—1940年的纽约博览会。1930年，比利时在列日和安特卫普举办了一场以殖民地为主题的双城国际博览会。1931年，法国在巴黎举办了一场"殖民地和国际博览会"，吸引了3 300多万游客，被雷德尔称为"令人惊叹的帝国理想之城"(Rydell 1993：69；Greenhalgh 1988：69)。美国受邀参加了这次展览，这似乎说明美国正式承认殖民主义的合法性(Rydell 1993：72)。美国世博会组织者在随后的两场战争博览会中，将殖民主义用作一个明确的主题，且没有受到拘束，尤其是在4 700万人参与的1933芝加哥世博会和1939—1940年旧金山世博会。芝加哥博览会组织者受到1931年巴黎世博会的影响，也借鉴了1924—1925年温布利博览会的经验(Greenhalgh 1988：82)。随着第二次世界大战的结束，英国在1938年格拉斯哥世博会上再次也是最后一次使用了帝国主义主题(MacArthur 1986)。

2.4.3 帝国博览会风格

19世纪末20世纪初帝国博览会的政治精英和组织者有三个主要目标。第一个目标是以帝国"同行"的身份扬言建立一个帝国国家，并在可能的情况下为之辩护，也就是说，寻求另一个帝国国家，可能愿意或不愿意，容忍对领土或权力的特殊要求。第二个是向帝国公众证明帝国是合法的，通过向这些活动收税，为在这些活动中战斗和死亡的人们提供资金。最后是向殖民地人民中的精英群体证明帝国的合法性，这些精英群体将被邀请参加博览会，以协助帝国对殖民地的控制，同时也有机会影响殖民地的独立运动和在"帝国使命""文明使命"已经完成时可能出现的后帝国国家。

帝国博览会作为本章前面概述的国际博览会的一种，有时作为其中一个主题包含在后者之中，有时完全独立。通常，帝国博览会的活动会使用一系列方式和方法来实现上述三个目标。首先，针对第一和第三个目标，邀请其他国家参加具有很大的灵活性。由于殖民地和被协助"统治"国家的存在，这种逐渐变化的殖民地世博会一方面声称是"准国际性的"，如1924—1925年温布利世博会。另一方面也明确宣称是"国际性的"，比如1931年巴黎世博会邀请一系列主要国家参加。在这两个极端之间，帝国主义国家可能会联合举办世博会，如1908年英法世博会。所有这些类型的帝国博览会都被用来影响国家公众和殖民精英，封闭式的博览会也特别针对殖民地和殖民精英，而开放式的博览会旨在给其他国家留下深刻印象。

其次，为了打动国家公众，帝国博览会把帝国的殖民地作为国家经济资源的主要储备。在这种情况下，博览会将展示帝国主义国家公众如何从殖民地原材料或直接从外来食品等中获益，1851年伦敦水晶宫博览会就倾向于采取这种方式。这一主题后来发展为将殖民地提升作为投资和移民的地方，如1924—1925年温布利博览会。

最后也最重要的是，帝国博览会是一种意识形态工具，用来打动国家公众，同时也向其他帝国主义列强展示一种形象，通常将殖民地的文化表现为不同的、异域的、有趣的，但也表现为殖民地的缺陷、劣势、停滞或其他"需要"帝国干预以控制其命运的文化。与此相关的是，它们通常发展和推广一种独特的国家"文明使命"，包括帝国主义国家的科学和技术优势，使其能够通过改变殖民地的土地利用、文化和人民来创造切实的"进步"。英国、法国和美国都有自己独特的方式，将"带来进步的文明使命"作为一个主题贯穿帝国博览会和更传统的国际主义博览会。第三章将更详细地讨论这一问题所涉及的种族主义。现在，我们可以通过1924—1925年温布利博览会更详细地了解关于帝国博览会的一些观点。

2.4.4 1924—1925 年温布利帝国博览会：案例研究

约翰·麦肯齐在《宣传与帝国：1880—1960 年英国公众舆论的操纵》(*Propaganda and Empire: The Manipulation of British Public Opinion 1880 to 1960*)一书中指出，在温布利举行的大英帝国博览会"是所有帝国展览中面积、成本、参与程度以及影响力最大的一次"(Mackenzie 1984：108)。图 2.3 为温布利博览会鸟瞰图。首先，我们需要考虑它发生的原因、主要特征，以及当时是如何被接受的。

图 2.3 1924 年温布利大英帝国博览会鸟瞰图，其中包括作为博览会一部分新建的温布利体育场。

2.4.4.1 产地和筹办

本次博览会的筹办和其他许多博览会一样，遇到严重的社会经济和政治问题。第一次世界大战中的恐怖活动、人员的巨大伤亡、美国的债务、美国和德国新力量的兴起、经济和军事的相对衰落，使英国社会感到无比震惊。退伍军人中存在失业现象，这预示着 20 世纪 20 年代末的劳工动乱和 30 年代的国际经济大萧条即将到来。实际上英国对帝国价值的依赖,已经在殖民地对盟军战争中明确显现出来。但加拿大和澳大利亚实际上是截然不同的独立国家,1921年"自由州"被承认是爱尔兰南部,加勒比和印度也有不断的独立战争。温布利博览会最初是作为奇拉菲白城系列的延伸在战前提出的。到1919年,对于英国政府、上议院和大英帝国俱乐部中亲帝国的政治家来说,正是重振大英帝国大型博览会计划的时候,使之成为比战前的白城帝国博览会更大更好的活动。

麦肯齐认为温布利博览会的主要目的是经济。英国三分之一的贸易与殖民地贸易相关,而且越来越多的人移民到这些国家。世博会旨在促进这两种形式的经济联系和投资。被殖民国家的总理、高级专员和其他领导人在1919年的一次会议上支持这一计划。自由党总理劳埃德·乔治(Lloyd George)和威尔士亲王积极支持这个项目。政府承诺提供所需的220万英镑资金的一半,其余资金来自公共认购,并充当了世博会的担保人,[29]对世博会进行干预,使其任命的人员进入组委会。议会在1920年支持该项目,理由是世博会将"有利于贸易,提供就业机会,并象征着对殖民地的善意"(Stallard 1996:7)。该项目得到了各方的广泛支持,如工党在1924年首次执政时积极支持世博会。

温布利体育场当时是伦敦郊区的一个绿地,被选中的部分原因是休闲产业开发商长期以来一直都对它感兴趣。19世纪80年代,一条用于通勤的铁路线路已经建成,一个游乐场和一个宏伟的埃菲尔式观测塔的第一阶段也已经完成,并成为一个相当成功的伦敦旅游景点(Varrasi 1997)。但由于经济问题,该项目以失败告终,1907—1908年拆除了塔楼,200英亩的部分场地被博览会项目委员会成员收购(Stallard 1996)。

2.4.4.2 内容和接待

温布利博览会第一年吸引了1 700多万游客,第二年又吸引了900多万游客,这是一个很受欢迎的盛会。它提供了在这一时期直接或间接由英国掌控的来自世界许多地区的各种各样的展馆和农产品，包括印度、锡兰、马来亚、缅甸、南非和西非、圭亚那以及加拿大和澳大利亚的自治领土。爱德华·埃尔加（Edward Elgar）创作了博览会官方音乐，鲁迪亚德·吉卜林（Rudyard Kipling）为博览会街道命名。根据博览会官方指南：

> 温布利的土地将大英帝国的全部资源进行微型复制。在那里，游客将能够从头到尾地观察帝国……从加拿大到澳大利亚只有一箭之遥，走一步就可以从澳大利亚迈进印度……游客一天之内学到的地理知识比一年努力学习的多得多。在每一种情况下，他都能看到所访问国家的生活状况。这就是大英帝国博览会的重要性，是对帝国全部资源的一次盘点。
>
> （Rydell 1993:65）

与以往大多数使用临时建筑的博览会不同，温布利的许多建筑都是考虑到使用后的永久性而建造的。两座主要的工业展览建筑是有史以来为博览会建造的最大建筑之一（Stallard 1996）。此外，如前文所述，博览会组织者将为本次活动在博览会现场新建一座可容纳10万人的大型运动场馆。在博览会开幕之前，温布利体育场就成了英国的传奇。1923年温布利体育场为英国足总杯决赛提供了场地，吸引了超过设计容量10万人的观众。体育场举行了博览会开幕式和闭幕式，皇室成员也应邀出席。乔治五世国王主持的开幕式广播是英国公众第一次通过新媒体聚集在一起参加的全国性活动。因此，帝国博览会是英国现代文化史上第一个大型的"媒体事件"。

关于帝国的任何信息都将通过博览会强大的娱乐、游乐场和休闲特性进行传播。博览会期间，体育场是每日"帝国盛会"的举办地，有15 000名表演者和数百只动物参加，还举办了选美和各种体育活动，包括殖民地拳击锦标赛。场内有一个拥有最新游乐设施的游乐园，包括道奇、河洞、滑槽和过山车(Stallard 1996:14; Walthew 1981)。博览会向大众展示了新的大众电影媒体，特别是非洲旅游电影。现场还设有多个舞厅，流行音乐和舞蹈与参观世博会的体验密切相关。这次博览会受到了一些伦敦文化精英的批评，包括伍德豪斯(P. G. Wodehouse)和诺埃尔·考沃德(Noel Coward)。在伦敦学习的殖民地学生也对此有少量的意见。但是总的来说，温布利博览会无疑是一个受欢迎的活动。

2.4.4.3 评估和展望

温布利博览会的评论员们普遍认为，它作为一个受欢迎的活动似乎取得了成功。尽管它在筹办阶段出现了一些财务和管理方面的问题，并且在第一个赛季就出现了亏损，后来通过将博览会延长到两个赛季弥补了损失(Stallard 1996)。如果这里的评估存在差异，那么这些评估对于该活动是非常受欢迎还是仅仅相当受欢迎的评论而言，是相对边缘的(Rydell 1993；Stallard 1996)。雷德尔评价，"温布利的英国人在没有使传统足够现代以吸引大众的情况下，重振了国家展览传统，通过新的建筑设计来销售国家的帝国设计"(Rydell 1993:67)。这只谨慎地说了一小部分。通过使用熟悉而又壮观的纪念性世博建筑，博览会显然吸引了大量的公众。如果它试图将文化保守的英国公众引入1925年巴黎世博会和1929年巴塞罗那世博会上那种前卫的现代主义建筑中，并很快在1933年芝加哥世博会上被发现，那么它可能不会更受欢迎。

2.5 结论

本章我们回顾了19世纪中叶以来博览会的起源，从国际和帝国类型中追溯了在19世纪末20世纪初的英国、法国和美国这一大型活动的大致发展,并以 1851 年水晶宫世界博览会和 1924—1925 年温布利帝国博览会的两个案例详细地说明了这一过程。我们一直认为,博览会反映了 1850—1939 年间一代又一代资本主义、民族主义和帝国主义的发展。博览会是国家文化政策的一种流行和有影响力的形式,每一代强大的国家精英团体都定期使用这些形式来象征和促进其社会的基本结构发展,并影响国家公共文化。此外,它们也是公共文化中出现国际维度的重要焦点,尤其是通过精英群体参与国际交流、网络和竞争的过程。

针对大型活动举办的权力,我们现在需要考虑权力和社会差异的问题,这在 1850—1939 年间超级活动的"消费"中得到了反映,涉及在博览会上更密切地关注消费主义和公民的相关经验,特别是与公民相关的古典主义、性别歧视和种族主义的经验。此外,我们还需要通过体育文化和奥林匹克运动的发展了解国际大型活动早期的领域扩张,以及从世博会传统中出现的奥林匹克大型活动。

第三章　大型活动与文化公民身份：消费主义、包容/排斥和国际主义

本章探索了19世纪及20世纪初以国际博览会为主的大型活动对现代公共文化做出的贡献，其中尤为关注通过大型活动发展起来的文化包容以及国际主义的形式。这一论述分三个部分进行。第一部分探讨了最直观的文化包容维度下博览会所扮演的角色，即对公共活动的宣传以及对旅游消费主义的态度。值得注意的是，这也证明了20世纪末现代化进程中出现的消费者文化，有时我们也视其为后现代文化，其实起源于19世纪。[1] 博览会的包容性与白人工薪阶级的出现相关。第二部分分析了这种不成熟的阶级包容性里蕴含的对整个工人阶级、女性或非西方民族的排斥。第三部分探讨了随着博览会的发展而兴起的文化国际主义。这一部分，我们先探索了奥林匹克运动与作为国际文化形式的博览会的联系与区别，然后阐述了19世纪末到20世纪初全球监管机制的发展和这些机制的制度化过程。

3.1　大型活动与文化包容：博览会与旅游文化

3.1.1　现代文化、后现代文化与博览会

1873年，为响应广泛举办博览会这一趋势，奥地利在维也纳举办了一场博览会。尽管这是一场金融灾难，但它是迄今为止最

受欢迎的博览会,参观人数超过700万。作为参展观众的西格蒙德·弗洛伊德总结如下:"我并没有看到新闻报刊宣扬的现实世界的全貌,整体而言,它仅仅是对当前世界表面审美或对参展观众的一个展示。"然而,尽管存在负面评价,弗洛伊德也表示他已参加过两次博览会。[2]他的言论至少能帮助鉴别博览会的公共文化本质及博览会衍生出的集信息、娱乐、旅游及消费于一体的混合物。

在博览会作为大众娱乐方式兴起的过程中,我们所熟悉的后现代文化中的许多机制才开始形成。当代公共文化也被细分为现代文化、后现代文化形式与主题不断更新的混合体。前者涉及同质化和大众化的过程,与工业资本主义经济体朝劳工社会的转向相关联,更与"现代化"的萌芽密切相关。后者涉及个性化和去大众化过程,与20世纪末国家和资本主义朝着多边政治和监管以及以信息和服务为基础的经济重建相关,且受到以消费为导向的全球技术要素和资源所驱动。蕴含现代文化的劳工驱动的各种要素与蕴含后现代文化的消费或娱乐导向的各种要素的结合,以及这些形态的形成和冲突,都来源于19世纪末公共文化中一个类似的结合形态,这一点在当时的大型博览会中可以得到证实。

尽管彼此矛盾重重,现代和后现代元素与公共文化形态经过19世纪末的发展,明显被各种文化机构和文化产业衔接起来。19世纪末20世纪初,学校、教职、公立办学模式以及统一的课程设置都取得进展,义务教育范围也进一步延伸至年纪较大的儿童甚至年轻人,这些都与国家建设、现代化进程和现代公共文化的建设紧密相关。20世纪20年代到60年代,对于国家广播和公众广播的初步进展,人们总会先提到收音机,然后是电视。另一套文化机构和产业正如国家教育系统和广播系统一样也对现代性产生极大的社会影响,然而这一点存在争议。

这套文化机构包括博物馆、艺术画廊、百货商店、主题公园和大型集市。作为公共文化的一部分,19世纪末的系列国际博览会极大地激励了这些机构的发展。与大多数公立教育和广播的僵硬和明显的"现代文化"特征相比,这类文化机构为其与国际博览会的相互联系提供了灵活性,因此公众要么以现代的方式,要么以后现代的方式,或者以两种方式同时参与到公共文化中。接下来我们将再次对这类文化机构展开讨论。而我们首先需要考虑的是公众行为和态度的主要分类,因为它们会影响参展观众选择目的地以及使用这种文化机构的方式。这些态度和行为可以表现为"旅游消费主义"和"城市大同主义"。这两者互相联系,与民族性、国际性都有很大关系,也体现了"后现代"文化的许多特征,而我们常常错误地认为这些特征是属于我们这个时代的。

3.1.2 旅游消费主义和博览会

下面我们将从四个方面讨论博览会与"旅游消费主义"的联系。第一个也是最明显的方面是大多数参展观众必须成为游客才能到达目的地。相对较少的部分国际参展观众必须通过新兴的公共交通系统、轮船或长途铁路旅行,而大部分国内参展观众成为"短程游客"并使用新的铁路系统。

20世纪末诞生的旅游文化产业不仅作为一种产业,而且作为一种文化体验形式,在全国乃至全世界都占有一席之地,并且它在许多方面与后现代的理念基本一致。后现代理念[3]的出现与国际博览会的发展同步并且紧密相关。19世纪中后期,尽管时间非常短暂,博览会还是为这个新时代提供了许多旅游景点。尤其是在巴黎,当然也包括一些其他城市,博览会遗留下了许多"活动遗产",而这些建筑后来变成城市的永久性旅游景点(见第五章)。它们也偶尔被用来促进旅游业发展,甚至用来吸引移民来大陆地区或帝国殖民地定居,如1915—1939年间旧金山博览会吸引了来自加利福尼亚和美国西海岸的移民,1924—1925年伦敦(温布利)博览会则吸引了印度、加拿大和澳大利亚的移民。

第三章　大型活动与文化公民身份:消费主义、包容/排斥和国际主义 | 85

为了证明博览会对 19 世纪中后期国内和国际旅游业发展的重要性,我们有必要提及旅游公司的典型——托迈酷客(Thomas Cook)的成长。随着 19 世纪中期蒸汽驱动的交通系统的发展,尤其是铁路的快速发展,旅游产业以托迈酷客公司 19 世纪 40 年代在莱斯特的米德兰兹基地出售火车短期旅行团票为起点,也成长了起来。尽管如此,人们还是需要旅行动机,而大型博览会则提供了动机并扩大了旅行需求。

图 3.1　1900 年巴黎世博会获得巨大成功,人山人海的观众体现了博览会旅游文化和"活动遗产"的特征,如充满异域风情的"迷你城市",埃菲尔铁塔(1889 年巴黎世博会建造)和摩天轮(1893 年芝加哥世博会建造)。

当时的新闻报刊称托马斯・库克(Thomas Cook)为"旅游王子",并且用"无处不在,无时不动"这样很现代,甚至"后现代"的话语来描述他(Buzard 1993:64)。鉴于他在 19 世纪 40 年代的独特经验,米德兰铁路公司邀请库克组织 1851 年世界博览会的参展团。库克采用创新的宣传方式,创建并发行了自己的《旅行者》报纸来宣传博览会和参展团。此外,库克在许多工业城镇开展活动,帮助渴望参加博览会的工人成立博览会俱乐部,这些俱乐部也是筹资俱乐部，旨在为旅行筹集资金。他说服工厂老板允许工人休假去参展。布扎德指出，库克认为"工厂老板和经理把博览会的举办归功于他们的员工……所以给他们机会去见证他们所从事的行业的精彩成果"(Buzard 1993:53)。库克在他的报纸上发问："为什么工人应该参加展览会？"他认为，他们应该去，但不是把博览会作为一场表演或是一个娱乐场所，而是作为一个伟大的科学学院、艺术学院、工业学院、和平学院以及国际兄弟会而去(Buzard 1993:54)。库克最终组织了 165 000 名工人阶级为主的旅游团。布扎德指出，库克"在接下来 20 年（1853—1873 年）的许多其他大型文化活动中扮演类似的角色"(Buzard 1993:55)，例如他接连组织规模较小的旅行团参加 1853 年都柏林博览会、1855 年巴黎博览会、1862 年伦敦博览会和 1867 年巴黎博览会。

　　博览会与旅游消费主义相关联的第二个方面在于，所有去过 19 世纪末举办的国际博览会的旅客，无论是否买过展品，他们都置身于一种强大而新颖的消费观中，也可以说置身于充满多样性和各类商品的生活理念以及生活乐趣中。典型来说，不论从质量还是数量上看，各种国际博览会都呈现了前所未有的展品。大部分产品都以非常直观的价格销售给贸易商和公众，他们也可从工厂直接购买或订购。如果这些商品对公众来说太贵，还有相对便宜且量产的纪念品（包括采用了新型摄影技术的明信片），以确保每个人至少都能买点东西带走。关于现代公共文化的本质，人们存在一个很大的误区。他们认为消费者文化或是后现代文化或多或少与 20 世纪末数十年出现的"从无到有"现象有关。这忽略了消费者机构（百货商店、广告公司等）近一个世纪的发展，这些机构自 19 世纪末的博览会，到 20 世纪初期和中叶，即战后电视出现之前，随着博览会的开展不断发展和扩散。许多分析家在研究中指出 19 世纪末当代消费主义的先驱，[4] 例如，在研究维多利亚时代的英国商品文化和广告业的发展时，理查兹(Richards)总结如下：

第三章 大型活动与文化公民身份:消费主义、包容/排斥和国际主义 | 87

水晶宫旨在被打造成英国一个人人可以民主并肩合作,社会差异存在于物品而不是人的地方。这场博览会把每一位参展观众变成了从容的游客,同时,它也把巴黎拱廊上小心翼翼的观光者变成了手工制品的消费者。从真正意义上讲,这场博览会使得一种新身份——消费者,和一种新思想——消费主义变得流行起来。

(Richards 1990:5)

博览会与旅游消费主义相关联的第三个方面在于,当大众欣赏 19 世纪末博览会上的展品时,令他们印象最深刻的除了展品空前的数量和质量,往往还有绝大多数展品来源于世界各地这一事实。这些陌生的外国商品或是配套产品的畅销使消费者通过消费而诞生的旅游感替代了体验感,这在当代文化中再熟悉不过。

第四个,也是最后一个方面在于博览会主办国的公民以不同的方式接触到了许多外国人以及外国文化。格林哈尔希解释这一点时指出:在这些大型活动中有许多外国人通过不同的方式相互接触,包括外交人员,国外休闲娱乐场所的员工,以及在原始文化的种族主义"人体展示"中出现的对象(Greenhalgh 1988:82)。下面章节将详细讨论博览会的排他性和种族性。不过目前参加博览会可以说是一种替代性的、虚拟的旅游业,在这种没有旅行的旅游业中,是"外来者"和他们的旅游视野、生活方式"袭向你"而不是"你迎向他们"——对于这一过程,大众在 20 世纪初通过公共文化题材的电影而熟悉(Gunning 1996),又在 20 世纪末由于电视的普及而熟悉。

这四个方面糅合在一起,共同促成了一种大众意识形态下的新的"旅游消费主义"。与精英们举办的大型活动所蕴含的国际主义相比,旅游消费主义代表了国际主义的"公共文化"部分。当然,与这种国际主义文化相符的看法就是,代理旅行或其他旅行并不一定能开阔眼界,它甚至为竞争、好战、排外和种族主义等行为的滋生创造了条件,同样也为宽容共存、民族和平、四海情义创造了条件。

旅游消费主义不仅面向国家,更面向国际,其对大众体验的宣传与大都市居民对他们的生活环境的看法息息相关。很明显,至少这种旅游业和提到过的"外来者"共同促进了参与当前世界维度下的公共文化的热情。的确,世界主义与时代的相关性是涂尔干在1900年巴黎博览会上演讲的一个主题(Lukes 1973:350)。博览会以及随之大量涌入的外国游客把他们的焦点短暂转移到了现代都市出现的世界主义。博览会体现的世界主义是19世纪和20世纪城市主义暗含的世界主义特征的缩影,更是大多数首都城市以及其他一些贸易或者移民城市中展现出来的文化混合物的缩影。博览会本身就被设计为"迷你城市"和"理想城市"。因此,正如第一章所提到的,如同1893年芝加哥博览会的场馆所在地"白城"[5]一样,伦敦的博览会场馆也被用作1908—1914年间在伦敦举行的几乎一年一度的系列皇家博览会的主要场馆。

博览会宣扬的公众态度和行为与新的城市公共文化形式、机构和产业,即博物馆、美术馆、百货商店、主题公园和大型集市等相互作用。[6]显然,博物馆、美术馆和大型集市的出现早于19世纪的博览会,它们在西欧尤其有着悠久的历史。然而,即便是这些产业也由于一系列博览会的开展彻底改变了。这也使得公众对以前主要对上层阶级开放的产业,如博物馆和美术馆的认知度和参与度达到一个新的水平。就集市而言,博览会帮助其扩大了规模,提高了基础设施的技术系数(如垂直电梯、缆车、摩天轮和过山车,以及许多其他创新)及其创新力、控制力以及提供极致快感及刺激的能力(de Cauter 1993)。[7]其他如百货商店和主题公园,这些典型的消费产业或旅游产业要么是由国际博览会作为概念有效地创造出来的,要么是由于它们自身的快速发展或广泛传播而形成的。这套机构和产业为博览会提供了大量背景和经验,使得公众通过相互作用对旅游消费主义和城市大同主义的框架有更具体的认识,也一次次地吸引大批游客参与这些活动。

谈到大型活动和城市,我们将进一步探讨博览会和现代城市体验之间的联系(第五章)。目前为止,可以得出结论,即我们的讨论证明了博览会的文化包容性。现在需要考虑的是这种包容性所包含的社会和文化排斥的方式。

3.2 大型活动与文化包容/排斥:博览会与社会划分

背景

19世纪的博览会通常是西方社会现代化进程中国家建设和经济建设的产物。它们为精英们提供了一种公共文化下的决策形式,可以促进普通大众对新的政治经济形态的接受、融合、认同和忠诚。博览会是促进公民关系、社会团结、文化包容以及旅游消费主义和城市大同主义的有力手段。相比之下,这部分需要考虑明显的进步中所涉及的排斥色彩,特别是与阶级、性别和种族这三个主要社会划分相关的因素。

然而,在总结博览会与三个社会划分之间的关系前,首先需要对博览会的包容或排斥的动态以及奥林匹克大型活动做一些比较性的评论,然后更详细地看待每个社会划分。从比较的角度来看,本书中我们所关注的主要事件,即博览会、奥林匹克运动和国际体育赛事,都从1880—1914年间开始发展,在战时发展更强劲,它们对公共文化包容或排斥的动态也具有重要的影响。我们将在本章的下一部分(关于它们19世纪的起源)以及第四章中(关于第一次世界大战期间)更详细地讨论与这些问题有关的奥林匹克运动和体育运动。

就和平共处的价值观和国家多样性原则而言,奥林匹克运动和各种国际体育运动更倾向于文化包容。然而,直到第二次世界大战和后殖民时期,这种倾向在实践中总是偏向于先进西方民族和国家的利益。来自殖民地的运动员和团队要么被排除在国际比赛之外,要么只能作为附属国的代表参加。第二次世界大战期间,体育运动和奥林匹克运动作为公共文化的形式,在意识形态上排斥这三个社会划分。在这期间,尽管存在阶级、性别和民族上的偏见、歧视和排外,它们被系统地构建和制度化,成为贵族和中产阶级、白人和男性的文化保护区。

工人阶级因为"业余主义"的意识形态被排除在英国举办的体育运动和奥林匹克运动之外,妇女因为"女性"身体脆弱的伪科学理论被排除在外,黑人和亚洲人因为帝国主义和种族劣势也被排除在外。1880—1939年间,随着体育形式逐渐制度化,并在国际上广泛传播,这种排斥性也受到了挑战。19世纪80年代至90年代,在欧洲的足球和美国的棒球等大规模专业体育活动中,工人阶级男性在参与度和观看权方面取得了初步进展。女性在争取选举权取得进展的同时,也成功拥有了国家或国际体育运动的平等参与权,同时也为战后的进一步发展搭建了平台。后殖民时期独立运动的成功和战后为争取人民权利而进行的斗争,使黑人和亚洲人获得了参加国际体育运动的权利。长期以来对妇女、黑人和亚洲人的排斥问题一直存在,争取权利的斗争也一直持续至今。

博览会对工人阶级、妇女、黑人和亚洲人的包容或排斥沿着一条相似的路径发展。然而,在这一大型活动中仍然存在一些差异。博览会对现代公共文化建设的贡献可以归纳为以下几个方面:尽管受阶级不平等的影响,它们依旧给予白人男性工人阶级高度认可、文化包容和公民身份。这意味着在"有组织的"或"福特式"资本主义和"国家功能主义"的演进过程中,中层阶级和工人阶级开始合作。[8]然而,这种尝试受到新的劳动分工的束缚。从内部看,这种包容束缚了男性精英们利用博览会为女性构建一个家庭"私人领域",并且以依附的形式体现其地位的企图。从外部看,这种包容试图在种族问题上使帝国关系合法化,是明显的意识形态和文化排斥的战略。因此,博览会赋予了女性受男性压制的二等公民身份,并且给予非白人和非西方民族的许多公民少许现代国家、帝国和大众认可的成员身份或公民身份。然而,尽管如此,除了(白人、男性)工人阶级个体和群体能够从博览会中受益,妇女、少数民族和一些运动员偶尔也能利用博览会以获取自己的利益,及时争取自治、平等、包容和公民身份。如雷蒙德·威廉姆斯(Raymond Williams)所言,我们所说的"漫长的革命"仍在进行中,并且还有很长的路要走,才能够构建现代社会中的无阶级分裂、无性别歧视和无种族歧视的社会关系和公共文化,而博览会则在这个过程中既扮演积极的角色,又扮演了消极的角色。

像奥运会一样,博览会声称促进普遍主义、人文主义、国际主义和民族主义的理想和世界观。因此,它们似乎也促进了国家内部对身份与包容性、国际秩序和种族的认识。然而,在实践中,这些认识旨在对白人男性工人阶级有更多的包容性,他们正通过获得新的选举权和工会组织权而在政治上有更多话语权,同时,旨在让他们在快速变化、条件艰苦和走下坡路的工业和城市环境中适应工作和劳动的艰辛。在每一个主要的博览会主办国,无论是否具备政治意识,大量的白人工人阶级男性成为参展观众的一部分,这也表明他们似乎普遍相信这些活动的教育或娱乐价值。

妇女往往主要通过她们的家庭角色以及与男性的婚姻关系来确定身份,并且在一定程度上作为性对象被消遣。随着妇女运动的发展,这些包容性中的排他性形式受到明显的挑战。除了那些政府官员和外交人员外,非白人族裔以各种排他性方式被纳入博览会,其中大多数是次要的娱乐型角色,还有一些是作为非人性化的种族主义伪科学的展示对象。

妇女运动、工会运动和消费者运动都从博览会中获利,但也遭遇到了它们的霸权,这与民族和种族的划分没有关系。正如我们稍后指出的,博览会在很多方式上倾向于种族主义和排他主义。然而,值得注意的是,无论是否有意,它们确实为一些更加积极和包容的发展提供了借鉴。首先,美国黑人社区的运动能够长期利用这些博览会挑战种族主义和种族歧视,并推动争取美国完全公民权(Foner 1976;Rydell 1993)。其次,历史悠久的中国和日本文化能够在出席的众多博览会上,并投射出相对有利的民族认同感。最后,无论好坏,反帝国主义民族独立运动能够通过博览会了解国家地位和国际认可的形式和好处,也了解到各国的文化习俗。现在,我们可以更详细地探讨博览会对我们所关注的三个社会划分中的每个社会分层的包容或排斥的体现。

3.3 博览会、阶级力量和工人运动

19世纪末20世纪初的博览会对资本主义社会中不断发展的工人阶级的影响可以概括如下。尽管处于附属地位,且受各种条件约束,从中上层阶级的角度来看,博览会仍给予了白人工人阶级高度认可、文化包容和公民身份。接下来我们将进一步考虑这种条件的包容性:第一,概述了一些研究博览会的历史学家对阶级"霸权"概念的不同阐释。第二,陈述了博览会排斥工人阶级的现象。第三,讨论了博览会"社会和平"的主题。第四,探讨了博览会为工人阶级明确自身身份提供的舞台。

3.3.1 作为统治阶级霸权工具的博览会

"霸权"是指从属阶级接受了来自统治阶级的统治。它最早由意大利马克思主义者安东尼奥·葛兰西在战争时期运用于现代资本主义国家阶级关系的社会批判性分析中,并在战后成为社会批

判性文化分析的"惯用手段"。从博览会发展史中,我们可以发现有关博览会的阶级霸权特征存在两种普遍的看法,即强势霸权和弱势霸权(Bertson 1992)。

研究美国博览会的主要历史学家罗伯特·雷德尔的观点体现了一种"强势霸权"或批判性的"资本逻辑"特点,很明显他参考了葛兰西的观点。这种观点着眼于如美国这样的统一的资本主义统治阶级的利益,尤其是男性和白人的利益。他认为国际博览会——无论它们怎样被接纳(是否受工人阶级、妇女和少数民族欢迎),无论它们包括什么内容(即是否包含简单或复杂的含义和信息,是否产生消极或积极的态度和价值观)——最终且最恰当的解释是,博览会是阶级控制和阶级宣传的工具。雷德尔假设,即使偶尔有人批评或抵制博览会及相关信息,但总的来说,它们还是可以被视为阶级斗争中有效的意识形态武器。在社会经济危机时期,它们成功捍卫了(美国)资本主义,而且促进了资本主义的进一步发展。例如,他指出:

> 如果说博览会的功能之一是促进人们对社会的理解,那么博览会的负责人应尝试从特定的阶级角度来组织活动。这些活动既是霸权的胜利,又是统治阶级思想的胜利。所谓霸权,指的是美国社会的当权者用文化的形式行使经济和政治权力,并获得"大众对此自发的认同……"。这些世界大型活动之所以表现出霸权的功能,是因为它们提倡一个国家(如美国)政治、经济、商业和知识分子领袖的理念和价值观,并把它们作为对现实的合理解释。
>
> (Rydell 1984:2-3)

关于博览会的性质,我们在第二章中也看到一些其他观点,其中有些个人观点避开了霸权问题。他们倾向于把博览会看成政治上无害的,认为博览会是对主办国的集中展示(Luckhurst 1951;Allwood 1977)。关于博览会的其他讨论,虽涉及霸权问题,但其观点与雷德尔不同。这些探讨,尽管是以批判性的眼光看待博览会及它们在宣传中扮演的角色,却也认识到其中的复杂性、模糊性和冲突性。这些分析的观点一般倾向于更多地从参与事件产生和接受的政治和机构中得出,而非"强势霸权"观点。我们也可以称其为"弱势霸权"视角,这可以从格林哈尔希、麦肯齐和斯托拉德对博览会的研究中得到阐释。

例如,格林哈尔希认为,博览会绝对是工业社会中上百万做苦工、被排斥的工人阶层的福音……没有与会者对这种经历感到遗憾。即使带有如此消极的目的,它们依旧是宏伟的构想。(Greenhalgh 1988:225)麦肯齐的观点也与此相似:

> 博览会成功的秘诀在于它们把娱乐、教育和商业结合到一起,规模惊人……到20世纪末,它们成了巨大的娱乐场,实际上还与科学馆、工业馆和自然史馆、人类学和民俗馆、移民局、音乐节、美术馆,甚至连同新兴的交通和媒体融合在一起,所有的这些产业构成了一张关系网络……它们似乎是一种娱乐和教学相结合的理性形式,并且有数百万人参与。即使大多数人都是为了娱乐而参与,但至少帝国的一些宣传见效了。
>
> (Mackenzie 1984:97)

斯托拉德借鉴了莱伊和奥尔兹关于1986年温哥华博览会的研究成果,对1924年温布利皇家博览会也持同样的观点。他认为,雷德尔的"强势霸权观"与对这场特定的博览会的了解以及需求相关。温布利博览会的组织十分混乱,这场博览会就是霸权雏形的运用。(Stallard 1996:1)国家虽有时会抵制帝国主义精英阶层,代表工人阶级的民主利益,但博览会提供的大众活动存在阶级和解的真正因素。

3.3.2 世博会举办过程中的阶级排他性

正如第二章所述,博览会是在排他性、精英性和支配性的基础上由重要政治家、贵族、企业资本家和专业人士组成的力量网络。从这方面讲,它们体现、象征并再现了主要的阶级划分,从而揭示了博览会"东道主"国家的排他性。各种决定方式、生产方式、存储方式以及流通方式体现出的排他性,使人们忽略博览会具备的包容性、平民性以及民主性等特点。即使我们考虑到国家或地方市政府偶尔发生的关于资金的辩论和投票为博览会提供的民主性和合法性,这种观点仍然存在。

正如我们看到的,政治领袖和国家元首通常现身开幕式。此外,他们有时更直接参与博览会的筹备和组织,例如阿尔伯特王子和拿破仑三世,许多美国总统也是如此。在他们早期的职业生涯中,格罗弗·克利夫兰(Grover Cleveland)总统和赫伯特·胡佛(Herbert Hoover)总统分别帮助组织了1893年(芝加哥)和1926年(费城)的博览会。泰迪·罗斯福(Teddy Roosevelt)总统在1904年圣路易斯博览会以及第三届奥运会的相关决策中发挥了主导作用。最后,新政时期的战时博览会如果没有罗斯福总统的推动是难以实现的。在罗斯福总统执政早期,他帮助组织了1915年旧金山博览会。[9]另外,博览会需要大公司和企业家们的参与。正如萨斯曼(Susman)对美国博览会的看法:

> 如果看不到……官僚和公司在塑造现代博览会体系中的重要性,或者意识不到它们是多么宏伟的事业,那将是荒谬的。毕竟,博览会的负责人也是美国企业的主要

管理者。

(Susman 1983:7)

这些政治精英和经济精英的参与使决策更加果断有效,但也意味着决策可能像在私人企业中一样具有封闭性、局限性和排他性。

3.3.3 博览会中的"阶级超越"主题：宏观场景与社会和平

博览会的主题中,宏观场景(场景、敬畏、气氛等)和社会和平体现出阶级超越的特点。第一,宏观场景。博览会,特别是帝国博览会,明显涉及权力精英的意识形态的产生和宣传,旨在宣传并教育(不避讳地说,主宰或支配)普通大众,尤其是新的城市工人阶级和中产阶级。然而,这些宣传本身在意识形态上是复杂的,个人具体阐释也不一样,且极具象征性和戏剧性,除此之外,它们对公众态度的影响也复杂而模糊。

正如我们在第二章所看到的,博览会期间有很多与参展率有关的宏观场景,从顶尖的建筑规模和设计、技术质量、商品质量和数量,到各种壮观的仪式、习俗和游行等。人们更把这些看成对当代精英们的观念、价值观和理想的展现,而不是简单当作愚弄大众的意识形态宣传手段,以真实地表达他们也像大众一样被巨大的生产力和新的劳资关系"愚弄"(如果这是我们必须使用的词语)的事实。实际上,在博览会上,工人们被邀请与资本家一起领略工业资本主义的力量和潜力。

马克思分享了他对敬畏的理解,尽管是以批判、客观的方式。1848年,即巴黎举办大规模(虽然不是名义上的"国际")贸易展的前一年,当时水晶宫仍只是个设想,马克思在《共产党宣言》中记录了19世纪中叶资本主义前所未有的巨大活力,用语透露出国际博览会即将在欧洲和美国流行的信息。他写道:

> 资产阶级是第一个突出人类活动创造成果的阶级。它创造出了远超埃及金字塔的奇迹。凭借其短短100年的统治,它创造了比前几代人共同创造的更大的生产力。人类和机械征服自然,化学在工业和农业、航海、铁路、电报中广泛使用,土地大规模开垦、河道渠化,所有的劳动力量都被召唤出来——先前的世纪竟然还预测这样的生产力将会在社会劳动力中沉眠?……资产阶级通过迅速改进一切生产工具,通过极其便利的交通手段,把所有民族,甚至最野蛮的民族都吸纳到文明中来。
>
> (Marx and Engels 1969:53-54)

第二,社会和平。博览会经常明确提出工具性和思想性的"阶级绥靖"主题,旨在向工人阶级展示市场和国家体系利用发达的科技来提高群众生活水平和解决社会问题的能力,并促进阶级之间的合作。介于劳动和资本之间的"社会和平"主题取代了"阶级斗争",这在19世纪法国系列博览会的组织中明确地呈现出来。尤其是那些受弗雷德里克·勒·普莱(我们稍后会进一步讨论)领导的保守共和党运动和美国内战影响的博览会,其中以1939—1940年纽约博览会为代表,它包含了富兰克林·德拉诺·罗斯福总统的"新政"政策的想法(Rydell 1993)。

3.3.4 博览会是工人阶级运动的舞台

博览会能够为工人阶级和工会运动提供机会,使其团结。然而,这些机会并没有运用到参与博览会场馆和设施建设的工人阶级和工会会员或者为博览会做出贡献的相关人员身上。在大型博览会上,罢工似乎相对较少。[10] 一般来说,博览会主要在资本主义国家举办,男性工人阶级第一次获得选举权,工会在就业上获得合法承认和正当权利,社会主义政党和运动出现。博览会以直接或间接的方式提高了工业劳动力的知名度和地位;作为公共教育的一种方式,博览会通常表现为进步的社会力量。它们为工会运动和社会主义国际运动的出现和团结提供了平台。为了支持这一观点,有几点值得注意。首先,1862年伦敦博览会促进了第一社会主义国际的建立,为法国、德国和英国的工会主义者以及与马克思同一时代、颇有影响力的德国工会主义成员和社会主义者费迪南德·拉塞尔(Ferdinand Lasalle)的访问提供了机会。[11] 1867年巴黎博览会的关键主题是吸引众多参展观众的英国工人阶级和工会成员创造的生产力。1889年巴黎博览会为组织第二社会主义国际联盟提供了契机。最后,马克思唯一可能参加过(1869—1870年)的"资产阶级"协会是英国皇家艺术协会,正如我们在第一章所看到的,它也是最直接负责博览会建设和宣传的"智囊团"(Allan 1981)。

3.4　博览会、性别歧视与妇女运动

博览会体现了妇女在现代公民社会和公共文化中的多重身份和角色,并为妇女组织和妇女运动提供展示她们成果和思想的一系列机会。无论如何,考虑到从1851年水晶宫博览会到1939—1940年纽约博览会近一个世纪以来社会的快速变化,妇女在博览会上的经济和社会地位,当然也包括政治地位都不可避免地会有所提高。但是,博览会在整个社会上体现的妇女状况的改善,是经历一系列斗争、失败、曲折以及成功的"长期革命"的一部分。由于博览会主要由男性精英群体组织,它的总体框架和内容不可避免地直接或间接被性别化。博览会重视男性的成就,在我们对妇女参与博览会进行简要回顾之前,先讨论这一点是有必要的。

在博览会或整个现代社会中,如果不参照女性一直反抗的对男性的身份和角色的定义和区分,就不可能理解女性身份和角色

的发展。对两种身份和角色主要的定义趋向于二元性,强调差异性、互补性和概念上平等但实质依旧不同的相互依存性,而非相似性和平等性。每个性别都被构建为相对于另一性别来说的内部的外来者。男女身份和差异的显著二元性,以及现代男性主导文化中男女"分工"的显著二元性,在博览会上被大肆宣传,同时也被视为大众交流的新媒介。

这些显著的二元性包括以下假设和特征,常常表现为男性与女性源于身体和"本质"的差异。假设一:把男性在科学、技术、需要"理性"情绪的任务和行使权力等能力的本质特征,与女性在艺术、工艺品、需要"非理性"情绪的任务和关爱他人等能力的本质特征相对立。假设二:对于男性在公共领域、经济产出和外出工作等地位上的本质特征,与女性在私人领域、经济消费和家庭工作等地位上(尽管是有条件的、依赖的)的本质特征相对立。假设三:对于男性作为观众主体与女性作为观众客体的地位上的本质特征相对立。男性和女性都被期望能够在二元性中各司其职,并且承认直接干预对方造成的损失在某种程度上能够通过性别关系以及对婚姻、家庭和私人生活的承诺来弥补。

现代公民社会和大众公共文化的二元性特征在维多利亚时代产生,并在博览会上亮相,且在战后基本保持不变,在当代社会中仍然具有影响力。然而,随着经济的增长,妇女在低技能工作以及专业领域的劳动力市场机会增加,妇女为获得公民权、政治权和社会权利以及公共文化承认而进行的长期斗争,使得二元性也有了周期性的调整和更新。尤其在两次世界大战期间,其中一些调整和更新在博览会上得以体现。二元性的长期性与它们作为19世纪出现的"现代化"社会形态中"劳动分工"的关键结构有关,即部门不断增加的城市化和工业化国家,与帝国和贸易的全球性系统相联系。[12]这些博览会使以男性为主导的国家政治和军事文化、帝国建设、治国方略以及涉及以科技主导的工业领域劳动分工的经济文化获得发展。因此,博览会也不能完全避免现代社会体系再生的劳动力的性别分工。由于这个原因,也由于它们宣称提供对人类成就的百科全书式的记载,因此不得不展示一些关于妇女在现代性中的角色和妇女对社会进步的贡献。

在性别二元性和担忧只展现男性文化成就的这一框架内,博览会以各种方式展现妇女的功劳,但主要还是介绍以家庭为中心的妻子和母亲的身份。此外,博览会一般都是相对"妇女友好"的环境,安全而又富有娱乐性,特别是在法国博览会上,就其形式和内容而言,都受贵族和资产阶级"女性"艺术、美和奢华的美学所感染(Greenhalgh 1988:ch.7)。至少可以说,博览会在这些方面促进了文化包容性的一种不完全的发展,其对女性的包容对博览会的经济学和随后的现代公共文化的消费主义演变至关重要。

妇女参展人数占了一半比例,所做经济贡献也值得鼓励。此外,发展得最快的市场是为博览会提供展品的、主要生产生活用品的市场(例如,食品、服装、陶器和餐具、纺织品、装饰品、家具、节省人工的设备等)(Scobey 1994)。在中上层阶级中,妇女是家庭产品市场的主要消费者和驱动力。通过博览会对家庭产品的宣传,广大工人阶级女性认识到一种家庭生活模式,即她们的男性伴侣赚取工作收入的同时,她们也可以培养自己作为消费者的兴趣、知识和技能。作为博览会的付费参展观众,以及博览会充当广告角色的大量展品的消费者,妇女的家庭角色无论在结构还是经济上对于博览会的创办和维持都具有重要的意义。

此外,随着战争时期博览会的发展,尤其是在美国,女性更多是从意识形态上充当男性技术官僚文化的对象。因此,一方面,她们被优生运动视为母亲(或者更准确地说是养育者),另一方面,她们又是娱乐产业的性对象。20世纪初的优生运动中,关于家庭的重要性存在着伪科学和白种人优越的信条,其中,妇女的角色主要是生育白种人,为了提高白种人的"存量",防止他们"堕落",妇女要么禁止与"异族"通婚,要么禁止抚育身体残缺的新生儿。在1915年旧金山博览会和随后的美国国家或地区举办的博览会上,这种信条更加激进,在1939—1940年纽约博览会中更以隐含的家庭主义意识形态形式出现(Rydell 1993:ch.2)。

自1893年芝加哥博览会推出包括埃及艳舞在内的"娱乐展区"以来,作为性对象的女性一直是博览会展览的一部分。随后所有博览会都有类似的色情表演作为娱乐区的一个环节,以提高对男性游客的吸引力。这一元素自20世纪30年代开始融入,男性开始成为电影和汽车等产品市场的消费者,大型公司和广告公司也意识到在向男性推销产品时将性与产品形象联系起来的有效性。参与过1933年芝加哥博览会和1939—1940年纽约博览会的大型企业赞助商们也因此准备在这些博览会的节目中增加适当的宣传和"迎合男性需求"的脱衣舞表演(Rydell 1993:5)。

当时,女性在博览会中体现出的现代女性的身份和角色有时会重叠和不一致,她们的身份是从家庭消费者到被消费的性对象。此外,一些身份与整个社会中妇女地位的发展不一致,特别是妇女在低技能和专业工作中就业率的增加,以及最终她们对票选的功劳。然而,这些进展一定程度上在博览会上得到体现,特别是在1876年费城和1893年芝加哥的美国早期博览会上。格林哈尔希指出,这两次美国博览会尤其让人印象深刻,"国际展览是第一个也是最有效的文化竞技场之一,在这个竞技场上,女性表达了她们对于这种父权统治体系的疑虑"(Greenhalgh 1988:174)。至少在这两次博览会中,妇女(具体来说,应该说是白人中上层阶级妇女)是组织委员会的一部分。她们负责每一次博览会妇女劳动成果的展出,并且在专门的建筑里集中展出。类似的妇女馆建筑,如专门展览妇女生产的艺术、工艺品和技术的展馆,在这两次博览会后被引进到了大多数国际博览会,包括欧洲博览会,并成为一个特色。然而,欧洲妇女展览的影响力往往由于贵族妇女的参与而受阻,因为她们对普通妇女的生活或妇女争取选举权不感兴趣。

美国妇女选举权运动对1876年博览会上举办的妇女展持反对态度,怀疑该展览可能助长性别歧视的刻板印象,并偏离争取妇女完全公民权,如在离婚、财产等方面的公民权利以及参与民主选举的政治权利的初衷。然而,在费城博览会之后,该运动看到了博览会平台的宣传价值,并支持1893年芝加哥博览会的妇女展和女性建筑。1876年,由于博览会的新颖性、复杂性和准备工作的长期性,费城的女性组织者不得不与一位男建筑师合作设计妇女馆。到1893年博览会,芝加哥女性组织者已经拥有女建筑师单独设计的展馆。这些展馆中的展品专门用于展览与妇女的工作和成就相关的展品,作为她们对现代文化所做贡献的见证,1876—1893年这些展览的质量和地位都得到提升。

1876年费城博览会上,妇女馆展出了一系列大众相对可预测的由妇女的家庭角色衍生出来的展品,主要包括纺织品和家庭工艺品。斯科比指出,当时的新闻界"把这座建筑当作尊崇共和母性和女性博爱的圣地"(Scobey 1994:95)。然而,此时博览会的背景是,在这个时期美国五分之一的劳动力都是女性,博览会也让公众注意到这一点。服装设计师提出了服装改革的争议性问题,这也是关系妇女健康和解放的重要问题。展览还包括女发明家申请专利的新机器,女工程师操作的机器,以及女教育家、女医学专家、女作家和女艺术家的作品。此外,作为妇女工业技能和专业技能的实际示范,妇女馆工作人员每天还制作一份记载有关博览会的信息和评论的报纸。

1893年芝加哥博览会上,组委会中的妇女在普选运动的支持下,从更加雄心勃勃的国际主义视野出发,旨在举办一个关于妇女作为劳动力和家庭经济支柱身份的世界展览。此时的妇女馆由一位女性设计,主要目的在于提供教育服务,其中包括用20种语言记录的、来自25个国家的妇女作品的图书馆。纺织工艺品在费城仍然占主导地位,除此之外还有大型的绘画和雕塑作品。与1876年相比,这次博览会展示了更多数量和更高质量的妇女设计技能和专业工业技能。美国国家妇女委员会成立于1888年,并且在芝加哥博览会上就妇女感兴趣的各种当代社会政治问题召开了一次会议,吸引了300多名演讲者和大批出席者。

然而,如前所述,女性角色和利益这一主题受国内工作和消费主义环境限制,这在后来欧洲和美国举办的博览会上也得到重申。格林哈尔希对于这些发展结果的评估看来是有道理的。他提道:"展览赋予女性的唯一真正利益是可见性。"也许我们应该说,它是一种相对于中上层阶级妇女以及男权文化的可见性。他又指出:"自费城和芝加哥博览会上妇女建筑迅速发展之后,妇女除了曝光度,在展览中并没有获得直接和专门的福利。她们被看见了……更多是在支持帝国和阶级体系的宣传中被看见的,女性作为新发掘的一股力量,获得承认和安抚。"(Greenhalgh 1988:191)然而,他也指出这种可见性是有限的。只有很小比例的女性艺术家和设计师的作品能展出,特别是法国的博览会,如展览会、博物馆等对女性成就的展览仍然很少。(Greenhalgh 1998:195)

3.5 博览会、"外来者"和种族主义

被展示的"外来者"常常区别于主办国公民,他们要么来自陌生的异国文化(如阿拉伯、中国、日本),要么具有不同寻常的外表(如"侏儒""巨人""畸形"等),或者又是异域风味与独特外表的混合体(如白人社会中的黑人)。在19世纪中叶大型国际博览会出现之前,这些外来人口一直是欧洲各种集市、马戏团和流行表演的成员。(Altick 1978)而且这种传统依旧在延续,尤其是在整个20世纪中叶美国的各种巡回博览会上。[13]然而,这些外来者对公共文化品位做出的反应,他们自己在博览会中也有所感受。博览会负

责人发现,通过将新规模、多样化、新原理展现的各种各样的"外来者"吸纳进博览会,可以增加这些活动的场景效果和娱乐价值。一些种族形象是相对无害的。例如,对于外交层面的"外来国"而言,去过大部分19世纪和20世纪初博览会的游客期待看到日本和中国政府创造出的文明成果(虽然是"前现代"的)。此外,许多博览会包含欧洲传统农民文化,如爱尔兰或苏格兰农业区文化的展示,现在已被不断推进的现代化所取代。然而,非裔美国人和英国的加勒比黑人对这样的展览非常反感。格林哈尔希提道:

> 1889—1914年间,展物会变成了展人会,世界各地的人来到博览会现场,以便让别人看到他们的成就和教育……人们认为物体不如人类有趣,通过展览会,人类也被转化成物品。
>
> (Greenhalgh 1988:82)

他指出在博览会上有四种类型的人物展,分别来自大使馆、皇室、"教育"/伪科学和商业(广告),除了大使馆成员,其他几类人不同程度地都给人刻板、阶级优越和种族歧视的印象。正如我们在第二章中提到的,皇室成员的展览首先出现在英国博览会上,因为它对整个大不列颠帝国,尤其是印度,有着巨大的经济意义。从19世纪80年代到第一次世界大战,博览会人物展由英国和法国率先发展,后来美国加入,并在战争时期继续发展。

在帝国博览会上,少数民族通常在出现和游行的时候被标榜为劣势的、罕见的殖民地人。他们连同他们的土地和原材料被视为西方帝国的宝贵的人力和物质资源,以及文明化和现代化进程的受益者。最初,主要展览形式包括英国博览会上的印度茶馆和法国博览会上的埃及集市和"开罗街"。后者是一条重建的埃及街道,街上有贸易、餐馆以及色情表演,包含大量的阿拉伯人和其他少数民族的服务员和演员,从1889年巴黎博览会到1904年圣路易斯博览会,这些街道是每场博览会最受欢迎的特色。

1889年巴黎博览会上皇室的主题以全新的教育伪科学类型下"原始部落"的形式添加进来。其中包括介绍一群来自非洲或亚洲的原始部落,博览会期间,他们生活在重建的村子里,穿着原住民的服装,把他们的日常生活、例行公事以及各种习俗展示给公众。值得一提的是,1889年的博览会还包括"水牛比尔"科迪(Cody)的"蛮荒西部"表演,以不久前被打败的平原印第安部落居民为特色。正如本尼迪克特所说,"战争舞蹈、结婚仪式等等,在它们的起源文化中是生命循环的仪式,但是在世界博览会上,它们戏剧性地呈现出来……变成了仪式中的仪式"(Benedict 1994:57),也就是西方博览会"外来者"展现的仪式中的仪式。

新人类学(通过诸如华盛顿特区研究美国博览会的史密森学会机构)(Rydell 1984,1993)的合法化促成了这些展览,在面向公众的展品介绍中进一步促成了社会达尔文主义和其他形式的"科学"种族主义。这些展品与博览会娱乐导向的性质很接近(特别是在法国博览会上,这些元素通常没有像美国博览会那样相对清晰地分开),常常把整个活动变成动物园和怪诞秀的奇怪交叉。大多数博览会展示了不同范围的"外来者",大部分是"前现代",甚至还包括"未开化""野蛮"的个体和群体,随着博览会从19世纪80年代逐渐升温,这种做法更甚。这些展览包括太平洋岛岛民(例如斐济人和萨摩亚人)、北极人(例如拉普人、因纽特人)、美洲土著人(例如苏人、阿帕奇人)以及来自非洲(例如塞内加尔、达荷马、祖鲁、俾格米)和亚洲(例如菲律宾)的部落人群。许多群体留在了欧洲和北美,成为专业的"戏剧团",从一场表演到另一场表演,从一个博览会到另一个博览会进行演出。

皇室成员和原始村落两种展现形态互相补充,确保在博览会期间能定期举行集会和游行,把所有的"外来者"集中在一起便于观众观看。另一方面，也与殖民地军事战争的爆发和白人统治（以及我们现在称之为"种族清洗"）强加给当地人的项目有关，这些活动在博览会期间周期性地举办。例如，美国的"驯服西方"和欧洲列强之间的"争夺非洲"都是国际博览会中的主导项目。

关于"驯服西方"的主题，值得注意的是，1876年费城博览会上，大草原印第安人展示了他们在反抗白人统治中最为出彩的决胜战役资料——小大霍恩河之战中他们打败了乔治·卡斯特将军（General George Custer）率领的美国军队。美国政府和白人公众把印第安人视作原始野蛮人的看法阻碍了这次行军，这一点体现在史密森学会和印度事务部联合举办的博览会上印度手工艺展品中。美国随后通过武力"有保留地""解决"了19世纪80年代大平原印第安人的"难题"。[14]败北的印第安人被纳入公共文化表演，象征并宣传了这场战役，尤其以19世纪80年代和90年代的陆军侦察兵和"水牛比尔"科迪的节目最为著名。[15]印度人也被纳入了1893年芝加哥博览会（"水牛比尔"科迪在节目单上是最受欢迎的）和1904年圣路易斯博览会。14个印第安部落的代表带着展品参加了圣路易斯博览会。欧洲博览会的组织者进行了类似的展览，以推广"争夺非洲"项目使其合法化。1897年布鲁塞尔博览会上展出了比利时国王利奥波德（Leopold）新占领的刚果殖民地的侏儒（Hochschild 1999：175 - 177）。1899年伦敦帝国博览会上，负责人奇拉菲（Kiralfy）再现了1893年马塔贝勒战争和1896年罗得西亚起义，并创造了"卡菲尔栅栏村庄"和"南非野蛮人"的展示。在卡菲尔栅栏村庄，174个来自不同部落的非洲人，与鹤和巨型海龟一起形成4个村庄（Mackenzie 1984：104）。这样的展览在1904圣路易斯博览会上又重新上演。

正如格林哈尔希观察到的，这些展示是"社会达尔文主义在娱乐业的强力应用"，是"帝国博览会封锁和驯服那些（几年前）旧敌的能力的非凡例证，现在却可悲地把他们以前的抗争公之于众"。

(Greenhalgh 1988:105)通过构造"外来者"作为"原始人"和"野蛮人"的形象,由此再暗示和比较"我们"和"我们"作为"现代人"的形象,人物展的整体效果对主办国公民和来自工业社会的参展观众而言具有包容性,但对被展览对象而言具有排斥性。

与妇女问题一样,种族问题在美国博览会比在欧洲博览会上更加强复杂和紧张。考虑到这一时期的困难以及随后在调和其反帝、自由和民主的政治文化与其对美印第安人的种族灭绝和"种族清洗"矛盾、在菲律宾等地实行帝国主义扩张的矛盾,以及实行奴隶制期间,无论从事实上还是法律上对美国黑人种族歧视的矛盾,这些复杂和紧张都是可以理解的。1876年费城博览会上的"百年展"是为了庆祝美国内战后新国家重建立一百年。非裔美国人原本期望他们的贡献以及他们作为公民的战后新地位获得展示,但他们注定失望。在博览会大楼的建筑工人队伍中,黑人明显缺席,只有场馆开始运营时,他们才能得到与服务或娱乐相关的工作。除了一些黑人作家的作品,一尊关于奴隶获取自由的雕像(由意大利人雕塑)(Scobey 1994:93),以及一个刻板的"吟游乐队",几乎没有证据或象征表明美国社会中有黑人参加这次博览会(Rydell 1984:27-29)。之前博览会为女性建造妇女馆,而这次博览会没有为非裔美国女性提供专门的建筑。的确,尽管黑人妇女代表也参与筹款,然而,她们的工作在妇女馆中并未被提及和展示。(Foner 1976)

1893年芝加哥博览会上,美国白人对黑人参与博览会的漠视再次得到证实。与1876博览会一样,组织委员会实际上并没有黑人代表。会前,黑人就是否申请参与博览会以及如何参与存在分歧。关于是否利用博览会向国际政治家、游客和媒体表明美国种族主义和种族歧视的长期性,北方黑人媒体展开了争论。至于参与博览会的形式,有提议建造一栋单独的非裔美国人建筑,但这种可能性也存在争议,因为这样会滋生种族隔离的误解,另外也有人提议通过国家展品参与其中。由于活动负责人禁止单独的展品,且国家展品是由白人委员会决定的,就像费城那样,最终结果就是排除了美国黑人的贡献。虽然专门开设了一个"有色人日",但很少有人出席。

那些参加过博览会的黑人无疑看到了一个"原始村落"的展览,这是一个达荷美族部落。达荷美人是一个好战的西非民族,有男女共同参战和活人献祭的传统,他们当时正处在受法国军队殖民的痛苦之中。博览会上,达荷美人村落的展示为种族主义新闻报道提供了材料和机会,这些报道宣扬了非洲人和非裔美国人作为"原始人"的刻板印象,并再现了帝国主义理论对白人殖民文化的影响。[16]当代黑人领袖弗雷德里克·道格拉斯(Frederick Douglass)指出:

> 博览会上的达荷美人似乎为了羞辱黑人,也似乎是为了体现黑人是受到排斥的野蛮群体……达荷美村给自己种族带来的堕落扩大到使所有有色人种堕落。

他尖锐地批评了世博会的"白城"建筑,"对美国有色人种来说,从道德上讲,世界博览会正在进行中……一座白色的坟墓"(Greenhalgh 1988:99)。

围绕美国黑人在芝加哥的出席率的争议,美国政府在随后的国家和地区博览会上资助了专门的"黑人建筑"。尽管出现了些微让步,道格拉斯对于在国内和特定时间内举办的博览会的公平性,依旧解释为他们倾向于促进种族主义和文化排斥,这类博览会可以归类于欧洲帝国博览会或者两次世界大战期间复兴的博览会。

这一点在后期欧洲帝国博览会的记载中,以及在雷德尔关于美国1926年费城博览会、1933年芝加哥博览会和1939—1940年纽约博览会的研究中得到明确。非裔美国人在这几场博览会的组委会中再次被边缘化,并且故意被排除在建筑工人队伍之外,甚至也被排除在销售和服务队伍之外。最初,1926年博览会的策划者批准了白人种族主义者三K党(Ku Klux Klan)的一项提议,即组织一次集会,并在集会中燃烧一个巨大的十字架。这项计划在美国黑人爆发抗议后撤回,而且他们成功地让黑人工会成员和编辑菲利普·伦道夫(Philip Randolph)登上开幕式。这个仪式在全国广播电台播出,因此伦道夫利用它呼吁美国黑人享有充分的公民身份和公民权利。

随后,伦道夫在1933年芝加哥博览会上发起了一个"黑人日",这更具争议(考虑到早些时候提到的有关1893年芝加哥博览会的问题和种族隔离主义)。正如早期的博览会一样,这天的参与人数也很少。然而,1933年芝加哥博览会体现了反对就业种族歧视的斗争,促进了就业方面法律的完善。经过工会和非裔美国人的进一步斗争,1939—1940年纽约博览会上黑人的出席率取得了一些小进展。毫无疑问,为了让美国黑人为第二次世界大战国家征兵做好准备,1940年博览会期间,在多元文化节背景下,举办了一个黑人文化周。由于苛刻的政治条件和时间滞后性,最终博览会开始设想其长期以来一直否认的文化包容性和文化公民身份的多元文化概念。

3.6 大型活动与文化国际主义:博览会与奥运会

本节旨在考虑文化国际主义大众形式和公共文化国际维度的制度化。大型活动最初形式是博览会,对19世纪末的发展至关重要。之所以取得进展,是因为奥运会和国际体育活动开始为博览会带来的公共文化的国际化增添新的维度。第一次世界大战后,尽管苏联、德国、意大利等国家的超民族主义浪潮不断高涨,但公共文化的国际化仍继续发展。除了我们已经考虑的国际和帝国博览会之外,以奥运会为重心的国际体育文化在两次世界大战期间也迅速发展。这些发展将在第四章中更详细地探讨。

然而,为了探讨这一点,需要对第二章和第三章讨论的关于博览会作为第一个国际大型活动的典型以及奥运会作为另一个国际大型活动的典型建立起历史学和社会学的联系。我们用两个步骤来解决这个问题。首先,回顾博览会为奥运会的发展提供政治文化基础的途径。其次,分析国际大型活动制度化的进展,以及用于管理和指导大型活动的国际建筑的发展。这一过程开始于19世纪末第一次世界大战之前。然而,它在两次世界大战期间发展尤其迅速,并为以大型活动和媒体为主导的文化全球化进程提供了管理框架和一些关键机构,这些进程多发生在战后和当代,我们将在第五、六、七章中讨论。

3.6.1 博览会与奥运会:国际公共文化形态的分化

本节探讨国家和国际文化中的第一种大型活动——博览会如何衍生出另一种大型活动——奥林匹克运动会。奥运会又衍生出了一系列专业的国际体育大型活动,包括世界杯足球赛,而博览会衍生出了专业的国际贸易会和展览会。因此,在一定程度上,我们在这里看到的是国际公共文化制度化的分化过程。在20世纪末"后现代化"和全球化的世界中,我们习惯于生活在高度复杂和差异化的国家和国际公共文化中。但是,这种分化的过程是长期的,主要起源于19世纪末的博览会。首先,我们回顾一下博览会和奥林匹克运动之间的一些历史联系,特别是1900年、1904年和1908年三个以博览会为基础的早期奥运会。关于博览会对奥运会的影响与我们之前所说的大型活动的"媒介"背景有关(第一章)。我们认为奥运会的组织、各项仪式都起源于博览会。体育历史学家和文化分析家约翰·麦卡隆提出了这一看法,这也与我们早些时候称之为大型活动的语境维度相关(第一章)。

3.6.1.1 博览会与奥运会的环境关联

第一届现代系列奥林匹克运动会作为独立的综合体育活动,于 1896 年在雅典一个专门建造的体育场举行。第二届、第三届和第四届奥运会分别于 1900 年在巴黎、1904 年在圣路易斯和 1908 年在伦敦举办,它们要么是在世界博览会内部举办,要么是在世界博览会的支持下举办。经过早期这些以博览会为基础的奥运会的发展,奥运会迅速发展到能够独立开展,并且通常在专门的建筑内作为独立的体育赛事呈现。然而,奥运会与博览会的联系仍会偶尔在奥运会历史上重现。我们可以先简要回顾三场基于博览会的奥运会,然后考虑博览会与奥运会的联系的重现。

(一)与博览会相关的早期奥运会[17]

第二届、第三届奥运会赛事相当混乱,运动员、组织者和观众对这两届赛事有诸多不满。1896 年雅典奥运会后,皮埃尔·德·顾拜旦男爵(Baron Pierre de Coubertin)正式成为国际奥委会主席,直至 1925 年。雅典奥运会获得了巨大成功,同时,它表明了有国家政府的支持,公民所能取得的成就。雅典奥运会的成功使奥林匹克运动具有了现实性和可信性,否则它更可能被看作一个国际贵族的怪念头,他们幻想着复兴与现代无关的古希腊文化。1894 年,顾拜旦和国际奥委会决定奥林匹克运动会每四年举办一次,雅典奥运会之后,下一届奥运会于 1900 年与一场大型国际博览会一同在巴黎举办,第三届在美国的芝加哥举办。

1900 年巴黎 由于法国大众更热爱博览会,奥运会在法国缺乏大众认同,且没有得到政府的正式支持,顾拜旦通过各种人脉关系确保 1900 年奥运会将在博览会场馆内举行,以期待奥运会能成功吸引国内外博览会参会者的眼球。他希望奥运会能为博览会添上运动光环。然而,由于个人原因,他没能准备充分。此外,1900 年博览会主席阿尔弗雷德·皮卡德(Alfred Picard)不喜欢体育运动,并将其视为边缘文化活动,但他仍然对奥林匹克计划有操控权。因而,他也成功破坏了这个计划的一致性和连贯性。一些赛事分布在不同场馆周围,而且整场运动会持续了五个月,与博览会的时间一样长。最终,只有3 000人见证了该体育赛事的高潮时期。当博览会组织者显然企图把奥运会搞砸时,顾拜旦试图重新获得控制权,但未能成功,他又试图设立一项替代赛事,也未成功。有趣的是,1900年巴黎奥运会的情形似乎在美国也再次上演。1901年布法罗国际博览会的组织者认为前一年的巴黎奥运会的失败将会是个终结,他对奥运会作为博览会的一部分这一概念也比较认同,因此,他们试图建立国际田径联盟,安排一些国际田径赛事作为博览会展览的一部分。然而,他们也失败了。(Meyer 1976)

1904年圣路易斯　1894年,国际奥委会决定在美国举办第三届奥运会。1893年,顾拜旦以法国政府教育代表身份在美国参加了芝加哥博览会。[18]他拜访了博览会的资助者之一芝加哥大学校长,他也是芝加哥竞标1904年美国场馆的关键人物。顾拜旦说服他们相信这次活动的重要价值,并口头承诺芝加哥将举办这次活动。在当时这与1903年在圣路易斯举办美国国际博览会的计划并没有冲突。1901年,国际奥委会正式考虑了芝加哥和圣路易斯的竞标,并和顾拜旦一样,选择了芝加哥。然而,由于财政问题,圣路易斯博览会不得不推迟一年,造成博览会和奥林匹克赛事的冲突。芝加哥要求国际奥委会将奥运会推迟到1905年以避免冲突。圣路易斯博览会的组织者向国际奥委会施压,要求将奥运会举办权转给圣路易斯,否则要组织另一项大型体育赛事来加剧与芝加哥奥运会的冲突。由于国际奥委会要求主办国元首或其代表宣布奥运会开幕,因此他们要求新当选的美国总统泰迪·罗斯福进行仲裁。罗斯福总统决定支持圣路易斯,国际奥委会也同意了。这在芝加哥引起极大的愤慨,顾拜旦感到非常尴尬。顾拜旦拒绝参加这场奥运会,有趣的是,(鉴于后来德国参与奥林匹克运动,参见下文第四章)他决定参加在德国拜勒斯举行的一年一度的瓦格纳音乐节。

尽管1904年奥运会是一项大型活动,但它只是北美的一场盛事。很少有欧洲国家或其他国家参加,世界上实力最强的体育国家之一英国也未参加,其体育当局声称无法负担派遣一支球队的费用。奥运会赛事组织、华盛顿大学的硬件设施和准备的节目都是符合标准的,这比巴黎奥运会有所改进,尽管观众人数和巴黎一样少。除此之外,似乎是为了挑战观众和与会媒体对现代体育作为"文明"和"进步"的标志地位的认识,组织委员会举办了两个"人类学日"活动,要求各种"原始"的非西方人学习和练习西方体育运动。这些"人物展"极具争议,奥林匹克的成员对此表示厌恶,并且认为它可能割断了顾拜旦和其他人对奥林匹克运动和博览会组织者之间交流的兴趣,而这是奥林匹克运动长远未来的一部分。

1908年伦敦[19]　奥林匹克运动发生了两场奥运会灾难,这两场灾难都涉及博览会,使得奥林匹克运动及其关键组织——国际奥委会陷入了困境。国际奥委会将1908年第四届奥运会的举办权给了罗马。然而1906年,罗马却不得不放弃。1905年,经过一段时间的商议后,英国正式加入奥林匹克运动。英国奥林匹克协会(British Olympic Association,BOA)于1905年成立,与此同时,英国也在国际奥委会取得一席之地。国际奥委会在绝望之际转向英国求助。作为众多运动项目、田径赛事以及业余体育运动的发源地,英国是当时世界上最强大的运动民族之一。此外,通过业余体育协会(Amateur Athletics Association,AAA)这样历史悠久的组织,英国也是将协会组织得最好的国家。然而,尽管如此,英国没有举办主要田径项目必需的田径场。在这种情况下,国际奥委会还是向英国寻求帮助。不得不说,这是一次幸运的尝试,当时,英国和法国的投资家和组织者正在合作筹备一场国际博览会,即 1908 年法英博览会。博览会组织者需要举办开幕式、闭幕式以及其他活动的场地,因此同意建造一个体育场来开展这些博览会活动与奥林匹克运动。尽管奥运会的观众人数最初很少,但英国媒体开始注意到英美运动员之间激烈的民族主义冲突,这也引起了公众的兴趣。到最后一天,有 9 万名观众和皇室成员一起见证了意大利运动员多兰多·佩特里(Dorando Petri)赢得第一届现代马拉松的奇迹。在这种情况下,奥运会和博览会的联系为奥林匹克运动带来了回报,并且重新带来雅典奥运会被忽略的潜在人气。尽管奥运会与博览会之间的联系促进了 1908 年奥运会的成功,但巴黎奥运会和圣路易斯奥运会的失败对奥林匹克运动极具打击,此后奥运会再也未与博览会同时举办。

(二) 与博览会相关的后期奥运会

第二次世界大战见证了奥运会和博览会还存在的两次关联。第一次,20 世纪 30 年代中期,国际奥委会决定在东京举办 1940 年夏季奥运会。然而,1938 年,一个好战的法西斯政府在日本上台,并迫使日本奥林匹克委员会放弃举办权。为了 1940 年奥运会能成功举办,美国领导人向国际奥委会提议,在战争把奥运会从日本议事日程上清除之前,他们应该把 1940 年奥运会举办地改为纽约,作为 1939—1940 年纽约博览会的延展部分。(Mandell 1971:290)第二次,战争结束时,开展国际体育运动的资源不足,奥林匹克运动的知名度处于低谷,急需复兴。在财政紧缩和国家重建的背景下,英国有能力利用原本为 1924—1925 年伦敦温布利举行的帝国博览会建造的体育场和其他建筑举办低成本的奥运会。(Anthony 1987;Abrahams 1976)

战后奥运会和博览会之间的联系虽然更加松散,但还是很频繁。例如,1967 年蒙特利尔博览会成功举办,举办博览会要求交通和其他基础设施方面的投资,因此蒙特利尔被鼓励去争取 1976 年奥运会的举办权,但这场奥运会被证明是一次极大的冒险,而且耗费了巨额资金。此外,20世纪80年代中期,西班牙政府通过资助1992年将同时进行的两场大型活动,即巴塞罗那奥运会和塞维利亚博览会,来庆祝西班牙政府从佛朗哥时代崛起、加入欧盟以及经济发展等巨大转变。因为有在建的博览会场馆可以利用,最终,西班牙成功获得奥运会的举办权。伯明翰未能竞选成功,因为其准备使用的是国家永久性的博览会场馆——国际会展中心(Anthony 1987;Howell 1990)。塞维利亚申请2004年奥运会举办权的失败原因也在于准备重复利用1992年该地举办博览会建造的场地和设施。伦敦申请2008年奥运会或2012年奥运会的举办权,可能会提议使用千禧年展馆,它的标志性建筑物是千禧穹顶,至少能容纳部分奥运会项目。

3.6.1.2 博览会与奥运会之间的戏剧学联系:麦卡隆命题

体育历史学家兼文化分析家约翰·麦卡隆的研究和分析证明,国际性大型活动——博览会对奥林匹克运动的起源有着至关重要的影响。他的分析和著名的韦伯命题形成了对比,该命题指出了宗教运动(新教)对西方现代资本主义产生的重要性。相比之下,我们也可以把麦卡隆命题解释为它强调文化运动(博览会)对理解奥林匹克主义的起源以及现代"体育精神"的重要性。[20]这个命题也在麦卡隆对顾拜旦的个人发展史和现代奥运会的创办史中提及。麦卡隆强调博览会对19世纪80年代到90年代顾拜旦思想发展的影响,尤其是1878年和1889年的巴黎博览会,也包括1893年芝加哥博览会,都要早于1896年第一届奥运会。

正如我们在第二章中看到的,19世纪末的法国系列博览会(如1855年博览会、1867年博览会、1878年博览会、1889年博览会和1900年博览会)是促进法国当代政治和文化意识形态的工具,如1870年之前第二帝国出现的意识形态,或者1870年之后第三共和国的共和主义和国家主义意识形态。与美国博览会一样,大多数法国博览会反映了劳动力和资本良好关系带来的好处。法国博览会上这种意识形态发展的关键人物是弗雷德里克·勒普莱。勒普莱是经验社会学家,主要对欧洲社会的家庭、工作和社区进行比较和研究,除此之外,他致力于研究保守的天主教社会科学。[21]他的看法影响了阿尔伯特王子和拿破仑三世,他们分别是1851年水晶宫博览会、1855年和1867年法国博览会背后的政治力量。实际上,勒普莱既是法国博览会的主要组织者,也是推动博览会发展的领导者。他认为博览会是展示进步的机会,在工业资本主义产生新的劳动力分工背景下,不同社会阶级的合作取得了这些进步。勒普莱组织了1855年博览会,并对其展品进行分类,为1867年博览会设计了一套完整的分类结构来体现劳动与生产的主题。1855年博览会成功举办后,他建立了两个协会:一个是学术性的社科协会——社会经济学会,另一个是政治协会——社会和平联盟,直到第三共和国时期,这两个协会仍有影响(MacAloon 1981:87)。

现代奥运会的创始人皮埃尔·德·顾拜旦出生于法国贵族家庭,这使他一直都能接触到法国和国际的精英圈。然而,长大后他却对反贵族的法兰西第三共和国的现代文化史做出了贡献。顾拜旦对体育和奥林匹克主义的兴趣代表了他对"贵族"概念全新的理解,现在又以业余主义和竞争的形式将这一概念世俗化,更确切地说,这才是共和时期的贵族概念(Hoberman 1986)。顾拜旦年少时便体验了1878年法国博览会,成年后,他深受勒普莱及其思想继承者包括儒勒·费里(Jules Ferry)在内的共和党政治家的影响,于1883年加入勒普莱联盟,并于1886年加入社会经济学会。儒勒·费里帮助组织了该协会,通过他的努力,勒普莱组织在1889年博览会的设计和准备工作上发挥了主要作用。

19世纪80年代,顾拜旦不仅对体育教育感兴趣,而且对古希腊文明也产生了兴趣。这一时期,与古希腊文明相关的新考古学科取得重大突破,其中包括奥运会的奥林匹亚选址,为古希腊神话建立了现实基础。他向1889年巴黎博览会组织者提议称奥林匹亚应该作为此次博览会的主题,尽管这个提议被拒绝了(Meyer 1976),然而,顾拜旦却利用博览会组织了有关体育教育的国际会议,并且向国际传播了振兴奥运会的可能性(MacAloon 1981:137/132-138)。19世纪70年代,德国考古学家恩斯特·库尔修斯(Ernst Curtius)支持奥林匹亚遗址的考察和发掘工作,不仅促进了这个古城的重建,也对奥运会场馆的建设及其在博览会上的展示做出了重要贡献。这些激发了顾拜旦建设"梦之城"的理想。[22]同时,巴黎博览会期间,博览会的组织者在战神广场安排了一些奥运项目。所有这些都表明是1889年的博览会使顾拜旦的注意力集中在奥运会的构想和复兴计划上。麦考尔提道:"时钟已然敲响。"(MacAloon 1981:138-139)巴黎博览会和这次会议之后的几年,对奥林匹克运动会的复兴以及国际文化和政治网络的融合都至关重要。[23]

英国体育文化的热衷者和19世纪复兴古代奥运会项目的重要人物威廉·佩妮·布鲁克斯博士(Dr William Penny Brookes)于1890年拜访了顾拜旦。作为回报,同一年,顾拜旦观看了布鲁克斯组织的小规模奥运会。[24]1892年,顾拜旦说服1889年博览会的主要赞助人——法国总统卡诺(Carnot)成为巴黎下一届国际体育教育会议的赞助人,这次会议关系到奥运会复兴的可能性。1892年会议设想第一个系列奥运会将先在雅典举办,接着在巴黎举办(与正在考虑的1900年博览会相关),最后在美国举办。1893年,在儒勒·费里的支持下,顾拜旦最后以法国代表的身份参加了芝加哥博览会,并出席了教育会议和宗教会议。正如我们早些时候指出的,在这次会议中,他为芝加哥的领导者提供了雅典奥运会和巴黎奥运会之后举办下一届奥运会的可能性。最后,1894年他又组织了一次关于体育和奥林匹克主义的国际会议,并获得了英美两国田径协会以及希腊国王和政府的支持,他们表示愿意于

1896年在雅典举办第一届奥运会。尽管希腊人打算保留对奥运会的控制权,并且不允许场地变更,但顾拜旦和国际奥委会忽略了这些,并致力于使下一届奥运会成为1900年将在巴黎举办的大型国际博览会的亮点,但正如我们看到的,其结果是灾难性的。

顾拜旦在这方面的错误判断,以及他对博览会传统的信任,都源于他在1878年博览会的体验和1889年博览会的办会经验。麦考尔认为:"顾拜旦被博览会的传统诱惑了,尽管1889年他不可能预测到19世纪这两种大型文化形式的排斥性。"(MacAloon 1981:138)1889年博览会之所以有如此大的吸引力,不仅仅是因为它以考古学的现代主义方式融合了古典主义的复兴,更因为埃菲尔铁塔蕴含着令人惊叹的现代主义色彩。这也为博览会开幕式的公共剧场提供了独特的舞台背景。此外,博览会为国家(如墨西哥、巴西和阿根廷)作为参展商第一次国际亮相和获得国际认可提供了独一无二的公共文化舞台(MacAloon 1981:136)。麦卡隆相信:

> 与1851年一样,1889年也是如此,参展商和观众都认为博览会是独一无二的,他们完全混淆了文化形式的分类。奥运会和博览会一起开展也有这个原因,但更多的还是因为博览会体现出来的文化意义和大众吸引力。
>
> (MacAloon 1981:134)

顾拜旦目睹法国元首卡诺总统穿过埃菲尔铁塔的拱廊,经过估计有50万人的群众,进入博览会主场地,并到达了法国革命和共和传统的象征——玛丽安雕像前。时任政府领导人皮埃尔·蒂拉德(Pierre Tirard)总理引导卡诺总统到达博览会现场。卡诺向雕像致敬,然后奏起了国歌,接着是阅兵仪式,最后,卡诺总统宣布博览会开幕。麦卡隆指出:

> 顾拜旦见证了这些仪式,并且感到震撼。博览会的许多元素重新出现在现代奥运会的开幕式上,最引人注目的是入场式(尽管以运动员和组织官员为主,而不是政治家和士兵)、升国旗和唱国歌,以及东道主国家元首宣布开幕……1889年博览会为顾拜旦提供了第一次观看国家举办的体育比赛的经验,这些体育赛事致力于科学、艺术和工业等一切新发明的进步,并且激发了一种历史感,这是博物馆或者书本无法做到的。
>
> (MacAloon 1981:137)

这种经历无疑是顾拜旦坚持一系列奥运仪式的原因,尤其是与奥运会开幕式相关的仪式,它们与博览会开幕式非常相似,或者直接借鉴了博览会影响力大的仪式。基于这种讨论,又有麦卡隆命题作依据,我们可以认为,由这些仪式构成的奥运会戏剧学维度源于博览会传统对奥运会的创始者顾拜旦的影响。接下来的章节将详细讨论戏剧学维度,两次世界大战期间的纳粹意识形态等压力对奥运会仪式发展的影响,以及当代奥运仪式朝着媒体事件或媒体节目的转换。

3.6.2 大型活动与国际公共文化的制度化

19世纪末20世纪初,除了国家博览会和体育赛事有大型活动固定流程外,国际博览会和体育赛事也有大型活动固定流程。但是在战争期间,这样的流程安排两次被废弃。尽管遭到战争破坏,每一次战争过后的重建时期,大型活动流程安排以及大型活动又出人意料地迅速恢复。与国家力量相比,它们通常表现出脆弱性,尤其是在两次世界大战之间的超国家时期,这些活动及相关活动比当时的帝国主义、法西斯主义和活动都要持久。

3.6.2.1　1900—1939年间大型活动回顾

第二章回顾了1900—1939年间主要的国际博览会和帝国博览会。在19世纪末到第一次世界大战前夕,文化活动不断朝着国际化发展,尤以大型活动最为突出。这段时期有两场大型的博览会,即1900年巴黎博览会和1904年圣路易斯博览会。1908—1914年间,伦敦几乎每年都举办大型博览会。其中,巴黎博览会和圣路易斯博览会吸引了特别多的参展观众(见表2.1)。此外,1901年布法罗、1905年列日、1906年米兰、1910年布鲁塞尔、1913年根特和1915年旧金山都举办了国际博览会。每场博览会都吸引了大量游客,少则700万人,多则1900万人。正如先前看到的,1900年巴黎博览会、1904年圣路易斯博览会以及1908年伦敦博览会为第二届、第三届、第四届奥运会的举办奠定了基础。1912年第一次世界大战前,斯德哥尔摩也举办了一次奥运会,这是除了1896年雅典奥运会之外第一届独立举办的奥运会(第四章和第五章将具体讨论活动主题),俄罗斯和德国的运动队也参与了这次奥运会。此外,1912年在斯德哥尔摩,国际奥委会把即将被取消的1916年奥运会举办权授予柏林,这是令1936年柏林奥运会上那一代人都感到光荣的一个承诺(见第五章)。两次世界大战期间,美国举办了四场国际博览会(1926年费城博览会,1933年芝加哥博览会,1939年旧金山博览会和1939—1940年纽约博览会),英国举办了两场(1924—1925年温布利博览会和1938年格拉斯哥博览会),法国举办了三场(见表2.1)。

此外,这些博览会的举办促进了体育赛事推动文化朝着国际化发展,尤其包括举办系列国际综合体育赛事的奥运理念。第一次世界大战期间一共举办了五场奥运会(1920年安特卫普奥运会、1924年巴黎奥运会、1928年阿姆斯特丹奥运会、1932年洛杉矶奥运会和1936年柏林奥运会)。此外,这一时期也出现了大量奥运风格的综合体育赛事及衍生运动,它们被称为"替代奥运",包括西欧工人奥运会、女子奥运会以及苏联斯巴达奥运会,其中至少举办了三场工人奥运会,两场苏联奥运会,以及四场女子奥运会(见表4.1)。这些国际赛事规模较大,获得广泛认可,并作为对中上层阶级男性主导的奥林匹克运动的回应和替代品得到了进一步发展。我们将在第五章更详细地研究这些问题。这些运动未能在二战中幸存,部分原因在于奥林匹克运动开始接纳女性甚至工人阶级男性,也由于苏联在战后加入了奥林匹克运动。其他的奥运会类似运动或相关运动都在这个时期创立,相比之下,能在战后幸存并繁荣的只有大英帝国运动会(后改名为英联邦运动会)和足球世界杯比赛。20世纪30年代,举办了两场大英帝国运动会和三场足球世界杯比赛(1930年世界杯、1934年世界杯和1938年世界杯)(见表4.1)。

3.6.2.2 国际博览会与体育赛事的制度化

(一) 国际博览会:国际展览局

正如我们早些时候指出的,尽管19世纪60年代英法两国就曾试图建立一个国际博览会领域的国际非政府组织,但直至19世纪末也没有发展起来。[25]英法等国意识到必须建立起一个规范博览会类型和举办频率的组织。1907年法国政府呼吁达成国际协议,1912年德国政府在柏林召开政府间会议,起草了一项国际公约。由于第一次世界大战爆发,这项公约未获批准,战后初期一些政府又重提此事。1928年,基于柏林协议,在巴黎签署了一份国际公约。除了对经费筹措以及博览会的分类和举办频率有所规定,这项公约还增设了一个执行机构——国际展览局,负责每两年召开一次的各国代表出席的国际大会。据称,1928年的这份公约通过规范世博会举办频率及参展商与组织者的权利和义务促使博览会更加有序,更加具有合理性。但值得注意的是,这个机制并没有阻止20世纪30年代过于频繁甚至重叠的博览会(1937年巴黎博览会、1939年旧金山博览会和1939—1940年纽约博览会）。同样，在整个战后时期，公约和国际展览局的权力都必须不断更新以适应并掌控20世纪末不断发展的博览会。

（二）一般的国际体育运动

体育运动的国家管理机构（主要规范目的、时长、地点、运动员角色和竞技规则）于19世纪末20世纪初形成，主要以田径和足球两大项目为主。[26]那时，这两项已经是英国和其他地方的主要体育项目，吸引了大批观众并获得了大众支持。我们从霍布斯鲍姆关于"新发明的传统"对国家建设和人口民族化的影响分析中可以看出，体育在促进国内交流和民族认同方面具有巨大的潜力。我将把这些管理机构称为非政府文化组织。在19、20世纪之交，这些非政府组织已经成熟，可以进一步朝国际组织方向发展，同时能呈现新的体育国际竞赛及规范非政府组织的国家管理机构的发展。通过团体体育项目和综合体育项目中的"国家代表队"概念，文化非政府组织显然符合国家建设或国家主义的发展，但是仅仅只看国家层面也是错误的。

这一过程还涉及支持和平的文化竞争网络和组织，建设符合利益和实用预期的国际社会文化组织。能参与这些网络和组织其本身就值得承认和尊重，即使有"损失"也可以接受，不会退出建设或引起斗争。我将这些称为国际非政府文化组织。[27]鉴于超民族主义在两次世界大战中的破坏作用以及国际和平维护机制的缺席，它们明显削弱了国际网络和国际组织的实力以及大众对与之相关的国际竞赛的兴趣，毫无疑问，尽管由于与超国家力量的联系而遭到破坏，它们在这一时期依旧生存下来，并在战后发展得更强盛。

随着20世纪90年代多元或单一国际体育运动——奥林匹克运动的发展，由顾拜旦和国际奥委会领导的为单项体育创立的专业国际管理机构（国际单项体育联合会）致力于推广体育意识以及综合体育赛事的发展。正如我们先前看到的,奥运模式在两次世界大战期间尤其重要,它衍生了一系列国际体育意识形态、综合体育赛事和赛事替代品,包括工人奥运会、女子奥运会和大英帝国运动会(见第四章)。

(三)国际体育管理机构:国际足球联合会与国家足球队

许多国际单项体育联合会都与奥林匹克运动结盟,在主要的奥运会赛事中组织了世界专业锦标赛,其中规模最大且最重要的是国际足球的管理机构——国际足球联合会,1904 在巴黎成立。在 20 世纪 20 年代以前的每一场奥运会上,国际足联都协助奥林匹克运动会组织者(国际奥委会、主办国奥委会和主办城市)举办国际足联世界锦标赛。然而,由于大众体育项目的发展以及之后各个项目和国家队专业性的增强,它们与奥林匹克运动中浓重的反职业体育思想相冲突。与职业足球相比,奥林匹克足球赛事的质量迅速下降,1928 年国际足联决定从 1930 年开始每隔四年在奥运会周期内举办独立的世界杯(Sugden and Tomlinson 1998: chs. 1,2)。

(四)奥林匹克体系:规则与仪式

国际体育领域的文化制度化尤其涉及一般形式化("理性化"和官僚化)、仪式化("非理性"或象征方面的发展和构造)以及仪式的具体形式化过程。这些过程在世博会运动和体育/奥林匹克运动之间有不同的权衡。本章中,我们了解到主办国是怎样实践庆典并通过模仿日趋标准化,不断推进并影响 19 世纪 90 年代的早期博览会。然而,尽管国际文化组织(国际非政府组织)制定了统一规则,主办国不断实践博览会的流程标准化,但真正的标准化是在 1928 年国际展览局设立后实现的。我们也知道通常体育运动的形式化(比赛规则的标准化等)(Guttman 1978)和组织化比博览会更加明显。

以下章节的关键主题之一是战争年代奥运会的仪式化及其对超民族主义美化政治力量进程的影响，尤其是纳粹德国筹备和举办1936年柏林奥运会的过程。然而，在我们开始处理这些问题之前，应该注意奥林匹克运动中仪式的形式化。现代奥林匹克传统中的仪式和象征主义的主要元素与奥林匹克场地本身的宗教性戏剧舞台或框架有关，特别是主体育场，它也是"外交领地"，并在整个奥运会期间成为实际上的"圣地"。体育场内有奥林匹克圣火、奥林匹克旗帜、其他国家的国旗，没有任何广告或商业设想可以减少奥林匹克象征物的影响（具有讽刺意味的是当代奥运会的商业化）。开幕式、闭幕式以及胜利仪式都是特别重要且必须严格细分的仪式。开幕式包括由东道主国家元首宣布开幕、带着国家标志和旗帜的队伍进场、运动员和裁判员宣誓、接受奥运火炬并传递、点燃主体育场奥运圣火以及放飞象征和平的鸽子。此外，开幕式通常包括群众盛会或团体操。

当代奥林匹克体育场的各种元素主要是在战争时期发展起来的。五环旗、放飞和平鸽和运动员宣誓在1920年安特卫普奥运会上出现，火炬在1928年阿姆斯特丹奥运会上出现，火炬传递则出现在1936年柏林奥运会上。这些象征和仪式超越了世博会传递给奥林匹克运动的国家主义和国际主义性质的仪式。两次世界大战期间在奥运会上发展起来的跨国家的象征和仪式的压力主要来源于世界政治的超民族主义转变以及超民族主义对大型活动的影响，这是下一章探索的主题之一。

3.7　结论

本章从博览会的"消费"角度探讨其体现和发展的旅游消费主义的公共文化形式，还研究了博览会的文化包容和文化排斥，以及从总体上对公民身份发展的影响。在这一背景下，我们看到了阶级、性别歧视和种族主义等问题与博览会所体现的社会进步交织在一起。最后,考察了博览会产生的国际公共文化的分化和制度化过程,包括新型大型活动和国际体育运动,尤其是奥运会这一公共文化形式的出现。

现在尤其需要探讨国际体育文化和奥林匹克运动在两次世界大战期间的发展,以及它们的动态和冲突。这一时期,公共文化和公共体育的国际化进程大大加快。然而,在与德国法西斯主义和苏联共产主义相关的超国家势力、意识形态以及冲突的威胁下,它仍在加速。

第四章 奥运会、国际主义和超民族主义：战争期间国际体育赛事和运动

为了更好地了解国际大型活动在20世纪末现代性中所处的地位和作用，有必要先了解19世纪末20世纪初它们在民族和国际社会秩序现代形式发展中的起源。本书第二部分重点介绍的是当代头号国际大型活动——奥林匹克运动会，它的许多特征是在政治文化力量和冲突下20世纪初各种版本的"超民族主义"发展的共同影响下形成的。本章回顾了体育国际化及相关大型活动在两次世界大战之间的一些主要发展，并研究了民族主义和超民族主义对这些发展的影响。关注的重点在于奥林匹克运动的发展、大型体育活动的周期，以及这一时期的"超民族主义"和国际体育"另类国际主义"对奥运会的影响。

关注战时体育大型活动和奥运会，并不是认为在超民族主义阶段世博会没有产生任何影响力。相反，正如我们在第二、三章所看到的，在此期间，世博会对西方主要帝国主义国家的发展作用巨大，而且随着时间的推移，这种作用变得越来越显著。在此背景下，我们后来对1936年柏林奥运会的案例进行了研究，值得注意的是，次年纳粹超民族主义又登上了另一个国际大型活动舞台，即1937年巴黎世博会，参观总人数达到了3 400万人次。象征超民族主义的德国馆和苏联馆被刻意建于世博会中心的两侧，相对而立(Speer 1970:81,见图4.1)。然而，东道主法国的天平在这一次明显偏向了德国，因为出自阿尔伯特·斯皮尔(Albert Speer)之手

第四章 奥运会、国际主义和超民族主义：战争期间国际体育赛事和运动 | 127

的纳粹党纽伦堡集会地的建筑设计和莱妮·里芬斯塔尔（Leni Reifenstahl）导演的关于柏林奥运会的电影作品均获了奖。《格尔尼卡》（*Guernica*）是毕加索为了抗议纳粹德国在佛朗哥时期破坏西班牙民主所创作的作品，这幅画陈列在西班牙共和政府的展馆中，但这个展馆很快就倒塌了。（Freedberg 1986）虽然它并不是为了获奖而创作的，也值得记录（因为这是关于世博会政治性质的评论），但最终并没有荣获任何奖项。

图 4.1　1937 年巴黎国际博览会人群的两侧的展馆象征了纳粹和苏联的对峙：左边是阿尔伯特·斯皮尔设计的德国展馆，顶部是一尊展翅的苍鹰俯瞰着下方，右边是苏联展馆，最高处挺立着高举铁锤和镰刀的男女青年雕塑。

本章的叙述分为五个部分。第一部分概述了超民族主义（特别是苏联共产主义和德国法西斯主义，包括英帝国主义）和国际体育之间的关系。这些超民族主义的每一个版本都催生了奥运会式大型体育活动。第二部分介绍了与国际体育有关的"另类国际主义"，尤指西方社会民主主义和女权主义。这些运动都发展了奥运会式大型体育活动。表 4.1 列出了这些活动的主要事例，以及它们在两次世界大战期间的国际公共文化中发生的时间和地点。第三部分概述了这一时期奥林匹克运动的发展,其意识形态、规则和典礼仪式,其中一些无疑受到国际体育和体育活动的超民族主义和另类国际主义的影响。围绕奥林匹克运动进行的国际体育和体育活动,通常有意挑战并尝试改变运动性质和比赛的主要形式。第四部分将1936年柏林奥运会视为研究超民族主义一个很好的示例,或者更具体地说,是研究纳粹主义对奥运会产生影响的典型案例。最后,第五部分回顾了20世纪30年代法西斯主义对奥林匹克运动发展的整体影响,那时的奥林匹克运动大概就像现在一样迷茫。

表4.1 构建战争期间的公共文化:1920—1938年间主要国际体育活动

年份	奥运会	世界杯	帝国运动会	工人奥运会	苏联奥运会	女子奥运会
1920	安特卫普	—	—	—	—	—
1921	—	—	—	布拉格	—	—
1922	—	—	—	—	—	巴黎
1923	—	—	—	—	—	—
1924	巴黎	—	—	—	—	—
1925	—	—	—	法兰克	—	—
1926	—	—	—	—	—	哥德堡
1927	—	—	—	布拉格	—	—
1928	阿姆斯特丹	—	—	—	莫斯科	—
1929	—	—	—	—	—	—
1930		乌拉圭	汉密尔顿	—	—	布拉格
1931	—	—	—	维也纳	—	—
1932	洛杉矶	—	—	—	莫斯科	—
1933	—	—	—	—	—	—
1934		意大利	伦敦	布拉格	—	伦敦
1935	—	—	—	—	—	—
1936	柏林	—	—	(巴塞罗那)	—	—

(续表)

年份	奥运会	世界杯	帝国运动会	工人奥运会	苏联奥运会	女子奥运会
1937	—	—	—	—	—	—
1938	—	法国	悉尼	—	—	(维也纳)

数据来源：Killanin and Rodda 1976；Phillips and Oldham 1994；Holt 1992；Jones 1988；Riordan 1994，1998；Hargreaves 1994。

4.1 超民族主义与国际体育：概述

4.1.1 帝国国际体育

英国体育运动变得国际化，主要是通过向世界各地的殖民地输出其文化传统、传统体育项目（板球）以及19世纪末的新型体育项目（如橄榄球、田径和壁球）。[1]最初体育项目的基本特征是绝对精英主义且极其排外，主要是为了使那些掌控国家行政、贸易和军事权力的英国中上阶层在殖民地能够互相沟通、加强凝聚力。19世纪，英国体育文化组织与发展中形成的古典主义、性别歧视和种族主义开始逐渐延伸到全世界。

然而，体育的排他性特征即使在英国国内也开始发生变化，至19世纪末已经演变为一种较模糊的霸权主义，其阶级性尤其明显，同时在一定程度上具有排斥女性的特征。英国精英"业余运动员"逐渐发展成为英国中上层利用"理性娱乐主义者"运动和"强身派基督徒"运动来教化并控制工人阶级的一种方式（Bailey 1978；Cunningham 1980）。尽管运动吸引了越来越多的工人阶级，但他们拒绝接受英国精英所谓的"业余运动员"这一说法。至19世纪末20世纪初，英国工人阶级开始接触英国中上层的独属（特权）运动——足球和橄榄球等（主要是以加入英国橄榄球联盟的形式），并迫切要求参与非常吸引观众眼球的准职业大众体育活动，展现城市中工人阶级的公共文化,且得到越来越多的认同(Dunning and Sheard 1979;Holt 1992)。

英国的精英殖民者和体育运动给殖民地带来了一些可观的发展,这两者属于英国文化认同的一部分,也是用来控制和改变殖民主体"文明使命"的一部分。在遥远的澳大利亚和新西兰白人自治领土上,板球和橄榄球成为"全国性"运动,通过这些运动,人们可以建立并发展自己的身份认同感来摆脱"殖民国"这一束缚。然而,在西印度群岛和印度的英国殖民地,板球等运动最初只限于当地的民族精英,正如帝国博览会既是帝国文化中有限包容性的载体,也是帝国霸权再生和社会管控的载体(Guttman 1994)。

但是,正如英国工人阶级的例子所展示的,当体育作为观赏性活动被普及时,它们可以在阶级社会中发挥模糊作用。这种形式的体育运动有传统公共文化的参与,并且在竞技场中,社会统治阶级和从属阶级可以发声并迎接挑战。板球运动最初是在18世纪传到殖民地的,在印度和西印度群岛,它对当地民族精英和普通民众都提供了一些帮助,既推动了19世纪末以来民族身份认同的发展,也有利于促进战时和战后早期的民族解放运动。[2]自19世纪末,经常吸引大批观众的国际体育活动开始蓬勃发展,特别是1882年开始的英格兰和澳大利亚之间的"灰烬杯"板球系列比赛。这是两次世界大战之间及战后在英格兰发生的反对殖民地和前殖民地运动的先兆,特别是在澳大利亚、印度和西印度群岛的英国殖民地。

1930年,奥林匹克式多项目帝国运动会正式拉开帷幕,与奥运会同步,也是四年举办一次,这确实在一定程度上受到1924年温布利帝国博览会(其中有帝国间的体育竞赛)成功举办的影响,但无疑也受到了奥运会不断发展及在1920年、1924年和1928年成功举办的冲击。第二次世界大战前,这一赛事首次于1930年在汉密尔顿(加拿大多伦多市附近)举行,1934年在伦敦举行,1938年在悉尼举行(Lovesey 1979)。举办帝国运动会的创意最初是在

1891年提出的,此时顾拜旦正在推动奥运会复兴的进程。据推断,该运动与盎格鲁-撒克逊人种族主义观念有关,尤其是帝国优越的白人阶级。但令人惊讶的是,考虑到当时美国黑人群体和意大利移民潮,美国人也被允许参加帝国运动会,因为它被公认为是盎格鲁-撒克逊文化遗产,而且也是为了减少顾拜旦推崇的奥运会对英语国家体育界的吸引力。[3]

20世纪20年代的复兴概念并不像19世纪90年代那样具有强烈的种族主义印记。具有讽刺意味的是,这些帝国运动会与同期的奥运会不同,它对参赛的不同种族和"人种"实行无歧视政策,并且欢迎女性运动员参加。在英国殖民主义退潮的阴影下,帝国运动会在1952年更名为英联邦运动会,直到近几年,活动组织者才把英联邦运动会作为一个前英国殖民地相对非正式的集会来呈现,但在表面上还是传承英国传统公平竞争的体育精神,与日益严肃、商业化和高压的奥运会风格迥异。

4.1.2 苏联国际体育

正如我们所看到的,苏联共产党对文化政治和大众戏剧的承诺涵盖了各种形式的平民主义"体育文化",包括大众体操和其他竞技运动项目,其宣称通过"身体文化"——健身、户外活动和工作来赞美人类天性(Brownell 1995),才能"创造出新苏联人"(Hoberman 1984)。每个革命党派都开始发声,一方面批评现代体育(及其相关的业余主义意识形态)所表现出的两个特征:绝对的精英主义和排他性(即贵族阶级和资产阶级拥有的特权)。另一方面,他们也批评了工人阶级的观赏性大众体育运动变得越来越专业化和商业化、观众追求轰动效应以及要求运动员在理性规则主导下把运动事业当成一项工作。这些声音促进了不同体育形式的产生:与精英体育相反,产生了更加平民化和更具包容性的体育运动;与观赏性体育相反,产生了参与性强,与传统文化活动相关的运动形式。

特别是在布尔什维克革命初期,苏联的国家体育政策在体育文化和体育战线两方面同时展开。也就是说,他们鼓励群众参与体育锻炼,也默许以体育俱乐部、观众体育联盟和体育赛事等形式来开展竞技体育活动。这些措施卓有成效:一方面推动了全民训练和健身;另一方面完成了人民参加工业劳动和服兵役所需的身心磨炼。而这两种体育形式都是由相关体育部门组织的。[4]

苏联把举办大型国际体育活动,以及本国是否参与在国外举办的体育活动视为实施外交政策的重要资源。[5]对于苏联来说,至少在冷战时期,体育显然已成为主要的竞技舞台,用以维护(超级)国家身份和权力以及使其在世界各地,尤其是在第三世界国家中获得声望、发扬本国思想。然而,若以一种比较模糊的方式来看,两次世界大战期间也是如此。尽管在这一时期,苏联大部分时间奉行孤立主义,但它始终致力于革命的国际化,并通过总部位于莫斯科的第三国际共产主义组织(简称"共产国际")的政治和文化活动来发挥国际影响力(Riordan 1998)。尽管总部设在莫斯科的红色体育国际组织(Red Sport International,RSI)最初并不是由共产国际创建,但它却将整个欧洲的共产主义体育协会联系起来,并成为共产国际有效运作的一个分支。1925年后尤其如此,因为该年共产国际正式宣告国际体育运动可以用于加强工人组织之间的国际合作(Jones 1988:169)。

沙皇参加了1912年的奥运会,直到第二次世界大战沙皇贵族都是国际奥委会委员。1920年战争结束后,苏联重新申请参加奥运会,但在两次世界大战期间都未收到邀请。苏联在20世纪20年代和30年代都因各种实际原因未参加奥运会。在这段时间里,苏联举办了一系列大型体育活动,而且或多或少地与奥运会时间相吻合(Riordan 1984,1998)。

1920年,第一次世界大战后首届奥运会在安特卫普举行,这是奥林匹克运动从佛兰德斯杀戮场中复兴的象征性信息。[6]同年，苏联举办了一些著名的大型体育文化活动，可能在某些方面是为了抗衡"资产阶级文化国际主义"的复兴。例如，为了庆祝革命胜利三周年，在列宁格勒上演了一部特别的群众性戏剧——《1917年布尔什维克攻占冬宫》(Von Geldern 1993)，还举办了两场大型体育活动。在莫斯科新建的红场举办的一场座无虚席的盛大体育和体操表演，共有1.8万名运动员参加。有趣的是，安特卫普赛事的名称——"前奥林匹克运动会"，指的是没有苏联人参加的奥运会。举办此次盛会的部分原因是给第三届国际大会上来访的国际代表留下深刻印象。同年在塔什干举办了第一届中亚运动会，这是一场奥林匹克式的多项目大型活动。此次运动会为期10天，共有3 000名运动员参加，大大超过了安特卫普奥运会的参赛人数，尽管两次运动会的成绩是否具有可比性仍值得怀疑。这是新中亚苏维埃共和国展现出的一个重要姿态，也是他们第一次相聚在文化盛事和体育活动中。

1925年，也就是1924年巴黎奥运会之后的一年，苏联工会组织举办了一场多运动大型活动（在牙科医生的影响下，拳击等其他运动没有被纳入其中）(Riordan 1978)。1928年举办了阿姆斯特丹奥运会。苏联在莫斯科举办了奥林匹克式国际多项目运动会，这是第一个将体育赛事和公众节日结合起来的"斯巴达运动会"。尽管非共产主义运动员拒绝参加此项运动会，但包括英国在内的14个西方国家的共产主义运动员通过红色体育国际参与了此项运动会，使其成为国际化体育赛事。开幕式上，3万名运动员和参与者拉横幅、持火炬，从红场一直游行到体育场。这12天中，可容纳10万人的体育场几乎天天座无虚席。琼斯将这一赛事定义为"马克思主义在仪式上示威，反对虚伪的资产阶级奥运会，反对他们对工人阶级运动员的明显歧视"(Jones 1988:180)。1932年，一个同样隆重而壮观的体育盛事——第二届斯巴达运动会在莫斯科举行。毫无疑问,选择在这一年举办运动会是经过深思熟虑的。值得注意的是,因体育运动在国际宣传和思想斗争中的作用,蓬勃发展的流行电影新文化产业之乡洛杉矶于1932年首次举办了奥运会。

4.2 体育中的另类国际主义:"社会主义奥运会"和"女子奥运会"

4.2.1 "社会主义奥运会"

第一次世界大战之前,欧洲各国,特别是德国和奥匈帝国的捷克,发生了强大的社会主义、社会民主和工人运动,促使大型体育组织形成,但都仅限于本国之内。然而,在第一次世界大战的灾难之后,欧洲社会主义者已经拥有坚定的国际主义观。1920年,具有国际影响力的社会主义体育组织成立,后来(1925年)更名为社会主义工人体育国际(Socialist Workers Sport International,SWSI)。社会主义工人体育国际主要组织大众参与非竞争性活动,如竞走、漫步和体操表演等,加强了体育与更多的政治和文化活动之间的联系。战时主要左派都反对多数体育运动中的精英主义、民族主义和肤浅的感官主义,因而对奥林匹克运动持批评态度。奥林匹克运动的业余规则使工人阶级运动员往往无法参加。它似乎也成为具有竞争性和侵略性民族主义的国际大舞台,并且追求世界纪录,仿佛使得肤浅的追求轰动效应现象更加严峻(Hoberman 1984:ch.7)。

社会主义工人体育国际的政治路线是改革不是革命,这意味着至少直到20世纪30年代末,法西斯军事威胁增长到必须建立统一战线时,它才会与布尔什维克主义、共产国际和红色体育国际建立联系,这有效瓦解了西欧左翼的体育运动及其对现代体育的理论性与实践性批判。社会主义工人体育国际禁止其成员参加红色体育国际和斯巴达运动会。作为资产阶级奥运会和苏维埃斯巴达运动会的替代品,它在战时组织工人参加了一系列大规模奥林匹克式体育活动。

其中一个是社会主义工人体育国际组织的工人奥运会,1925年在法兰克福,1931年在维也纳,1937年在安特卫普举办。捷克工人体操联合会分别于1921年、1927年和1934年在布拉格组织了大型奥林匹克式体育活动,参与者来自社会主义工人体育国际和许多其他国家。布拉格奥林匹克式大型活动包括合唱、艺术展览以及体育活动,吸引了多达10万人前往体育场。[7]但社会主义工人体育国际组织的工人奥运会比它更盛大,在赛事规模、参赛国家以及偶尔在赛事质量方面,常常可以与主流奥运会相媲美。然而,这些赛事作为群众政治活动已经赶超主流奥运会,并且在这方面也不输于同期在莫斯科和列宁格勒举行的群众性运动会(Riordan 1984:103-104)。例如,1925年在法兰克福举行的第一届工人奥运会被称为"和平节",接待了来自19个国家的代表,共吸引了15万观众。女子100米接力赛的世界纪录被打破这一事实印证了田径项目的发展,但当时的重点是放在大众参与性和团体经验上。里奥登表示,法兰克福活动的气氛是"喜庆而不失政治性":

> 开幕式和胜利仪式摒弃了国旗和国歌,而包括红旗和革命赞美诗,如《国际歌》。中心是大众艺术展示,伴随着大众合唱团,以多人金字塔和舞台造型为特色,象征阶级斗争中工人阶级的团结和力量。这个节日以戏剧性的演出"为世界而奋斗"达到顶峰……它利用群众演讲和合唱表演将体育描绘成创造新世界的力量源泉。
>
> (Riordan 1984:104)

1931年第二届社会主义工人体育国际奥运会,即维也纳"红色"奥运会,共有10万人观看了在新的专用体育场举行的开幕式,并有来自26个国家的1 000名工人运动员参加,这一规模大致相当于1932年洛杉矶奥运会(共有来自37个国家的1 408名参赛者)。所有运动项目共计220场比赛,维也纳夏季和冬季运动会的儿童体育节、艺术展览、戏剧表演甚至是烟花表演,都在观众和参加者数量以及赛事规模上远远超过了1932年普莱西德湖和洛杉矶的资产阶级奥运会(Riordan 1984:106)。第三届工人奥林匹克运动会计划在巴塞罗那蒙特惠奇体育场举行,这个体育场是为1929年巴塞罗那世博会而建造的。它被认为是反法西斯国际统一战线的示威活动,因为社会主义工人体育国际和红色体育国际都有参与。不幸的是,法西斯主义攻破了这一战线。佛朗哥对西班牙政府发动了攻击,并在开幕式当天上午发起内战,因此第三届运动会转移到了安特卫普,第二年才成功举办(Riordan 1984:107)。

20世纪20年代,社会主义工人体育国际的成员数量超过100万,来自许多国家,但绝大多数来自德国、奥地利和捷克斯洛伐克。其成员数量在1931年超过200万,包括大量女性。但是,值得注意的是,全国性"非政治"资产阶级体育组织的工人阶级成员总数远远超过了社会主义工人体育国际,大型观赏型体育活动中工人阶级的出席率得到提升。或许社会主义工人体育国际自认为来自工人阶级,并代表其在体育领域的最大利益,但是,就算它确实是一场盛大的文化运动,也不能说明它足以代表绝大多数工人阶级对民族体育和国际体育所持有的态度和兴趣。

4.2.2 "女子奥运会"

在19世纪末的英国和其他地方,那些创造并传播现代体育形式的男性群体大都奉行男性至上主义,在体育文化观中继续享有男性魅力和男性社交特权。积极的一面在于迫使中产阶级女性开始发展自己的体育文化和体育教育形式(McIntosh 1968；Mangan and Heung Soo Park 1987)；消极的一面在于导致大多数工人阶级妇女在体育文化领域，除了作为观众，没有其他任何机会参与活动，或者只能在一些特殊家庭节日时，乘坐当天往返的火车参加在市内公园举行的娱乐活动。西方国家在现代体育运动中的性别歧视也在国际层面再现。在顾拜旦最初的奥林匹克运动会复兴计划中，妇女并没有得到公平对待，更不要说作为平等的参与者。尽管她们在1900年、1904年和1908年世博会上参加了一些非正式的表演活动，但被禁止参加1896年雅典奥运会开幕式。值得回顾的是，战前许多西方妇女日益要求通过投票参与政治生活和公共文化。原则上，从维多利亚时期服饰规范和"身体文化"的社会约束来看，体育为妇女提供了一个文化解放的领域。然而，虽然国际奥委会对其奥林匹克价值观和世界观的自吹自擂赋予了理想主义色彩，但在当时，它是一个严重的性别歧视和阶级歧视组织，1912年国际奥委会正式禁止女性参加奥运会(Hargreaves 1994)。

妇女对国际体育主流发展趋势中所传递出的排斥态度做出了与前面讨论过的工人阶级和社会主义组织相似的反应，即最终她们也成立了自己的国际协会，并且尽管受到排斥，许多国家的妇女仍参与体育文化、体育教育和体育运动，并于1921年成立了国际妇女体育联合会(Federation Sportive Feminin International，FSFI)，次年又在英国成立了妇女业余田径协会(Women's Amateur Athletics Association，WAAA)(Lovesey 1979：66-67)。值得注意的是，妇女还被鼓励参加本国和国际社会主义体育运动以及上文提到过的工人奥林匹克运动会(Jones 1988；Hargreaves 1994：140-141)。

1922年，国际妇女体育联合会在巴黎举办了第一届奥运会式的国际体育活动，但由于国际奥委会对该联合会使用"女子奥运会"一词的提议持反对态度，国际妇女体育联合会将这一赛事称为

"世界女子运动会",这是一系列赛事中的第一场。国际妇女体育联合会举办的世界女子运动会与主流奥运会相辅相成,四年一个周期,每次参赛的各国代表人数都有所增加。1926年在哥德堡举行,有10个国家的代表参加;1930年在布拉格举行,有17个国家的代表参加;1934年在伦敦举行,有19个国家的代表参加。由于纳粹入侵奥地利,原计划在维也纳举行的1938年运动会被迫取消。国际妇女体育联合会举办的运动会得到了很好的组织和支持,为国际妇女运动事业发挥了具有实效的宣传作用。(Hargreaves 1994)

4.3 国际体育制度化:国际奥林匹克运动会

20世纪最初几十年间,西方国家参与式和高性能观赏性的大众化体育迅速发展。运输和通信系统的发展,特别是20世纪20年代的无线电技术,将国际体育活动的组织和传播提高到了一个新的水平和频率。而且,正如我们在国际社会主义中看到的那样,第一次世界大战提高了公众对世界需要和平以及文化交流的认知和兴趣。19世纪和战前国际关系混乱,导致战争的发生,因而历来被认为是一大顽疾。无论国际联盟的建立是否与超级国家新帝国主义和掠夺性国家的新浪潮有关,都不得不承认当时在世界秩序发展方面确有客观需要,以更稳定和制度化的形式来开展国际交流与合作。即使顾拜旦及其奥林匹克运动理念和思想中的普遍性和人文性大部分都是浮夸之词,并被国际奥委会在这一时期的做法削弱,但还是促进了该运动国际制度的建设与更大的制度建设进程相适应和融合。因此,这个时期国际奥委会有兴趣将自身与国际联盟联系在一起。[8]

20世纪初,这些做法使群众和精英都对具有国际水平的大型体育活动产生了更大的兴趣。在国际体育中,国家队代表和整个团队如果赢得胜利,就可以在新型国际世界秩序中为本国赢得自豪感和威望。最初,这些益处在战前都是通过奥林匹克运动及赛事项目来展现的。但在战时,通过与之相关的"体育政治"冲突和斗争,它们在奥林匹克运动内外都得到了体现,特别是在与社会主义和妇女体育运动相关的冲突和斗争中显现。一方面,奥林匹克运动最终必须认识到,它需要改变以适应大众对体育兴趣的增长,特别是女性对体育的兴趣。另一方面,它也最终不得不接受大众体育的诸多发展,尤其是可吸引大量观众的足球等体育活动的专业化和商业化发展将逐渐超出其职权范围。

奥林匹克运动在原则上具有一定程度的组织性,尽管在早期并没有完全付诸实践。[9] 一方面,正在进行招募的国际奥委会将其成员视为本国奥林匹克运动的外交代表,而不是本国的代表。另一方面,一个称为国家奥林匹克委员会的组织,它们为奥运会组建国家队,并在本国拥有奥运会主办权时,在活动组织中发挥主导作用,但并不能正式代表国际奥委会。然而,众所周知,奥运会是一个多项目比赛,所以除了当下这种结构,构建国际水平的组织也是有必要的。该组织需要沟通各个国家级权力管理机构,并为国际标准下的可靠国际赛事制定、鉴别和宣传比赛的规章制度。

1900年、1904年和1908年奥运会的规则、章程和决策上的各种弱点和冲突使上述发展成为必然,尤其是在1908年时,尽管英国组织者(英国奥林匹克委员会和业余田径协会)坚持"公平竞赛"的体育理念,但还是被美国人指责组织过程中存在偏见。正如我们所看到的,许多与奥林匹克运动有关的重要国际体育管理机构都是在这一时期成立的,如国际足联在1904年成立,国际业余田径联合会在1913年斯德哥尔摩奥运会之后成立。(Lovesey 1979:56)这些组织之后一个世纪都在当代奥林匹克运动内外发挥着重要且相对独立的作用。国际足联最初认为奥运会业余足球比赛能够满足"世界足球冠军"的需求。然而,19世纪90年代英格兰职业足球在受欢迎程度和球赛质量上已经超过了业余足球。20世纪初,越来越多的国家开始从事这项运动,所以足球开始发展成为当今世界上拥有最多单一专业观众的体育项目。到20世纪20年代,奥运会上秘密使用职业足球运动员的情况越来越严重,显然已经超过了限额。1930年国际足联彻底脱离奥运会,举办了第一届世界杯。这是一项独立的职业足球世界锦标赛,每四年举办一次,与奥运会不相重合,随后与奥运会一样成为全球最盛大的体育赛事,吸引众多体育媒体的目光。[10]

在两次世界大战期间,国际奥委会将自身打造成国际体育的权威机构和主要参与者,并且它组织的运动会成为世界上最重要的大型活动,构建了世界体育四年赛事周期。1920年安特卫普战争失败导致士气低落,奥运会又重新恢复。20世纪二三十年代,奥林匹克运动蓬勃发展。1928年,德国重新加入奥林匹克运动。1924年巴黎奥运会、1928年阿姆斯特丹奥运会、1932年洛杉矶奥运会和1936年柏林奥运会的成功举办也给大众留下了非常深刻的印象。然而,奥运会及奥运项目依然保留了19世纪末的阶级主义、性别歧视和种族主义。如果国际体育运动不进行一些必要的改革,就会跟不上奥运会的步伐。正如我们所看到的,奥运会的精英性和阶级排他性为独立的工人阶级社会主义体育和拥有职业观众体育的发展创造了机遇和动力,并且性别歧视反而促进了女子运动的发展。在两次世界大战期间,国际奥委会在对待种族问题上几乎没有遇到相应的压力。

总的来说,战后和20世纪末的奥林匹克运动,即使近年来出现了许多问题,我们将在后面(第七章)讨论这些问题,但还是从真正意义上促进了普世人文主义思想的发展。而且可以说,对于工人阶级和女性运动员而言,它在很大程度上是具有推动作用的。同样地,战后的奥运会与种族主义有关,因为它最终在南非反种族隔离制度的斗争中发挥了重要作用。目前,国际奥委会中有许多亚洲和非洲代表,该组织通过奥林匹克"团结基金"为贫穷国家的体育提供发展资金,并帮助非洲和亚洲举办区域性"奥运会"。然而,战争前期以及战争时期,国际奥委会对种族主义的态度更像是英法帝国的父权主义,而不是真正的人道主义。

顾拜旦认为法帝国主义在非洲演变成了"神圣的文明使命"。1923年,研究在非洲地区举办奥运会可能性的国际奥委会提议建立体育种族隔离制度,同时举办两场周期为两年的运动会,一场面对欧洲殖民者,另一场面对当地"原住民"。然而,对于殖民者来说,这是一套复杂的赛事安排,最终因为没有得到有力支持而无法实施。[11]就非欧洲"种族"和民族而言,日本在二战期间的奥运会上偶尔取得显著的成功,在同一时期的博览会上的表现也同样令人印象深刻,这些都与其现代化的动态进程相匹配。另一方面,尽管非洲和阿拉伯运动员偶尔代表帝国主义国家参加运动会,在早期和战时奥运会上也取得了一些卓越成绩,但总的来说,这些都只是象征性的。(Guttman 1994)此外,正如我们后面讨论的,20世纪30年代末,国际奥委会开始受到法西斯政治和欧洲政治文化固有的种族主义世界观的影响,所以无法像其他任何反对种族主义的文化运动那样坚决采取行动。20世纪30年代,对于非欧洲"种族"和民族的人来说,就连公开宣称帝国主义的大英帝国运动会可能也比奥运会更具包容性。

然而,20世纪的奥林匹克运动显示出巨大的韧性和能力,适应了来自国际政治环境的压力。这在战后牵涉到许多方面,至少包括美国、全球媒体公司和跨国公司赞助商(稍后将在第六章和第七章讨论)。战后初期,该运动更加灵活,也更有包容性,表现在对刚刚独立的殖民国家的承认和照顾上,对种族歧视问题的态度也比战时更加积极。

当涉及阶级和性别歧视的其他社会性排外问题时,奥林匹克运动一面重申了其对业余理想的承诺,一面稍微放宽了规则,允许

"超时"付款，以补偿工人由于培训、交通和比赛而造成的收入损失。[12]关于歧视妇女这一问题，1917年法国的爱丽丝·米利雅特（Alice Milliatt）公开质疑了1912年国际奥委会发布的对妇女的官方禁令。此外，如前所述，20世纪20年代国际妇女体育联合会赛事的成功，以及国家女子田径协会（如妇女业余田径协会）的成功，也对此造成了一定冲击。顾拜旦和国际奥委会坚决抵制女性参加1924年巴黎奥运会。但随着1925年顾拜旦辞去国际奥委会主席一职，在国际田联的支持下，1928年阿姆斯特丹奥运会首次纳入了女子运动项目。1932年洛杉矶奥运会中包含一个完整的女子项目。（Hargreaves 1994：140－141）

就奥运会项目本身而言，从早期到战时发生了很多变化。正如我们之前所看到的，顾拜旦对举办奥运会的态度受到了原始古希腊奥运会宗教礼仪和19世纪末法国国际博览会仪式的影响。[13]他最初坚持，奥林匹克运动及其赛事的主要目标——促进并凸显国家之间的和平，需要在开幕式上向全体运动员和观众展示出来，此外至少还需要三个仪式。首先，盛大开幕式的一个环节是主办国元首或代表正式宣布奥运会开幕，全体运动员或运动员代表仿照古希腊的做法进行宣誓同意遵守比赛的规章制度；其次，需要有一个把特别奖牌颁发给获胜者的胜利仪式；最后，还需要一个闭幕式。

战争期间采取了一些创新来加强奥运会比赛项目的象征意义和影响。第一，1920年安特卫普奥运会上，五环旗（象征世界五大洲）、飞行的鸽子（象征和平）和宣誓的运动员代表都一一亮相。第二，1928年阿姆斯特丹奥运会上，德国重新派队参加奥运会，德国国际奥委会委员提议从希腊奥林匹亚奥运会的原址引来火焰，用永不熄灭的火炬进行接力传递。从1928年阿姆斯特丹奥运会引入的圣火成为1932年洛杉矶奥运会的一大亮点，并成为奥林匹克仪式的一个既定部分。火炬传递并没有在阿姆斯特丹进行，而且在洛杉矶也无法实施。火炬传递最初是由奥林匹克委员会的德国委员提出的,所以最终火炬在1936年柏林奥运会进行了传递。(Lekarska 1976)

战后奥运会的礼仪也有了一定的改善。与战时创新一样,它们也需要保持公众形象和活动魅力,在这种情况下,新型公共文化活动变得越来越普遍,与奥运会的竞争也越来越激烈。战后的竞争主要来自专业观赏型运动和媒体。然而,毫无疑问,在战争期间,这些因素都起了很大的作用,但欧洲国家主要的竞争可能涉及前期提到过的大众节日、仪式礼仪和体育运动表演。法西斯国家在这方面享有重要地位,尤其是纳粹德国。纳粹德国在战争期间举办了规模最大、最令人印象深刻的奥林匹克大型活动,现在我们将更详细地研究这一大型活动及其背景和意义。

4.4 超民族主义与奥运会:"纳粹奥运会"

本节主要研究20世纪初的超民族主义,即德国法西斯主义对国际体育运动和相关重要活动的影响,特别是奥林匹克运动及1936年第十一届奥运会。可能有一些争议认为这个影响过程是独特的,并且只具有短暂的历史意义。然而,本书认为这属于一个客观经验,描述一个强大的国家如何操纵一个国际性的文化活动,从而在国际上展示其形象、意识形态和影响力,并加强其在国内的权威。这种经验在整个战后时期出现过很多次,说明这是现代国际文化组织一个难以根除的弊端。在战后奥运会期间,特别是在1980年莫斯科奥运会和1984年洛杉矶奥运会期间,在"超级大国"的竞争中出现了类似的大国操纵事件。奥林匹克运动容易受到超级大国的操纵,这在当代仍具有研究意义。在这一部分中,我们将简要介绍1936年奥运会的一些主要特点,并探讨1933—1936年间举办奥运会的背景,以及它在帮助纳粹政权合法化方面的意义。此外,我们还讨论了一个更宽泛的问题,即法西斯主义对1936—1940年及战后初期除奥运会之外的其他奥林匹克运动的影响。

4.4.1 1936年柏林奥运会

继1924年首次冬季奥运会举办后,1936年德国举办了两场奥运会,分别是柏林夏季奥运会和加尔米施冬季奥运会。我们将重点放在发生了两件大事的夏季奥运会。其一,在短跑和跳远比赛中,美国优秀黑人运动员杰西·欧文斯(Jesse Owens)获得了最终的胜利。其二,由著名的德国电影制作人、法西斯党派人士莱妮·里芬斯塔尔拍摄的经典影片《奥林匹亚》(*Olympia*)记录了杰西·欧文斯的成就,并在1937年巴黎世博会和1938年威尼斯电影节上赢得了国际赞誉(战胜同期沃尔特·迪士尼卡通片《白雪公主》,获得最高奖项)。柏林奥运会可能也是因其令人印象深刻的组织和举办特点而为人所铭记,并且在这方面,柏林奥运会远远超过了以往所有的奥运会,甚至超过号称好莱坞盛事的1932年洛杉矶奥运会。参加奥运会的运动员数量达到3 000人,相当于1924年巴黎奥运会创下的最高纪录。运动员们被安置在一个专门建造的优质奥运村,这个奥运村单独坐落在迷人的森林中。运动员来自100多个国家,比以往任何一届奥运会的国际参与人数都要多出至少一倍(事实上,直到30多年后的1968年墨西哥城奥运会才与之旗鼓相当),同时也引来了3 000名国际媒体记者和15万名外国访客出席。[14]这是史无前例的体育盛事。

奥运会在一座经过彻底整修和扩建的现代化体育场举行,该体育场最初是为1916年柏林奥运会而修建的,设在一个现代化的体育文化设施综合区内,占地10万平方米,包括一个50米长的游泳池以及周围配套的16 000个座位、一个设备齐全的大型媒体中心、一个运动科学研究中心、一个拥有25 000个座位的圆形露天

第四章 奥运会、国际主义和超民族主义:战争期间国际体育赛事和运动 | *145*

比赛场地和一个可容纳上万人的大众演出区。整个比赛期间,体育场都座无虚席,开幕式和闭幕式时也是如此。开幕式上,顾拜旦的声音通过广播传到活动现场。希特勒宣布奥运会正式开始,首届现代奥林匹克马拉松的传奇冠军得主、希腊队领队斯皮里登·路易斯(Spiridon Louis)向他献上来自希腊古代奥运会的举办地奥林匹亚的橄榄枝,充满象征意义。希特勒观看了许多比赛,并参加了闭幕式,他还在国际奥委会的非公开会议上发表了讲话。具有象征意义的奥运圣火首次在开幕式上熊熊燃烧,主火炬由来自奥林匹亚的圣火点燃(Hart-Davis 1986:ch.9)。世界上有史以来最大的飞艇,300米长的兴登堡号飞艇插着巨大飞扬的旗帜盘旋在体育场和城市上空(Hart-Davis 1986:154)。夜晚,希特勒的建筑师阿尔伯特·斯皮尔在体育场上空用强大的探照灯创造了令人印象深刻的全新的戏剧性"光建筑"效果,这与1934年纽伦堡拉力赛上类似的"权力剧场"效果相呼应(见图4.2)。整个柏林城都服务于奥运会,迎接众多的外国游客,为他们营造出节日的气氛。

最后,组织者利用媒体技术的发展,使柏林奥运会成为一个独特而著名的媒体事件。起初,只是柏林市的小型电视节目转播,因为这是柏林市首次通过闭路电视向公众转播一场大型体育活动,现场实况被传送到全市20多个观看场地,共吸引了超过15万名观众。更重要的是,这也是一个在全世界范围内的无线电媒体事件,据称吸引的国际观众是有史以来最多的。然而,尽管取得了不凡的成就,当代柏林奥运会观察家、英国记者彼得·威尔逊(Peter Wilson)却认为,"空气中弥漫着令人讨厌的沙文主义和军事色彩"(Wilson 1976:59)。我们现在需要探讨当时举办奥运会的背景,因为这些可能会导致公众产生上述判断。

图 4.2　1936 年奥运会期间柏林奥林匹克体育场的夜景，呈现出辉煌的"光之国"效果，这是由阿尔伯特·斯皮尔 1934 年在臭名昭著的纳粹党纽伦堡集会上倡导的"光建筑"技术创造出来的。

4.4.2　柏林奥运会背景

19 世纪的德国民族主义运动很重视群众节日和仪式礼节，在流行的"体育文化"运动中更是如此，如体操协会。这种民族主义和赛事型运动之间的联系一直持续到 1870 年德国统一和新德国的俾斯麦时代。然而，20 世纪初德国的民族主义传统活动和"身体文化"在公众和官方场合都受到了英国竞技体育的挑战，尤其是来自足球领域、法国奥林匹克国际主义以及体育协会（主要是通过德国和国际工人及工会运动）的挑战。最终在德国成立了一个国家节日委员会和国家体育委员会，尽管遭到体操协会的反对，但体育委员会仍肩负在教育体系中发展体育运动的责任。第一次世界大战前期，柏林奥运会的两位重要人物——西奥多·莱瓦尔德（Theodore Lewald）和卡尔·迪姆（Carl Diem）坚持积极推动德国的体育发展。两人都是当时的德国国家体育委员会成员，并一同参加了奥林匹克运动。莱瓦尔德还帮助组建德国队参加 1904 年奥运会和1908年奥运会。迪姆是一位体育历史学家,对古希腊奥运会非常着迷,1910—1933年间,他一直担任国家体育委员会主席。他们两人都是国际奥委会委员。[15] 大约在1912年斯德哥尔摩奥运会期间,国际奥委会决定把1916年奥运会主办权交给柏林。莱瓦尔德为此次奥运会做出了卓越贡献,他甚至动用自己的私人财产建造了一座新体育场——凯撒体育场。然而,战争的失利和胜利者的敌意使德国几乎很长时间无法参加奥运会。

莱瓦尔德和迪姆是德国奥委会和国际奥委会中的重要成员,他们一直申请举办柏林奥运会,终于在1928年阿姆斯特丹奥运会后得以实现。1932年,国际奥委会将1936年奥运会的主办权给予柏林,但当1933年纳粹夺取政权后,该决议立即被撤销。任何大型公共活动的策划和筹办都是一个漫长且复杂的过程,举办奥运会这样的大型活动更是如此,需要新的体育设施、场所、交通和通信基础设施。纳粹上台后,德国国家奥林匹克委员会已经做好准备去完成这些任务。国际奥委会和纳粹都面临着是否应该继续下去的问题。我们稍后将探讨国际奥委会的态度,在他们看来,纳粹对柏林奥运会的看法是矛盾的。[16]

对德语 Volk 一词(指大众、国民)所含的种族主义观念和确保国民身体素质适合服兵役和劳动而言,他们的运动理论和实践使"身体文化"处在了中心位置上。纳粹党的"冲锋队"组织(即用政治控制街头暴徒的组织)和希特勒青年组织都设有体育部门以及体育领导人。他们"通过喜悦获得力量"的身体文化运动为整个德国的体育发展提供正式指导。此外,纳粹还为拥有集体意志、遵守纪律的群众在大众游行、节日和仪式中提供核心位置,即"权力剧场",最著名的例子就是纽伦堡集会。然而,另一方面,希特勒和纳粹对"资产阶级"文化形式持批评态度,在超民族主义和种族主义影响下,他们反对一切非德国的东西,这意味着他们必然会对奥林匹克运动产生深深的怀疑。由于希特勒本人并不热衷体育文化,对重建柏林和提高国家形象也有自己的想法,所以他一开始对奥运会并不热情。

然而,1933年听完莱瓦尔德和迪姆的陈述之后,希特勒开始相信奥运会潜在的宣传价值,以及办完奥运会后这些设施的军事作用和用于群众集会的价值。于是,他对奥运会的态度变得热情起来,除了优先的资金支持,还给予了极大的关注,并安排戈培尔(Goebbels)和他领导的宣传部全面负责奥运会项目。除了德国奥林匹克委员会,建筑师阿尔伯特·斯皮尔和电影制片人莱妮·里芬斯塔尔也参与其中,分别负责体育场的灯光造型和拍摄工作。1936年奥运会开始时,他们在戈培尔取得的成就基础上(即他于1934年为纽伦堡集会建造的壮观探照灯"建筑")继续向前推进,里芬斯塔尔在她的电影《意志的胜利》(*Triumph of the Will*)中公开了这一点。

1933—1936年希特勒独裁统治初期,纳粹党在德国建立了绝对的意识形态和文化霸权,这似乎对大多数德国人民充满吸引力,受到他们的热烈欢迎。在这几年间,希特勒致力于建设纳粹国家,并通过他的"权力剧场"所举办的赛事日程表来进行宣传,他描绘出的对德国"世界历史文明使命"的愿景与欧洲和"千年帝国"有关。"千年帝国"与欧洲古代文明,特别是希腊文明的周期性相呼应,与19世纪末20世纪初德国知识分子和欧洲知识分子对更多希腊文明的认同产生共鸣。

早些年,希特勒、戈培尔、迪姆等人都从各个方面推动柏林奥运会项目,这绝不仅仅是巧合。因为通过奥运会,纳粹可以争取到不同选区选民的支持。他们能够通过奥运会的壮观、竞争和节日氛围等方面来呼吁德国工人阶级的公共文化,还可以通过奥运会与希腊人产生联系和共鸣,来实现德国中上层阶级较"高"的文化志向。19世纪末通过考古学家的重大项目,发现德国希腊主义成为1889年巴黎世博会的重要特征,正如我们之前所看到的,这也对顾拜旦在19世纪90年代复兴奥运会的计划产生了一定的影响。最后,假设奥运会将通过其戏剧性特征和仪式来吸引两个阶层,它会与瓦格纳文化、德国民族主义文化和传统的平民主义文化都产生共鸣。

奥运会组织者卡尔·迪姆在柏林奥运会上的创新之处在于奥运火炬的传递,这是奥运会仪式中展现现代奥运会活动场地与古代奥运会场地之间高度象征性的联系。这应该算是永远的迪姆、真正的体育和希腊理想主义的产物。然而,在20世纪30年代中期新纳粹背景下,它不可避免地带有一些模糊可疑的含义。近一千年以来,古希腊文化一直把奥林匹亚作为举办奥运会的神圣场地,也是一个可以被称作"千年文明"的永久遗址。[17]

"千年文明"的概念让希特勒想起了他对"千年帝国的构想"。他还"展望"了纳粹统治下的欧洲和世界秩序下的奥运会的未来,希望它可以成为"千年帝国"国际形象和文化的重要组成部分。在他的计划中,奥运会将由纳粹接管,并永远在1935年阿尔伯特·斯皮尔建造的巨大体育场举办,该体育场可容纳40万人,是纽伦堡"权力剧场"建筑群的一部分。希特勒有着非比寻常的外交水平,或者说他具有强大的政治预测能力,考虑到可能会遭遇国际抵制,所以在柏林奥运会的筹备过程中没有公开表达这一计划。然而,他圈内有部分成员了解实情,包括德国的国际奥委会委员莱瓦尔德和迪姆。[18]

所有这些都是为了强调希特勒和纳粹政权最终赋予奥运会相当重要的意义,因此,只关注1936年奥运会本身可能产生的短期影响是错误的,[19]还需要考虑1933—1936年奥运会筹办阶段以及它的长期影响。正如其他革命一样,在纳粹革命早期的关键时期,新国家的合法性和权威性都是脆弱且短暂的。然而,随着奥运会的到来,全世界的目光都聚集于新德国,再加上奥运设施的建造、奥运会的准备和预演等工作,该国政权在国内合法化并得到普及,在国际上也日趋合法化并得到完善。此外，奥运会上希特勒发表了有象征意义的演讲，不仅在国内外享有影响力，而且在思想和政治上也暗示了如何构思和表达世界历史抱负以及纳粹主义的深远意义。

当时国际奥林匹克运动的许多观察员，特别是那些呼吁抵制柏林奥运会的观察员，都清楚地看到了这类问题。为了解呼吁产生的原因和围绕这些呼吁的争议，我们需要更深入地思考这些问题。首先，德国在1933—1936年奥运会的准备阶段中添加一些相关的元素。从1933年起，如同社会生活的其他方面一样，德国的体育运动也被纳粹化，并在异常激进的种族主义基础上进行了重组。1933年，犹太球队就被正式禁止以"雅利安"队的名义参加任何运动项目。犹太人被正式禁止参加拳击运动，禁止在德国所有的海滩游泳，禁止在为即将举办冬奥会做准备的加尔米施主要滑雪场滑雪等等。

1934年，宣传部长戈培尔建议所有纳粹党员阅读一本名为《民族社会主义意识形态中的体育精神》(The Spirit of Sport in the National Socialist Ideology)的书，所以我们有理由相信，这本书在运动期间得到广泛传播。作者是布鲁诺·马利茨（Bruno Malitz），他是柏林冲锋队的运动领袖。该书用粗俗的语言描写了纳粹领导阶层和普通群众的种族主义态度。例如，马利茨声称："在我们德国的土地上，犹太人体育领袖……和平主义者、政治天主教徒、泛欧主义者和其他人都没有存在的空间，因为他们比霍乱和梅毒还可怕……"(Hart-Davis 1986：63 - 64；Mandell 1971：59 - 60)。此外，1935年德国饮食组织负责人库尔特·蒙克（Kurt Munch）出版了大众体育教科书，同样倡导纳粹党激进的种族主义体育观。关于奥运会，马利茨表达了明确的纳粹观："法国人、比利时人、波兰人和犹太人［将］在德国的赛道上奔跑，在德国的游泳池里游泳……那么我们想在德国举办奥运会吗？是的，一定要在德

第四章　奥运会、国际主义和超民族主义：战争期间国际体育赛事和运动 | 151

国举办！……这是对德国最好的宣传……该团队将被载入史册。"(Hart-Davis 1986:70-71)

　　1935年,帝国体育联合会接管了所有体育协会。帝国运动领袖查默·奥斯滕(Tschammer und Osten)在其办公室的官方出版物中公开粗暴地表达了反犹太人的观点,并禁止他们参加运动会。[20]此外,1935年纽伦堡集会期间,一部具有明确种族主义和反犹太特点的新德国公民法在一系列的宣传后正式颁布。奥运会期间,纳粹建立集中营,把无辜的人当作奴隶来对待,每天对他们施暴。事实上,集中营已经被贴上了这样明显的标签,建于离奥林匹克体育场不远的柏林北部郊区(Hart-Davis 1986:207)。

　　因此,对于任何理性且客观的观察员来说,1933—1936年间有明显证据表明,德国在制定体育政策和筹备柏林奥运会的过程中,公然否认基本的人道主义和奥林匹克价值观。纳粹以追求和平的借口,公然将奥运会用于推广其具有侵略性的外交政策。即使在奥运会期间,纳粹也积极支持佛朗哥法西斯对西班牙民选政府的攻击。面对这些问题以及其他的现实情况,产生了一些抵制1936年德国冬季奥运会和夏季奥运会的合理呼声,特别是来自美国的犹太人和天主教团体。美国曾就是否对此进行抵制开展过辩论。[21]例如,美国国务卿乔治·梅瑟史密斯(George Messersmith)反对美国参加1935年11月举办的柏林奥运会,他声称：

　　　　对德国党派和青年来说,1936年柏林奥运会的举办已经成为国家社会主义理论征服世界的象征。如果奥运会不在柏林举行,那么国家社会主义理论的名声将遭受最严重的打击。

(Hart-Davis 1986:76)

　　然而,美国国际奥委会委员艾弗里·布伦戴奇(Avery Brundage)

毫不妥协地拒绝抵制,后来在战后初期(1952—1972),他成为国际奥委会主席。1934年,布伦戴奇和当时的国际奥委会主席巴耶-拉图尔(Baillet-Latour)一起访问德国,据说是为了调查反犹太种族主义。但令人惊讶的是,这两位"体育外交官"都表示很满意,还说如果确实存在种族主义,那也是德国的内部政治问题,与国际奥委会无关,在任何情况下,纳粹政府需向他们保证在柏林奥运会上不会有这样的行为(事实证明,显然没有做到)。然而,1935年美国国际奥委会委员长谢里尔(Sherrill)和希特勒有过一次长谈,希特勒明确表示,禁止犹太人代表德国队参加奥运会。尽管这明显违反了奥林匹克道德规范,但并没有违反《奥林匹克宪章》,即允许国家奥委会自行组建代表队。在此基础上,1935年美国关于抵制的辩论中,谢里尔和布伦戴奇就美国是否参加奥运会展开激烈争论。果然不出所料,在德国奥运会上,实际上并没有德国犹太人参与。[22]

4.5 法西斯主义与20世纪30年代的奥林匹克运动

法西斯主义对战时奥运会的影响不能简单地归结为对1936年夏季奥运会和冬季奥运会的短期影响。正如我们所看到的,影响从奥运会筹备期间(1933—1936)一直延续到奥运会举办之际。国际奥委会与纳粹政府合作,让纳粹利用或者说是滥用奥林匹克运动的良好名声开展主要的宣传活动。他们拒绝承认和/或谴责纳粹体育政策,也坚决否定那些要求重新选址或取消奥运会的呼声和抵制奥运会的行为。此外,尽管纳粹奥运会在赛后遭到许多国际批评和谴责,但他们仍然拒绝承认与法西斯主义的合作可能摧毁奥林匹克运动及其理想。这一点可以从他们在1936—1940年间做出的决定中得到体现,我们接下去就会介绍。即使是当代支持奥林匹克运动的作家也很难理解国际奥委会在后柏林时期的想法。著名的英国体育记者、历史学家约翰·罗达(John Rodda)对国际奥委会在这一时期的决议发表了评论,指出国际奥委会完全漠视"德国国内的政治以及柏林奥运会上强烈的反对呼声"(Killanin and Rodda 1976:60)。奥林匹克史研究专家约翰·卢卡斯(John Lucas)认为,这段时期是奥林匹克运动的"迷惘岁月",在这一时期总是做一些"古怪"的决策(Lucas 1980:134-135)。包括体育历史研究专家约翰·霍伯曼(John Hoberman)在内的其他批评家和分析人士认为,这至少是国际奥委会和法西斯主义紧密合作的时期,最糟糕的是法西斯主义"俘虏"了意识形态。虽然对于其他评论员来说,难以理解国际奥委会与法西斯主义的合作程度,但是对于约翰·霍伯曼来说,由于熟知体育思想与法西斯主义美学某些要素之间的共性,以及国际奥委会(持续的)招兵买马、等级制度和神秘天性,这一切都是不难理解的。我们简单探讨一下可能导致国际奥委会在20世纪30年代受到法西斯主义影响的因素。

第一,当时的整体政治、意识形态和体育大环境等背景因素。一些主要的欧洲国家体育组织,包括德国、意大利和西班牙等的国家奥林匹克委员会,受控服务于当时的法西斯国家。[23]此外,国际足联等国际体育组织和非法西斯国家的国家体育组织(如英国足球协会)(Holt 1998a;Beck 1999)出于各种原因准备与法西斯国家开展业务。

第二,战时国际奥委会成员包括许多贵族和商人,而苏联在国际奥委会上的"代表"仍然是流亡的沙皇贵族。鉴于布尔什维克革命和苏联作为世界强国的崛起,可以合理地假设,无论此时的国际奥委会成员是否有其他世界观和政治同情,总体上都是反布尔什维克和反共产主义的。在这方面,它肯定与德国、意大利、西班牙和葡萄牙等国的战后法西斯政治家和执政党有着共同的利益和相同的政治立场。

第三,国际奥委会的一些有影响力的成员要么是公开的法西斯分子,要么被合理地怀疑是法西斯分子,其中包括德国成员卡尔·迪姆(纳粹合作者)和公认的纳粹支持者卡尔·里特·冯·哈尔特(Karl Ritter von Halt,1929—1964年任国际奥委会委员,1957—1963年任国际奥委会执行官)和沃尔特·冯·雷切诺(Walter von Reichenau)将军,以及据称是法西斯贵族的保罗·塔翁·迪雷沃(Paolo Thaon di Revel)伯爵和梅克伦堡-施韦林公爵(Duc de Mecklenberg-Schwerin,1920—1950年任意大利国际奥委会成员)。[24]此外,20世纪30年代国际奥委会的重要人物,如主席亨利·德·巴耶-拉图尔和艾弗里·布伦戴奇,虽然他们本身并不是法西斯主义者,但出于个人原因,正准备与纳粹德国的政界要员和国家官员建立积极关系。

最后,顾拜旦这位现代奥林匹克运动的精神领袖,虽然不是法西斯主义者,但在20世纪30年代,也偶尔会对意大利和德国法西斯主义统治下的政治元首以及国家对体育运动的支持发表积极评论。1935年柏林奥运会之前,他受邀访问柏林,在那里受到了热烈欢迎,并通过无线电表达了他对活动安排的支持。[25]据报道,在柏林奥运会期间的一次采访中,顾拜旦说:"柏林奥运会的巨大成功淋漓尽致地展现了奥林匹克理想。"他对此次奥运会给予了极大肯定:"1936年奥运会沐浴在希特勒力量和纪律的光亮下。"(Hoberman 1986:42-43)1936年,纳粹政权提名顾拜旦为诺贝尔奖得主。面对这样的赞助者,不出所料他没有得到这个奖项,获奖者是德国记者卡尔·冯·奥西耶斯基(Carl von Ossietsky),一名当时被纳粹政权关押在集中营里的政治囚犯。(Hoberman 1986:50)此外,顾拜旦实际上也做好了接受纳粹国家资金支持的准备。在他生命的最后几年,直到1937年去世,他才从贫困中被解救出来,并在瑞士退休时通过卡尔·迪姆得到纳粹的经济支持(Lucas 1980:133;IOC 1994)。

第四章　奥运会、国际主义和超民族主义：战争期间国际体育赛事和运动 | 155

国际奥委会与法西斯超民族主义政治合作的意愿是显而易见的，1936年开始举办大型体育活动等一系列决策就足以证明。幸运的是，从奥林匹克运动的完整性和国际声誉的角度来看，第二次世界大战的到来使这些活动和决策黯然失色。1936年柏林奥运会上，国际奥委会意识到当时的日本是一个激进的社团主义国家，所以将1940年奥运会主办权授予了东京。1938年，随着欧洲和远东的战争迫在眉睫，他们不但没有取消日本的奥运会主办权，反而要求日本政府（当时明显是好战的法西斯）确认1940年奥运会是否会如期举办。[26] 在某些方面，国际奥委会是幸运的，因为日本人拒绝继续举办1940年奥运会。他们认为奥林匹克主义及其和平主义理想是欧洲文化的一种过时形式，并声称将举办属于他们自己的"日本奥运会"，开展与武士传统有关的体育项目。国际奥委会遭到一个不太熟悉的法西斯国家的拒绝后，立即回到一个非常熟悉的法西斯国家，即德国。在1938年的一次会议上——尽管当时纳粹侵略奥地利，并准备发动战争——国际奥委会还是计划将1940年冬季奥运会举办地改为加尔米施，并将夏季奥运会举办地改为芬兰赫尔辛基。也许为了彰显政治平衡，他们将1944年奥运会的举办权给了伦敦。

此次论述的背景中值得注意的是，意大利法西斯领导人墨索里尼（Mussolini）1934年在罗马建造了一个全新的大型足球和田径体育场，用来举办1934年世界杯总决赛。他计划1942年在体育场周围的建筑群中举办一个国际博览会。罗马没有正式申办1944年奥运会。然而，20世纪30年代末，墨索里尼坚持认为，欧洲可能会发起打击非法西斯国家的战争，最终一定会失败。因此，他采取切实可行的措施来确保罗马能够赢得1944年奥运会的主办权，或者在战后法西斯未来的任何时刻，都可以举办奥运会。在此期间，国际奥委会很可能通过其意大利成员了解了墨索里尼的计划和抱负，实际上毫无疑问是通过纳粹任命的德国成员了解到的。[27]

1940年,奥林匹克运动及其靠不住的梦想,连同全世界人民的生命和梦想,在接下来的5年里都被军国主义国家挑起的战火所吞噬。然而,国际奥委会在20世纪30年代的大部分时间里都在拉拢这些国家。从正面说,这是不负责任的天真;从负面说,这是奥林匹克运动史上最不光彩的一章,翻过去后将会有一个更奇怪的插曲。国际奥委会在1940年举行了一次会议。奇怪的是,国际奥委会对纳粹的侵略和战争的爆发漠不关心,显然仍然希望1940年赫尔辛基奥运会能够如期举行。最终,他们不得不同意取消赫尔辛基奥运会。然而,在宗教信仰对体育信仰的最后一次奇怪的胜利中,他们显然希望,至少将纳粹奥运会上伟大的仪式创新,即火炬传递作为一个独立的活动继续进行下去(Lucas 1980:135)。可想而知,1940年纳粹对欧洲国家展开了袭击浪潮,导致火炬传递也不得不被取消。

4.6 结论

本章我们以超民族主义、帝国主义等对体育国际化的影响为切入点,研究了国际体育文化和战时奥林匹克运动,在探寻当代的"后现代"和全球文化来源时,这一时期往往被忽视。体育是这些体系的一种戏剧性手段,还包括群众节日、游行和示威等形式用以宣传思想、彰显权力。随着体育文化成为"日常生活审美化"的一部分,大型活动也成为组建"权力剧场"的基础。为了证明这一分析,本章最后讨论了法西斯主义对1936年柏林奥运会甚至对20世纪30年代所产生的影响。

本章还介绍了体育国际主义的两种重要形式,即民主社会主义运动和女权主义运动催生的国际主义。这两种形式都将自己视作当下主流和"资产阶级"奥林匹克运动的替代品,也是共产主义体育和法西斯体育的替代品。这两种形式的体育国际主义及其大型活动最终都会回归到主流形式上。尽管如此,从文化包容性和公民权的角度来看,它们还是推动了工人阶级事业的发展,对奥运会的性质产生了渐进式的影响,尤其是在战后早期,奥运会项目变得更加具有包容性。第一部分分析了大型活动,现在需要解释20世纪末大型活动的性质和作用。不可避免地,在19世纪末至20世纪中叶这段时期和我们当下的时代之间存在着断层,尤其是20世纪末通信和运输技术的进步和大规模的传播。

人们可以通过电视直播或参加旅游活动等早期不太流行的方式在全球范围内观看大型活动。然而,正如我们将看到的,除了间断性之外,还有重要的连续性将当代的大型活动与第一部分中讨论的发展联系起来。例如,1850—1939年间逐渐形成的表演形式和仪式对主要大型活动而言,未必不重要。

第二部分
大型活动与全球文化的发展

本书第一部分为当代世博会和奥运会两个大型活动的三大关键维度提供了理论依据。第二部分探讨当代大型活动,特别是奥运会主办城市、媒体及全球化等维度。与第一部分类似,这部分主要谈论公民身份,且重点分析了大型活动三大维度在主办城市、媒体及全球化视域下的隐含意义。"现代文化公民身份"将理论与实践相结合,大型活动的三大维度及其隐含意义将在第五章、第六章和第七章中分别展开讨论,主要涉及当代大型活动主办城市、媒体及全球化三个方面。

　　每个大型活动的维度产生的时期和缘由在第一部分中都有提及,在第二部分中将继续讨论其连续性和间断性。然而,在20世纪80年代至90年代,奥运会大型活动主办城市与媒体的联合呈现出了一种全新的、复杂的、不确定的局面,这种局面既有积极的影响,也有消极的影响。我们将在第五章和第六章结尾部分讨论与奥运会赛事相关的一些问题,主要针对主办城市和媒体。而且,无论以单一或组合形式出现,奥林匹克运动都是我们所处时期的主要大型活动。我们将在第七章中探讨奥运会对"全球公民身份"的影响。

第五章 大型活动、城市和旅游文化：奥运会和世博会

引言

本章我们将城市维度和大型活动视为地方性旅游活动,对第二部分提及的几个主题展开讨论,从而揭示这一阶段城市政治和公民身份的隐含意义。然而,我们首先应该关注当代大型活动的地方性维度,而不是全局性和"文化全球化"问题,当代文化全球化不是一维的"全球化"。正如第一章所描述的,只有当"全球化与地方性"处于动态平衡时,才能更好地理解生产与消费的意义和意象。

意义与意象在全国和全球范围内广泛传播,当代流行文化行业发展日趋国际化和全球化。顾名思义,旅游行业、媒体行业,特别是电视媒体等是当代文化及其"文化产业"中最具商业性质的代表,共同构成了"消费者文化"及其当代全球化概念的核心元素。旅游业和媒体文化的发展有助于我们理解"标准化"/"相同之处"与"独特性"/"不同之处"这类词的意义。我们习惯将全球化与地方性,国际水平与地方水平,空间与位置以及同一性等概念联系在一起,并且认为大型活动已经成为旅游业和媒体文化全球化与地方性发展的原因与导向。

本章我们主要将世博会和奥运会视为时空概念中的地方性事件,故又称之为独一无二的城市事件或地方事件。然而,这些事件

也凭借其作为旅游和媒体事件的特性来呈现文化全球化的意义。这些旅游和媒体事件对世博会和奥运会城市有着直接的影响。本章我们结合一般旅游文化内涵和城市旅游特殊内涵对参与世博会和奥运会的城市展开讨论,并在下一章探讨当代奥运会作为媒体事件的特征。作为奥运会媒体事件的一部分,我们有必要考虑城市的发展水平。当代城市信息和通信技术基础设施对赢得奥运会主办权至关重要。稍后我们将考虑奥运城市如何制定"媒体"及市域信息和通信技术等政策。

  本章讨论的主旨是理解大型活动对城市的影响及意义。无论其影响是积极的还是消极的,这些大型活动通常都是由有权势的精英团队计划并决策,几乎没有当地公民参与民主决策。相反,当地居民还需对强加于他们的这些活动以及可能吸引的大量游客表示出欢迎的态度。同时,精英们还希望当地居民为开展此类活动提供大量志愿者(曾有4万名志愿者服务于亚特兰大奥运会),通过付费观看为活动提供资金支持,或缴纳地方税或提供资金来增加财政收入。纵观各方面,大型活动对城市公民的影响通常是喜忧参半。在本章讨论的各种经济和旅游问题中,以及在巴塞罗那奥运会和赢得奥运会主办权城际竞争的案例研究中,所涉及的政治背景和过程的积极影响和消极影响都是显而易见的。我们将在本章结尾部分再次讨论这些问题。[1]

  本章的讨论包括三个部分。第一部分讨论世博会和主题公园与现代旅游文化发展的关系;第二部分以1992年巴塞罗那奥运会为例,从奥运盛会对城市经济及旅游的影响来分析奥运城市;第三部分讨论"全球奥运城市"这一概念。我们首先将奥运城市视为"媒体城市",并以1988年汉城和1992年巴塞罗那两座主办城市为例。接下来将探讨国际奥委会通过全球城际竞标赛事选取奥运主办城市这一做法所存在的一些实际问题。

5.1 "世博城市":世博会、旅游文化和主题公园

第二章提到了19世纪和两次世界大战期间世博会对旅游业发展的影响,特别是关于战后时期世博会的发展态势。正如我们之前预期的那样,世博城市自19世纪中期以来被视为旅游景点,不仅促进了国内外旅游业以及作为文化产业的旅游业的发展,同时也形成了统一的流行文化世界观——"旅游消费观"和"主办城市世界观"。因此,世博会尤其对20世纪末旅游业的发展产生了深远影响,使旅游业渗透到流行文化之中。一方面,主办城市连续不断的大型活动日程及"赛事遗产"对流行文化产生了影响;另一方面,20世纪末典型的旅游景点对旅游业产生影响并与彼此之间有联系,这里提到的旅游景点主要指"主题公园"。事实上,世博会场地一直属于临时性的主题公园,从某种意义上讲,世博会就是"永久性博览会"及"永久性大型活动"的延续。自20世纪50年代末,主题公园主要由迪士尼公司和来自世界各地的众多模仿者共同设计而成。故在本节中,我们首先讨论世博会与主题公园之间的紧密联系,再讨论世博会与城市之间的联系。

5.1.1 世博会与主题公园

如今,无论从游客还是主办方的角度出发,世博会与迪士尼乐园等主题公园的关系都是显而易见的。从任何一个角度来看,世博会场地都可视为主题公园的参照标准,事实上也正在被视为临时性主题公园。接下来,我们将从另一个角度探讨这种联系,即最初的理念:传统博览会为主题公园提供了参考模型,反之主题公园又被视为永久的博览会、大型活动和"城市缩影"。根据近几年关于世博会的两项研究,我们将进一步阐释游客和主办方的观点。

一方面,通过哈维(Harvey)对1992年塞维利亚国际博览会

的研究来阐释博览会游客的观点。她谈道:"当我采访两位英国游客对英国馆有何感想时,他们的回答是比威尔士花园略胜一筹,但相比迪士尼乐园又稍逊风骚。"[2]另一方面,从莱伊和奥尔兹对1986年温哥华国际博览会的研究来阐释博览会主办方的观点,他们认为博览会领导者迈克尔·巴特莱特(Michael Bartlett)是一位经验颇丰的主题娱乐公园设计者,他曾负责"加拿大游乐园"的构造设计。巴特莱特认为博览会与主题公园的建造别无二样,自己知道该"如何打造主题公园"。(Ley and Olds 1988:202)但人们对他设计的"迪士尼模型持有争议",并且还存在与主题公园设计相关的劳工问题,包括劳工纪律、劳务关系等。[3]巴特莱特通过对比分析1986年温哥华国际博览会和迪士尼乐园,回应称:

> 当你们问我对迪士尼乐园有何感想时,我不得不承认它是全世界最高水平的主题公园之一,我们也希望将这种高水平的设计应用于博览会……我们始终秉承高质量教育和高规格娱乐的理念。
>
> (Ley and Olds 1988:202)

他对同行的目标加以评论,这看似缺乏诚意但却很现实:"你现在拥有这些目标并为之而奋斗,为之疯狂,但又唯恐失去它们。"[4]

戴维斯(Davis 1996)从政治经济学角度对主题公园进行了解读,强调主题公园在当代国家和全球文化(旅游)及媒体行业中的战略重要性。她认为主题公园是"无处不在的旅游景观",作为"一种新型的大众媒介"正"日益成为全球媒体系统的重要组成部分"。[5]正如她所说的,当代主题公园是从展览会和游乐园发展而来,在不久的将来博览会也将发展成为主题公园。[6]博览会不同于展览会,但与游乐园却有相同之处,都有固定的场所且与外界隔离。与许多游乐园的不同之处在于,博览会必须付费方可入场;与展览会不同的是,博览会的大多数游乐设施都可"免费"享用。主题公园一半的收入来自门票,其余收入则来自出售食物、饮料、纪念品等商品的公司或直接拥有销售业务的公司所缴纳的"特许经营费"。戴维斯指出:

> 主题公园也不同于摇滚音乐会,反而更像购物商场,它主要依靠景观构造和精心设计的人类活动空间。主题公园的空间合理性体现在商业活动上,如随处可见的热狗售卖点和时装店,在景区周围还可以欣赏人类、动物以及机器人表演。建筑物和景观赋予人们时空穿越感,以此促进人均消费。受特价商品的影响,理性控制对主题公园而言至关重要。[7]
>
> (Davis 1996:403)

这种对组织和环境的控制,以及对游客体验的主题规划,使主题公园有别于充斥着低俗而狂欢氛围的展览会和游乐园。迪士尼主题公园的设计理念在诸多方面别具一格。首先,对环境的整体控制。戴维斯说:"主题公园专注于游客体验的统一性,即独特的设计、服务、表演和特价商品店与'环境'高度协调。"(Davis 1996:403)其次,主题公园为游客提供了一种无形的、难以忘怀的消费体验,即欣赏流行电影和电视图像、故事及幻想曲。正如我们第二章提到的,国际博览会总是将"梦幻之城"设为"电影背景"。主题公园受公司和媒体行业的操纵,如迪士尼乐园的梦幻建筑在内战及战后时期的电影、电视节目中表现得淋漓尽致,很好地与世俗社会的意象、故事和人物形象紧密联系。这刷新了人们参观和体验"梦幻之城""梦幻场所"的概念。媒体正是通过电影和电视促进主题公园市场化,最近几年媒体也借助主题公园促进电影和电视节目的发展。[8]

最后，迪士尼公司在组织结构上也有所创新，从消费产业及其他产业引进少数大型跨国公司租赁主题公园用作销售场地。这些公司也可在公园购买特许经销权直接销售产品给大众，或者赞助一些特别的展览和游乐设施。如可口可乐等公司在美国内战期间已经融入世博会和奥运会等大型活动之中。内战结束后，这些公司参与类似大型活动的激情愈发高涨。20世纪末，这种概念化的有组织的创新形式是迪士尼公司公共文化的重要组成部分，文化产业有助于重塑和发展这种文化。

洛杉矶迪士尼乐园经董事会多次商议，一致通过华特·迪士尼对主题公园的设计理念，于1955年正式开业，其成功开业实际上促使了一个新型产业的崛起(Eliot 1995:14-16)。迪士尼公司随后在佛罗里达州奥兰多(1971年迪士尼乐园)、东京(1983年)和巴黎(1992年欧洲迪士尼乐园)开发主题公园时也采用了同样的设计理念。通常而言，整个迪士尼乐园至少包含四个主题区域，即传统的"美国大街"，未来的"明日世界"以及逃避现实的"冒险乐园"和"幻想世界"。[9]每一个区域都与迪士尼的核心理念紧密相连，即干净、安全、可控的环境，随处可见身着为人熟知的迪士尼卡通人物服装的工作人员，旨在刺激个性化体验和消费行为。迪士尼乐园为迪士尼公司及其商家提供了一个理想的营销环境，不仅有利于其品牌宣传和推广，而且力争使新电影、新产品的发布和宣传达到最佳效果。

迪士尼主题公园拥有许多"追随者"和竞争对手，他们通常会利用一些火热的电影或电视链接，这一现象在美国尤为常见，如由安海斯-布希(Anheuser-Busch)运营的"海洋世界"主题公园、由时代华纳(Time-Warner)运营的"六旗"主题公园以及由维亚康姆(Viacom)和MCA运营的主题公园。这一现象在欧洲及世界各地司空见惯，如西班牙巴塞罗那附近的冒险港，法国普瓦捷的未来世界主题公园等。随之而发展起来的零售业和酒店业等旅游景点综

合体都非常成功，故主题公园的主办方将其誉为"摇钱树"。(Davis 1996)

从迪士尼主题公园的设计理念和环境保护中可以看出，华特·迪士尼并不看好传统游乐园，甚至特别反感纽约科尼岛的露娜公园。(Kasson 1978)另一方面，据说他对建于20世纪40年代初的纽约博览会深有感触，因为他为那些参加1964年纽约博览会的诸多大型公司做过展览相关工作。[10]他参与设计的现代主题公园体现了世博会的诸多特征，许多业内人士也注意到传统的大型国际博览会对战后主题公园设计理念的影响。例如，戴维斯指出："主题公园的渊源深深植根于流行文化和商业文化的历史长河之中。主题公园的前身不仅包括古老的游乐园和游憩的祖先、马戏团和狂欢节，还与19世纪和20世纪的工业博览会和世界博览会密切相关。"(Davis 1996:400)斯莫丁(Smoodin)在他的《迪士尼研究汇编》中谈道："实际上，迪士尼乐园是19世纪巨大的公共奇观——1893年芝加哥博览会的进一步发展，预示着其未来发展的无限可能性。"(Smoodin 1994:12)通常而言，迪士尼乐园与迪士尼主题公园的联系显而易见，尤其是与1975年佛罗里达奥兰多迪士尼乐园开放的艾波卡特(Experimental Prototype Community of Tomorrow，EPCOT)未来世界的联系。EPCOT是迪士尼世界中一个独特的概念和区域，也是未来体验社区的英文首字母缩写。最终结果跟华特·迪士尼最初的设计理念不尽相同，尽管不是一个"新时代"的住宅中心，却为主题公园产业效仿博览会风格提供了实质性参考。特别值得一提的是，艾波卡特显著的建筑特征是拥有一个巨大的地球体，实际上复制了巴克敏斯特·富勒(Buckminster Fuller)在1967年蒙特利尔博览会上的球体设计以及20世纪40年代初和1964年纽约博览会上的环形球体和穹顶设计。一般而言，艾波卡特和国际博览会都声称致力于技术发展和革新，通过切实可行的娱乐方式为人类的潜在利益提供信息和

"教育"资源(Fjellman 1992;Wilson 1994)。艾波卡特和国际博览会一样,不仅拥有一个国际主题和众多国家展馆,还举办大型展览会及美国跨国公司赞助的相关活动。

莎伦·祖金(Sharon Zukin)在当代城市文化的重要研究中指出：

> 最近,迪士尼乐园的虚拟景观对多媒体先例做出了巨大的改进,是对1893年芝加哥博览会和1939年纽约博览会的改造升级。这两届世界级的博览会都展现了迪士尼乐园后来完美融合的四种景点:游乐园和游乐设施,乡土建筑的舞台布景,顶尖技术及"乌托邦社会"的特殊建设。
>
> (Zukin 1993:225-227)

她指出,1939年纽约博览会的"未来世界"主题预示着艾波卡特的出现(Fjellman 1992:116-117;Wilson 1994)。祖金发现：

> 1939年的博览会与迪士尼乐园均有三大主题:展览中心或主题公园的高价入场券,企业形象与消费主义的融合,以及"赏心悦目且可控的全新梦幻世界"景观。
>
> (Zukin 1993:227)

最后,祖金提出了一个很有说服力的观点,"许多科技展览和1939年纽约博览会展馆都是同一企业赞助商"(Zukin 1993:225-227)。这些企业包括通用汽车、柯达伊士曼、贝尔电话、埃克森美孚和卡夫食品。此外,我们还注意到柯达和贝尔等公司自19世纪末在设计风格方面就与美国博览会有了密切联系。正如祖金和其他人所言,自美国内战爆发60多年以来,这些公司继续将博览会促进主题公园发展的方式视为"企业战略"的一把"利剑"。事实上,也是在宣传其公司科技和产品的"进步"及"未来发展趋势"(Rydell 1993;Rydell and Gwinn 1994)。

5.1.2 世博会、主题公园和主办城市

世博会是临时性的大型活动,而主题公园则是永久性的大型活动场所,无论是从短期还是长期的角度来看,两者都对主办城市产生了一系列影响,在未来亦是如此。世博会对主办城市的影响更为直接,也更为明显,因为世博会一直以来都是在城市享有盛誉的中心地带举行,如 19 世纪巴黎博览会;有时也在主办城市领导层已经规划好的经济开发区举办,如战后 1998 年里斯本博览会和 2000 年伦敦博览会。接下来,我们将进一步讨论世博会对主办城市的影响(见下文第二节)。首先,我们简单介绍下主题公园对主办城市的影响。

5.1.2.1 主题公园对主办城市的影响

主题公园对主办城市的影响就像大型购物商场对城市的影响,但与世博会不同的是它通常位于单座城市或城市群的周边(大概一小时的车程)。主题公园尽可能建在城区附近,因为这里是最大的民众消费市场聚集地。另一方面,主题公园对空间也有要求,需要购买大量相对廉价的土地,土地在市中心则是寸土寸金。此外,主题公园位于相对偏远的地方使得"当地"的城市居民也需要一段旅程后才能抵达。首先,这有利于主题公园预先筛选前来参观的人员,优先接待那些来自社会上层的阶级,这些人拥有汽车、可支配的时间和收入等优势,反过来限制穷人、失业者和条件差的人前来参观。其次,这种设计也有助于使旅游的体验和记忆成为旅游文化的一部分。如果主题公园被视为"与众不同"或"独一无二"的旅游目的地,那么在这里人们可以"远离"和"逃避"自己的常住地成为游客或旅行者,这有助于提升其旅游形象和地位。

话虽如此,由于发达国家长期倾向于郊区化和周边城镇的发展,主题公园与主办城市之间的交通便利性将日益影响到周边城市的住宿、交通和经济发展。无论是洛杉矶与迪士尼乐园的关系还是巴黎与欧洲迪士尼乐园的关系,从主办城市延伸出来的郊区化线性发展,有助于建立它们与位于腹地的主题公园之间的新型网络连接。再如奥兰多与迪士尼乐园的关系,主题公园成为城市郊区化的重要引擎,不仅有助于提升主办城市形象和促进区域旅游,增加经济效益和对内投资的潜力,还为主办城市提供了独特而强劲的经济发展动力。[11]

除了这些具体的影响之外,主题公园还可以通过提供类似主办城市的环境、公共场所和空间的运作模型,对主办城市产生潜移默化的影响。城市现实环境中大多数可见的、具有威胁性的、令人沮丧的问题,在先进社会中也随处可见,如乱扔垃圾、故意毁坏财物、无家可归、酗酒、盗窃、暴力、卖淫等等。虽然这些问题大都已得到解决,但仍以某种方式存在于这些运作模型和理想的城市景观中。实际上,这些模型的运作方式无疑为当代城市规划者提供了思路。他们创造有吸引力、干净和安全的准公共空间和场所等方面的经验如何应用于真实的城市环境中,这为规划者和城市领导、基层利益集团以及处于两极分化的政客们提供了更多的"精神食粮"。[12]

5.1.2.2 世博会对主办城市的影响

世博会作为临时的模范城市和活动主题公园,本质上可以理解为一种"短暂的现象"或"短暂的远景"(Greenhalgh 1988),对主办城市产生的影响是短期的,甚至可以说是微乎其微的。这种类比可能与传统的旅游展览会或马戏团相似,马戏团就是一个短期的旅游目的地和游客娱乐中心(Toulmin 1994)。从更现代的体验来看,临时性的大篷车马戏团表演场可与滚石和迈克尔·杰克逊等国际摇滚巨星的巡回演出的舞台布景和灯光相类比。但这种类比可能是错误的,往往具有误导性。正如我们在第一部分(第二章)中所提到的,尽管诸多世博会的确没有留下什么建筑物,但在 19 世纪和 20 世纪早期举办的许多世博会在主办城市留下了意义重大、特色鲜明的建筑物和基础设施,尤其是在伦敦、巴黎和巴塞罗那举行的博览会。此外,世博会对社会、经济和文化等各方面的影响相当大,至少在很长一段历史时期内对主办城市有很大影响。在本节中,我们将简要回顾战后世博会,分析世博会给主办城市留下的"遗产"和产生的影响。

战后初期举办的世博会如表 2.1 所示,分别是 1958 年布鲁塞尔博览会、1962 年西雅图博览会、1964 年纽约博览会、1967 年蒙特利尔博览会和 1970 年大阪博览会。世博会于 20 世纪 70 年代走入低谷,一些引人注目的世博会项目又在 20 世纪 80 年代初期至中期栽了跟头。[13] 1986 年温哥华博览会的成功举办让世博会活动重新焕发了活力。20 世纪 90 年代,人们再次对这些大型活动产生兴趣,将其视为一种文化类型,大力开展世博会活动。20 世纪 90 年代至少举办了四届博览会,如 1992 年塞维利亚博览会、1993 年大田(韩国)博览会[14]和 1998 年里斯本博览会等,在 2000 年迎来千禧年之际,至少有两届博览会,即汉诺威博览会和伦敦博览会。

正如我们所见,19 世纪和两次世界大战之间举办的世博会是电视机时代的大型活动,无论是通过国家新闻发布会还是国内和国际电台,世博会的确可以通过有效使用媒体从而引起世界的关注。与此相反,战后世博会不得不与国家和国际电视台的展览秀、娱乐节目及大众消费观展开厮杀,而奥运会则通过电视媒体蓬勃发展,这大大降低了世博会的国际地位和影响力。[15]然而,这未必会降低世博会对主办国和主办城市的国际形象和旅游意义。如果说有什么不同的话,那就是它们在当地主办城市和地区的作用和影响已经变得越来越重要。特别是在战后时期,应用经济学和其他社会科学声称能够为大型活动的主办方和管理者提供数据和信息，鼓励他们将世博会带来的积极影响视为可预测的、可延续的和可控制的。

  战后的世博会同早期世博会一样，通常有一些不同寻常的纪念性建筑和相当壮观的"中心"结构以及"大型活动建筑"，比如我们在1967年蒙特利尔博览会和艾波卡特看到的球体。这些可能是永久性的，也可能是短暂的，但都是主办城市大型活动遗产的一部分。布鲁塞尔博览会和西雅图博览会也为大型活动遗产贡献了一份力量。1958年布鲁塞尔博览会的中心是"原子模型"结构，专门用于纪念博览会的主题——原子时代的到来和原子能的和平利用。"原子塔"是一个70米高的大型钢球架，带有连接管道和自动扶梯，球体包含显示器、观景台和餐厅，是永久性"大型活动遗产"的标志。西雅图的"太空针塔"与之不相上下，这座高185米的观景塔专为1962年西雅图博览会而建，用以纪念博览会的主题——太空飞行和太空时代的到来。2000年，英国千禧年博览会开幕之际，人们就主办城市是否需要一些永久性的博览会遗产，建设具有纪念意义的壮观却又昂贵的中心"圆顶"结构展开了激烈辩论，这些建筑至少在最初的设想中是临时设施。另一方面，伦敦千禧年博览会大型活动项目整合了其他形式的不那么引人注目、不太壮观的永久性体育活动遗产，这些遗产已成为战后大型活动日益看重的一部分，包括交通和基础设施建设以及工业污染或市中心废弃土地的改造，这样一来，伦敦历史悠久且相对中心的格林威治一块重要但被忽视的河边土地就成了千禧年博览会的地址。[16]

  通过交通和基础设施的发展，以及主办城市的开拓和重建，这类往往并不引人注目的体育活动遗产已经成为战后博览会考量的重要范畴。例如，1967年蒙特利尔博览会在圣劳伦斯河开发了一片岛屿，并建造了创新型高密度住宅综合体的"栖息地"。相比之下，1998年里斯本博览会恢复了塔古斯河上日益衰退和废弃的沿岸地带。[17]现在可以更详细地了解与1986年温哥华博览会和1992年塞维利亚博览会相关的体育活动遗产及其产生的巨大经济和其他方面的影响。

1986年温哥华博览会虽然在规划和建设阶段存在一些争议，但其旨在对温哥华和不列颠哥伦比亚省经济和其他方面创造积极的影响（Anderson and Wachtel 1986）。世博会在很大程度上成功实现了这些目标，曾经创造了2 200万人次的访问量，在当时高失业率的背景下还提供了25 000至30 000个全职工作岗位，这对主办城市和省级（不列颠哥伦比亚省）旅游业的刺激是巨大且持久的（同20世纪80年代初之前稳定的游客流动相比增长了25%），同时也离不开来自中国香港和环太平洋地区的商业移民。（Ley and Olds 1988）有评论家指出，"世博会实际上是一个巨大的主办城市发展项目"（Gutstein 1986：65），不仅仅是对过去废弃博览会遗址的翻新，而且更大程度地推动了主办城市的发展。他指出，温哥华博览会也产生了诸多间接影响，如新轻轨系统、大型体育场、桥梁和海滨贸易以及会议中心的开发建设等都得益于项目创新。这些新开发项目投资约为15亿加元，结果出人意料，最终官方预期有3亿加元赤字。世博会公共部门赞助商认为，世博会为主办城市和省份成功创造了各种经济价值，这是值得付出的代价。尽管人们在世博会筹备阶段存在一些担忧和冲突，但普遍认为世博会是成功的，在很大程度上对此持肯定态度，世博会结束后不久大多数人再次当选省政府官员（Ley and Olds 1988；Anderson and Wachtel 1986；Wachtel 1986）。

西班牙省级政府规划了1992年塞维利亚博览会，将其视为恢复和重建该地区的平台，该地区是瓜达尔基维尔河中一个历史悠久但干旱的岛屿，这一规划旨在促进塞维利亚主办城市和安达卢西亚相对贫穷地区的经济发展。世博会计划要求对该地区、主办城市和区域的交通和基础设施进行大力投资，包括新建跨河大桥、公路系统,以及连接塞维利亚和马德里的高速铁路系统。新的歌剧院、露天摇滚音乐会场地和许多其他剧院也是与之相关的永久性建筑遗产。塞维利亚博览会是有史以来吸引游客最多(4 200 万人次)、最成功的博览会之一。在经济困难的情况下,对安达卢西亚整体经济的公共补贴和支出巨大,但在鼓励外商投资和地方工业发展方面,世博会至少是比较成功的。然而,世博会结束后,在维持临界规模和建设永久性世博园区设施方面出现了延误和一系列问题。1992年活动本身在创造就业方面(提供了 5 500 份全职工作)与预期大相径庭。此外,旅游业对世博会的反响过于强烈,塞维利亚的酒店客房过度扩张,之后又不得不缩减。尽管世博会及其相关文化产业和基础设施发展可能对主办城市和区域旅游业产生积极影响,但一些负面影响也随之而来,如赛后土地价值和土地使用等问题。(Findling 1994b)

值得注意的是,塞维利亚博览会还设想博览会结束后在世博园区内建造诸多永久性建筑和两个永久性公园。实际上,其中一个公园是与一个科技研发中心相连的"工业园区",许多在博览会上展出的跨国公司都被吸引到这里永久落户。有趣的是,另一个公园是以技术为导向的主题公园——卡图亚发现公园(Cartuja Park of Discoveries),该主题公园充分利用了博览会已有的一些主要展馆和场地基础设施等。正如我们之前提到的,博览会等大型活动对美国迪士尼和其他公司创造永久性主题公园的概念发挥了重要作用。虽然这是一个普遍的影响过程,但塞维利亚博览会的案例表明,它有助于促进主办城市整体经济发展,特别是促使文化产业发展政策更加协调和完善。

5.2 "奥运城市"

关于奥运城市的讨论主要分为五个部分。第一部分讨论其背景和奥运城市作为一种主题公园的概念。第二部分回顾奥运项目对城市经济、"物质遗产"以及旅游产生的一些影响。然后,以巴塞罗那市及 1992 年巴塞罗那奥运会为研究对象,对这些影响以及与之相关的城市政策问题进行更详细的阐述和探讨。下一章是关于媒体如何将"地方性事件"转化为"全球性事件"这一主题,因此本章认为奥运城市也是媒体城市。换言之,我们着眼于奥运会媒体事件的地方性基础,即对奥运城市独特的媒体宣传和投资,而这往往是促使奥运会吸引"全世界"眼球不可或缺的一部分。鉴于此,本节将以汉城和巴塞罗那为例,探讨举办奥运会和向全世界宣传奥运会所需的信息通信技术基础设施和政策。最后,通过城市间竞标来夺取奥运会举办权,主办城市需竭尽全力。这一过程将地方与全球紧密联系起来,将当地重新塑造成全球参与者,并在很长一段投标周期内,这一过程在投标城市及其领导阶层的政策中占据重要位置。这一过程揭示了奥林匹克运动作为当代主要"全球大型活动"和"特许经营"组织在运作中存在的主要问题,我们将在最后一节详细探讨这些问题。

5.2.1 背景:"奥运城市主题公园"

当代奥运会许多含糊不清和自相矛盾的地方如下所述。一方面,每届奥运会都是完全标准化的,因为它是按照国际奥委会的规则和众多管理机构共同制定的行业规则以及每四年一次的标准化周期来举办的。另一方面,每届奥运会都是独一无二的。我们将在后面回顾标准化的几个方面,纵观国际奥委会规则和奥运主办城市理念,以及被称为临时"奥运城市主题公园"的意义。与此相反,奥运会项目也具有历史特殊性、独特的戏剧性和令人难忘的特点。它们的独特之处不仅在于运动员不断变化的阵容及其表现和成就(如"更快、更高、更强",保持世界水平和纪录等),还在于其显眼的场地和位置。尽管在 20 世纪偶尔会要求建立一个永久性场地(例如早期和战后时期建设在希腊的场地,或者纳粹时期建设在纽伦堡的场地),但是国际奥委会要求奥运会必须在不同的城市举办,国际奥委会通过城市间竞标来选取主办城市。奥林匹克之父顾拜旦的座右铭"重在参与,胜负次之"[18]对于竞标城市而言亦是如此,从某种程度上讲,参加奥运会对国家和运动员是一种至高无上的荣誉。表5.1总结了当代奥运会举办以来全球主办城市间竞标的概况。我们在本章末将讨论这项赛事,特别是20世纪末奥运会所出现的问题和人们的疑惑。

表 5.1　奥运会城市和申办者:1896—2004 年

时期	奥运年份	奥运会主办城市	候选城市
一战前至1914年	1896	雅典	无
	1900	巴黎	无
	1904	圣路易斯	芝加哥
	1908	伦敦	罗马、柏林
	1912	斯德哥尔摩	柏林
一战	1916	柏林(取消)	布达佩斯、亚历山大、克利夫兰
一战后至二战前	1920	安特卫普	阿姆斯特丹
	1924	巴黎	阿姆斯特丹、罗马、洛杉矶、布拉格、巴塞罗那
	1928	阿姆斯特丹	无
	1932	洛杉矶	无
	1936	柏林	巴塞罗那
二战	1940	东京/赫尔辛基(取消)	无
	1944	伦敦(取消)	无
二战后	1948	伦敦	无
	1952	赫尔辛基	底特律、阿姆斯特丹、洛杉矶、芝加哥、费拉德尔菲亚、明尼阿波利斯
	1956	墨尔本	底特律、布宜诺斯艾利斯、洛杉矶、芝加哥、费拉德尔菲亚、墨西哥、明尼阿波利斯、旧金山

(续表)

时期	奥运年份	奥运会主办城市	候选城市
	1960	罗马	底特律、洛桑、布达佩斯、布鲁塞尔、墨西哥
	1964	东京	底特律、维也纳、布鲁塞尔
	1968	墨西哥	底特律、莱昂、布宜诺斯艾利斯
	1972	慕尼黑	蒙特利尔、马德里、底特律
	1976	蒙特利尔	莫斯科、洛杉矶
	1980	莫斯科	洛杉矶
	1984	洛杉矶	无
	1988	汉城	名古屋
	1992	巴塞罗那	巴黎、布鲁斯班、贝尔格莱德、伯明翰、阿姆斯特丹
	1996	亚特兰大	雅典、布鲁斯班、多伦多、曼彻斯特、墨尔本
	2000	悉尼	柏林、伊斯坦布尔、曼彻斯特、北京
	2004	雅典	里约热内卢、开普敦、罗马、伊斯坦布尔、斯皮尔伯格、布鲁斯诺艾利斯、利特尔、圣胡安、斯德哥尔摩

数据来源：IOC 1996：84。

奥林匹克运动作为一项运动，肩负着向全世界传播话语的使命，因为奥林匹克运动会是一个永远"在路上"的"表演"，每隔四年开着"大篷车"从一个国家到另一个国家，从一座城市到另一座城市，使得这个想法变得切实可行。通常而言，奥运会不会选择同一座主办城市，很少在一代人的时间里在同一座主办城市举办两次（除了1900年和1924年的巴黎奥运会、1908年和1948年的伦敦奥运会、1932年和1984年的洛杉矶奥运会，以及1896年和2004年的雅典奥运会）。换言之，每届奥运会都是由拥有实权的精英阶层所创造的独特产物，国际奥委会始终占主导地位，但也离不开地方奥运会组委会、国家政府及大型跨国媒体和企业的大力赞助和支持。接下去我们将重温20世纪末奥运会对主办城市一些重要的影响，包括生产方式和财务方面，这些问题不仅存在于地方层面，在全国和全球范围内也随处可见。奥运会对主办城市的政策制定功不可没，既带来了短期的经济效益，也对"赛事遗产"产生了长远影响，如体育设备、住房条件和交通设施都有所改善，同时奥运会在城市形象塑造和旅游宣传方面也影响深远。

从这些方面看，每一届奥运会必定都是独一无二的。然而，奥运会在其他许多重要方面都是标准化的，彼此间具有相同的可识别性和一致性。每个主办城市的组委会都会参加上一届主办城市举行的活动，并对其过程仔细研究，总结得失，吸取经验教训。这个过程本身可能会促进尝试、测试和成功组织特征在一定程度上的一致性。除此之外，这种一致性最终服从于国际奥委会对主办城市赛事筹办的要求。1984年洛杉矶奥运会经地方组委会许可，成功地展示了如何举办奥运会，如何通过电视、赞助商和商品销售实现利益最大化，如何实现财政盈余。如今《奥林匹克宪章》详细地界定了奥运会的性质、组织及经费，并对奥林匹克标志等物品的使用严格控制。

实际上，对于每一届奥运会而言，国际奥委会都会利用地方和国家组织者，创造出标准的"奥运主办城市"，严格说来应该叫"奥运主题公园"，其实现途径也是多种多样的。首先，选择一座城市作为东道主和组织机构，而不是像国际足联世界杯足球大型赛事那样使用国家级主办城市网络和体育场馆（比如2002年赛事中的日本和韩国）。[19]奥运会单一主办城市的重要性体现在国家级和国际级竞标层层筛选的过程中，这些主办城市需要通过竞标来赢得奥运会的举办权，稍后我们将进一步讨论竞标过程。

众多奥运会体育活动都必须在主办城市进行。"奥运城中城"是由运动员住宿或奥运村、主体育场（通常是为奥运会新建或翻新的,也是这座主办城市永久"遗产"的一部分)及媒体中心三大核心要素构成的综合体。体育赛事必须通过在奥运村和主办城市举办的文化活动来推广,至少在比赛期间,这将有助于主办城市中心地区及其交通基础设施成为"奥运城市"的一部分。自从1972年慕尼黑奥运会在奥运村发生恐怖袭击事件以来,奥运村所有的体育场馆都对安全因素高度重视,对场馆入口严格控制。主体育场和所有的体育场所都必须保持"干净",只有奥运标志才能随处可见。20世纪末,这些场所在世界杯足球赛等体育赛事中并不常见。开幕式和闭幕式可能融入诸多主办城市和国家组织者的创造性设计,但是这些设计必须具有标准化和仪式感的特征。国家和国际奥委会领导人将在主体育场观看开幕式和闭幕式,开幕式包括奥林匹克标志、升国旗、点火炬、唱国歌、国家队入场仪式等,闭幕式主要有颁奖仪式、领奖台、奏国歌、升国旗等。

5.2.2 奥运主办城市:城市影响和城市遗产[20]

现在我们回顾一下20世纪末奥运会对主办城市的一些重要影响,包括拓宽主办城市社会经济政策的潜在贡献。本节将简要回顾奥运会对财政、经济、建筑物和基础设施等"活动遗产"的影响,以及对体育、通信、交通、住房、旅游和主办城市形象等领域的影响。

5.2.2.1 经济影响、建筑物及基础设施"遗产"

1984年以来,夏季奥运会创收渠道变得丰富多样,主要源自美国电视台及世界其他国家电视网(如欧洲电视台)(见表6.3)、公司赞助、门票销售、商品销售及其他各种来源(如公共部门、彩票中心等)。区域经济影响包括新增就业机会及改善基础设施和城市形象。成本包括活动本身的费用(如运营和体育设施费用),以及举办这些活动所涉及的交通、住房和通信等城市基础设施的支出。

一般而言,除1984年洛杉矶奥运会之外,1980年和1990年举办的奥运会在基础设施上公共开销巨大,也为地方组委会创造了巨大收益,不过收益主要来源于一些私营部门(如电台和企业赞助),大多数奥运会都创造了 1 亿多美元的盈余。据以往四届奥运会组织者称,举办这类独特的、复杂的具有高风险和高成本的大型活动从未出现过亏损。

对于 1936 年后的柏林及大多数战后奥运主办城市而言,奥运会主体育场、主游泳馆以及与之相关的其他运动综合设施、运动跑道等,不仅是建筑遗产,还是全球公认的体育遗产(如赫尔辛基、墨尔本、东京、蒙特利尔、慕尼黑、汉城、亚特兰大和悉尼等主办城市)。[21] 1964 年东京奥运会大力改善与奥运会相关的主要交通基础设施,比如"子弹头列车"的发明使用,罗马、东京、蒙特利尔、汉城、巴塞罗那和雅典奥运会引进并扩建了新地铁系统(2004 年),巴塞罗那奥运会新建了主要城市交通系统,巴塞罗那和雅典奥运会还新建了国际机场。

首先简要分析 1996 年亚特兰大奥运会所产生的影响,再详细探讨 1992 年巴塞罗那奥运会在经济和其他方面的影响。亚特兰大奥运会新建了一个体育场,打算在奥运会结束后用作棒球场使用,耗资超过 5 亿美元,其他基础设施及奥运会相关的花销高达 17 亿美元。这笔巨大花销的主要赞助者是私营企业,其中私营企业、各大公司以及门票销售共创收 4.25 亿美元。但是,大部分收入仍来自私营企业。例如,出售电视转播权创收 5.87 亿美元,美国电视台,如美国全国广播公司(National Broadcasting Company,NBC)功不可没。能与之相提并论的还有企业赞助的 6.33 亿美元(ACOG 1997:280),其中大部分来自十家领先的企业赞助商和合作伙伴,它们被授权将其公司品牌与"奥运品牌"结合起来,进而在世界范围内推广其产品和服务。这些公司分别是可口可乐、柯达、维萨、施乐公司、时代公司、国际商业机器公司、松下和 UPS,鲍什、伦布和约翰·汉考克各自捐赠了 4 000 万美元,一半是货币,另一半则是提供等值的服务（Harrison 1995-P；ACOG 1997：264）。奥运会对主办城市、区域和佐治亚州的经济影响巨大。1995—1956 年，佐治亚州在活动准备期间新增了 33 500 多个工作岗位，同时佐治亚州税收收入增加了 2 亿美元。官方经济研究预测，1991—1997 年佐治亚州经济收入预计增长 51 亿美元。[22] 受奥运会和其他经济因素影响，1995—1996 年间经济增长创下 35 亿美元的新纪录，佐治亚州在 1994—1995 年间经济增长率保持在 5%。（Harrison 1995-P）整体而言，奥运会大型活动为该州创造了 77 000 个全职和兼职工作岗位，其中 38% 属于酒店行业，同时还额外增加了 1.76 亿美元的税收。（ACOG 1997：221）

亚特兰大居民认为奥运会留下了有用的遗产，建设新的体育场和位于其附近的占地约 100 英亩的新百年公园，使市中心某些地区重新焕发活力。美国联邦政府斥资 4 200 万美元用于改造和重建主办城市基础设施，在场馆附近的贫困地区新建 200 多户住房，给众多大学提供新的体育设施，新增就业岗位，为公司搬迁提供可能性（Mihalik 1994）。尽管一些形象问题受过度商业化、通信及交通影响，但总体而言，单从财务角度来看，奥运会为亚特兰大市创造了净收益，实现了收支平衡。

然而，举办奥运会显然是一个复杂且冒险的项目，除了潜在的经济成本外，还承担着一系列潜在的社会和政治成本。霍尔和霍奇（Hall and Hodges 1998）在对 2000 年悉尼奥运会的研究中分析了这些成本。他们讨论了举办此类大型体育活动所涉及的城市身份和政治主题。在对旅游政策制定的标志性活动及其社会成本和效益（如 1989 年、1992 年、1994 年）的研究基础上，他们进一步研究了悉尼市举办奥运会的情况。根据霍尔之前的研究，他们重点关注这一进程中的国家和城市政策，以及可能产生的局部影响，尤其是计划内和计划外的社会影响，诠释了地方联盟、政治人物、商界领袖和媒体在悉尼最初申奥及其赛事筹备过程中的重要作用。

显然，诸如奥运会这样的全球体育大型活动通常需要新建体育设施、城市交通基础设施以及对各个赛事场地、体育设施和大众进行有效管理。在对1992年巴塞罗那奥运会的城市影响案例研究中，我们将进一步探讨这些问题。

霍尔和霍奇特别关注这些新建筑对房地产和土地价值的影响。由于必须购买土地进行清理和建设，可能涉及房屋拆迁，从而导致租金和房价上涨，这通常会加速土地价值和租金较低地区的"中产化"进程。每一个进程都会给这些地区的低收入者带来严重的问题，尤其租金和房价上涨带来的影响。霍尔和霍奇提出了一系列新的策略，城市政府官员和规划者要从容应对这些非常消极的社会影响，就必须认真严肃对待这些策略。这些策略包括增加租户的权利以及对租赁适当管控，通常而言，催促和委托组织者进行社会影响分析，将其作为举办大型体育活动的一部分。

5.2.2.2 旅游与城市形象

奥运会和其他大型活动对主办城市的主要影响体现在游客涌入城市对经济的短期和长期影响，以及大型活动对国内外潜在游客、私营部门决策者和投资商对城市形象和文化的长期影响，其中一些可预测的影响相比其他更显而易见且更可控（Roche 1992，1999d）。系统性的纵向研究相对较少且资金短缺，因此长期影响总是难以把控。此外在短期影响方面，难以预估奥运会带来的"净"影响，即使不举办奥运会，城市旅游也可能会以一种"中期"趋势不断发展。这些赛事可能会"挤掉"正常的旅游业，增加住宿和其他旅游成本，甚至对那些不爱好体育的潜在游客造成负面影响（Loventhal and Howarth 1985）。

聚焦奥运会对旅游发展方面的研究相对较少，本节回顾了其中一些重要发现。皮奥等人（Pyo et al 1988）回顾了1964年东京奥运会、1968年墨西哥城奥运会、1972年慕尼黑奥运会、1976年蒙特利尔奥运会、1980年莫斯科奥运会和1984年洛杉矶奥运会对旅游业的影响。他们提及的大多数城市体验都是负面的、消极的,既没有足够的游客,也没有足够的资金支撑赛事成本,这也证实了休斯(Hughes)对奥运会在城市旅游业发展中作用的评论。莱博尔德(Leibold)和范泽尔(van Zyl)在对开普敦申办2004年奥运会的研究中发现,城市很可能正以自己的名义成为"品牌""产品",而不单单是以国家或地区的名义,而且像奥运会这类标志性事件可能是这方面的主要催化剂(Leibold and van Zyl 1994:142)。开普敦在2004年竞标失败,但很可能重整旗鼓参加2008年竞标。然而,与前期的竞标相比,任何新的竞标都可能集中于长期的城市形象塑造,而不是短期的旅游经济回报。

康(Kang)和普渡(Perdue)关于1988年汉城奥运会的研究批评指正了大多数研究的狭隘观点和奥运会赛事对旅游业发展的政策方法。他们试图立足于更长远的视野,从以下几个方面分析赛事对旅游业发展的影响,包括大众媒体、意识和形象、赛事参与度、短期的游客影响、基础设施和服务升级、游客满意度和良好口碑、形象受损和应对策略、价格和最终产出(市场份额等)。他们构建的理论框架假设"长期影响主要源于设施和服务质量的改善、(正面的)媒体报道和良好的口碑"(Kang and Perdue 1994:222)。这一发现似乎证实了其观点是以其他亚洲国家对旅游的需求为比较对象,聚焦于汉城奥运会对韩国国家旅游的影响,而不是仅仅局限于对汉城旅游业的研究。然而,由于汉城机场是国际旅客前往韩国的主要国际机场和入境地点,他们的研究也阐明旅游业对首都汉城的影响。当时在该国其他地区可容纳国际游客的同等规模的酒店相对较少,因此我们可以大胆地假设,入境"国家"的大部分国际游客实际上需要前往或途经汉城。

他们发现大型活动确实对东道主的国际旅游业产生长期影响,并且活动结束后一年的影响最大,随着时间的推移而逐渐减少。然而,韩国三年内创收约为13亿美元。[23]因此我们可进一步推断，消费者对大型活动的响应往往"滞后和拖延"（换言之，游客数量在活动后一年达到顶峰），通常"国际游客对价格十分敏感"。大型活动及其相关媒体宣传看似"改变了价格与市场份额的关系，实际上改变了东道主经济效益指向的需求曲线"。（Kang and Perdue 1994:222-223）

休斯在对奥林匹克旅游与城市重建的研究中采取了更谨慎的观点。他的研究旨在分析为何曼彻斯特最终未能成功申办1996年奥运会。他特别注重评估各种政治领域中提出的主张，尤其是20世纪80年代和90年代国家政府提出的主张。受到大型活动的影响，旅游本身也对非工业化和城市内部的各种问题产生积极的经济影响。他认为，"毫无疑问，奥运会吸引了大量的游客，且奥运会本身也是一项重要的旅游活动"（Hughes 1993:161）。总之，休斯认为这类活动对那些原本体育基础设施不发达、失业率高的城市产生了积极影响，而对那些基础设施发达、失业率低的城市影响相对较小。

休斯也试图分析大型活动的成本和收益。首先，大型活动会产生一个"远离"因素，即受活动的影响，潜在游客无法入住酒店和参观旅游景点。这一因素在1984年洛杉矶奥运会评估（Loventhal and Howarth 1985）中得到了证实，近期大型活动经济影响评估（如 Dauncey and Hare 1999）中也发现了这一因素。鉴于此，休斯认为赛前对游客人数预测需谨慎。其次，他还认为，过多游客可能会破坏城市的"承载能力"。例如，城市酒店系统可能无法满足因赛事而产生的预期需求。相反，这一需求又可能导致城市规划者想方设法扩大城市的酒店容量。然而，如果单单只是为了满足临时高峰需求，任何对酒店的永久扩容都必须慎重考虑，并对其在活动结束后是否会被充分利用进行合理推测，这种考虑也是合情合理的。一方面，汉城和巴塞罗那的旅游势头在奥运会后都持续增长。另一方面，对活动后期需求的过度乐观预测，受活动"推波助澜"的文化政策影响,可能导致财务问题和酒店行业的经济损失。这一现象在1992年塞维利亚世博会的案例中(Findling 1994b)得到了证实。

基于这种考虑,就城市重建而言,休斯认为规模较小的标志性项目在成本效益方面可能比奥运会等一次性大型活动更为高效和可观。他指出:

> 除非奥运会被视为发展或加强这一战略的机遇,否则可能会分散人们对制定和实施这项根深蒂固的长期旅游战略的注意力。后期对道路、机场、住房的有效利用与酒店和餐馆一样同等重要,特殊活动结束后,对体育设施设备的使用并不多。
>
> (Hughes 1993:161-162)

他认为,尽管人们对主办城市的认知可能在赛后才有所提高,但"几乎没有证据表明游客数量会增加""期望游客数量和奥运会期间保持一致是不现实的"。休斯认为,城市旅游兴起有助于市内改造重建。相比之下,奥运会带动的短期大规模游客效应对城市发展并没有多大帮助。从长远利益来看,奥运会能加快城市旅游业发展,加大投资来改善城市环境和基础设施,提高人们的意识和城市形象。总而言之,他认为:"关于……[奥运会对旅游业发展的积极影响]的证据……尚未得到证实。"(Hughes 1993:161-162)尽管这种评估结果可能适用于曼彻斯特等城市,但奥运会后期更为可观的影响已在其他城市得以体现,我们接下来以巴塞罗那为例展开讨论。

5.2.3 奥运主办城市:1992年巴塞罗那奥运会

本节首先了解一些关于巴塞罗那市的背景信息,接下来分析奥运会的一些基本要素,然后讨论奥运会对经济和政治的影响,最后研判奥运会对旅游业发展的影响。

5.2.3.1 背景

西班牙加泰罗尼亚自治区的首府巴塞罗那是一个港口城市,在经济、文化和政治方面都具有国际影响力,分别于 1888 年和 1929 年举办了两届博览会,这些活动使这座主办城市受益匪浅,创造了宝贵的有形遗产。现代主义艺术和电力促进发展分别是 1888 年和 1929 年博览会的主题。[24] 蒙特惠奇体育场是专为 1929 年举办博览会而建造的,1936 年工人奥林匹克运动会原计划在此举行,但由于内战爆发而被迫取消。[25] 后来,蒙特惠奇体育场经过升级改造,用作 1992 年奥运会体育场。西班牙内战时期,这座城市曾是西班牙共和主义和反佛朗哥法西斯主义的重要军事基地。战后,巴塞罗耶试图于 1980 年举办博览会,但未能举办。这座城市总是勾勒出一张雄心勃勃的宏伟蓝图。在成功申办 1992 年奥运会之前,该市多年来数次申办奥运会,但均以失败告终。在两次世界大战期间,该市 1922 年申办 1924 年奥运会,1926 年申办 1932 年奥运会,1932 年申办 1936 年奥运会,均未成功。战后,巴塞罗那曾打算再次申办 1960 年奥运会,但由于受佛朗哥统治下的西班牙国际形象的影响,最后选择了弃权(Verdaguer 1995:202)。巴塞罗那希望成为申办 1972 年奥运会的西班牙候选城市,但最终候选城市是马德里,最后是德国城市慕尼黑申办成功。1981 年,巴塞罗那发起了一场赢得 1992 年奥运会主办城市的运动,1986 年巴塞罗那确定成为 1992 年奥运主办城市。加泰罗尼亚人胡安·萨马兰奇(Juan Samaranch)曾担任国际奥委会主席和巴塞罗那的领导人(尽管是在佛朗哥下台时期)。考虑到国际奥委会主席的影响,国际奥委会将 1992 年奥运会主办权授予该市也在情理之中。[26]

5.2.3.2 奥运会:公共投资和临时评估

与奥运会密切相关的城市进行了大规模的新基础设施投资,

包括新建一个滨水区和住宅区（后来叫作"奥运村"），一个国际机场，两座壮观的信号发射塔，一座是由著名建筑师诺曼·福斯特（Norman Foster）设计的科伊塞罗拉塔，位于西班牙提维达波山，另一座是位于蒙特朱克奥林匹克体育场附近的卡拉特拉瓦塔，六个体育场，一个翻新的主体育场，一个当代艺术博物馆，一个改造升级的加泰罗尼亚艺术博物馆及各种媒体设施（我们稍后将分别详细介绍）。所有这些基础设施至少花费了 80 亿美元，远远超出蒙特利尔据称"超多"的 10 亿美元，而且比以往大多数奥运会的成本确实都要高。[27]

在建设新的体育设施方面，巴塞罗那奥林匹克组织委员会（Comite Organitzador Olimpic Barcelona，COOB）旨在为主办城市留下有用的奥运遗产，赛后供精英和大众体育长久使用，且不会造成公共支出超额的风险。这些目标实现途径多种多样。如前所述，巴塞罗那奥林匹克组织委员会借鉴 1984 年洛杉矶奥运会的先例，顶住国际奥委会新建一个大型体育场的压力，仅对旧博览会和蒙特惠奇山上的"工人奥运"体育场进行了翻新。他们与市议会一起成立了两个不同的组织来共同管理精英和大众体育设施的使用。一个组织在四个主要奥运场馆（两个大型室内竞技场、赛车场及露天主体育场）推广大型精英体育和非体育赛事（贸易展览、政治集会等）。另一个组织将市议会提出的"体育区域"落实到位，清楚地了解在奥运会上使用的众多小型基础设施的具体分布和位置情况。这种权力下放有助于推广奥林匹克运动会，促进公共部门与私营部门在赛后设施管理方面的合作，也有利于公众对设施的后续使用。

巴塞罗那奥林匹克组织委员会理所当然地认为他们创造了巨大的成功，"巴塞罗那公民是直接受益者，同时巴塞罗那的环境也得到了极大的改善"（Thomas 1992-P）。许多评论家也认为此次活动取得了巨大的成功。例如，建筑学家 D. 萨迪奇（D. Sudjic）认为,"巴塞罗那奥运会可能是整个城市战后规划的唯一成功案例"(Sudjic 1992-P;Milner 1998-P)。也有人认为我们可从巴塞罗那的成功案例中取得经验,如市长帕斯夸尔·马拉格尔的城市领导力。这对英国等国家的城市非常有用,这些国家的政府正在考虑重塑城市领导地位和市长权力(Nash 1996-P)。

加西亚(Garcia)[28]发现,该市的奥运项目产生于经济危机和工业衰退时期。自20世纪80年代中期开始,该市实施了一项长期的现代化战略——"巴塞罗那2000战略规划",旨在更广泛地重建城市经济及其城市中央结构,这为奥运会提供了社会经济和规划背景。就城市战略现代化进程而言,与奥运会相关的发展持续不断。战后的诸多城市规划也旨在与海岸线重新建立关系,以便发展经济并改善社会贫困地区。

20世纪80年代末,与奥运会相关的发展使该市的战略目标或多或少得以成功实现。通过在希伯伦山谷贫困地区以及奥运村附近的一些地区新建体育设施、交通和住房等,社会政策目标得以成功实现。奥运村和新道路系统的建设、旧中央海港区改造升级等极大地推动了中心城市与海岸线的重新连接,促进了城市向服务业和全球经济的转型,以实现相关经济目标。

奥运村的发展最初备受争议,当地居民认为这是一个非必要的"中产阶级化"进程,因为涉及强制购买权的使用和对该地区原有特征的改造。为了吸引当地中产阶级和国际游客,新的中高收入阶层住房、高密度服务业办公楼和设施、商店、俱乐部和翻新公园、海滨和海滩地区等不断涌现。尽管饱受争议,但这些发展对该地区开展后续活动无疑大有裨益,以后也将成为城市旅游景点的一部分,对城市产生了积极的影响。正如我们后来提到的,至少在旅游方面产生了积极影响。

5.2.3.3 经济和政治影响

在整体经济影响方面,加西亚指出,中央、省级和市级政府对该市主要交通基础设施建设等主要公共部门进行投资,如新建公路以缓解交通压力。在地方影响方面,市政府试图通过提高地方税收来资助相关事项的支出,但遭到了市民的强烈反对。这就要求城市大幅度增加借贷、债务并偿还利息,而公共债务现在已经超过了年度预算。(Garcia 1993:19)她得出结论,"一般而言,地方公共债务创造的收益可能高于成本"(Garcia 1993:10)。经过一段停滞期,20世纪80年代末和90年代初该市的外商投资不断升温,与此相关的经济增长效应也非常显著。城市领导层的战略方案很可能是通过增加可持续经济增长相关产业的地方税收来缩减公共债务。

在就业影响方面,加西亚认为,奥运会主要通过发展服务业使妇女和年轻人受益,这可能是现代经济结构和全球变化的必然趋势。服务业快速发展的结果是就业者和失业者在技能方面的社会两极分化以及服务业相关的新就业弹性化。总而言之,该市持续不断的外商投资也抬高了某些地区的土地价格和住房成本,进一步加速空间分化和社会两极化。

在政治影响方面,加西亚认为,尽管奥运会旨在创造一项受欢迎的活动,并利用该活动对巴塞罗那市民产生积极的社会经济影响,但这无疑是精英阶层规划的微小的政治产物。组织者正确地认识到,正如我们考虑过的许多其他活动一样,大众支持对于活动的顺利开展至关重要,有助于调动志愿者和付费观众的积极性。然而,奥运会还被视为加泰罗尼亚民族身份和民族自豪感的产物。为了获得公众对该活动的大力支持,组织者与公众讨论了新建道路等重要发展事项,并根据他们的意见进行了修改调整。这有助于在公众心目中产生一种"主人翁"意识和参与感,一种对西班牙和加泰罗尼亚象征的自豪感,一种对城市领导层的信任感以及一种"公民宗教"感(Garcia 1993:20)。

5.2.3.4　旅游方面的影响：国际主义和全球化

贝达格尔指出巴塞罗那在旅游方面自然资源颇为丰富："充裕的日光、各式各样的建筑遗产、深厚的地方和国际文化底蕴，以及相对发达的社会经济水平。"(Verdaguer 1995:201)鉴于此，该市在 20 世纪 90 年代成功开启了旅游业的发展。然而，正如贝达格尔所说，该市的旅游业蓬勃发展得益于巴塞罗那定期举办大型活动的优良传统。几十年来，巴塞罗那一直作为国际领跑者，1908 年成立了第一家旅游咨询处，1920 年举行了年度商业博览会。在大型活动遗产方面，1888 年世博会助力该市建成第一个城市公园，1929 年世博会建成第二个公园，以及其他文化和建筑遗产。一处一景，处处皆景。第二个公园位于皇家宫殿和蒙特瑞奇设施附近，是巴塞罗那市民和游客常去的旅游胜地。在贝达格尔的分析报告《大型活动：地方战略和全球旅游景点》(*Mega-events: local strategies and global tourist attractions*)中，他认为奥运会对巴塞罗那旅游业产生了积极的影响。他考察发现，近年来巴塞罗那的国际旅游业有所增长，尤其在奥运会后发展势头迅猛。他还发现，由于奥运会是城市总体规划和发展过程中必不可少的一部分，城市经济已经明显趋向"第三方化"和国际化发展(Verdaguer 1995:203)。[29]

然而，分析巴塞罗那作为旅游城市在当代取得明显成功时，除了考虑奥运会对旅游业产生的影响之外，还需要考虑其他一些因素。值得一提的是，加泰罗尼亚位于战后加泰罗尼亚沿海地区，已成为西班牙主要的旅游目的地之一，这都得益于加泰罗尼亚邻近国家最大的当代大众旅游景点——阿文图拉港主题公园。[30]此外，值得注意的是，巴塞罗那是与奥运会无关的媒体体育旅游的受益者。这座城市坐拥欧洲最强大的足球俱乐部之一(巴塞罗那足球俱乐部)，而巴塞罗那又拥有欧洲最宏伟的足球场之一(诺坎普球场)。和古老的大教堂一样，这座体育场现在已成为该市吸引外国游客的主要旅游景点之一。[31]目前,该市旅游相关的经济发展进程和国际形象建设正在逐步推进,包括在中央海港区新建一个世贸中心,这有可能促进商务旅行和相关旅游发展。

贝达格尔认为,巴塞罗那的旅游和经济发展标志着"地方势力"正在对抗国际力量。[32]他总结说,城市可以在全球化等重大文明危机中生存下来,全球化原则上可以造福城市(尽管实际上只有某些城市可以享有资源,从中获益)。总而言之,贝达格尔强调了"旅游活动在城市发展过程中的重要地位"。他认为,"城市越来越像一个舞台,舞台不是终点站,而是一种文化资源,不仅有新目的地,也拥有如阳光、沙子和性等传统产品"。他还注意到,面对全球化带来的挑战和机遇,"大型活动是当前城市生存战略中最为重要的核心要素之一"。[33]

5.3 成为"全球奥运城市":奥运"媒体城市"与全球城市间竞争问题

目前,我们需要分析城市参与奥运项目和奥林匹克运动的一些重要方面,这些方面(不同于我们迄今为止看到的许多政策制定过程中的本土化方向)与当代文化全球化进程有着更加明显和直接的联系。首先,要想使奥运会成为全球媒体活动(我们将在下一章中详细讨论),必须为此打下牢固的物质基础。因此,要想在20世纪末成为全球奥运城市,当代城市必须对其信息通信技术基础设施进行重建和质量升级,以便提供一个独一无二、规模巨大、结构复杂的新城市系统,我们方可称其为奥运城市。首先,奥运城市必须提供一个可靠的平台,能够面向全球观众有效广播奥运会等大型活动。其次,要想成为全球奥运城市,必须向国际奥委会提交申办报告,从而参与国家间和城市间的全球竞争。本节这一部分讨论了奥林匹克运动这一特殊运动的特点和问题。最近,这项运动引起高度争议，我们稍后将在奥林匹克运动问题中再次讨论（第七章）。

5.3.1 奥运城市作为"媒体城市"

国际奥委会主席认为奥运会与媒体之间的关系如下："媒体……是奥林匹克运动的一个重要组成部分，在任何意义上都属于奥林匹克大家庭的一分子。"[34] 近年来，"家庭"一词的使用频率越来越高，这从1984年洛杉矶奥运会以来历届奥运会上媒体人员数量的不断增长中可以看出（见表5.2）。

表 5.2 奥运会媒体人员：1896—1996年

时期	年份	奥运主办城市	总人数	新闻人员	电视广播人员
一战前至1914年	1896	雅典	12	12	0
	1900	巴黎	无数据	无数据	无数据
	1904	圣路易斯	无数据	—	—
	1908	伦敦	100	100	0
	1912	斯德哥尔摩	500	500	0
一战后至二战前	1920	安特卫普	200	无数据	无数据
	1924	巴黎	无数据	—	—
	1928	阿姆斯特丹	614	—	—
	1932	洛杉矶	706	—	—
	1936	柏林	1 800	—	—
二战后	1948	伦敦	无数据	无数据	无数据
	1952	赫尔辛基	1 848	—	—
	1956	墨尔本	689	—	—
	1960	罗马	1 442	1 146	296
	1964	东京	3 984	1 507	2 477
	1968	墨西哥	4 377	无数据	无数据
	1972	慕尼黑	8 000	3 300	4 700

(续表)

时期	年份	奥运主办城市	总人数	新闻人员	电视广播人员
	1976	蒙特利尔	8 500	无数据	无数据
	1980	莫斯科	7 629	—	—
	1984	洛杉矶	8 200	4 000	4 200
	1988	汉城	15 740	5 380	10 360
	1992	巴塞罗那	12 831	4 880	7 951
	1996	亚特兰大	17 000	6 000	11 000

数据来源：Spa et al 1995：40；Georgiadis 1996；Verdier 1996；ACOG 1997。

在当代，通过全球事件——奥运会的宣传和推广，奥林匹克大型活动与全球文化之间的联系更加显而易见。另外，主办城市和主办国家为奥运会提供与之规模相匹配的技术支持具有重要意义。信息通信技术行业的发展迅猛，四年一度的奥运会意味着当代每一个奥运主办城市都必须面临全新的挑战，具备一套全新的信息通信技术。当代奥运会研究员指出，当人们谈到奥运城市时，他们为奥运会所做的筹备工作如"迈入信息时代"或成为"世界城市"，这些问题的解决都具有特殊的历史意义。[35]

以巴塞罗那和汉城奥运会为例，我们很容易发现，奥运会需要完成"有线城市"第一阶段的建设，一个适合"信息时代"和国际社会的新的信息通信技术体系框架（或 ITC 技术体系），尤其要适应全球经济的发展。该技术系统由微波塔、卫星通信中心、光纤地下电缆系统等组成，在媒体和金融服务等领域对城市未来经济发展及其与国际经济的密切联系都具有重要意义。我们可以简要阐述与 1988 年汉城奥运会和 1992 年巴塞罗那奥运会相关的一些问题。

5.3.1.1　1988 年汉城奥运媒体城市[36]

汉城奥运会为首都汉城的技术转型提供了一个范例，汉城成功转型为媒体城市，从广义上讲，整个韩国转型为"媒体城市"。韩国政府和受过美国教育的军事官僚企业"当权派"精英们利用首都汉城举办奥运会的契机，实现了诸多民族主义的政治、经济和文化目标，并使这些目标获得国际社会对技术现代化的认可。无论从经济层面还是技术层面来看，精英们充分利用举办奥运会的契机有针对性地发展国家（至少政府和韩国大型公司是这样做的）的电信基础设施。国家发展战略大力促进电信相关产业的发展，不仅是出于国内经济发展需要，也是为了加大其电子和技术出口，加强与全球经济的紧密联系。报恩郡新建的卫星电视接收站为此次活动重新建设，这是国家技术战略长期发展的一部分。然而，在奥运会举办期间，即使本站提供了主要的附加容量，系统的峰值需求有时仍会超量。

为奥运会而建造的国际广播中心（International Broadcast Centre，IBC）是一个位于汉城市中心的大型设施，专门供国家广播公司（Korea Broadcasting System，KBS）赛后使用。国际广播中心标志着韩国首次全面整合计算机和通信系统。1986年，亚运会是一项仅次于奥运会的大型体育活动，用于实验和"实战测试"奥运会上使用的诸多新电信系统。拉森（Larson）和朴兴洙（Heung Soo Park）认为，韩国利用奥运会"迈入了信息时代"。他们认为，此次活动"推动了韩国电子工业生产的几种特殊广播技术的发展"，而这反过来又促进了韩国电子出口的增长。该行业是在20世纪80年代为筹办奥运会而发展起来的，并在1988年奥运会期间超越了以前的领先出口行业——纺织业。现在，电子行业是该国出口行业的领头羊。他们观察到，很多分析家将这种增长归功于与奥运会相关的宣传以及奥运会所需电子和电信技术的增长（Larson and Park 1993：145）。

5.3.1.2　1992年巴塞罗那奥运媒体城市[37]

在对巴塞罗那1992年奥运会媒体活动的研究中，斯帕等人认为:"国际媒体在抵达奥林匹克城市时发现,世界上没有任何活动能够产生如此有效的信息和组织系统。"(Spa et al 1995:38)奥运"媒体城市"的媒体人员数量通常会超过参赛人员,如巴塞罗那拥有近5000名新闻人员和近8000名电视广播人员。媒体人员驻扎在三个奥运村,在城市周围的38个体育比赛场地配备了各种各样的媒体设施。两个主要的大型设施,即主新闻中心(Main Press Center,MPC)和国际广播中心都位于1929年蒙特惠奇博览会的中心地区。斯帕等人称,奥运会期间,这些综合设施构成了"一个独立的媒体'世界',只有睡觉时才能离开……因为在这里可以观看赛场上的每项体育活动"(Spa et al 1995:38)。

主新闻中心专为基于文本和照片的媒体提供方便,而国际广播中心专为广播和电视广播媒体服务。巴塞罗那的主新闻中心空间需求是1984年洛杉矶奥运会同等建筑群的2.5倍,相当于1988年汉城奥运会同等建筑群的1.5倍,这足以说明技术迅速发展以及需求日益增加。两个综合设施都涉及高级安全访问和24小时连续运行。此外,主新闻中心还配备一个电信中心、视频图书馆、38个体育设施的电视监视器、体育成绩和新闻服务设施、采访室和新闻发布间(两周内举行650次发布会)以及照片传输系统。国际广播中心包括直播工作室、主家庭广播公司编辑和后期制作设施、RTO,以及所有拥有转播权的广播公司,主要是美国、欧洲和日本三家控股媒体机构(分别是NBC、EBU和NHK)。

巴塞罗那"奥运通信系统"的复杂性主要体现在以下五个方面:信号发展(图像、声音、文字、数据等)、奥运媒体设施(38个比赛区、奥运村)、硬件采集和分发(计算机网络、终端、打印机等主要来自IBM)、用户通信系统和服务(运动员、记者、警察、观众、贵宾等)和信息分类(交通、医疗服务、实名认证、住宿、比赛结果等)。这五大板块的确定有助于对通信网络(宽带、光纤、安全电路等)和通信基础设施(通信塔、卫星链路站等)的性质做出明智的决策。

IBM解决了"奥运通信系统"的大部分计算需求,西班牙电信公司为该市提供了电信网络和基础设施。

如前所述,站在山顶俯瞰城市,两座新的电信塔分别矗立在提比达波山和蒙特惠奇山,后者临近奥林匹克主体育场,配备了主新闻中心和国际广播中心设施。因此,该市的微波链路在定量扩容和质量上都得到了极大改善,光纤电缆系统首次以电路的形式引入巴塞罗那,将该市全部比赛场地贯穿起来,与奥运村新型数字电话中心一起构建了新的电信端口(卫星通信和广播中心)。毫无疑问,巴塞罗那"奥运媒体城市"相比汉城"奥运媒体城市"在技术方面有了明显进步。尽管如此,巴塞罗那奥运媒体城市仍然不能代表一个完全集成和数字型的信息电信系统。例如,采用模拟和数字电视技术组合而不是完全数字集成法,与汉城曾经的技术如出一辙。

5.3.2 奥运申办:奥林匹克运动面临的系列问题

本节介绍了全球城市申办奥运会的详细情况(见表5.1)。这场"竞标赛"由国际奥委会组织,国际奥委会共有超过100名精英人士,他们被誉为"指环王"(Simson and Jennings 1992;Jennings 1996)。这个表达很好地象征了奥林匹克五环标志和国际奥委会委员的贵族身份,也揭露了一些委员的傲慢与堕落。国际奥委会委员享有个人财富和特权,他们无偿贡献自己的时间提供服务。因其身份的特殊性,他们必须定期进行国际旅行,并期望至少能得到旅行费和住宿费补贴。他们在世界各地被视为准外交官,受到东道主高规格的热情款待,比如外交圈常见的送礼文化。传统意义上讲,他们有权决定哪个城市赢得奥运会主办权。最后,无论代表个人还是国际奥委会,他们有权选择(并且通常都会选择)运行和行使这一特权,而且不必对国际奥委会以外的任何人负责。除此之外,这些因素给城市招标过程中的腐败行为创造了条件。近年来，城市申办团体大胆且合理地假设，他们可以通过提供超额费用、礼物、服务或金钱来赢得国际奥委会委员的大力支持。

1998—1999年间，国际奥委会因20世纪80年代至90年代城市申办过程中出现的腐败和贿赂行为而受到了全世界的批评指责，这一事件导火线与盐湖城成功申办2002年冬奥会直接相关。这些指控导致国际奥委会和其他相关组织在1998—1999年间开展了大量调查。[38] 根据国际奥委会内部调查结果和报告（庞德报告）以及其他调查结果和报告，国际奥委会在1999年采取了史无前例的行动，开除了6名奥委会委员。此外，至少还有3人辞职，一些人受到谴责和警告，还有一些人仍在接受调查。国际奥委会对城市选取流程进行了彻底的修改，力争发动一场重大改革。奥林匹克运动中与"全球公民"理念和理想相关的一系列当代问题将在下一章进一步讨论。本节主要为后面的讨论提供背景知识。

奥运城市的选取需要一个过程，要求有意向的国家奥委会在其国家政府的支持下首先组织一次全国性的城市竞赛，以选出一个具有全国代表性的候选城市。然后，这些城市在国际奥委会组织下进行投标，由国际奥委会对其评估和初步评审，再最终抉择。直到近期对遴选程序进行修订之前，这一流程涉及诸多游说活动，由候选城市和政府直接向国际奥委会委员进行游说，国际奥委会在做出决定之前对候选城市进行访问。长期以来，这种甄选程序一直因其保密性、公开的政治影响以及花样百出的贿赂和腐败行为而备受批评。

人们指责国际奥委会委员因收受了候选城市赠送的各种礼物而对某特定城市申奥予以支持。1992年后，当城市选取流程中的各种潜在利益和其他好处变得明显时，主办城市之间的竞争更加激烈。与战前和战后早期国家和城市对奥运会的兴趣摇摆不定的情况有所不同，现在他们往往需要主动得到国际奥委会的青睐，而不是坐等良机。

事实上(从定义上讲),在全球奥林匹克城市竞标赛中,大多数参赛者都以失败告终,而且竞标赛成本不菲。然而,20世纪90年代参与这场全球城市竞标赛至少获得了成为潜在奥运城市的机会,从而将自己与奥林匹克神话和故事(积极方面)联系起来。正如我们所见,通常这一行为本身就为城市形象塑造、对外宣传和市场营销带来了积极的影响。具有讽刺意味的是,传统的英国奥林匹克上层社会的体育理念——"重在参与,胜负次之"——可能最适用于这项奥林匹克运动,而不是当代专业奥林匹克运动宣扬的"胜利才是王道"这一体育理念。本节中,我们首先简要回顾了战后早期的申奥竞标赛,然后分析了20世纪90年代和目前竞标的新进展(见表5.1)。

5.3.2.1 选定"奥运城市":20世纪50年代至70年代

从第一次世界大战前到20世纪20年代中期,申办奥运会的城市间竞争相当激烈。然而,在20世纪20年代末至30年代,这一现象销声匿迹,1940年和1944年的奥运会因第二次世界大战而被迫取消。1948年奥运会在伦敦举行,伦敦曾是被摧毁的"战胜国"首都之一。伦敦奥运会拯救了奥林匹克运动及其形象,摆脱了20世纪30年代至40年代初期法西斯主义的混乱局面,暗示着奥林匹克运动将在欧洲战后重建、维护世界秩序、促进国际主义与和平方面发挥积极作用。1948年奥运会主办城市没有竞争对手。但是这种现象在20世纪50年代至60年代发生了变化,诸多城市将举办奥运会视为提升国际形象和凸显地位与现代化的机会。1952年赫尔辛基奥运会与1960年罗马奥运会见证了欧洲从战乱中的逐步崛起,1964年东京奥运会对日本的影响亦是如此。

然而,奥运会在这一时期开始被用作冷战和美苏超级大国的文化和象征舞台,导致举办奥运会的成本和复杂性显著增加。因此,举办奥运会的政治风险(联合抵制、恐怖主义等)和经济风险也逐渐飙升,并对国家和城市竞标过程中的利益产生了消极影响。尽管如此,一些城市不顾后果仍然坚持竞标,特别是底特律(1952年、1956年、1960年、1964年和1968年)和洛杉矶两座城市(见下文)。奥林匹克运动和备受瞩目的奥运会在20世纪60年代末至70年代陷入萎靡时期。1968年,墨西哥发生国家暴力和镇压运动;1972年,慕尼黑遭遇恐怖主义和谋杀;1976年,蒙特利尔遭遇抵制和巨额债务;1980年,莫斯科再次遭遇抵制。事实上,最终1984年奥运会的举办并没有竞争者。洛杉矶是唯一的竞标者,在战后一直坚持不懈地继续竞标,但都与1952年、1956年、1976年和1980年的提名擦肩而过。

20世纪70年代末,体育节目对全球大型体育活动"特许经营者"(特指国际奥委会和国际足联)、体育用品制造商、体育代理商和体育营销组织[39]以及众多跨国公司的影响不断增加。同样地,体育节目对电视网络的重要性和价值也在不断增长,这一现象在美国尤为突出。1978年和1982年的国际足联世界杯足球赛分别在阿根廷和德国举行,这可能是全球大型体育活动商业化首次达到的新高度。[40]这是体育赛事商业化产生的积极影响,不仅勾起了美国电视公司的兴趣,也有助于洛杉矶奥运会组织者确保其商业化方法切实可行。

(一) 1984年夏季奥运会

尽管蒙特利尔奥运会背负了10亿美元债务(Auf der Maur 1976),美国当时坚决反对莫斯科奥运会(Booker 1981),1984年奥运会申办的步伐却从未停止。当时,国际奥委会主席基拉宁勋爵(Lord Killanin)试图唤起其他城市对1984年奥运会的兴趣(Killanin 1983),但以失败告终。洛杉矶奥运会组织委员会(Los Angeles Olympic Organizing Committee, LAOOC)也未能说服该市公民和公共部门支持竞标。因此,他们将其作为一个独立的投标活动进行推广,在很大程度上必须考虑到商业赞助和电视公司的收益问题,否则竞标将会举步维艰。在此基础上,他们与国际奥委会达成了一项艰难的协议,并开创了第一届真正商业化的奥运会。这届奥运会不仅在经济上取得了巨大成功,产生了大量盈余,而且再次激起了国际社会对举办奥运会的浓厚兴趣。[41]

(二) 1988年夏季奥运会

1988年奥运会是在1980年莫斯科奥运会结束之际,由当时即将上任的国际奥委会主席胡安·萨马兰奇决定的。1988年奥运会候选城市仅限于汉城和长野这两个亚洲城市。韩国反共产主义独裁政府凭借与美国的友好关系对国际奥委会进行游说,更加富有成效和争议,特别是其投标领导人,总统办公室副主任金云龙(Kim Un Yong)参与其中,最终打败日本赢得了主办权。金云龙后来因奥林匹克运动不断高升,一度被认为是总统候选人。1999年,他因涉嫌在盐湖城奥林匹克委员会(Salt Lake Olympic Committee, SLOC)申办过程中的腐败行为而受到国际奥委会的正式警告,2004年6月3日,被首尔中心地区法院判处两年零6个月监禁,另外还被罚款7.88亿韩元(约64万美元)。[42]

5.3.2.2 新的竞标活动:20世纪80年代至90年代

(一) 1992年夏季奥运会和冬季奥运会及1994年冬季奥运会

1984年洛杉矶奥运会获得成功后,美国再次赢得奥运会主办权的机会是1992年奥运会竞标。这次竞标于20世纪80年代初开始实施,直到1986年在洛桑举行的国际奥委会会议上才做出抉择。阿姆斯特丹、巴塞罗那、贝尔格莱德、伯明翰、布里斯班和巴黎共同参与这次竞标。巴黎于1900年和1924年举办过奥运会,而巴塞罗那于1924年和1936年正式申办过奥运会,它们都被公认为是领先者。

大多数申办城市花费了前所未有的资金向国际奥委会宣传其申奥方案。如伯明翰花费了250万英镑(约306万美元),巴塞罗那花费了450万英镑(约551万美元)。据称阿姆斯特丹向国际奥委会各委员,包括向时任国际足联主席的若昂·阿维兰热(João Havelange)慷慨赠送了礼物。候选城市试图通过赠送礼物、热情款待和赞助旅游等方式"购买"国际奥委会委员的选票,从而大大增加获胜的可能性。前英国体育部长丹尼斯·豪厄尔(Dennis Howell)审查了伯明翰的申办,他就"关于所有竞选活动的成本"向国际奥委会主席警告称:"这在奥林匹克运动史上是前所未有的。"人们希望这样的情况不再出现,结果是乐观的。[43]自20世纪80年代中期以来,夏季奥运会和冬季奥运会的申办成本仍在增加。国际奥委会在20世纪90年代引入了新的规则和政策来定期控制这些问题。这些规则明确规定国际奥委会委员可接受潜在的主办城市赠送的礼物价值限定在150美元之内。然而,事实上这些规则通常被忽略,没有强制执行,在很大程度上只是纸上谈兵。

影响1992年夏季奥运会主办城市最终选择的更有可能是政治因素而非经济因素。1992年冬奥会场馆的选择亦是如此,都是在同一次国际奥委会会议上决定的。法国提议巴黎举办夏季奥运会,阿尔伯维尔举办冬季奥运会。夏季奥运会最终在巴塞罗那举行,这无疑是得到了国际奥委会主席的支持。英国获得了1991年在伯明翰举行国际奥委会会议的补偿。法国获得了举办冬季奥运会和1994年国际奥委会重要会议的补偿。参与冬季奥运会竞标的瑞典和美国团体强烈反对决策的政治因素对阿尔伯维尔的偏袒(Jennings 1996: ch. 11)。

这一时期,国际奥委会将冬季奥运会的举办周期调整到夏季奥运会的中期,因此这一类型的奥运会赛事每两年举行一次,而不是像以前每四年举行一次。这在一定程度上是为了让奥林匹克运动及其赛事产生更持续的公众形象,显然也是为了通过电视收视率创造更多经济利益。下一届冬奥会将于1994年举行,利勒哈默尔获得提名,但因其向国际奥委会委员及其亲属的旅行和服务提供慷慨报酬而遭指控。[44]

（二）1996年夏季奥运会

1988—1990年历时两年的申办竞标最终确定了1996年奥运会主办城市。自1896年雅典举行现代奥运会开幕式以来，希腊申办团队就认为雅典当属提名的领跑者。亚特兰大、多伦多、曼彻斯特、墨尔本和东京等城市也参与了此次申奥竞标。

1996年奥运会申办过程中曾有一些关于贿赂的指控，但如果确有此事，那么后续的竞标流程都不符合规定。多伦多申办团队打算雇用一名芬兰国际奥委会委员的丈夫（Mackay 1999A-P）。另外，据称一位雅典商人与希腊申办团队关系密切，他试图用昂贵的珠宝礼物收买一名澳大利亚国际奥委会委员及其妻子的选票（Mackay 1999J-P）。1984年，洛杉矶的媒体基础设施基本成型，而汉城为举办1988年奥运会专门新建了媒体设施。然而，雅典于20世纪末即将举办一场全球大型体育活动，必要的交通设施和通信基础设施却仍未完成建设。此外，他们的申奥团队似乎没有意识到这些重大缺陷，也没有表现出解决问题的紧迫性。人们难以接受希腊申办团队自高自大和缺乏专业素养的行为，这一情况在雅典成功申办2004年奥运会时有所改善。

尽管曼彻斯特等城市具有强大而明显的竞争优势，但亚特兰大最终被选为1996年奥运会主办城市，它是否真的是"所有城市中最好的城市"，这一点仍备受争议。亚特兰大的申办团队似乎已经为提供体育场馆、交通和通信系统制定了先进而可信的计划。然而具有讽刺意味的是，事实证明奥运会举办期间城市的交通和通信系统崩溃了，这严重阻碍了奥运会的进行，同时有损城市形象。从国际奥委会做出决定开始，亚特兰大无疑就是受益者。亚特兰大位于美国，这里拥有世界上最重要和最有经济价值的电视收视率。另外，可口可乐公司总部也位于该城市，作为奥林匹克运动服务时间最长、规模最大的商业赞助商之一，可口可乐公司无疑发挥了举足轻重的作用。

（三）1998年冬季奥运会

日本长野曾在1990—1991年间花费1 000万美元竞争1998年冬奥会主办权，最终获得成功。申办团队负责人承认，他们拜访过62名国际奥委会委员，平均每名国际奥委会委员花费4 000美元，这已经超过了国际奥委会的礼物价值标准。此外，一位与申办团队有联系的日本富商向国际奥委会在洛桑建立的价值4 000万美元的奥林匹克博物馆资助了一笔款项。长野申办团队在1992年将财务记录和账户等文件资料销毁殆尽。这一行为使得进一步调查贿赂指控难上加难，也无从缓解对国际奥委会和城市申办团体之间"奢侈文化"的疑虑。[45]

（四）2000年夏季奥运会

2000年夏季奥运会的主办城市是在1992—1993年的一次申办竞标中确定的，北京、柏林、巴西利亚、伊斯坦布尔、悉尼和曼彻斯特等城市参与竞选。由于国际奥委会主席胡安·萨马兰奇多年来一直看好中国政府和北京市领导层，并将北京视为是领跑者，鼓励他们提交申办报告。1989年，他邀请中国政府官员何振梁担任国际奥委会委员。1991年，他向北京市市长和副市长颁发了奥运会奖项。考虑到悉尼现有和计划中的通信基础设施和资源的优势，悉尼竞标被认为是"所有竞标中最好的"。这些设施和人员来自全球媒体"巨头"鲁伯特·默多克（Rupert Murdoch）旗下的公司。默多克公司作为资源综合体的一部分，将为奥运会等全球媒体活动进行系统规划。雅典、开普敦、罗马、斯德哥尔摩和布宜诺斯艾利斯参与2004年奥运会的申办竞标，最终雅典成功获得了主办权。

2000年奥运会的申办过程可能存在不道德和腐败行为。柏林申办2000年奥运会花费大约4 500万美元的竞标费。竞标失败也罢,最终被曝涉及对国际奥委会委员行贿,因此竞标负责人被解雇(Jennings 1996:ch. 15)。据悉,曼彻斯特申办团队试图通过为非洲国家的体育训练和相关企业提供资金来赢得非洲国际奥委会委员的投票。最终获得成功的悉尼申办团队也被指控"违背"了国际奥委会的反贿赂条例,因为澳大利亚奥林匹克委员会为支持非洲国家的体育项目发展赞助了120万美元。在国际奥委会投票选出主办城市的前一晚,悉尼申办团队又向肯尼亚和乌干达国际奥委会委员额外行贿7万美元,表面上用于其国家体育计划。次日,竞标结果与诸多观众预期恰好相反,悉尼以领先两票获胜(Mackay 1999E-P,I-P;Harvesson et al 1999)。

(五) 2002年冬季奥运会

魁北克申办团队估算他们在国际奥委会招待会上花费了大约66万美元(按66名国际奥委会委员到访,平均每人花费1万美元测算)。他们还声称,一些国际奥委会委员要求他们的亲属免费享受加拿大的教育资源。然而,正是国际奥委会庞德报告和其他报告中对盐湖城申办信息的披露,引出了国际奥委会一连串的复杂又棘手的问题,并引发了1999年奥林匹克运动危机。研究显示,斯洛伐克政府努力争取国际奥委会委员的选票,至少向13名国际奥委会委员共行贿了120万美元。魁北克当局感到愤慨,并打算起诉国际奥委会,指控其故意举行带有腐败性和欺骗性的比赛,以期补偿其经费支出。[46] 从1999年奥林匹克运动危机中可以看出,奥林匹克运动的核心要素与奥林匹克价值观和体育道德背道而驰,我们将在第七章进一步讨论这些问题。

5.4 结论

本章我们分析了大型活动举办城市的一些重大联系,一方面是世博会和奥运会等大型活动之间的联系,另一方面是旅游、城市和媒体文化之间的联系。虽然我们重点关注大型活动对城市的普遍意义和经济影响,但偶尔也会关注其政治影响,例如在汉城、巴塞罗那和悉尼奥运会中讨论的问题。如前所述,大型活动通常是由城市精英设计和执行的,尽管如此,他们仍需要获得当地公民的大力支持,鼓励公民合法参与工作,以便承担活动经费。公民的反应也是大相径庭,有人对汉城奥运会抱有敌对态度,有人对洛杉矶奥运会漠不关心,也有人对巴塞罗那和悉尼奥运会沉默相待。

就像1976年蒙特利尔奥运会和1991年谢菲尔德世界大学生运动会一样,公民承担着为大规模公共债务融资的长期责任。当然也有例外,公民在早些年表明,他们不同意城市领导人的活动计划,也不会为可能发生的任何债务提供资金。总而言之,由于缺乏当地公民的支持和商界的经济利益,导致战后诸多展览计划无法实施,如1989年拟在巴黎举办的博览会(该博览会用于庆祝法国大革命两百周年和埃菲尔铁塔一百周年)、1993年的芝加哥博览会(原本用于庆祝1893年哥伦布博览会一百周年)和1996年的布达佩斯博览会。最近两届美国奥运会,即洛杉矶奥运会和亚特兰大奥运会的组织也缺乏公民支持。当地公民和市长代表对这个问题公开讨论后,拒绝了当地主要公共部门参与其中,这意味着这些活动将由某个私营部门来组织,事实证明,在这两种情况下,活动基本是成功的。

最后,我们讨论了20世纪80年代末以来奥运会申办过程中存在的大量腐败问题,提出了关于"全球公民"在整个奥林匹克运动中发挥的作用和责任问题,我们将在第七章中进一步探讨这些问题。然而,这也明显反映了许多城市竞标项目中城市领导层的领导力问题,无论他们是全球城市间竞标活动的赢家还是输家。在其中一些案例中,追求"奥运城市"大型活动所产生的政治影响使城市领导层之间的不负责任、行贿受贿、玩世不恭和滥用权力等做法正常化和制度化,从而破坏这些城市的地方民主政治和公民身份的规范和习惯。这些都不是奥运会所承诺的"大型活动遗产",也不是当地公民特别期望或应得的"大型活动遗产"。

第六章　大型活动与媒体文化：体育和奥运会

　　本章我们主要基于活动的公共文化形式（或更强调基于活动的公共文化"社会运动"），通过体育活动，特别是奥运会来考虑大型活动和媒体之间的关系。第一部分展示了大型活动分析的"戏剧学"维度。这里考虑了关于媒体、大型活动和体育之间关系的最有影响力的现有观点，特别是"媒体-活动"分析、"多类型"活动分析和"媒体仪式"活动分析。第二部分举例说明了大型活动分析的中期和长期"背景"、政治和经济维度。这里考虑了"媒体体育"的主题及其监管，尤其是20世纪80年代和90年代默多克媒体组织企业战略中的体育。我们还研究了这一战略对当代英国和欧洲体育和监管背景下的文化公民身份和政策发展的影响。第三部分讨论了媒体体育的特殊类型，即奥运会作为一种媒体活动，与足球世界杯一样，吸引了当代全球最多的电视观众。本章将特别关注1988年汉城奥运会和1992年巴塞罗那奥运会，将其作为媒体体育和媒体大型活动案例进行详细研究。

6.1　背景

　　在相对较近的时期，电视改变了一些大型体育活动周期的性质、规模和资源，特别是奥运会这一大型活动类型，但不包括电视转播前的时期和媒体与大型活动类型之间的关系。电视为奥运会提供了重要的补充，增加了其戏剧性吸引力的规模和强度。相比之下，电视的兴起以及战后大众中等教育和高等教育的兴起，为世博会这一类型创造了强大的新竞争对手。电视尤其削弱了世博会对科学、技术和艺术的"现代性"和"进步"定期总结的吸引力,通过每周的信息、教育和广告节目促进旅游消费主义的发展。虽然世博会仍是国际公共文化中重要的大型活动类型,但它已不再具有电视出现前的历史文化重要性。为了介绍这部分内容,有必要简要回顾二战前和电视出现前的时期,以及世博会和奥运会往往与19、20世纪之交以来大众媒体的新发展密切相关的事实。

6.1.1 世博会和媒体

世博会经常被用作发布和展示对大众社会和公共文化产生影响的新通信技术的舞台,见表6.1。

表 6.1　世博会与媒体技术:1862—1992 年

时期和年份	城市	媒体技术
1914 年前		
1862	伦敦	机械排版印刷过程（大众媒体）
1876	费城	电话机(贝尔)、打字机(贝尔)、电报机(爱迪生)
1878	巴黎	留声机
1889	巴黎	电灯
1893	芝加哥	电灯泡;活动电影放映机
1900	巴黎	大屏幕摄影(卢米埃尔)
1901	布法罗	无线电报
1904	圣路易斯	远程无线电报、电子管
战争时期		
1933	芝加哥	实验电视
1939/1940	纽约	大众电视

（续表）

时期和年份	城市	媒体技术
战后时期		
1962	西雅图	壁挂式电视
1967	蒙特利尔	激光、分屏电影技术*
1986	温哥华	巨型银幕技术**
1992	塞维利亚	基于计算机的信息和通信技术、全息影像

资料来源：Wachtel 1986；Nye 1994；Harvey 1996；Gunning 1996。

* 迪士尼公司在蒙特利尔世博会上设置了一个展馆，为新电影技术展览做出了贡献。

** 这是现在流行的 IMAC 电影技术的先驱。法国普瓦捷的未来影视城（欧洲活动影像公园）正是基于这种电影体验，它建于同一时期，于 1987 年开放。

世博会通常推出和/或普及媒体相关技术包括摄影、电报、电话、电影、广播以及电视。[1]例如，1876 年费城（百年）世博会首次向大众展示了电话，而 1934 年芝加哥世博会首次展示了作为潜在大众传播媒介的电视，随后 1939—1940 年纽约世博会以更发达的形式展示了电视（Rydell 1993：93）。从 19 世纪 80 年代到 90 年代，新的摄影技术为新的大众媒体提供了世博会以及其他许多"有新闻价值"活动的图像，同时也为新的大众旅游业提供了这些活动的明信片和纪念品。

沃伦·苏斯曼（Warren Susman）在评论 19 世纪末和 20 世纪初的美国博览会时认为：

> 世界博览会是"媒体盛事"。事实上，它们可能是最早配得上这个现代名称的事件之一。即使那些没有亲自参加的人，也会通过报纸和杂志的报道，以及广播、新闻短片和其他媒体来间接体验这些活动。博览会的照片（值得注意的是，照片和国际博览会在某种意义上是同时

发展起来的)将这些活动的性质和可能存在的意义带到了广大观众面前。它们是"新闻"这一事实代表了博览会故事中的一个重要章节。

(Susman 1983:4)

相比之下,麦肯齐认为:

人们习惯于认为大众传媒时代伴随着电影、无线电和电视而到来。但在电气和电子媒体时代到来之前,印刷品和视觉材料价格低廉,几乎每个家庭都能买到。对于我们这些对印刷品和无处不在的电子图像感到厌倦的人来说,也许很难完全理解这些材料的影响。从19世纪70年代到第一次世界大战期间,人们似乎渴望用视觉表现世界、活动和名人,而许多机构和商业公司试图满足这一需求。

(Mackenzie 1984:16)

麦肯齐指出,第一次向大众展示电影制作新技术的成就是在旅游博览会上,而这一时期和后来两次世界大战期间,英国的一系列帝国博览会都将短片作为帝国宣传的载体。[2]报纸经常利用为博览会制作特别纪念版的时机进行自我宣传。与电视的出现削弱了它们的影响力不同,无线电的出现进一步强化了两次世界大战期间的世博会活动。20世纪20年代,美国、英国和其他西方国家在全国范围内创造了大量的广播听众,这对于传达两次世界大战期间博览会开幕式的戏剧效果尤为重要——尤其是1924—1925年温布利博览会、1926年费城博览会、1933年芝加哥博览会和1939年纽约博览会——并以各种方式加强其在构建国家/公共和家庭/私人记忆和叙事中的作用。[3]

6.1.2 奥运会和媒体

从19世纪90年代起,奥林匹克运动以及更普遍的业余和职业体育运动都与各种形式的新闻媒体的发展密切相关,包括从精英媒体到大众媒体,从文字主导形式到视觉摄影形式,从国家媒体到地方媒体,从告示牌/记录功能到活动见证功能,从普通媒体到体育专业媒体。就奥林匹克运动而言,关于1896年雅典奥运会的复兴,乔治亚迪斯认为,当时"[希腊]媒体的支持是普遍的"(Georgiadis 1996:12)。尽管有时国家媒体在举办世博会和奥运会的政治问题上充当了辩论和批评的场所,但在大型活动中,它们往往保持着"希腊合唱团"传统的肯定版本。它们很少全力支持这些大型活动,从而有效地为其提供资金,或者至少没有达到目前电视对奥运会的支持程度。

无线电能够使全国范围内的广大听众想象他们正在观看一场戏剧性的、重要的"现场"活动,这一功能通过1932年洛杉矶奥运会的广播在美国得到了证实。这一时期英国广播公司开始在英国国家精英和公共文化中发挥核心作用,部分是通过广播来宣传大型国家体育活动。[4]20世纪30年代对其他大型国际体育活动的广播,如美国乔·路易斯(Joe Louis)和德国马克斯·施梅林(Max Schmelling)之间的重量级拳击锦标赛,有助于证明广播媒介的戏剧性力量和国际范围。此类活动的新闻片在一定程度上弥补了媒体对大型体育和其他文化活动的参与,而这些新闻片由20世纪30年代成长起来的好莱坞电影大众市场发行。

这些大型体育活动的展示有助于西方国家公众为1936年柏林奥运会的媒体和宣传活动做好准备。这是第一届通过广播向世界"直播"的奥运会,国际观众会觉得他们像是"在场"的见证者。它吸引了参与国家的媒体组织空前规模的报道,并在莱妮·里芬斯塔尔的传奇电影《奥林匹亚》(*Olympia*)中以纳粹宣传的视觉语法得到永久保存。这也是第一次通过仅在柏林市可用的本地有线电视系统进行电视转播的大型体育活动,尽管是试验性的。

战后电视文化的雏形元素——一种将以不同的方式影响世博会和奥运会等大型活动及其国际公共文化角色的大众流行文化——在20世纪30年代末的大型活动中已经得到显现。正如我们所提到的,这在1936年柏林奥运会和1939年纽约世博会上都能看到。现在可以转而考虑大型活动的性质和作用,特别是战后电视时代(重点是20世纪末)的体育和奥林匹克大型活动。

6.2 大型活动、体育和媒体:戏剧学视角

本节论述了一些重要的概念和观点,用于分析与媒体相关的大型活动,特别是大型体育活动。它们证实了我在第一章中提到的戏剧学视角,主要来源于美国媒体和文化研究,并倾向于以不同的方式探索此类活动的公共仪式特征。伊莱休·卡茨和丹尼尔·达扬对媒体事件的社会学分析在这一领域具有开创性,我们首先讨论这一点。然后,我们来看看美国文化研究对大型体育活动,特别是对奥运会的分析,包括约翰·麦卡隆关于奥运会作为文化活动的多类型特征的研究。最后,我们考虑迈克尔·雷亚尔关于奥运电视仪式和神话特征的研究。

尽管这些美国的戏剧学观点在媒体研究和体育研究专业领域之间存在明显的差异,但它们仍有一些共同资源和相互联系。一个重要的资源是人种学学者和符号人类学家维克托·特纳(Victor Turner)的作品,他发展了范·热内普(Van Gennep 1960)对人类社会中仪式的性质和作用的经典分析。在他对仪式作为过程的开创性研究(Turner 1995)和他后来的作品中,特纳强调了理解人类社会生活的"反结构"和结构维度的必要性,"阈限性"(边缘性和过渡性)和"交融性"(开放的主体间接触)经验对这两个维度的重要性,

以及仪式和节日在所有社会中作为结构和反结构过程的相关性。特纳关于仪式理论和其他相关主题的观点对麦卡隆的奥林匹克研究和"奇观"理论、卡茨和达扬的媒体事件研究,以及一定程度上雷亚尔的媒体和文化研究的"仪式分析"观点产生了公认的影响。[5]

6.2.1 大型活动、媒体事件和体育:伊莱休·卡茨和丹尼尔·达扬

像奥运会这样的大型活动无疑是媒体事件的范例。电视机构通常认为这类事件需要特殊的制作处理,超越了普通的"新闻"和"娱乐"体裁和类别。除了我们所说的大型文化、商业和体育活动,还有很多类型的活动也超越了新闻和娱乐,可以说是"创造了历史"。因此,媒体事件分析关注的是媒体在卡茨和达扬所描述的"加冕、竞赛和征服"中扮演的"历史见证人"的角色。戴安娜王妃的去世和葬礼就是这种"历史性"事件的例证,一般来说,还有一些重大的国家仪式(如皇家婚礼、国家葬礼等)、政治/外交事件(如教皇首次访问波兰、萨达特总统访问以色列等)以及重大科技事件(如首次登月)。

媒体事件分析人士倾向于使用参考理论框架来解释这类事件及其社会和政治影响,这一理论框架严重偏向于新涂尔干主义社会学理论,特别关注通过公共活动(如公共仪式、典礼和节日等)、被视为(世俗的)"民间宗教"的形式以及(世俗的)"神圣"价值和象征的庆祝活动(例如,Rothenbuhler 1988),以此来识别和理解现代社会中社会融合和团结的周期性再现。这无疑对当代媒体主导的一般社会文化,特别是政治文化产生了一些丰富而有趣的研究。然而,这种观点的功能主义色彩通常会受到批评。[6]稍后,在1988年汉城奥运会作为媒体事件的案例研究中,我们将考虑通过在媒体事件分析视角中建立政治和批判维度来平衡这种功能主义强调的必要性。

成为媒体事件的一个标准是,许多国家的人们觉得有义务观看并为能够目睹这一事件而感到荣幸。通常,这些事件是在礼节(仪式/民间宗教)的参照框架中进行的。在适当的情况下,这通常也是一种节日或庆祝的态度,观众通常会努力与其他人分享他们的观看经历和/或与其他人讨论他们对该事件的体验及其意义。换言之,观众是被事件"动员"起来的。这一领域的媒体研究者认为人们在媒体事件中并不是"无所事事的电视迷"。相反,他们通常会对事件的报道做出积极响应,并以一种非常规的电视观看方式体验和参与事件。

媒体事件(Dayan and Katz 1992,1987,1988)的一些关键特征是,它们是现场直播的,通常由独立于广播公司的机构赞助,有明确的开头和结尾,打断了正常的社会惯例,以英雄人物为特色,具有高度的戏剧性或丰富的象征性,伴随着它们的是与它们特殊性质相关的社会规范(强制观看、社会观看等)。

将这种对大型活动的反应(媒体观众对活动的反应)概念化为一种特定类型的大众/公民动员是合理和有意义的。这是一个集体仪式,在这里,活动本身的节日特征通过在家庭观看的仪式和社会特征而微型再现。显然,通过大众媒体观看活动并不等同于"身临其境",活动节目的呈现和文本结构涉及达扬和卡茨所说的"补偿美学"。通过向观众提供不同于"现场"参与者的信息、视角和评论,且在许多方面比"现场"参与者更丰富,从而"补偿"观众"不在现场"的遗憾(Dayan and Katz 1992:92-100)。在家庭的"私人"领域中接受这种经过媒体加工的活动,有效地将家庭暂时转变为"公共"或准公共领域,并利用这一场合来记住和重申集体的价值和象征意义(Dayan and Katz 1992:127-134)。

达扬和卡茨认为,要使媒体事件成功发生,在某种意义上至少需要三方,即活动组织者、电视精英/组织和观众"协商"出一个非正式的社会契约和共识(Dayan and Katz 1992:ch.3)。在这一表述中,达扬和卡茨似乎忽略了其他重要的潜在"合作方",例如国家(即主办方的政治家,无论是在公民层面还是国家层面,或两者兼而有之)和市场(即愿意付钱将该活动作为其营销工具的企业赞助商和广告商)。鉴于大型活动项目偶尔会失败,了解媒体合作伙伴之间的社会契约的性质,也能帮助理解项目失败的原因。达扬和卡茨(以功能主义的观点)认为这是媒体事件的"病态",即一方或另一方未能履行非正式社会契约,而这些契约通常是媒体事件的基础和支持,是更普遍的大型活动。

达扬和卡茨的研究只是简略提及了奥运会等大型体育活动,但在对奥运电视的研究中被大量引用。事实上,拉森和朴兴洙对1988年汉城奥运会的研究将卡茨和达扬对媒体事件的分析作为一个关键参考点,尽管他们也认为其有局限性,需要用更为先进的政治社会学方法来研究奥林匹克运动和奥林匹克电视。

6.2.2 大型体育活动作为多类型活动:约翰·麦卡隆

达扬和卡茨关于媒体事件的研究只是顺便提到了媒体体育,但却对后者产生了影响,这些影响已被奥林匹克电视研究人员所采纳。相比之下,麦卡隆的工作侧重于奥林匹克运动的历史和文化,对奥运会作为媒体事件的论述相对较少。尽管如此,它对这一领域的研究仍有影响,奥林匹克电视实证研究已经认识到了这一点并对此做出了回应(MacAloon 1984,1989,1992)。

正如我们前面所看到的(第三章和第五章),麦卡隆关于顾拜旦和19世纪末现代奥林匹克发展早期阶段历史的研究对奥运会的礼仪和仪式特征在国际博览会传统和实践中的起源研究具有宝贵的参考价值。此外,麦卡隆的观点被有效地应用于分析1936年柏林奥运会(Byrne 1987)。麦卡隆后来认为当代奥运会是一种复杂的"表演"或"交流"的文化形式,同时涉及四种不同类型的混合,即"节日""仪式""奇观"和"游戏"(或"比赛"和"运动")。这些分析上的差异和麦卡隆的分析总体上影响了达扬和卡茨对"媒体事件"的讨论(Dayan and Katz 1992:142-145)。

现代奥运会一直是一个集奇观、仪式和节日以及游戏维度于一体的多类型活动。然而,这一直是一个复杂的,有时是矛盾的混合体,而电视时代和全球奥林匹克电视媒体事件的到来可以说改变了这些维度之间的平衡。在麦卡隆看来,奇观维度现在优先于其他维度,并且与它们存在矛盾关系。也就是说,"奇观"的逻辑,即体育场观众和电视观众应该对开幕式等奥运会元素的规模和壮观程度感到敬畏,现在压倒了与其他维度相关的奥运会的意义和价值。

一方面,奇观维度的当代主导地位可能会威胁到其他维度的交流潜力;另一方面,作为全球电视奇观的奥运会可以说构建了一个特殊的文化空间,在这个空间里,有比以往任何时候都多的人聚集在一起,在节日、仪式和游戏中体验奥林匹克的意义和价值,特别是和平与国际主义。作为20世纪末国际合作的主要机构,联合国为各国政府和世界精英提供高级别外交舞台之外,几乎没有能力或根本没有能力为普通民众提供公共文化和公共空间。麦卡隆注意到了这一点,并反思1972年慕尼黑奥运会上恐怖分子杀害以色列运动员这一悲剧事件,这一事件在全球电视中播出,公众对此深感恐惧并表示哀悼,他指出:"我认为奥运会已经成为一种关于世界命运和状况的集体预言。"(MacAloon 1984:280)因此,奥运会对其所召集的新的国际公众具有准宗教文化意义,这至少与这些活动的仪式和典礼方面的奥林匹克价值观相一致。

根据麦卡隆的分析,在全球电视时代,奥运会的奇观维度可能会对仪式维度产生积极和消极的影响。然而,他认为奥运会作为电视奇观对奥运会活动的节日性质的影响更为负面。作为一种文化类型,参与节日活动与平等民主等意义和价值观有关。但奥运电视奇观颂扬的是体育"明星"的不平等和等级制度。人们对节日的参与是零碎的、去中心化的、有视角的,涉及对多重体验和叙事的认可,而这些体验和叙事似乎只是具有单一意义的单一事件。奥运会电视致力于呈现这样一个单一的事件,优先考虑一些(主导的、官方的)观点和叙述。参加节日的体验是一种"漫游",一种不慌不忙、无忧无虑、没有计划的体验,对活动的发展持开放态度。奥运会电视是按照节目编排、顺序聚焦和节奏来运作的,与这种形式的体验是不一致的。麦卡隆似乎在暗示,电视媒体本身并非不能传达节日体验,但需要以体育为基础的广播机构表现出更多创造力,这些创造力体现在奥运会这一全球媒体事件的制作过程中。

6.2.3 媒体体育赛事作为"仪式和神话事件":迈克尔·雷亚尔

迈克尔·雷亚尔对媒体的研究包含了一系列的解释和分析观点,并有趣地将奥运会理解为全球媒体事件(Real 1989,1995,1996a,b,c,d,1998)。他认为理解当代奥运电视最相关的各种观点中,一方面强调神话和仪式的重要性,另一方面强调其"后现代"和/或"消费文化"特征。对雷亚尔来说,神话是类比推理,仪式是模式化行为。在观看奥运电视节目时,我们作为体育迷参与其中,或以观众身份和其他身份参与其中,既以模式化的方式行事,也能接受并积极解释广播中传达的意义和价值。他认为当代西方社会通过现场活动和电视观赛,为体育文化和体育迷提供了重要的形式和场合,许多人,尤其是男性,通过这些方式找到了生活的意义。就体育文化而言,奥林匹克运动及其大型赛事周期在促进和平与国际主义方面尤为重要。这些超越了体育世界,与西方文化中重要的历史传统和价值观有着广泛的联系。因此,它们为体育迷提供了广泛而丰富的鼓舞人心的环境,支持体育场观众和电视观众都参与仪式。

奥林匹克运动和奥林匹克电视文化是"现代主义",表面上是和平民族主义和国际主义、理性(规则、训练、技术等)和个人主义。然而,与麦卡隆不同的是,雷亚尔认为经过奥运电视努力传达这些重要的叙述主题,实际上呈现的是更接近于"后现代"的文化体验,这种文化体验即使与节日狂欢者的体验不一样,也至少与享乐主义消费者的体验有相似之处。这是由于奥运会和奥运电视节目的商业化运作,其中必然涉及图像和信息的过度混合,现代主义主题只能通过对主要仪式和体育活动的"信息过载"报道以零散和肤浅的方式呈现。与麦卡隆一样,尽管雷亚尔对奥运电视的现状和趋势进行了批判性的评估,但他暗示,虽然形势危急,但还是可以挽回的。正如我们前面提到的,麦卡隆认为,奥运电视节目中的奇观及其相关仪式维度的主导地位原则上可以通过更有创造性的节日维度来重新平衡。相比之下,雷亚尔表示,目前奥运电视中现代主义奥林匹克意义和价值的后现代碎片化,可以通过更新适合当代的知识论证和原理来应对。从戏剧学的维度来看,我们现在需要在分析媒体体育和大型活动时更多地考虑政治经济问题。

6.3 媒体体育:政治、经济和"监管"问题

6.3.1 背景

6.3.1.1 现代性体育与公共文化

马克思关于宗教是"人民的鸦片"[7]的传奇格言需要加以修改,以适用于20世纪末社会表面上的非宗教文化。在这种文化中,大多数人声称对宗教不感兴趣,但他们实际上也有机会获得大量改变情绪的合法和非法药物,即"鸦片"。也许说"体育是人民的宗教"更为合适。也就是说,它提供了表面上世俗但(从社会学角度来看)准宗教的体验,比如神圣和超越、公共仪式和象征主义,以及集体戏剧和情感。体育是现代社会公共文化的重要组成部分,既是一种准宗教制度,也是一个产业。特别是在专业性、观赏性和媒体体育形式中,它提供了为数不多的重要舞台之一,在这里可以公

开象征和表达从地方到国家的集体身份(Roche 1998)。体育日程和控制比赛周期为广大观众提供了丰富的体验和参与形式。大型体育活动具有引人注目的戏剧性、仪式性和节日性,既可作为现代体育场大教堂式结构中的"现场活动",也可作为"媒体活动",即作为一种独特、引人注目且具有商业重要性的电视节目类型(Roche and Arundel 1998)。

自19世纪末以来,现代体育日益全球化,这一进程受到欧洲帝国的意识形态(Guttman 1994)、奥林匹克运动的国际主义使命和价值观(Hoberman 1995;Houlihan 1994)、消费市场的全球化以及电视的全球影响力等因素的推动。[8]然而,值得注意的是,考虑到美国商业和媒体体育模式的强大影响,现代体育与欧洲的文化和身份有着特殊的关系。现代体育中大多数文化机构主要是在欧洲创建的。这一点在19世纪的英国最为明显,那里出现了许多现代运动和"业余主义"的意识形态,19世纪末和20世纪初的法国也是如此,那里产生了奥林匹克运动和许多运动的国际维度。正如我们在第一部分所看到的,19世纪末和20世纪初国际体育的发展显然为新兴城市的中产阶级和工人阶级围绕民族主义和国家认同思想进行文化动员提供了有力的焦点。然而,它也有助于构建大众国际意识,有助于体现普通人在民族国家以外的社会世界中的观念和利益。[9]尽管欧洲的管理机构、体育产业市场和公司不断发展,但欧盟在20世纪末的发展对体育文化和媒体体育影响并不大(Roche 1999b)。然而,最近这种情况开始发生变化,欧盟现在是一个具有战略意义的跨国公共领域和与欧洲体育文化及媒体体育有关的监管机构,我们稍后会讨论。

6.3.1.2 媒体体育与文化全球化

"媒体体育"作为一种文化形式,"电视体育"作为特殊的电视节目类型,[10]长期以来一直被视为构建国家文化认同的重要因素,[11]需要国家公众的充分参与。在战后的美国和欧洲,这种渠道传统上是通过商业和国家广播的不同组合提供的。在美国,电视体育类型对商业电视网络的健康甚至生存的重要性尤为明显。自 20 世纪 60 年代以来,三大电视网络对具有国家意义的体育活动(如美国职业棒球大联盟、美式足球和奥林匹克运动会)电视转播权的竞争,在过去几年中变得越来越激烈。欧洲的国家电视台(如英国 BBC)传统上拥有相对低成本和无争议的体育和赛事转播渠道,而且公众通过电视收看"关键"体育赛事也可能受到法律保护。

随着 20 世纪 80 年代卫星电视和有线电视在欧洲出现,以及此前国家广播核心地位的削弱,人们对电视体育的重要性有了更多的认识。一方面,商业电视认识到媒体体育有能力"捕获"大量忠实的观众,他们的阶层和消费情况对广告商和赞助商有吸引力。另一方面,公共服务电视认识到媒体体育有能力提供文化包容的机会,并将国内和国际公众聚集在一起共享事件,以及在共同(中介)的空间和时间中共享经验(Whannel 1992;Scannell 1996)——在日益碎片化和不断变化的世界中,一种共同的具有周期性的国家和国际公共文化(Roche and Arundel 1998)。

虽然国家和商业的宽频无线"免费观看"电视版本相互竞争,但它们也可以兼容,甚至可以相互补充,共同播放某一年的大型体育活动。然而,20 世纪 80 年代卫星和有线电视系统的出现及其在 20 世纪 90 年代的市场渗透和增长,胜利的天平已经开始决定性地、不可阻挡地向商业电视倾斜。这引起了涉及所有形式的节目,特别是体育电视公众节目的重大监管问题。

这些系统以及它们在 21 世纪初通过数字化所带来的进一步技术发展,已经并将越来越多地使商业电视能够通过产品和市场的"强化"过程盈利,其方式与传统的向广大观众"广播"所涉及的"扩展"过程明显不同。当然,在英国和欧洲市场,扩大大众市场渗透的过程与强化同步进行,特别是卫星电视试图利用其购买力控制有吸引力的大型体育活动的独家版权。然而,在新一代数字化系统中,通过吸引具有特殊兴趣的观众产生盈利,这比以往任何时候都更加可行。这些观众愿意付费收看密集单一类型节目的专业频道(付费电视),而且确实愿意更进一步为一次性活动支付额外费用,即所谓的"按次付费"(Pay Per View, PPV)。

据估计,英国和欧洲对按次付费的潜在需求非常强烈。在英国,这一潜在需求大致每年在所有节目类型(尤其是体育节目)中额外增加7.5亿美元至37.5亿美元的潜在消费支出。[12]在欧洲,估计这笔消费支出到2005年将达到400亿美元左右(Short 1997-P)。为了满足这些无止境的节目需求,通过扩展和强化过程获得利润,电视公司冒着沉重的债务风险购买了许多国家和世界级大型体育活动的独家转播权,因为它们具有战略意义和盈利能力(Rowe 1996,1999)。近年来,鲁伯特·默多克的媒体公司利用国内和国际体育活动来主导国内和国际媒体市场,这一点最为明显。我们现在可以更详细地考虑这个案例,既要考虑它总体上对欧洲媒体体育"空间"的影响,也要考虑在这个空间内"全民电视体育"的流行文化权利正在萌芽。

6.3.2　媒体体育和媒体巨头:鲁伯特·默多克

6.3.2.1　媒体体育和媒体公司战略

鲁伯特·默多克一直将媒体体育视为其公司战略的一个关键因素,近年来,随着他的公司开始创建一个真正具有全球影响力的国际媒体网络,这一点越来越明显。对他来说,它们与电影和现场新闻一样,一直是一种主要的节目类型。以媒体体育为代表的三种类型,对于默多克进入并主导国内、国际和全球新闻和电视市场具有重要价值。尤其是媒体体育,让他能够在自己的媒体综合体中,在新闻和电视公司之间,更广泛地说,在他的媒体公司之间,以及在广告和体育赞助这一全球企业市场之间,创造出有利可图的新型协同效应。用默多克自己的话来说，他把体育作为"攻城锤"来开拓新市场并推广他的电视公司。[13]

从20世纪70年代在澳大利亚和英国、20世纪80年代在美国以及20世纪90年代在欧洲大陆和亚洲的各种媒体业务中，默多克以体育为主导的公司战略已在数十年中得到了明显体现。在默多克复杂的新闻、电视和其他类型的媒体公司的全球网络中，专门以电视为导向的公司和利益集团参与制定以媒体体育为主导的全球企业战略，其中包括美国福克斯电视台（包括福克斯自由本地网络）、亚洲星空卫视、中国凤凰卫视、澳大利亚第七频道、德国VOX电视台和KIRSCH传媒公司（他持有股份）以及英国和欧洲的天空电视台（BSkyB）。

尤其是在20世纪90年代，默多克取得了相当大的成功，他为世界各地的公司收购了许多重要的体育赛事（Barnett 1996-P）（见表6.2）。"默多克——全球传媒大亨"的故事始于澳大利亚，而媒体体育一直是其中的重要组成部分。默多克不仅从父亲那里继承了祖国澳大利亚的大量媒体股份，而且对建立和控制媒体组织有着天赋、执着和不安分的兴趣（Shawcross 1993）。20世纪60年代和70年代，他在继承遗产的基础上大力发展，在澳大利亚新闻和电视媒体中拥有了强大的地位，而体育是他参与该项目的重要手段。衡量这一地位的标准是他在20世纪90年代对澳大利亚媒体体育的影响。例如，他的澳大利亚第七频道是2000年悉尼奥运会以及2002—2008年期间举行的夏季和冬季奥运会的主场广播公司。此外，他还控制着澳式足球、澳大利亚高尔夫球和网球公开赛以及橄榄球联赛和橄榄球联盟（包括1999年世界杯）的电视转播权。1996年，他以5.5亿美元获得了两种橄榄球比赛的电视转播权（Usborne 1997-P）。现在可以简要回顾一下默多克在美国和欧洲等主要"全球地区"的媒体体育战略（事实上，也就是他的体育赛事和大型活动战略）所取得的更广泛的国际成就。表6.2总结了

1992—1998年间他的全球媒体体育"帝国"的一些关键方面。

表 6.2　全球媒体体育帝国:鲁伯特·默多克 1992—1998 年

国家和世界地区	电视公司	运动类型	媒体体育权所有者
英国和欧洲	天空电视台（BSkyB）	英式足球	英格兰足球超级联赛 1992—2001 年
		橄榄球联赛	英格兰主场比赛 世界杯(1995 年、1999 年)
		橄榄球联盟	英国+欧洲联赛
		板球对抗赛	世界杯
		高尔夫球	莱德杯(欧洲对美国)
美国	福克斯电视台（包括福克斯自由本地网络）	美式足球	国家橄榄球联盟(50%) 美国橄榄球联盟(100%) 超级碗橄榄球赛
		棒球	美国职业棒球大联盟(80%) 世界职业棒球大赛(隔年举行) 洛杉矶道奇队
		篮球	美国职业篮球联赛(80%) 纽约尼克斯队(20%) 洛杉矶湖人队(10%) 湖人球场(100%)
		冰球	国家冰球联盟(100%) 纽约游骑兵队(20%)
		其他	麦迪逊广场花园(20%)
澳大利亚和其他地区	第七频道（澳大利亚）星空卫视（亚洲）凤凰卫视（中国）	奥运会	2000—2008 年
		橄榄球联赛	澳大利亚橄榄球协会
		橄榄球联盟	澳大利亚橄榄球联盟
		澳式足球	澳洲联赛
		网球	澳大利亚公开赛
		高尔夫球	澳大利亚公开赛

来源:Herman and McChesney 1997:ch. 3;McChesney 1998;Smith 1997-P;Usborne 1997-P;Cornwell 1998-P;Davison 1998-P;Tran 1998-P。

6.3.2.2　默多克与美国媒体体育[14]

整个战后时期，美国一直拥有世界上最大、技术最先进、最具潜在盈利能力的媒体市场和媒体体育市场，且目前仍然如此（Auletta 1997），尽管来自欧盟成员国的竞争日益激烈（Tunstall and Palmer 1991）。1977年，默多克收购了《纽约邮报》，在美国媒体市场站稳了脚跟，此后他积极拓展在美国的媒体利益，包括收购二十世纪福克斯电影公司，并于1985年创建福克斯电视网。到1998年，福克斯电视将福克斯新闻服务和福克斯体育节目传送到6 200万美国家庭（如果是多口之家，将惠及成千万上亿的美国观众）。[15]在此期间，他与三大电视网络和一些有线电视公司就美国体育赛事的转播权进行了一系列无情的斗争。在这场战争中，默多克已经准备好承担风险，并将美国电视体育转播权的价格推高到前所未有的甚至是亏损的水平，以将其竞争对手赶出市场。默多克准备承担相对短期的高额亏损（例如，每年1亿美元的美式足球电视转播权），以提升公司的长期战略地位和价值。

尽管各大电视网赢得了美国1992年、1996年和2000年奥运会的转播权，但到1998年默多克放弃了这些斗争，他似乎在赢得这场战争的道路上走得很顺利。此时，他已经具有了一个强大的地位，控制了大多数美国顶级职业体育赛事及其联赛的电视转播权。这一长期战略目前正在继续推行。到1998年，默多克已在美国媒体体育中取得了很高的地位，比如，福克斯电视台控制着美国职业篮球联赛（NBA）（与17个国家篮球协会俱乐部达成协议）、国家冰球联盟（NHL）（与12个国家冰球联盟俱乐部达成协议）、美国职业棒球大联盟（MLB）（与22个俱乐部达成协议）以及国家橄榄球联盟（NFL）和美国橄榄球联盟（AFL）（获得国家橄榄球联盟50％的股份和美国橄榄球联盟100％的股份）的大部分电视转播权。此外，就美国大型体育活动而言，默多克控制着世界棒球大赛和美国最大、最赚钱的媒体体育赛事——美式足球超级碗的电视转播权。关于后者,他在 1995—1999 年间获得了该公司的权益,1995 年他以 10 亿英镑收购了美国两大橄榄球联盟之一 NFL 50%的股份。1997 年他以 176 亿美元的巨额交易收购了 1998—2004 年美国橄榄球联盟的电视转播权(即使在战术上亏损),巩固了自己在超级碗和美国电视体育方面的地位。

此外,默多克的目标是通过收购球队和/或买下其比赛的体育场馆,更直接地控制一些最具辨识度、最有吸引力和电视转播能力的美国运动队,尤其是那些总部位于纽约和洛杉矶的运动队。1997—1998 年,默多克在西海岸以 3.11 亿美元的价格收购了传奇的洛杉矶(前纽约)道奇棒球俱乐部。此举对默多克的全球业务和美国业务具有战略意义,因为美国棒球队,特别是洛杉矶道奇队在拉丁美洲和日本拥有强大的追随者。1998 年,有报道称默多克计划为道奇队建造一个新体育场,并利用"品牌认知度"和"品牌忠诚度"使道奇队发展成为美国橄榄球联盟美式足球俱乐部。此外,他计划通过购买 NBA 洛杉矶湖人队 10%的股份和俱乐部场馆的控制权,向东海岸篮球投资 1.5 亿美元。在东海岸,福克斯电视控制着纽约传奇体育场馆麦迪逊广场花园 20%的股权。除了让默多克有机会对大型拳击和其他此类赛事进行控制,这也让他获得了美国两家顶尖篮球和冰球俱乐部 20%的控制权,即 NBA 纽约尼克斯队和 NHL 纽约流浪者队。

6.3.2.3 默多克与英国和欧洲的媒体体育

长期以来,默多克被证明有能力解读和把握媒体文化市场,并为主导市场而承担风险(Shawcross 1993;Horsman 1997)。例如,目前革命性的新一代数字大容量多频道和交互式电视系统,包括卫星和无线版本,正在英国乃至整个欧洲推广。默多克涉足的英国无线数字电视从 1999 年开始播放 30 个频道,而默多克自己的卫星数字电视在同一年开始向英国和欧洲播放 200 个频道。这反过来将为按次付费电视服务在体育领域的发展提供比现在更大的空间,例如通过单一俱乐部频道以及其他电视节目领域。

天空电视台自1988年开始运营,尤其是20世纪90年代以来,在购买英国主要体育活动以及英国体育迷感兴趣的国际赛事的转播权方面取得了巨大成功。因此,它开始对英国体育的性质和未来产生重大且日益增长的影响。天空电视台控制着高尔夫球"世界杯"(即美国对欧洲莱德杯比赛)、板球世界杯、橄榄球联盟1995年世界杯以及其他橄榄球联盟和橄榄球联赛的转播权,我们稍后将谈论这些赛事。此外,尽管天空电视台可能只获得了1998年法国世界杯足球赛的独家转播权,但它在1997年购买了法国四国"热身"锦标赛的独家转播权,其中包括1994年世界杯决赛球队巴西和意大利(以及英格兰和法国)的比赛转播权。至于未来的世界杯足球赛,天空电视台拥有部分股份的德国合作伙伴(KIRSCH传媒公司)已购买了2002年和2006年世界杯足球比赛的欧洲转播权,并可能通过天空电视台转播给英国,也许会绕过英国媒体监管,并使英国无线广播公司边缘化。

天空电视台获得英超足球联赛的电视转播权,犹如英国媒体体育战略中"皇冠上的宝石",这反过来,无论好坏,都有效地改变了英国的职业足球比赛。自1992年英超联赛成立以来,天空电视台支付了前所未有的金额(总计约10亿英镑,即1992—1997年3.04亿英镑和1997—2001年6.4亿英镑),以获得英超联赛的独家电视转播权,而英国广播公司仅限于对集锦的附属转播权。这直接或间接(通过赞助和其他商业衍生品)为英国前四五十家足球俱乐部带来了前所未有的收入,创建了新的球场,收购了大量外国明星球员,以及使俱乐部作为值得投资的企业在伦敦证券交易所上市。默多克的各种电视业务,尤其是在欧洲和亚洲,英超联赛球队及其比赛在全球范围内传播,为曼联等俱乐部带来了强大的国际"品牌"身份、公众利益甚至球迷忠诚度,从而促进了作为跨国公司单个俱乐部的商业运作和总体盈利能力。[16]

然而，默多克在推广英超联赛使之成为一种立足全国但国际流行的媒体体育现象的过程中，在流行文化领域和为其服务的行业中可能已经打开了潘多拉盒子，在未来将难以遏制或控制。这里需要考虑两种"潘多拉盒子"的可能性。第一种可能性是，在数字革命创造的多频道电视新环境中，强大的足球俱乐部将面向国内和国际球迷建立自己的按次付费频道。[17]这将耗尽天空电视台目前用于控制英超足球联赛的广告收入。1999年，英国限制行为法院（Restrictive Practices Court）确认英超联赛有权代表其成员俱乐部集体行动，就像它之前与天空电视台达成协议时所做的那样。然而，未来英国各大俱乐部是否愿意将全部或部分的比赛转播权交给英超联赛代为处理，这一点值得怀疑，仍有待观察。在数字时代，英国职业足球媒体市场潜在的、持续的分裂让默多克感到相当焦虑。鉴于他在美国的成功经验，他对这种可能性的反应是可以预见的，其目的就是购买英超顶级足球俱乐部的直接控股权。

1998年，默多克的英国天空广播公司宣布了一项轰动一时且立即引发争议的收购曼彻斯特联足球俱乐部（简称曼联）的计划，曼彻斯特联足球俱乐部是英国顶级的足球俱乐部，也是欧洲顶级的俱乐部之一，可能是商业上最成功、国际上最知名的体育俱乐部，因此也是体育"品牌"。他开出的天价是6.23亿英镑，据当时的一些估计，这大致相当于英国天空广播公司本身的市值。俱乐部的许多球迷、非默多克媒体和政界人士包括许多参与新工党政府的人（176名议员，其中131名工党议员）都在当地和全国范围强烈反对这次收购。成功收购俱乐部将使默多克在未来天空电视台和俱乐部以及天空电视台与英超联赛之间的转播权谈判中有效地同时坐在谈判桌的两边。在美国和其他欧洲媒体体育市场上这类问题很常见，并不被认为是特别大的问题，但是对于英国媒体体育市场来说，这是个新问题。由于其具有争议性，该投标被提交给相关的英国竞争主管部门进行评估，最初是公平贸易局，后来是竞争委员会(前身是垄断和并购委员会)。1999年,欧盟委员会建议政府拒绝该投标。政府不一定会接受这一建议,而且出于政治原因(包括讨好默多克的具有政治影响力的大众小报《太阳报》)可能会不愿意这样做。然后,政府接受了建议并阻止了这场交易。[18]

第二个"潘多拉盒子"可能是一些新的商业授权和国际化的顶级英超联赛足球俱乐部,试图通过与其他欧洲国家类似的国家联赛中具有同等地位的俱乐部合作,创建一个新的欧洲"超级联赛",从而获得更大的舞台和更高的知名度。这一跨国联赛的出现,可能会有欧洲足球管理机构欧足联的参与,显然会对包括英超联赛在内的现有国家联赛的地位和权力构成威胁,因此可能会给默多克集团带来损失。然而,另一方面,新商机可能与欧洲超级联赛有关,特别是在新的多频道数字电视环境中,目前正在创造的按次付费市场的潜力在不断扩大和开发。鉴于此,尽管默多克控制着英超联赛的电视转播权,但他的媒体业务与德国、意大利和其他媒体公司组成了一个财团(称为"媒体合作伙伴")也就不足为奇了。该财团旨在推广欧洲超级联赛的概念,这一目标的实现将对英超联赛和欧洲其他类似的全国性足球联赛产生深远的、几乎肯定是负面的影响。[19]

1998年,来自欧洲顶级俱乐部和跨国媒体公司的商业压力促使欧洲足联扩大欧洲联赛冠军和其他高水平球队的比赛。这也促使它们与欧洲电视公司达成更大的协议,以便为欧洲顶级俱乐部提供更大的经济激励,让它们继续参加欧洲足联的比赛,而不是"媒体合作伙伴"计划的比赛。无论这些发展对欧洲足联的地位和影响如何,它们似乎都是21世纪初巩固欧洲足球超级联赛一系列步骤中的第一步。因此,这一发展为欧洲公共文化领域的融合提供了可能性,并使大众对"欧洲"概念的认同度超过了欧盟近两代人在文化政策方面采取的各种举措。(Roche 1999b)

对当代媒体体育的简要回顾表明,国际媒体组织,尤其是鲁伯特·默多克控制的媒体组织,在总体上以及在国内和国际重要的足球赛事中,都对收购大型体育和体育赛事节目做出了战略承诺。然而,在全球化和数字化力量的推动下,媒体体育产业并不存在于政治真空中。英国和其他欧洲国家对媒体体育存在一些监管限制,这可能会成为国家和欧盟公开辩论的焦点。这种公开辩论可能导致政治和法律行动,至少可以引导(如果不是更实质性地控制)目前体育组织和媒体体育公司的动荡态势,以便在中期重建欧洲公共文化的重要部门。我们现在需要更详细地考虑当前监管环境的相关方面。

6.3.3 媒体体育:监管和文化公民身份问题

在欧洲范围内,至少在原则上,鲁伯特·默多克等的媒体组织在英国和欧洲体育方面的活动空间似乎受到了来自媒体监管和媒体政策的限制。这些限制包括英国"列入名单的赛事"法规,要求被视为具有国家意义的关键国家和国际级体育赛事在英国必须通过传统无线广播公司(如英国广播公司或英国独立电视台)免费进行广泛转播。在其他欧洲国家的媒体法规中,也有类似对"列入名单的赛事"保护的形式(Short 1997-P)。"列入名单的赛事"法规可以说是"全民体育"政策的媒体形式,即"全民电视体育观众"——国家公民文化权利的形式。在英国,新工党政府于1998年增加了受保护的"免费观看"电视节目的数量。其他一些欧洲国家也有类似的媒体法规,目前这类法规有望得到欧盟层面媒体的支持和补充。在转向欧盟层面之前,我们首先考虑英国国家层面的媒体体育监管。

6.3.3.1 英国媒体体育监管

在英国,自20世纪50年代以来发展起来,作为众多条款一部分的广播监管制度,包括维持公众观看的"免费"无线电视网络(主要是英国独立电视台和英国广播公司)保留的小部分或"名单上的"大型体育赛事。1996年《广播法》(第97段)将"列入名单的赛事"定义为"具有国家利益的体育或其他事件"。但是立法中没有明确提及具体事件,相关政府部长(自1997年以来一直被称为"文化、媒体和体育部")有权解释和执行法律,并确定和修订"名单"。

1998年之前,共有八项"列入名单的赛事":温布尔登网球锦标赛、英格兰足总杯(足球)决赛、苏格兰足总杯(足球)决赛、英国板球测试赛、德比大战、全国障碍越野赛、奥运会和国际足联世界杯(足球)锦标赛。显然,这份名单与英国的民族文化和身份认同有关,有很大的任意性。苏格兰足总杯决赛得到了苏格兰的有效保护,对大多数英格兰公众来说,这从来都不是一件非常有趣的事情。反之,对苏格兰公众来说,英格兰的板球比赛也是如此。名单上的一些活动已经不再像以前那样具有国家文化意义(例如德比大战),而其他仍然具有重大意义的活动则不在名单上(例如五国橄榄球联盟比赛)。

国家对观看特定的大型体育活动的保护,实际上相当于自20世纪60年代以来在促进积极参与方面制定的"全民体育"政策,我们可以将其称为"全民电视体育"政策。正如前者有效地促进了体育作为公民的文化权利一样,后者在电视体育方面也是如此。后一项政策是20世纪90年代两项广播法案和众多公开辩论的主题。这种对"全民电视体育"政治兴趣的增强主要是由于离岸(欧洲)卫星"付费电视"服务的发展,特别是鲁伯特·默多克的英国天空广播公司的运作。正如我们之前所看到的,自天空电视台1990年成立以来,默多克利用其国际媒体帝国的强大购买力,通过收购英国许多重要体育赛事和联赛的电视转播权,特别是英格兰甲级联赛和英超联赛,来推销天空电视台。

默多克对获得"国家体育项目"以及澳大利亚和世界其他地区的奥运会和世界杯的电视转播权的兴趣和成功经历,似乎对公众至少可以通过"免费"无线电视收看一些英国"列入名单的赛事"构成了明显的威胁。在1990年《广播法》中,英国更新了"列入名单的赛事"法规,以防止"付费观看"电视组织购买转播权。然而,这只适用于英国的组织,如各种有线电视运营商。从技术上讲,这似乎并不能阻止这些转播权被出售给默多克的天空电视台等非英国卫星电视运营商,他也尚未在实践中检验这个漏洞。

为了跟上整个广播行业技术和商业变革的快速步伐,英国政府在20世纪90年代中期认为,需要制定新的《广播法》来更新和加强监管体系。1996年的《广播法》引起了很多争议,特别是考虑到天空电视台的发展和默多克对英国无线电视台,尤其是其体育节目(重点是"列入名单的赛事")的明显威胁。1996年的《广播法》禁止"付费电视"获得对"列入名单的赛事"直播的独家控制权。然而,在一定程度上,为了奖励电视行业的创业精神,并在国家控制的领域中最大限度地提高赛事所有者的电视收入,它提倡联合广播协议的概念。也就是说,该法案要求"列入名单的赛事"所有者以"公平合理的条件"向"免费观看"无线电视和"付费观看"电视提供直播权。例如,1997—2001年足总杯决赛的电视转播权已由英国独立电视台和天空电视台共同获得。

1997年初当选的新工党政府最初似乎愿意采取进一步行动来捍卫"全民电视体育"原则,并限制默多克媒体的市场力量。因此,1997年年中,"媒体"和"体育"被明确列入之前遗产部的名称中,该部现更名为"文化、媒体和体育部"。新任部长承诺将出台新的《广播法》和使用新的部长权力,可能涉及扩大名单上保护公众观看活动的数量,并可能赋予无线广播公司至少观看"付费观看"电视已获得直播权的重点节目的权利。

为了开始准备在"列入名单的赛事"方面使用部长权力和在新的《广播法》中制定新的"列入名单的赛事"条款,部长于1997年底成立了"列入名单的赛事"咨询小组。该小组从电视公司、体育管理机构和赛事所有者那里收集了证据和意见,并为当前围绕"全民电视体育"的辩论提供了焦点。在他们的证据中，英国广播公司主张扩大名单，涵盖另外四个赛事，即五国橄榄球联盟比赛、欧洲国家足球杯比赛、莱德杯高尔夫比赛（美国对欧洲），以及在英国举办的英联邦运动会（特别考虑到2002年在曼彻斯特举办的运动会）。民意调查显示，英国公众舆论非常赞成扩大名单，60%的人支持英国广播公司的观点（Travis 1998-P）。在向咨询小组提供的证据中，天空电视台和一些"列入名单的赛事"版权所有者，特别是英国板球管理机构，都主张废除该名单，或对赛事所有者因无法以最高市场价格出售赛事而造成的收入损失进行赔偿，无论是否来自"付费观看"电视。

1998年，新工党政府在新的A组和B组名单基础上重建了"列入名单的赛事"框架，对A组的赛事给予了"全面保护"，以最大程度地提供公众免费电视节目。其中包括前面提到的八项"皇冠上的宝石"中七项的扩展版（即奥运会、国际足联世界杯的所有比赛、英格兰和苏格兰足总杯决赛、全国障碍越野赛和德比大战以及温布尔登网球决赛）。此外，三项新媒体体育赛事被列入A组，受到全面保护，分别是欧足联欧洲国家足球比赛决赛、橄榄球联盟世界杯决赛和橄榄球联盟挑战杯决赛。B组的九项赛事获得了"部分保护"，允许公众观看。这种保护允许体育主管部门向广播公司出售赛事全程报道的独家转播权，条件是合同要确保此类全面报道是延迟的，而不是"现场直播"，允许其他电视广播公司购买赛事"集锦"的转播权和赛事的全程报道权。B组赛事包括橄榄球联盟国际世界杯、五国橄榄球联盟比赛、英联邦运动会、田径世界锦标赛、板球国际世界杯决赛、莱德杯高尔夫球赛、英国高尔夫球公开赛和温布尔登网球锦标赛的非决赛比赛，还包括一项原始的（最初是更全面保护的）"皇冠上的宝石"，即英格兰主场板球测试赛。对板球相关规定的放宽是为了回应板球运动管理机构的游说，即为了该项运动在英格兰未来的健康发展需要增加其商业收入。[20]

再加上政府在 1999 年阻止默多克收购曼联（我们之前讨论过），新的名单代表了一项重大努力，旨在限制默多克对英国无线电视节目的威胁，以及对具有战略意义的国家重要体育赛事和大型体育活动电视转播领域的所有权多样性和公众可及性的威胁。

6.3.3.2 欧洲媒体体育、监管和文化公民身份

国际媒体公司（如默多克的公司）对媒体体育节目的战略性使用，尤其是"旗舰"媒体体育大型赛事的形式，显然会对国家和/或地区体育的组织和身份，以及传统上所支持的社区产生一系列不稳定的影响（Rowe 1996, 1999）。一方面，电视如此大规模的干预破坏了体育赛事组织者、球员和球迷之间的传统关系，重要的新收入流向体育管理机构及其俱乐部，使他们依赖电视收入而不是球迷和观众的门票收入，并导致球员劳动力市场的通货膨胀和不稳定（Bale and Maguire 1994）。另一方面，电视的干预通过有效的私有化破坏了公众对国家大型体育活动的参与。

20 世纪 90 年代末，特别是在欧洲，我们看到足球和橄榄球等体育项目中出现了复杂的权力斗争，涉及媒体公司、政府代表、体育组织和球迷。由于一些主流媒体公司的跨国性质，尤其是鲁伯特·默多克的公司，以及欧盟内部试图创建和监管单一市场而出现的治理体系，这些斗争变得更加复杂。本章最后，在我们详细讨论全球奥林匹克媒体事件之前，有必要以欧洲为例，强调媒体体育在生产、消费和监管方面日益重要的跨国意义。

由欧盟国家"公共服务"广播公司组成的欧洲广播联盟在获得奥运会和足球世界杯等全球大型赛事以及著名的欧洲国家足球比赛的欧洲转播权方面非常有效。尤其是欧洲广播联盟长期以来与国际奥林匹克委员会保持着特权关系，以远低于美国电视转播权的价格从他们那里获得了欧洲电视转播权。与英国广播公司不同，默多克的欧洲卫星电视运营商天空电视台不是欧洲广播联盟

的成员，也无法获得奥运会和其他此类媒体体育大型赛事的转播权。

　　欧盟在电信政策领域的监管方法存在问题和矛盾，因为在这一领域和其他许多领域（例如交通领域）一样，欧盟的单一市场项目意味着削弱了国家资助的"公共服务"组织，这些组织至少在名义上是为了保护国家公民获得这些服务的权利而发展起来的。尤其是默多克集团等全球媒体体育公司，对欧洲广播联盟和欧洲足联等欧洲级体育管理机构的"卡特尔"和/或"垄断"角色以及他们所谓的反竞争、反单一市场特征提出了挑战。有趣的是，在这种情况下，正如我们之前提到的，1999年英国竞争管理机构重申了体育组织——英超联赛——代表其成员俱乐部行事的权利，并不认为这是卡特尔式的竞争限制或违反公共利益。这一判决可能会对欧盟监管机构处理体育组织、转播权出售和欧洲更广泛的公共利益之间的关系产生一定影响。

　　欧洲经济和货币联盟（European Monetary Union，EMU）建立的共同货币体系加速了欧盟单一市场的建设，最终可能会使作为消费者的欧洲公民受益，并以市场和消费文化的形式创造一个共同的欧洲公共领域。但目前尚不清楚是否会发展出更强大、更具实质性的欧洲公民和公共领域的跨国概念，以弥补这一过程中丧失的国家概念（Roche 1997；Roche and van Berkel 1987）。在这种情况下，鉴于欧洲议会在欧盟权力体系中的宪法弱点，国际奥委会等组织可以声称代表某种形式的欧洲公共利益，支持欧洲广播联盟在奥林匹克媒体体育领域的"公共服务""免费广播"方式。

　　国际奥委会声称，正如《奥林匹克宪章》（1995年版第59.1条）所述，其对奥运会赛事电视转播的总体方针是为其争取"尽可能多的观众"。在当代，这通常意味着支持大型免费电视网络，无论是美国的私人和商业"三大"网络之一，还是欧洲的公共网络。一方面，欧洲私人和商业广播的范围和影响力增长；另一方面，欧盟作为体育和媒体行业治理机构的范围和影响力的增长,已经开始破坏欧洲奥林匹克媒体体育和更广泛的媒体体育领域的现状。与此相关,值得注意的是,近年来国际奥委会试图在对抗欧盟媒体体育监管和政策作用的增长方面发挥主导作用。例如,1998年国际奥委会召集欧洲体育管理机构和代表国家公共部门广播公司的欧洲广播联盟审查可能与此相关的战略和行动(O'reilly 1998B-P)。

1996年,欧洲议会呼吁欧盟委员会"努力将大型体育节目的转播权授予免费电视频道"(EP 1996-P)。作为回应,欧盟竞争政策专员卡雷尔·范·米尔特(Karel Van Miert)承认有责任监督并在必要时控制欧洲独家电视转播权的增长(Short 1996 B-P; Henderson 1996-P)。欧盟委员会的总体观点是试图在欧洲媒体体育赛事的公共利益和商业利益之间取得平衡。这就意味着,尽管存在市场和竞争规则,但成员国可以通过制定体育赛事电视转播权清单,防止其成为任何一家媒体公司的独家财产,从而对市场实施"公共利益"规则。多年来,欧盟委员会关于媒体体育的政策思想一直在变化。目前,在欧洲媒体体育发展的这一阶段,它似乎正朝着支持成员国"列入名单的赛事"一级监管原则合法性的方向发展,同时不愿在此阶段尝试为所有欧盟成员国制定一份可能受欧盟法规保护的共同体育赛事清单(Short 1997-P)。

1999年,欧盟正式限制了体育管理机构在商业活动领域控制体育项目、俱乐部和球员的权力。欧盟建议,如果体育管理机构从事商业活动,则与其他任何商业组织没有区别,并受欧盟反竞争和反垄断法律法规的约束。[21]这尤其是针对管理机构利用其权力与单一媒体组织签订长期的、独家的和排他的广播合同。1997年,欧盟对国际汽车联合会的反竞争行为展开了初步调查。1999年的调查报告发现了严重违反欧盟竞争规则的证据,包括在出售大奖赛电视转播权方面滥用垄断权。由于1999年针对国际汽联的初步证据,欧盟启动了正式的调查程序,可能会在适当时候对国际汽联处以巨额罚款,并打破其在赛车运动中的各种垄断权和做法(Wolf and Finch 1999-P)。同一时期,欧盟对德国足球甲级联赛的独家性和排他性电视转播协议提出了质疑。这实际上也含蓄地向英国超级足球联赛发出了警告,即2001—2002年任何与默多克天空电视公司续签集体和排他性协议的企图都将受到挑战,可能会被欧盟阻止。这意味着体育俱乐部保留将自己的比赛出售给广播公司的权利,不受联盟或管理机构的任何集体协议影响。

这有效地保护了市场和一些公民(如俱乐部所有者)的财产权、球员出售其劳动力的权利[22]以及球迷和观众作为消费者的某些方面的权利(即让他们获得多种广播来源)。然而,这种反集体主义的欧盟立场可能与欧盟1997年《阿姆斯特丹条约》体育宣言相违背。该宣言可以理解为体育管理机构作为欧盟公民社会的行动者拥有重要的权利,需要得到保护。例如,它们有权接受欧盟的咨询,并参与欧盟社会经济政策领域中制度化的"社会对话"以及类似的"公民对话"。[23]

实际上,这些国家层面和欧盟层面关于媒体体育的矛盾和斗争,可以说有助于发展新的国家和新的"后国家"文化认同(Morley and Robbins 1995)和"文化公民身份"概念,以及当代公民的权利。[24]这些新形式公民身份的发展,以及使其所暗示的"公共空间"和"公共文化"成为现实所需的监管,原则上可能会对默多克和其他媒体大亨在体育公共文化领域的宏伟规划造成重大限制。这些原则和目前围绕这些原则的辩论是否会导致与鲁伯特·默多克那些规模和活力相当的跨国媒体公司有关的重大行动,还有待观察。

到目前为止,我们已经考虑了体育赛事、媒体事件的戏剧和政治经济维度,以及媒体体育和赛事驱动的电视节目。我们现在需要考虑这些维度的某些方面和影响,以奥运会作为媒体体育和媒介的大型活动这一特殊案例为例。

6.4 奥运会作为媒体事件

将奥运会视作一个媒体事件和一种电视类型("电视节目"或"迷你系列节目"),意味着与所有媒体研究一样,我们需要探索媒体事件过程和类型的三个核心维度,即制作、内容和观众接受。相对于其他更主流的电视类型,如新闻、肥皂剧和更常规的体育报道,这一点比较容易实现,有大量关于这些类型三个核心维度方面的研究。然而,考虑到奥运电视类型规模之大、兼具复杂性和稀缺性,相关的实质性和可信性研究相对较少,这或许可以理解。研究主要从1984年洛杉矶奥运会开始,集中在过去十五年中,目前相关的研究相对较少。

1984年奥运会是一个转折点,它从奥运会的收入和奥运会被商业化接管的威胁出发,揭示了美国电视网络准备在很大程度上提高转播权的价格。这在全世界范围内引发了关于奥运会的意义和未来以及整个运动的争议和公众辩论,也意味着国际奥委会、电视网络和1984年以来的主要商业赞助商原则上都应该有兴趣支持对奥运会这一媒体事件的研究,无论是从赞助商或运动的市场研究角度,还是作为对更广泛的公众辩论的贡献来看。

与此相一致且不一定影响其独立性和客观性的情况下,所做的少数实证案例研究通常与一个或多个利益集团有某种联系。对1984年洛杉矶奥运会、1988年汉城奥运会和1992年巴塞罗那奥运会已进行了大量系统的实证媒体案例研究。对1994年利勒哈默尔冬奥会和1996年亚特兰大奥运会的媒体研究不太全面但更专业。此外,国际奥委会和教科文组织还支持以奥运会和媒体为主题的研究会议和座谈会(例如,Jackson and McPhail 1989)。所指出的每项主要研究都有其优点和缺点,尤其是涵盖前面提到的媒体过程的三个主要方面。洛杉矶奥运会的研究主要针对观众对奥运电视的反应，而汉城奥运会和巴塞罗那奥运会的研究主要侧重于对奥运电视的制作和内容层面的分析，尽管巴塞罗那奥运会研究也包含了少量的观众研究。每一项研究，尤其是汉城奥运会的研究，都产生了一些有趣的理论解释和思考。

在本节中，我们主要集中探讨巴塞罗那奥运会这一媒体事件，因为它相对较新，而且是这三项研究中最广泛、最国际化的，从这样的详细案例研究中可以学到很多东西。在此之前，我们回顾了另外两项主要研究的部分发现，以及其他有关奥运电视的研究。在介绍这一主题之前，有必要首先简要回顾一下媒体参与当代奥运会的一些主要技术和财务特征。

6.4.1 电视与奥运会费用

正如我们在第五章中所看到的，现在电视收入对于支撑城市在当代举办奥运会所需的设备和基础设施的巨额支出至关重要。自洛杉矶奥运会以来，媒体公司为奥运会转播权支付的费用至少占奥运会总收入的三分之一。总的来说，与赞助、票务和商品销售（降序排列）等主要来源相比，它们通常是最大的单项收入。

自洛杉矶奥运会以来，电视收入定期增长，有时甚至大幅增长（见表6.3）。此外，通过使奥运会成为全球媒体事件，电视的参与巩固了其他主要收入来源。也就是说，在"奥运电视节目"中投放广告，间接地获得了大量赞助收入，例如通过奥林匹克全球合作伙伴计划（即许可一些跨国公司在国际营销中使用奥运标志），激发了国际公众的兴趣，鼓励游客和观众参加活动，从而提高了票务收入。

电视收入的最大来源一直是一家或多家美国主要电视网络。如洛杉矶奥运会上的美国广播公司（American Broadcasting Company，ABC），但自汉城奥运会以来，变成了美国全国广播公司（National Broadcasting Company，NBC）。然而有迹象表明，这种情况正在发生改变。亚特兰大奥运会的电视总收入为 9 亿美元,创下历史最高纪录。值得注意的是,当地组织者 ACOG 保留了 5.68 亿美元用于支付赛事费用,而其余资金则捐给了国际奥委会,用于资助该运动的全球活动(见第七章)。

这 9 亿美元的电视总收入与四年前巴塞罗那奥运会 6.35 亿美元相比有了大幅增长。电视收入总体增长的主要原因是欧洲广播联盟支付的费用大幅增长,即从巴塞罗那的 6 600 万美元增加到亚特兰大的 2.5 亿美元(也包括技术服务的额外费用,从 9 000 万美元增加至 2.55 亿美元)。1996 年,国际奥委会引入了一种新的转播权支付制度,将 2000—2008 年夏季奥运会和冬季奥运会的转播权打包出售。欧洲广播联盟为此支付了 14.42 亿美元,(美国)全国经济委员会(National Economic Council,NEC)支付了 35.7 亿美元。这一制度大大增加了国际奥委会在国家奥林匹克委员会和地方奥运会组委会方面的权力。[25]

表 6.3　夏季奥运会的电视收入:1960—2000 年(单位:百万美元)*

年份	城市	美国电视收入	欧洲电视收入
1960	罗马	0.39(美国哥伦比亚广播公司)	0.66(欧洲广播联盟)
1964	东京	1.5(美国全国广播公司)	无数据
1968	墨西哥	4.5(美国广播公司)	1.0(欧洲广播联盟)
1972	慕尼黑	12.5(美国广播公司)	1.7(欧洲广播联盟)
1976	蒙特利尔	24.5(美国广播公司)	4.5(欧洲广播联盟)
1980	莫斯科	72.3(美国全国广播公司)	5.6(欧洲广播联盟)
1984	洛杉矶	225.0(美国广播公司)	19.8(欧洲广播联盟)
1988	汉城	300.0(美国全国广播公司)	28.0(欧洲广播联盟)
1992	巴塞罗那	416.0(美国全国广播公司)	90.0(欧洲广播联盟)
1996	亚特兰大	456.0(美国全国广播公司)	247.0(欧洲广播联盟)
2000	悉尼	715.0(全国广播公司)**	333.0(欧洲广播联盟)***

来源:* Adapted from Spa et al. 1995:19(注意:数据包括技术服务费和其

他小额费用);另见 IOC,1996a:170-173;ACOG 1997:67;Rowe 1999:71.

** Rowe 1999:71.

*** 作者粗略估计,欧洲广播联盟为 2000—2008 年三届夏季奥运会和两届冬季奥运会支付的费用为 142.2 万美元(Gulf 1996-P),这是基于每场冬季奥运会 2.21 亿美元和每场夏季奥运会 3.33 亿美元而估算的费用。

6.4.2 近期奥运会作为媒体事件

6.4.2.1 1984 年洛杉矶奥运会作为媒体事件

迄今为止,对媒体事件最广泛的研究之一是南加州大学安纳伯格学院对 1984 年洛杉矶奥运会美国观众反应的研究,由埃里克·罗森布勒(Eric Rothenbuhler 1988,1989)分析和报告。这项研究涉及一系列全国性的电话调查,包括活动前、活动中和活动后,总共联系了约 1 700 人。这项研究的预期是,美国公众将"通过期待奥运会、寻求有关信息、谈论(以及)评价奥运会来纪念这一事件"(Rothenbuhler 1988:65)。研究还预计这一活动将吸引大量的观众,个人会观看大量的比赛报道,重新安排日常活动和例行公事来观看比赛,会倾向于"在以食物、饮料和谈话为标志的社交聚会中观看,类似于为其他重要文化活动而举行的聚会"(Rothenbuhler 1988:65)。

这项研究在很大程度上证实了对观众态度和活动的所有预期。该研究假说对这些发现最好的解释是,公众将该活动视为一项特殊事件,涉及他们准备通过这项活动来确认和庆祝的特殊价值和符号("奥运庆典"假说)。观众针对调查结果的另一种可能的解释是,它们要么是由任何大型体育活动产生的("纯粹体育"假说),要么是由媒体对赛事异常广泛和密集的关注产生的("纯粹炒作"假说)。

收集的数据为构建一系列指标提供了依据,以检验这些不同的假说。与"纯粹体育"假说相反,观众的态度对奥运相关的意识形态(关于体育精神、自我牺牲、运动员之间的友谊等理想主义)的影响要比常规专业体育节目的影响大得多。"纯粹炒作"假说失败的原因之一是,赛前媒体的关注与大量负面新闻报道(批评赛事的明显商业化、抵制恐怖主义的可能性、违禁药物丑闻等)交织在一起,抵消了赛事主要赞助商(美国广播公司、可口可乐、百威等)广告宣传中所展示的积极奥运形象。分析的总体结果有力地证实了"奥运庆典"假说。在调查显示的观众活动模式中,罗森布勒得出结论:"我们发现了人们在享受生活,以及一种肯定自我身份和价值的文化。"(Rothenbuhler 1988:78)

6.4.2.2 1988 年汉城奥运会作为媒体事件

对 1988 年汉城奥运会作为媒体事件最系统的研究之一是詹姆斯·拉森、朴兴洙和南希·里文伯格(Nancy Rivenburgh)的联合研究。[26]他们的主题是分析奥运会作为韩国东道主的一种政治交流形式,通过"全球"电视向全世界介绍他们的国家。更广泛地说,他们使用汉城的案例来评估达扬和卡茨的媒体事件分析。该研究包括一系列相互关联的信息,涉及事件的产生、内容和对韩国公众的影响,并通过战后韩国政治史来介绍。

他们对历史的描述正确地强调了奥运会在 20 世纪 80 年代韩国经济快速现代化进程中的作用,同时还强调了奥运会在这一时期韩国和充满冲突的政治现代化和民主化进程中的作用。要想了解事件的来龙去脉,有必要简要概述一下这段历史。最近关于这一时期韩国政治(Higgins 1996A-P/B-P/C-P)和国际奥委会体育政治的披露[27]给汉城奥运会蒙上的政治阴影远比拉森和朴兴洙在研究中发现的要多。

奥运会总能被国家政治精英用来提升自己的权力和意识形态。汉城奥运会在某种程度上可以说符合这种模式。

相关时期的三位韩国总统分别是朴正熙(1961—1979)、全斗焕(1980—1988)和卢泰愚(1988—1993),他们都是将军出身。

1980年政变后,全斗焕和卢泰愚都涉嫌屠杀抗议者。1996年,他们两人都因在其职业生涯中收受贿赂而被定罪并入狱(全斗焕2.8亿美元,卢泰愚3.8亿美元)。朴正熙对日本利用1964年东京奥运会登上世界舞台印象深刻。1979年,他决定让韩国申办1988年奥运会,并指派总统办公室副主任金云龙协助这项工作,力争从国际奥委会处获得主办权。尽管朴正熙在1979年晚些时候被暗杀,但1981年金云龙将国际奥委会的积极决定带回给了新的总统全斗焕。1986年,金云龙领导汉城组委会,尤其是向美国全国广播公司施压,以创纪录的3.09亿美元获得美国电视转播权,1986年金云龙成为国际奥委会成员。

在奥运会期间,韩国的奥运项目最终可能会受到通过全球电视观看比赛的大量国际观众的欢迎。然而,奥运会并不受本国人民的欢迎,正如他们不欢迎独裁者和推动奥运会的"强者"一样。部分原因是在20世纪80年代初,西方体育文化在该国鲜为人知。因此,全斗焕成立了一个新的体育部,宣传体育文化和奥运项目,并在汉城建设必要的体育设施和电信基础设施。拉森和朴兴洙注意到,随着1986年亚运会和1988年奥运会的举办,韩国在这一时期的国家形象往往被视为"体育共和国"。[28]然而,全斗焕的统治不受欢迎,意味着一场国家政治危机,在这场危机中,人民(工人、学生、新中产阶级)可以通过威胁在"世界瞩目"的奥运期间制造混乱来向政府施加压力。这最终导致全斗焕在奥运会前不久辞职,卢泰愚临时接管,与公民达成"奥林匹克休战",并提出在奥运会后举行总统选举。

这一背景说明韩国政府、媒体和人民在奥运会期间出于各种原因对世界媒体,特别是美国电视台所传达的信息和图像非常敏感,因为美国军队及其广播系统的存在,韩国人可以收看美国电视。奥运电视台向全世界转播的两个主要报道是加拿大短跑明星本·约翰逊(Ben Johnson)因吸毒被取消资格,以及拳击比赛期间发生的"骚乱",这两个报道都是负面的。拉森和朴兴洙也参考了里文伯格的内容研究方法,对电视报道中最能反映韩国国家形象的元素进行了实质性的内容分析,特别包括开幕式和拳击比赛。

全世界约有 10 亿人观看了开幕式,这是预计观众人数的两倍,创下了奥运电视转播的新纪录。韩国民族主义通过一位资深马拉松运动员作为火炬手而融入开幕式中。这位运动员是韩国传奇运动员——奥运会冠军孙基祯(Sohn Kee Chung)。20 世纪 30 年代,韩国被日本统治,是日本帝国的一部分。作为一名杰出的运动员,孙基祯只能代表日本参加国际体育比赛,并在 1936 年柏林奥运会上成为奥运会马拉松冠军。回到韩国后,孙基祯已经成为这一时期反帝反日斗争的象征。经过几代人的不断努力,他目前仍然是国家独立的有力象征,这也是他参加汉城奥运会开幕式的意义所在。

由于美国电视台对开幕式和拳击比赛事件的处理,韩美关系在奥运会期间受到了一定程度的影响。一方面,美国全国广播公司在向美国观众播放开幕式时删减了大量有关韩国文化的内容,这显然是对韩国东道主的不尊重。另一方面,据称它对拳击事件进行了"反韩"报道。在这种情况下,恰好有一名韩国拳击手因点数落后输掉了比赛。为了抗议这一决定,韩国官员进入拳击场并殴打裁判,这位韩国拳击手在拳击场上"静坐"一个小时。这些官员和拳击手显然违反了规则,随后被禁止参加这项运动。然而,当时美国全国广播公司对该事件的负面报道被认为是对东道主的侵扰和傲慢,并在韩国媒体和公众中引发了反美情绪。

拉森和朴兴洙利用汉城奥运会的案例来评估达扬和卡茨的媒体事件分析的整体合理性。他们认为,汉城奥运会引发了一波亲韩和反美的民族主义浪潮,同时军事独裁政权也做出了明显的民主让步,即奥运会后再进行总统选举。果然,全斗焕的门生卢泰愚在选举中获胜。拉森和朴兴洙指出,达扬和卡茨对媒体事件的看法是,它们往往是"向现状致敬"和"精英的合法化"(Larson and Park 1993:245)。然而,他们认为韩国的奥运会经历是"一个明显的例外","实际上韩国的政治自由化和民主化笼罩和包围着汉城奥运会"。奥运会媒体事件似乎"标志着现状的改变"和"军事独裁的非法化"(Larson and Park 1993:245)。然而,这一判断似乎高估了卢泰愚总统成功当选所带来的政治变革。事实证明,他实际上只不过是以一个可接受的面孔来统治20世纪70年代以来韩国腐败的政治、经济和军事机构。达扬和卡茨媒体事件分析的"现状"可能比拉森和朴兴洙所认为的更适用于汉城奥运会。

除了达扬和卡茨的分析之外,拉森和朴兴洙对媒体事件的看法与本书所采用的方法更加一致。因此,他们建议媒体事件分析应该从长期的"社会政治进程"角度来看待,而不仅仅是短期的以事件为中心的角度。对于韩国来说,汉城奥运会是一个与经济和政治进程相关的八年项目,而不仅仅是一个为期两周的孤立事件和电视节目。他们还提倡从"政治"的角度看待这个事件,也就是说,奥运会实际上是世界政治体系中的文化"剧场",而奥林匹克运动本身就是这个体系中一个重要的跨国角色。[29]最后,考虑到世界政治体系中明显和持久的不平等现象,他们建议为非洲等贫穷国家和地区提供更多的全球电视服务,还建议在未来全球文化和政治体系可以通过全球电视技术来创造多地点的全球活动,包括新的多地点版本的奥运会。

6.4.2.3 1992年巴塞罗那奥运会作为媒体事件

对1992年巴塞罗那奥运会的主要媒体研究报告是由米格尔·德·莫拉加斯·斯帕(Miguel de Moragas Spa)、南希·里文伯格和詹姆斯·拉森指导完成的。[30]这项研究意义重大,由一个大型的跨学科国际团队(以下简称斯帕团队)负责。就汉城奥运会研究的可比性而言,值得注意的是,巴塞罗那奥运会和汉城奥运会这两项研究涉及的核心人员存在重叠。[31]巴塞罗那奥运会的研究涉及一系列相互关联的奥运电视的制作、内容和观众研究。斯帕团队对巴塞罗那奥运会电视的制作和接受维度都提供了合理的见解,可能前者比后者更多。但在评估时需要记住,研究的主要目的是探索奥运电视的内容维度,而不是其他维度。然而,正如他们所观察到的:"作为电视事件,奥运会在很大程度上是被构建起来的现实,除了运动员努力的瞬间,几乎所有一切都是可控的。"(Spa et al 1995:10)。奥运会"现场活动"的内容显然是组委会精心策划的主题。因此,内容研究必然揭示了很多(即使有点间接)关于生产维度的目标和性质。

(一)巴塞罗那奥运电视的制作和观众维度

制作维度研究考察了巴塞罗那奥运会作为媒体事件和电视节目的资金、技术和电视制作。除此之外,他们还揭示了奥运会开幕式这样一个明显单一事件是如何在各国广播公司从主电视台制作和编辑的奥运会电视节目中呈现出截然不同的内容。此外,值得注意的是,美国全国经济委员会与有线电视公司的实验性合资企业,向美国观众提供每天12小时不间断和有效的未经编辑的"现场"报道,虽然是以"按次付费"为方式,结果却以亏损1.5亿美元告终。

接受维度研究一方面试图从五大洲选定国家的人们那里获得一些观众印象,发现总体上"当地环境极大地影响了奥运会这样的全球性赛事的体验"(Spa et al 1995:11)。另一方面还试图估算全球观众的规模。值得注意的是,官方对开幕式35亿观众的估算肯定是大大高估了,真实数字可能接近10亿。显然,这类媒体事件的研究设计既有成本也有收益。回顾过去,团队本身显然感到他们在观众接受方面做得不够。因此,他们建议"更系统和跨文化的接受分析",特别是关于各国对电视报道和赛事的不同看法,需要列入未来奥运会媒体研究的议程(Spa et al 1995:249)。

(二)巴塞罗那奥运电视的内容维度:开幕式

内容研究涉及对开幕式 24 个国家广播的内容进行大规模、系统和多国的研究。鉴于开幕式在奥运会媒体形象中的重要性,这种对内容的关注是合理的。开幕式是最先开始的,也是收视率最高的,与闭幕式一样是奥运电视中最具戏剧性的元素。之前我们注意到麦卡隆将奥运会分析为一个多类型的"表演综合体",包括奇观、仪式、节日和游戏这四个关键类型的强大元素。巴塞罗那奥运会开幕式确实包含了奇观、仪式和节日的类型,随后的体育传播显然还包含了游戏类型。

从奥运电视的角度来看,在巴塞罗那奥运会研究的基础上,需要在麦卡隆的列表中添加第五种类型,即广告。这是为了呈现这样一个事实,即奥运会开幕式和闭幕式的转播,就像巴塞罗那奥运会的情况一样,都是广告。首先,从观众的角度来看,节目通常会被更普通、更熟悉的商业广告图像和信息流打断。其次,这些节目实际上是奥林匹克运动、主办城市、主办国以及在一定程度上参赛国家的推广。斯帕等人指出:"举办全球活动是一种众所周知的形象管理策略……巴塞罗那开幕式的设计经过了大量的思考和规划,将加泰罗尼亚视为一个与西班牙相辅相成的独特东道主。"(Spa et al 1995:10)这被称为"双主场策略",尽管不清楚它是否在全球电视报道中得到普遍理解和赞赏。[32]

从媒体事件制作的角度来看,1992 年巴塞罗那奥组委要求制作公司研究 1984 年和 1988 年奥运会相关方面的视频,并要求他们为体育场观众和电视媒体创造双重"奇观"(Spa et al 1995:83)。开幕式旨在成为一种几乎不需要解说就能普遍理解的视觉和音乐体验。斯帕等人评论道:"毫无疑问,开幕式从一开始就被视为大型电视和音乐超级制作。"(Spa et al 1995:85)开幕式耗资 2 000 万美元,负责人表示其目的是"创造一场奇观,而不是一场仪式"(Spa et al 1995:85)。

正如我们之前所看到的,奥运会开幕式的主要内容是奥林匹克仪式,包括国家队运动员入场式、主办国元首和奥委会主席致辞、国际外交礼仪、奥林匹克标志的加冕仪式(传递火炬和点燃圣火等)。这些仪式可周期性改变和创造性发展。在巴塞罗那奥运会,人们创造并实施了一种新的仪式,即展开一面巨大的奥林匹克旗帜,覆盖在所有聚集在一起的运动员(无论他们的民族和个人差异)头上,象征性地将他们包围起来,并融入奥林匹克运动的统一性中。在这些仪式和礼仪元素之前和之后,还需要有足够的空间来创造奇观和节日气氛。这次开幕式上歌剧界的明星云集,开启了文化表演,最终发展成一场大规模的戏剧表演,展示了古地中海神话和希腊神话,包括大力神赫拉克勒斯等人物,这些主题既与奥运会的起源有关,也与加泰罗尼亚人的身份有关。正如奥林匹克媒体分析家罗森布勒所评论的那样:"最终,巴塞罗那将自己描绘成文明起源的中心,并以令人信服的风格做到了这一点,这是很迷人的。"(Spa et al 1995:185)正如 19 世纪末以来许多奥运会和博览会那样,体育场上空大规模壮观的烟火表演是开幕式的高潮。

斯帕等人分析了各国电视节目对开幕式的介绍以及开幕式的电视类型后指出,奥运电视节目中涉及开幕式的主要叙述是"历史""派对"和"表演"。在传达开幕式的历史意义时,电视节目主持人以历史见证者的身份提到了冷战的结束,提到了这是第一届没有受到抵制的奥运会。在传达开幕式的节日庆典或"派对"意义时,电视制作人和主持人认为他们是参与者,并传达了积极参与活动的感觉,且在电视观众中培养这种感觉。在传达开幕式壮观而有趣的"表演"意义时,电视评论员往往扮演"局内人"的角色,预告即将到来的惊喜。然而,尽管主办方和欧盟都向电视台工作人员提供了指南,帮助他们更好地介绍开幕式,但他们往往描述得很丰富,却缺乏解释性。欧洲以外的电视节目主持人存在文化距离和缺乏理解的问题,例如对古代欧洲神话的戏剧表演以及对加泰罗尼亚的身份认同。

6.4.3　奥林匹克运动问题：奥林匹克电视中的民族主义和商业主义

人们经常对奥林匹克运动及其主要赛事提出两种批评。奥林匹克运动世界观所特有的理想主义意义和价值在理论上是国际主义的，而非民族主义的。此外，虽然其"业余"反商业体育观的高潮早已消逝，但在"奥林匹克主义"意义上，至少仍然存在一种反对商业利益的理想主义。从这两个方面来看，当代奥运会似乎与这些价值失去了联系，甚至正在颠覆它们。

奥林匹克运动自创立以来为国际主义事业做了贡献，奥运会显然也为竞争性民族主义提供了一个平台。例如，1896年希腊民族主义事件、1908年美英民族主义冲突、1936年德国民族主义事件以及战后美苏冲突中这一点都很明显，这些冲突将1980年和1984年的奥运会变成了苏联共产主义和美国资本主义的民族主义庆祝活动。国际奥委会正式承认参赛运动员仅为国家队成员，并规定将国旗和国歌作为胜利仪式的一部分，这些都凸显了对奥运会赛事的民族主义解读。媒体中长期存在的、非正式但有影响力的做法也是如此，即对各国和地区的表现以及奖牌数量进行排名和比较。

奥运会作为全球媒体活动出现，为竞争性民族主义提供了一个更大的舞台。同样明显的是，自1980年胡安·萨马兰奇担任国际奥委会主席以来，奥运会，特别是在业余的全球媒体活动中，已经与商业密不可分。我们将在第七章中考虑民族主义和商业主义问题的更广泛含义。目前，我们可以参考巴塞罗那奥运电视研究的结果对这些问题进行评估，并更详细地考虑其性质。

6.4.3.1　奥运电视中的民族主义问题

在之前讨论的关于洛杉矶和汉城奥运会的主要研究以及最近

的研究中(如1994年利勒哈默尔冬奥会),人们发现奥运会电视转播中充斥着民族主义和民族主义信息(Puijk 1996)。巴塞罗那奥运会的研究结果与其他研究结果基本一致,但有趣的是,这一赛事制作在技术上带有加泰罗尼亚"地方"特色。

对巴塞罗那奥运会研究发现,就奥运电视提供的观看体验的质量和兴趣而言,全球赛事的"地方"(即国家)维度对世界各地的观众来说意义最大。因此,他们指出,"虽然奥运会的全球特点(许多国家聚集在一起参加精英级别的体育赛事)有助于吸引观众,但奥运会电视转播的地方(主要是国家)维度对保持广播公司和观众的兴趣至关重要。他们发现,在开幕式和开幕式后的头几天,观众收视率"受本国运动员的参与和观看能力的影响最大",观众"渴望将本地(自我)视为全球(奥运会)的一部分"(Spa et al 1995:248)。

在此基础上,该报告向国际奥委会提出的主要建议之一是在强化的"奥林匹克"框架内加强奥运电视的国家相关性。因此,一方面,"所有广播公司都应该有机会为参赛国家和文化团体定制国际信号,以便他们在奥运会上'看到自己'"。奥林匹克团结计划可以提供帮助,为贫穷国家提供一些资源,使其能够将节目个性化,并向本国观众展示对其运动员的采访(Spa et al 1995:248-249)。

另一方面,考虑到目前奥林匹克运动对其主要赛事电视转播的依赖程度,一个更为普遍且可能有争议的建议是,如果奥运会要保护(民族主义)奥林匹克信息以便更好地进行转播,就需要进一步适应电视的要求(Spa et al 1995:247-248),并考虑以下事项:以媒体包的形式向广播公司提供更及时的奥运会信息(不包括体育统计数据),以便它们随时可用;改变典礼和仪式的结构,以表明何时可以在不影响叙事的情况下插播广告;在赛事开始前让主办国和城市以及奥林匹克运动的文化信息员向广播机构介绍赛事情况;制作更多的特色材料,特别是针对贫穷国家。

6.4.3.2 奥运电视中的商业主义问题

1984年洛杉矶奥运会代表了奥运会项目的第一次密集的商业化浪潮。然而,不到十年,奥林匹克运动与大型企业赞助商和全球电视消费文化的新关系已经开始陷入困境。洛杉矶奥组委率先证明了奥运会可以从赞助商那里吸引到收入和实际方法。此后,国际奥委会借鉴这一经验,为其奥运会活动挑选了一批特殊的主要赞助商(奥林匹克全球合作伙伴计划),通常包括可口可乐和柯达等全球跨国公司。这些公司以高昂的价格获得在其产品广告中使用奥林匹克标志的独家权利,特别包括奥林匹克旗帜上出现的五环标志。[33]

斯帕等人认为奥运会是"世界上最大的体育和媒体活动"(Spa et al 1995:187),如果要以适当的规模举办,就需要这些赞助商和电视台提供资金。赞助商需要有与奥林匹克运动的意义和价值相关联的声望,以及奥林匹克的戏剧性吸引力,以便在市场上保持对竞争对手的优势。奥运电视中的商业与奥林匹克(非商业)意义和价值之间的关系,就像运动员的职业精神一样,正日益成为奥林匹克运动和国际奥委会面临的一个难题。国际奥委会坚持让奥运场馆包括电视画面上的奥运场馆没有明显的广告。这样做的结果是为了实现以高价购买的奥运标志广告权的营销价值,并防止竞争对手的反广告,主要赞助商在开幕式等赛事的电视转播过程中通过多次插播广告,以尽可能获得更多的曝光率。这反过来必然会打断和干扰国际奥委会试图通过奥运电视呈现的奥运形象和信息的完整性(Spa et al 1995:204)。

在巴塞罗那奥运会的案例中,赞助商(如使用五环的广告商)和非赞助商(如口头使用"奥林匹克"一词)使用奥林匹克标志和主题可能会操纵与奥运会赛事相关的独特体验和特殊价值(Spa et al 1995:193-194)。可口可乐的广告将其饮料与"特殊的奥运感觉"联系起来。柯达在美国转播的火炬仪式上插入了广告图像和信息。赞助商的标识被叠加在电视屏幕上，且更隐晦地出现在运动员的衣服和装备上。在奥运会之外，"明星"运动员可能会出现在广告中，并将自己与产品和品牌联系在一起，无论他们是否有意，都会在奥运会电视转播中隐含这些联系。正如约翰·兰格（John Langer）所观察到的："运动员本身就是企业的标志，他们就是广告。"（Spa et al 1995:203）斯帕等人建议，国际奥委会至少应设法控制广告中断的程度，确保通过电视转播开幕式等活动传达的关键图像和"时刻"。然而，他们得出的结论是，"从这项研究的证据可以明显看出，商业和奥运信息的混合"是当代奥林匹克运动，尤其是奥林匹克电视的一个过程，而且这个过程正在"走向越来越模糊的领域"（Spa et al 1995:205）。

6.5 结论

与上一章从"本地/城市活动"的角度考虑当代大型活动相反，本章我们看到了一些媒体活动的方式是非本地的，甚至是全球事件。根据第一章的观点，我们从戏剧学和政治社会学角度考察了"作为媒体事件的大型活动"。第一节讨论了相关理论，第三节分析了巴塞罗那奥运会开幕式的内容。为了将洛杉矶奥运会以来的奥运会作为媒体事件纳入中期时间框架和更广泛的背景下，我们在第二节从政治经济学和政治社会学的角度考察了媒体体育的发展。

关于大型活动作为媒体事件的政治方面，我们认为媒体公司（尤其是默多克公司）在全球推广媒体体育方面巨大的且不断增长的力量是其在国家和全球层面开拓和发展媒体市场的雄心和战略的关键因素。另一方面，我们也考虑了媒体体育监管中"公共利益"和"自由市场"之间日益增长的兴趣，以及联盟对这些雄心壮志可能带来的限制和约束。我们在英国"列入名单的赛事"模式中分析了这些问题,也探讨了欧盟市场和文化政策中的问题。媒体体育监管中的两个主题体现了公民对于在"免费观看"的基础上获得大型媒体体育赛事权利的期望和要求。无论被理解为公民信息权(公共利益、公民权利)的一个方面,还是公民选择权(自由市场、消费权)的一个方面,也无论是在国家还是跨国层面,这个时期媒体体育监管政治的发展都可以被解释为有效地捍卫和促进了文化公民身份。

本章还探讨了当代奥林匹克运动陷入危机的一些原因。奥运会作为全球媒体事件和全球文化产业出现,有助于推动城市领导人积极申办奥运会,也有助于解释为什么他们在追求这一目标的过程中往往准备改变或打破反贿赂和腐败的规则。我们接下来将讨论关于奥林匹克运动性质和"全球公民"身份的关系问题。

第七章 大型活动与全球公民身份：奥运会的问题及应对策略

引言

进入 21 世纪后，当代最重要的大型活动——奥林匹克运动，显然处于严重的危机状态。第五章和第六章中提出的问题可以清楚地说明这一点。这一章旨在明确一些理解和评估运动问题的参考术语以及对这些问题做出适当的反应。讨论分为三个主要部分。第一部分回顾了奥林匹克运动的普遍主义思想，例如在当代全球治理体系中的全球组织及其运作方式。第二部分概述了全球"公民身份"这一规范性概念的四个关键维度：[1]"普遍公民"与"人权"的理论和实践相联系；"媒介公民"与参与跨国媒体和信息流的媒介世界的权利相联系；"运动公民"与跨国运动中的包容性和民主权利相联系；"企业公民"与全球治理和全球公民社会体系中企业/集体行为者的责任相联系。第三部分将这种公民身份框架应用于分析和评估当代奥林匹克运动的一些主要危机和问题。

7.1 奥林匹克运动、全球社会和全球治理

7.1.1 奥林匹克运动：普遍主义的意识形态和全球组织

现代奥林匹克运动与英国贵族的"业余"体育运动一样，其最

初的灵感也来源于此。皮埃尔·德·顾拜旦于19世纪末创立现代奥林匹克运动以来,"现代奥林匹克运动一直非常严肃地对待体育文化在现代世界具有某种'文明使命'的观念,并将自己视为这种文化的主导力量"。该运动的章程是由其管理机构——国际奥委会起草并定期更新的,这在很大程度上将国际奥委会在该运动中的权力与外界隔离开来,并加以修正。《奥林匹克宪章》(Olympic Charter)(简称《宪章》)指出,这项运动是建立在一套价值观、意识形态或"生活哲学"之上的,即"奥林匹克主义"。[2]这似乎是为了把体育提升到现代世界更广泛的理想主义和普遍的人道主义使命的前沿。一方面,这种措辞和使命与联合国及1948年起草通过的《世界人权宣言》(Universal Declaration of Human Rights)所体现的战后国际主义的措辞和使命的关键要素相一致,这既是机制,又是奥运会和集体行动的基础。[3]另一方面,也像战后国际主义的其他例子一样,它的理想主义和道德主义言论常常可悲地严重偏离其本身的实践和世界的现实。

显然,根据《宪章》的内容,"奥林匹克主义的目标是一切体育运动都为人类的和谐发展服务,鼓励建立一个维护人类尊严的和平社会"(原则3);"寻求创造一种生活方式",其中包括"尊重普遍的基本伦理原则"(原则2)。奥林匹克运动的存在是为了贯彻奥林匹克主义的意识形态(原则4),其成员身份显然与"任何形式的基于种族、宗教、政治、性别或其他原因对国家或个人的歧视"不相容(第3.2条)。奥林匹克运动的理想目标是利用非歧视性的体育运动教育全世界的年轻人,使他们懂得和平、正义("公平竞赛")、相互理解和国际友谊(原则6)的价值。

国际奥委会作为奥林匹克运动中一个独特的组织,代表着奥林匹克运动的"最高权威"(规则1.1,19-28)。国际奥委会通常每年举行由100多名成员参加的全体会议。国际奥委会作为一个国际管理机构,自1894年成立以来就具有明显的"跨国"特征。它是一个自我招募的机构，而不是一个有代表性的机构。也就是说，它的"国家"成员被认为是国际奥委会派驻各国（及其所属国家奥委会）的大使级代表，而不是各国（及其所属国家奥委会）的代表出现在国际奥委会，大部分权力和赞助都集中在国际奥委会主席和国际奥委会执行官员的手中。国际奥委会的正式职责之一是组织"定期的奥运会庆祝活动"，并以对环境负责的方式举办奥运会。就其对奥运会赛事的责任而言，更重要的是作为现代国际体育文化中的领先组织，致力于推广"体育道德"，带头打击兴奋剂，并反对"运动的政治和商业滥用"（规则2）。

除国际奥委会外，奥林匹克运动的正式组成如下（规则3.1）：国家奥林匹克委员会（NOCs，规则31－35）、与特定体育运动有关的国际理事机构和联合会（IFs，规则29－30）、奥运会组委会（OCOGs，规则39），以及国际奥委会认可的其他组织（规则3.1）。[4]值得注意的是（尽管应该说，自1896年以来的每一届奥运会上，所有的表象都是相反的），《宪章》将奥运会赛事定义为"运动员之间的比赛……而不是国家之间的比赛"（规则9.1）。此外，奥林匹克运动不仅由国家体育"协会和俱乐部"组成，而且由"属于国家的人，特别是运动员"组成（规则3.1）。然而，尽管如此，在基层体育工作者正式参与奥林匹克运动方面，并没有明确的组织或代表机制可以与前面提到的其他组织或代表机制相媲美。

除了已经提到的组织，国际奥委会在《宪章》中承认的奥林匹克运动组织还包括五个大陆的国家奥委会协会，即非洲（非洲奥委会协会）、亚洲（亚奥理事会），欧洲（欧洲奥委会协会），北美和南美（泛美体育组织）以及太平洋地区（大洋洲奥委会协会）——象征着奥运五环奥林匹克旗帜和标志（规则4.2）。此外还包括世界级的国家奥委会协会、IFs协会、"奥林匹克团结"项目（提供援助贫困国家的体育和奥运项目）和由国际奥委会决定的其他任何与体育有关的非政府组织（规则4.2，4.3，4.5，8）。有趣的是，尽管《宪章》在奥组委和国际奥委会关于奥林匹克事务的讨论中占据重要位置,特别是在奥运会举办期间,但它没有提到国际奥委会话语中经常出现的"奥林匹克大家庭"的概念。[5]这似乎指的是参加国际奥委会的代表团、参与会议和比赛的国际奥委会成员(包括他们的亲戚和朋友)以及其他公认的奥林匹克运动组织的官员、亲戚和朋友,同时也涵盖了参与国际奥委会官方奥运赞助计划(奥林匹克全球合作伙伴计划)和媒体广播计划的跨国公司和组织的随行人员。

国际奥委会除了一个行政机构,还有多个委员会,涉及营销、兴奋剂和其他医疗问题、"全民体育"政策和项目、奥林匹克教育等(规则8),要求执行人员每两年与特定体育运动有关的国际理事机构和联合会以及国家奥林匹克委员会会面一次(规则6)。然而,就国际奥委会之外更多的奥林匹克会议而言,所需要的只是国际奥委会"原则上"每八年召开一次奥林匹克大会(规则7.1)。最近一次是1994年在巴黎举行的,很大程度上是为了庆祝国际奥委会成立100周年。奇怪的是,虽然《宪章》规定了八年周期,但是此前的一次会议是1981年在巴登举行的。大会要求至少有与特定体育运动有关的国际理事机构和联合会以及国家奥林匹克委员会的代表参加。然而,本届大会在很大程度上仍然是国际奥委会的产物,而不是奥林匹克运动的任何正式代表的决议。国际奥委会保留承认和邀请任何个人或组织的权利,其执行机构拥有最终制定议程的唯一权利;大会仅仅具有"协商"地位,而不是决策地位(规则7)。

7.1.2 奥林匹克运动在国际治理体系中的地位

显然,奥林匹克运动在各个方面和不同层次上都很好地融入了由民族国家、国际政府组织和国际非政府组织运作的国际外交和文化政治圈子。除了世界宗教和科学协会之外,奥林匹克运动是世界/国际体系中规模最大、文化最重要的国际非政府组织。考虑到国际足联在足球这一世界上最受欢迎的单一运动中所扮演的角色,以及它所组织的世界杯大型活动的规模,国际足联确实非常重要。然而,就体育意识形态而言,它更容易被理解为一个组织,是奥林匹克运动及其体育意识形态的组成部分(国际足联是国际奥委会认可的与特定体育运动有关的国际理事机构,是奥林匹克运动的成员,国际足联主席是国际奥委会成员),它的国际文化政治和决策被其政治色彩所掩盖。

奥林匹克主义的理想主义与国际体育文化和政治经济的现实之间一直存在差距,而且目前存在着日益明显和巨大的差距。20世纪80年代和90年代,随着奥运会的大规模媒介化和商业化,这些差距扩大了。20世纪90年代,国际奥委会寻求与联合国共同努力,推动在奥运会期间交战国家之间实现"奥林匹克休战"这一可能无法实现、也无法强制执行的概念。我们随后将讨论其中的一些差距。然而,就目前而言,奥林匹克运动必然会产生真正的影响。值得指出的是,在20世纪90年代,奥林匹克运动以其各种组织形式已经成为当代国际治理体系中一个相当活跃的参与者。[6]

这一点可以通过国际奥委会1998年的一些国际活动得到有力证实。在日本长野冬季奥运会期间,国际奥委会鼓励联合国推广奥林匹克休战概念。在20世纪最近一届里斯本国际博览会上,国际奥委会设计了奥委会展馆并主办了奥委会展。国际奥委会含蓄地宣称,作为一个组织,国际奥委会与参加世博会的民族国家在外交上是平等的(Samaranch 1998)。世博会期间,国际奥委会参与并主持了两次国际会议,同时还支持葡萄牙和联合国组织的一次关于青年问题的国家和国际政策国际会议,以及联合国世界青年论坛,针对有关世界各地年轻人面临的形势和问题(包括违禁药物、健康和其他相关问题),联合国教科文组织、国际劳工组织、世界卫生组织和联合国儿童基金会等相关机构在论坛上进行了辩论(Anon 1998d)。

1998年,国际奥委会与国际劳工组织和世界卫生组织举行了特别会议。国际劳工组织和国际奥委会之间的联系可以追溯到20世纪初,当时顾拜旦开始对国际劳工组织首任总干事阿尔伯特·托马斯(Albert Thomas)的工作感兴趣。在1998年国际奥委会与国际劳工组织的会议上,两个组织同意共同努力"促进社会正义和人类尊严",并积极开展有助于消除贫困和童工的活动(Anon 1998d)。这些是全球体育用品行业特别关注的问题,有证据表明这些行业经常使用第三世界廉价的童工。但是这种协调是否会产生任何实际结果还有待观察。

国际奥委会对世界卫生组织工作的兴趣显然源于体育文化和意识形态中长期存在的一种假设,虽然近年来由于运动损伤和药物滥用的增加而有所降低,这项运动与健康呈正相关,是实现和保持健康的一种手段(IOC 1996a:140;Anon 1998c)。因此,1998年国际奥委会支持世界卫生组织的年度"反吸烟日"运动。此外,它继续参加世界卫生组织关于积极生活的国际工作小组。该组织成立于1996年,旨在推动一场持续的全球禁烟运动,反对烟草跨国公司的暴利。自1988年卡尔加里奥运会以来,奥运会一直是无烟运动,国际奥委会拒绝接受烟草行业的赞助。同样值得注意的是,与足球和世界上大多数其他体育运动不同,国际奥委会拒绝接受酒精行业的赞助,这是世界卫生组织关注的另一个领域。奥林匹克运动,特别是以奥林匹克组织的形式,举行了一些国际会议,审查它在国际公民社会和全球社会政策中所起的作用。这些会议审查了奥林匹克运动在非洲促进体育活动、体育在发展中社会中的作用和体育在反贫穷战略中所面临的问题(Anon 1998b,1998e)。

7.2　全球公民身份的维度:评估大型活动作为文化政策的准则

19世纪末和20世纪初,在与国家建设的相关联系中,大型活动促进了国家观念(国家集体认同)、国籍(成为或融入国家的传统和命运的成员)以及公民身份(与国籍相关的正式身份、义务和参与权利)的发展和传播。然而,虽然它们通常主要以东道主的民族主义为主导,但显然也提供了"国际"舞台和空间,以显示目前国际世界秩序的各种版本和理想,这是在相对和平共处的短暂背景下的民族特性和差异,是在"西方文明进步"的理想和旅游消费主义的实践中发展起来的。

当代的世博会和奥运会延续了这一传统,利用普遍主义和人道主义价值观的理想主义话语来发展和促进它们的活动。这些价值观来自启蒙运动和 19 世纪"进步"的世界观,通常通过人权和环保主义来表达。这些大型活动的话语及其理想在过去往往容易受到各种损害,在目前也是如此,我们稍后将在奥林匹克运动的案例中看到这一点。

约翰·厄里认为,各种形式的跨民族条件、身份、权利和义务在当代已经出现,这意味着,一些非正式的公民概念已经超越了以领土为基础和以民族为基础的社会及其"停滞的公民身份"的范畴。与此形成鲜明对比的是,当代人们普遍认识到与人类流动和/或商品流动有关的"流动公民身份"。此外,他还提醒人们注意媒体在当代世界形象的传达和宣传方面的重要作用,以及媒体事件的作用,尽管不都是大型活动,无论是在一般意义上还是在体育文化方面。(Urry 1998)

厄里提出,现代社会的复杂性可以被有效地概念化为"全球公民身份"的实践,反过来,这也可以被理解为"流动公民身份"(不幸的是,这种概念没有得到详细阐述)。全球公民作为"流动公民"、消费者和旅游者,对参与和生活在地球生态圈内的地位、权利和责任具有普遍认知,并有可能参与世界性民主政治。

第八章将概述一些社会理论观点,这些观点利用"流动"的形象来描绘大型活动的特征和现代性。这些观点与厄里的背景社分析相一致,表明这种方法是根据"流动公民身份"概念来发展"全球公民身份"的含义。然而,"流动"的概念不足以完成手头的任务,即使与"网络"的概念相辅相成——就像"网络"的概念一样,"网络流动"或"通过网络流动"——正如厄里和曼纽尔·卡斯特(Manuel Castells)所研究的那样[7],还需要认识到现代化中与"流动"相关的新秩序和新结构过程的作用。我们可以把大型活动理解为社会时空的"枢纽"和"开关",它们既是全球流动的通道、混合品和新的路线,也会周期性地"溢出"。因此,除了"流动公民身份",在创造全球社会的枢纽和交换的过程中,还涉及各种类型的跨国公民,无论是大型活动,还是关键城区,或其他此类基础设施。

此外,大型活动和媒体公司在全球性活动中所涉及的资金流动受到国家和跨国监管领域的限制,并且(日益)超出这些监管领域,在这些领域内,它们作为公开的、合法的和准政治实体进行运作。因此,作为生产者或消费者参与这些活动,在国家和跨国家层面都具有传统形式的法律和政治公民身份,而"流动公民"的概念根本没有提到这一点。因此,本节将概述全球公民概念,然后将其应用于奥林匹克大型活动的评估中,这比厄里的"流动公民"概念似乎更具有传统意义上暗含的法律、政治和体制意义。本节关注与大型活动及其运动的表征和评估相关的公民身份的四个维度,即"普遍""媒体""运动"和"企业"维度。

7.2.1 公民身份和大型活动:概念和维度

7.2.1.1 全球公民身份

人们经常争辩说,人人都拥有人权。"全球公民"的概念正是基于这个论点,指的是人类共同地位的道德本体论这一"事实"所构成的隐含的和理想的全球共同体的成员资格,并因此拥有这些共同的权利。这种理想化可以被理解为具有规范性的力量和道德权威,无论在现实中是否存在任何有组织的、具有实施和执行这些权利的政治权力和权威的治理体系。自18世纪末以来,普遍人权("自然权利""人权")在各国宪法(特别是法国和美国的宪法)中有各种不同的版本。然而,原则上人权不能被定义为或限制于公民在任何特定的领土和/或种族定义的、排他性的民族国家所赋予的权利,这些权利在实践中往往被国家和国家政治制度及社区所否定。

战后它们被列入《联合国宪章》(United Nations Charter)和其他有关文件。20世纪末,经常发生暴力和滥用权力的国际事件,世界各国的人权充其量只是得到了不完全和不公平的执行。尽管如此,由于全球化的各种力量日益挑战当代国际秩序,世界、区域和全球范围内更明确的跨国治理形式得到发展,并将它们作为21世纪体制建设和宪法建设的一个潜在参考点,且愈发重要。这样的发展如果发生了,原则上可以分析为"全球公民",也就是赫尔德(Held)在他著名的理论分析[8]中提到的"世界性民主公民"在"全球公民"意义上的制度化发展。

正如前面所指出的,大型活动(尤其是世博会和奥运会)的相关性在于,它们总是倾向于根据它们对类似于人权法典中所表达的普遍主义、个人主义和人道主义价值,使其活动和事件周期合理化。因此,从原则上讲,大型活动在很大程度上促进或破坏了人权的最大分配和权力运用,从而体现了它们所暗示的理想的"全球公民"是可评估和可负责的。

世博会宣称要促进公众对科技进步的理解,因此含蓄地强调了信息和教育的人权。奥林匹克运动一直宣称要把体育运动作为一种手段来促进自由和成就、"公平竞赛"(或更广义上的"道德")、健康与和平等。最近几十年,它声称反对各种形式的歧视,不论是种族、性别或身体残疾。正如世博会的理想一样,这些理想很容易被转换成人权话语。

这些大型活动的参与对人权理想和全球公民治理的理想化进

程具有深远的影响和普遍的意义。一般来说，评估奥林匹克运动或其附属组织（特别是参与举办大型活动的国家）在促进或侵犯人权方面的表现是可以理解的，也是合法的。相对于民族国家，奥林匹克运动往往喜欢宣称其传统的和意识形态上的"独立"和"自治"。然而，这在原则上不涉及任何形式的豁免（就像联合国会员国不受豁免一样），不受尊重人权理想的豁免，不受普遍公民形式的豁免。我们稍后将这一点与近代奥林匹克历史上的各种人权问题联系起来加以考虑。大型活动参与"全球公民"的具体影响体现在它与媒体的互动，它的内部规则和民主，以及它作为国际公民社会中企业行为者所产生的影响。

7.2.1.2 媒体公民身份

第六章中我们谈到 20 世纪末奥运会作为"媒体事件"被媒体化，进而全球化。这个过程，以及通过媒体组织人们观看奥运会的过程，引发了人们获取信息的普遍权利，以及人们融入和参与当代全球文化的普遍权利的问题。[9]多年来，影响人们参与奥运会的各种媒体问题已经很明显，稍后将详细讨论。第一个与媒体有关的问题是奥运电视的商业化。国际奥委会面临的问题是，在强调广告和民族主义信息的节目形式中，公众无法接触到赛事的特殊和传统意义。第二个问题是将奥运会私有化。全球媒体公司日益增长的兴趣在于获取奥运会独家转播权，为了避免人们从公开的电视系统获得免费浏览的机会，创建了新的市场和按次付费电视系统。最后一个问题是互联网的发展对奥运会应该如何向全球公众开放产生的影响。

7.2.1.3 运动公民身份

"运动公民身份"指的是大型活动内部的民主和排斥问题，将观众视为运动的临时成员。首先，与大型活动相关的社会排斥问题，往往会削弱他们宣扬文化公民身份包容性的主张。过去大型活动有效地倾向于将"理想访客公民"概念化,并在文化上涵盖了东道主少数民族、男性、白人以及中产阶级或上层工人阶级,从而减少和/或排除恰好是女性、外国人、黑人和穷人的访客。其次,存在民主问题,通过控制大型活动的筹办过程,削弱他们促进民主赋权的主张。只要曾经暗示任何有关民主概念的内容,无论是通过"理想访客公民"还是通过人权概念——在很大程度上都会受到破坏。举办者通常将公众排除在决策和规划之外,而不是以财务支持者的形式(通过税收和补贴)或其他令人信服的方式。与这种实质性的民主排斥和剥夺权利相一致的是,大型活动通常也可以通过合作文化政策、劳动分工、活动之间的准民主运动等形式被东道主公众所"拥有"。一方面是精英文化生产者,另一方面是公共文化消费者。

7.2.1.4 企业公民身份

在全球公民社会和全球治理方面,大型活动作为企业或集体参与者的外部行为存在某种问题。虽然这似乎不同于个别的人权问题,但也存在联系。最重要的是,对集体行为者的控制最终是组织中拥有权威的个体行为者的责任。因此,这很大程度上取决于处于领导地位的权威人士的正直、诚实和廉洁,以及他们在多大程度上尊重运动员之外的其他人的人权。

大型运动作为一个集体法律实体,在正式承认的国家和国际法律框架下,包括运动代表和个人在内的工作人员原则上和现实中均需要对他们的行动负责。任何组织或机构的职员,不论其声称"独立"或"自治",均不得豁免。我们将从腐败问题的角度来思考奥林匹克运动作为全球社会的行动者所面临的问题。此外,我们还认为"企业公民身份"问题与奥林匹克运动显然值得称赞的国际政治战略有关,这一战略指的是在举办大型活动期间试图在国家之间和国家内部停止战争,实现"奥林匹克休战"。

7.3 奥林匹克运动和全球公民身份

国际大型活动的规范性观点认为,在这个极不完美的世界中,这些事件有可能促进当代和未来的全球文化公民身份,这显然是一个非常理想化的观点。在奥林匹克运动的相关案例中,基于其普遍的意识形态及对当代全球公民社会和治理形式的参与所提出的建议,这一主张最初似乎得到了支持。然而,为了更现实地评估这一主张,有必要考虑前面提及的"全球公民"概念的四个方面,并将它们应用于奥运会案例中。"全球公民身份"与人权的普遍性有关,适用于某些领域相关的权利概念。这些领域应用的普遍性人权是"媒体公民"参与并将奥运会视为媒体事件,"运动公民"参与并将奥运会视为体育运动事件,"企业公民"参与并作为全球公民社会的集体观众。

7.3.1 "全球公民身份"和奥林匹克运动

尽管奥林匹克运动的意识形态具有理想主义的普遍性和政治独立性,但它在整个历史上显然非常容易周期性地受到各种政治影响。在20世纪30年代末法西斯主义(第四章),以及战后冷战时期美国和苏联意识形态占优势的"超级大国"中显而易见。(Booker 1981;Shaikin 1988)从积极的方面来说,战后奥林匹克运动(尽管最初漠不关心和优柔寡断)最终为1970—1992年间南非因其黑人公民被剥夺人权而被联合国文化孤立提供了大量支持。在此期间,南非无法派遣运动员参加奥运会,这是对国际社会承认一个种族主义国家的严重否定。[10]

奥运会记录中的负面影响大于正面影响。国际奥委会对奥运会主办国的人权问题是否采取了一贯强硬的态度,这一点令人质疑。20世纪90年代国际奥委会及其主席在奥运会期间推动"奥林匹克休战"的想法,至少在原则上旨在为和平做一些具体的事情,维护最基本的人权,即生活的权利。

7.3.2 "媒体公民身份"和奥林匹克运动

奥林匹克运动的全球公民身份的一个方面是通过电视和其他传播媒介参与奥运会的全世界观众的媒体公民身份,即"奇观的全球化"(IOC,1996a)。与此相关的主要问题有三个,其中两个涉及全球电视,第三个涉及作为全球信息和通信系统的互联网。因为奥运会项目是具有包容性的国际赛事,而且技术的存在使它们可以在世界范围内传播,所以世界各地的人们拥有与之相关的观众参与和信息获取的权利。

有关电视的两个关键问题,一方面是商业化,以及奥运电视节目内容的"国有化";另一方面是对公众最大限度地获取这些内容的监管。第六章中,我们考虑了这些问题的一些例子。就节目内容而言,这些例子包括对1992年巴塞罗那奥运会广播的分析。这项研究表明,国际主义和理想主义的奥林匹克信息和国际奥委会的目标在现实中受到相当大的干扰和扭曲,这一方面是由于国家广播公司散漫的做法,另一方面是由于广告信息和图像的入侵。商业信息和奥运信息混合的过程似乎超出了国际奥委会的控制。实际上,斯帕团队的研究暗示,如果国际奥委会要保护人们将奥运会作为一项国际体育赛事(而不是一种能够以民族主义和商业术语来表现的不同类型的赛事),以及其特定的象征意义和意识形态背景来观看的权利,就需要对国家广播公司的节目施加更大的影响(Spa et al 1995:204)。

公共准入问题有两个方面。一个方面是发达国家和不发达国家之间的不平等,这也反映了各国电视系统的覆盖范围和质量方面的不平等。欠发达国家获得奥运会新闻媒介的机会不平等一直是战后的一个问题,尽管当代全球电视系统迅速发展,但这一问题仍然存在。另一个方面与发达国家有关。在这些社会中，广播系统原则上可以覆盖全国人民，广播公司在为其广告商提供大众观众平台以推销其产品方面具有商业利益。

美国就是一个主要的例子，转播权的"私有化"至少到目前为止并没有限制公众参与作为媒体事件的奥运会，情况恰恰相反。此外，在英国和其他一些欧洲国家，公众参与这一特定体育大型活动以及其他"列入名单的赛事"，至少在名义上受到媒体法规的保护。实际上，"列入名单的赛事"制度是否能有效保障英国公众观看奥运会，目前还不清楚，因为从未进行过测试，这种情况在未来可能会发生变化。在欧洲，直到2008年奥运会之前，国际奥委会一直将转播权授予欧洲广播联盟（European Broadcasting Union，EBU），即国家公共广播组织协会。

然而欧洲未来的公众准入可能会受到这样一个事实的影响，即欧盟对欧洲广播公司在欧盟内部"无国界"推进单一商业媒体市场的战略持批评态度。从欧盟的角度来看，欧洲广播公司实际上是一个垄断联盟，是对自由市场的干涉，是对其他生产者进入市场的权利的干涉，也是对消费者最大选择权利的干涉。此外，无论在美国还是在欧盟，如果媒体公司坚定地认为走这条路符合它们的利益，那么现存的这些监管制度可能无法阻止和限制奥运电视节目的传播，例如，为了从按次付费电视中获得商业利益，它们很可能会这么做。正如我们在第六章中所指出的，近期特别是在欧洲制定了与许多大型体育活动和比赛有关的限制性监管制度。

国际奥委会的《奥林匹克宪章》要求"确保不同媒体对奥运会进行最充分的新闻报道和吸引尽可能多的观众"（规则59，IOC 1995b）。这一有限又务实的规定在一定程度上可以被解读为承诺保护世界各地的人们对媒体活动的访问权。与此相一致的是，国际奥委会通常试图在与不同媒体公司和集团的一系列电视转播权的安排中，对普遍存在的"免费观看"权做出简单的要求。然而，全球媒体技术环境和相关的全球商业环境很明显是动态的,是不断变化的,尤其与互联网的发展有关。考虑到这些环境中不断变化的技术需求和商业机会,随着时间的推移,国际奥委会可能会面临压力,要求其批准更复杂、可能具有限制性的电视协议。

最后,还有互联网和人们通过这种媒介获取奥运信息的权利问题。1998年,互联网在全球拥有4000万用户,其中大多数在美国。随着个人电脑价格的持续下跌,个人拥有电脑在发达国家日益成为一种普遍现象,预计在21世纪的头几年,美国、欧洲和世界各地的个人电脑数量将呈指数级增长。[11]在美国,主要的体育电视公司(哥伦比亚广播公司、美国有线电视新闻网、美国娱乐体育节目电视网和福克斯电视台)认识到了新媒体的重要性,并敏锐地意识到新媒体已经成为主要的信息提供者和体育爱好者通过互联网接触其所关心的体育赛事的主要途径。他们通常通过电视直播对这些事件进行补充,包括从主要人物转录到网络聊天室的特殊视角和特别评论(Wilson 1998-P)。毫无疑问,未来互联网的信息、交流和互动资源将在许多方面为像奥运会这样的大型活动增加一个新的、质量独特的、文化丰富的视角。

正如我们在第五章所看到的,为了成功地在世界范围内转播每一届奥运会,需要创建一个由最先进的信息和通信技术组成的新综合体。这一传统实际上是从1936年柏林奥运会有限的当地有线电视转播而开始的。因此,奥林匹克运动必须与这些技术的领先浪潮相联系,这种联系也延伸到了互联网。1996年亚特兰大奥运会期间,该赛事的网站访问量高达2亿次,而1998年长野冬奥会期间,"点击率"上升到了6亿次(O'reilly 1998C-P)。这个"开放"且可公开访问的互联网站点提供了实时结果、无线电馈送、站点图片和相关天气报告等内容。同样长野冬奥会期间,在活动现场周围的封闭式(1 000个终端)"内网"系统上增加了更加理想的服务,为用户提供了"视频点播"服务,用户可以通过电视观看体育活动和新闻发布会的报道,以及赛事结果和奥运档案材料。

然而,通过互联网进行电视直播,或称"网络直播",给电视广播和转播权的控制带来了重大问题。与电视的潜在竞争目前是有限的,因为基于计算机的图像质量较差,而且基于网络的图像接收存在延迟。但是至少在发达国家,随着个人电脑的使用和互联网接入的不断增加,以及技术问题的逐步解决,竞争无疑将更加激烈。考虑到互联网可能会剽窃、绕过和颠覆电视公司对大型活动的控制,大型活动组织者目前正非常谨慎地对待互联网。国际足联取消了1998年法国世界杯的"网络直播",国际奥委会也禁止了2000年悉尼奥运会的网络直播(Wilson 1998-P;Mackay 1998-P)。鉴于国际奥委会所谓的使"尽可能多的观众"关注奥运会,这种拒绝让世界各地人们通过强大的新全球媒体接触到奥运会的立场可能在短期内可以实现,但从中期来看,无论是政治上还是技术上都不太可能持续下去。

7.3.3 "运动公民身份"和奥运会

"运动公民身份"是指在由奥林匹克运动构成的"国际体育文化内部公民社会"中,实行内部包容,进行民主实践。对参与奥林匹克运动的人们来说,公民运动身份的关键问题包括:首先,作为奥林匹克运动核心的国际奥委会存在不民主、不具有代表性和不负责任的现象;其次,滥用违禁药物和与之相关的欺骗行为更普遍地违背了奥林匹克运动和体育文化的"公平竞争"价值观。

7.3.3.1 奥运民主问题

奥林匹克运动缺乏民主和问责制的问题由来已久,这里只需要简单回顾一下。[12] 国际奥委会起源于19世纪末的贵族精英群体,包括现代主义者、人道主义者和国际主义者,尤其是在法国和英国,以及他们在欧洲各地的关系网。其作为一个贵族和中上阶层男性俱乐部的社会性质,在20世纪初期和中期只得到了少许缓和。从战后到现在,它在宪章和组织上一直是一个自我招募的秘密国际精英俱乐部,对除自己以外的任何人都直接负责,对自己创建、资助和指导的国际组织和运动只负象征性的责任。可以说,国际奥委会自称独立于各国政府的影响之外,这种自我任命的角色性质可能曾经有过某种合理性,然而,考虑到国际奥委会明显易受大国压力的影响且内部因缺乏问责制而造成的腐败问题,这一合理性早就消失了。

正如我们在第五章中所看到的,围绕国际奥委会全球城市间申办"游戏"的腐败危机在1998年爆发,我们稍后将其作为国际公民社会中国际奥委会的"企业行为体"的一个问题来讨论。然而,它的影响之一是促使各国体育部长、国家奥委会甚至主要赞助商强烈呼吁国际奥委会进行机构改革。特别是1999年美国参议员乔治·米歇尔(George Mitchell)为美国奥委会撰写的关于盐湖城丑闻的报告,其权威性不仅在于他在北爱尔兰和平进程中发挥了卓越的国际作用。米歇尔的报告呼吁国际奥委会在开放和问责方面采取新的做法。报告要求从国家奥委会中选举国际奥委会成员,并对国际奥委会的运作进行年度公共财务审计(Kettle 1999-P)。

1999年初,国际奥委会面对世界范围内对其活动的批评和要求改革的呼声做出回应。在四年时间内建立第一个公共财政账户,成立道德委员会,组建国际奥委会2000年奥运会委员会。这些机构包括非国际奥委会成员,也有国际奥委会成员(非国际奥委会成员包括两名联合国前秘书长等)。这些机构的任务是制定和监督国际奥委会的新行为准则,审查国际奥委会的组成、组织和作用,并为选择主办城市创建新的流程。这些回应可能具有实质性和可信度(Butcher 1999-P)。他们的目标是在2000年之前整顿国际奥委会内部事务。国际奥委会主席胡安·萨马兰奇承认对国际奥委会的腐败问题负有一定责任。对于许多观察家来说,他辞职对拖延已久的奥运改革事业应是最好的选择。然而,他决定继续留任,以控制改革进程。他的留任可能会给奥林匹克运动的未来带来怎样的后果,还有待观察。鉴于他的过往历史,我们有明显的理由感到担忧。[13]

7.3.3.2 奥运包容性问题:"公平竞争"道德、药物和作弊

运动员及其教练使用违禁药物是两个相互关联的因素共同作用的结果。一方面,由于媒体化和商业化,职业体育界的竞争加剧,胜利者和"明星"的金钱和地位奖励显著增加,失败者的绝对成本和机会成本也增加。这可能会产生强烈的诱惑和作弊动机,包括使用违禁药物和其他东西来人为地增加身体吸收和受益于训练机制的能力。另一方面,体育运动中的兴奋剂问题不断加剧。这在一定程度上是现代社会科学技术和信息特征不断进步的普遍现象造成的。新药物、新分销系统和新的测试逃避程序都在不断发展,这为运动员和教练进行试验和作弊创造了前所未有的机会和诱惑。

值得注意的是,近年来困扰奥运会的令人瞩目的违禁药物案件,以及我们现在所考虑的问题,是当代体育文化中更广泛问题的一部分。20世纪90年代,国际体育运动中普遍存在使用违禁药物的现象。在许多情况下,最初对违禁药物使用的怀疑与一些情况有关,比如在相对较短的时间内,身体形状发生了非常明显的变化(包括男性和女性),运动表现有了巨大的改善。这些怀疑后来得到了科学检测的证实,并在运动员对最初裁决提出法律和科学质疑后得到了重申。1998年的一些案件怀疑并(至少在最初)科学地证明了使用违禁药物作弊及其对所发生的大型国际体育活动公众声誉造成的威胁:环法自行车赛理查德·维朗克(Richard Virenque)和费斯蒂纳队(Festina)、网球大奖赛澳大利亚网球公开赛冠军皮特·科达(Petr Korda)、波士顿女子马拉松运动员乌塔·皮皮格(Uta Pippig)等等。[14]

战后时期,在奥运会上使用违禁药物和作弊的怀疑浪潮周期

性地出现。正是由于国际奥委会及其监管制度和检测系统的失信,这些怀疑才累积到当前,这实际上是一种巨大的危机。[15] 20世纪60年代和70年代的违禁药物问题主要是一种系统的和集体组织的行为,尤其是民主德国迫切希望通过奥运会男女运动员的奖牌获得国际认同、认可和国家地位。20世纪80年代和90年代,由于一般体育运动的商业化和专业化,随之而来的激烈竞争,以及个体运动员和教练对体育成功的地位和利益的贪婪,这一问题不断发生。

20世纪60年代和70年代,西方公众和媒体对民主德国运动员系统服用兴奋剂的问题有了大量的辩论和怀疑,并试图解释他们在那个时期的奥运会中取得的巨大成功。1989年柏林墙倒塌,1990年与联邦德国统一之后,对民主德国政府、医疗和警察记录及档案的研究以及民主德国运动员的证词均证明这些怀疑是正确的(Butcher 1996-P)。在后续的奥运会赛事中,更加个人主义和贪婪的臭名昭著滥用药物案件有:1988年汉城奥运会上加拿大选手本·约翰逊(Ben Johnson)的成绩极为突出,在他的作弊行为被证明之前,他一直是短跑冠军。1992年巴塞罗那奥运会上,女子短跑冠军美国人弗洛伦斯·乔伊纳(Florence Joyner)被广泛怀疑服用过违禁药物,但这一说法从未得到证实——1998年在人们对这一问题的新一轮猜测中,她去世了。1996年亚特兰大奥运会上也有很多案例(ACOG 1997:ch.16)。最受关注的是爱尔兰的米歇尔·德布鲁因(Michelle de Bruin),她出人意料地获得了数枚游泳金牌。当时有很多猜测,她在亚特兰大奥运会前有了巨大的进步,是因她已开始服用违禁药物来赢得这些奖牌。1998年,她非法干扰了一项随机检测,国际体育联合会(ISF)判定她服用了违禁药物。奥运会铅球冠军美国人兰迪·巴恩斯(Randy Barnes)的药检呈阳性。在1998年长野冬季奥运会上,滑雪板障碍滑雪项目金牌得主、加拿大选手罗斯·雷巴格利亚蒂(Ross Rebagliati)大麻检测呈阳性。然而，大麻这种物质并没有被相关的国际体育管理机构（国际滑雪联合会）正式禁止。因此，他不能受到惩戒，这表明该领域的国际管理制度目前面临着许多问题，即在这一情况下，是否应将娱乐性而非提高效能的药物列入禁药清单（Rowbotham 1998-P）。

由于发现和控制这一问题的管理制度和检测程序的不足和混乱，包括奥运会在内的国际体育运动中违禁药物问题日益严重。不同的管理机构禁止不同的药物，使用不同的检测和执法手段。违禁药物清单、检测和执行制度需要尽可能标准化，适用于所有国家的全部运动。作为自封的国际体育运动的领导者，国际奥委会一直并继续在这一领域负有特殊的责任。然而，国际奥委会近年来一再被发现在处理奥运会的某些行为以及领导和协调更广泛的行动来处理国际体育问题方面存在欠缺。

国际奥委会主席就这个问题发出了各种各样的信息。一方面，他主张对违禁药物的使用采取更自由的方式，一是为了承认早先提到的娱乐性药物问题，二是为了适应当前监管制度的明显不可执行性。[16]另一方面，他在1999年初召开了一次由国际奥委会主持的国际体育管理机构会议，试图提出一种更标准化的方法来解决这个问题。尽管各国体育部长对国际奥委会在兴奋剂检测方面的记录持批评态度，但仍试图成立一个新的国际机构，以监督和协调整个体育界的兴奋剂检测工作。[17]然而，所有这些可能都"太少、太晚"。至少在过去10年或更长的时间里，奥运会在违禁药物问题上都未能取得大的进展。

7.3.4 "企业公民身份"和奥林匹克运动

"企业公民身份"是指奥林匹克运动在更广泛的"国际公民社会"和治理体系中的企业行为者的活动。奥林匹克运动的"企业公民身份"涉及两个关键问题。首先，竞标奥运会主办权的国家和城市在申办过程中存在腐败的可能性。其次,国际奥委会于1990年启动的"奥林匹克休战"计划也存在风险,这些都与该运动的影响力和控制力之间的差异有关,也与设想与现实之间的差距有关。风险在于,如果奥林匹克休战计划一再失败,不仅会引发对有志者的冷嘲热讽,而且会引起公众对和平愿望本身的不信任和宿命论。

7.4 奥运城市招标问题

第五章讨论了"奥运城市申办"的发展,可以清楚地看出,在20世纪70年代,奥运会主办权被视为一种可疑的特权,但1984年洛杉矶奥运会在电视和商业上的巨大成功改变了这项比赛的规则。从那时起,伦敦金融城的领导人和申办团体往往把获得举办这项如今被视为全球文化最具声望的体育活动的权利放在非常优先的位置。城市之间的竞争已经变得非常激烈,各个城市都准备花巨资来推进这项工作。竞争城市的动机很明显,也为人熟知。获得这一权利可以保证在奥运会期间,全世界的"眼睛"以及未来潜在的游客和投资者都将关注这座城市,确保这座城市为创造体育历史做出贡献,从而在国际文化记录中拥有永久的地位,并成为现有和前"奥运城市"国际俱乐部的一员。这些城市拥有特定的奥运记忆和建筑遗产,与奥林匹克运动及其传统有着持久的关系和地位。

然而,这种激烈的竞争态势为国际奥委会成员与申办城市代表带来了贿赂和腐败的可能性和诱惑。一方面,为了给来访的国际奥委会成员留下深刻印象,申办城市进行了大手笔的营销活动,因为只有国际奥委会成员才能做出决定;另一方面,国际奥委会本身具有非代表性和不可问责的特点,决策和投票是秘密进行的,不公开哪位国际奥委会成员投票支持哪个城市,也没有记录他们投票的原因。

整个20世纪90年代,体育界和媒体界不时出现有关对奥运会申办过程中各种腐败行为的指控。除了1995年制定了新的申办规则外,国际奥委会几乎没有对这些指控做出有效回应。这些新规则包括申办城市不得向国际奥委会成员或其亲属提供价值超过150美元的礼物或福利。[18]新规则可能足以解决这个问题,也可能难以解决这个问题,但它们的执行显然是完全不够的。

1998年,正如我们在第五章所看到的,国际奥委会陷入了腐败危机。对腐败的指控最初是由国际奥委会执行委员会高级成员马克·霍德勒(Marc Hodler)发起的。霍德勒是国际奥委会的奥地利长期成员,曾担任一段时间国际奥委会副主席。霍德勒对国际奥委会在挑选奥运城市的过程中存在腐败行为提出了一系列强烈指控。[19]首先,他声称,盐湖城奥组委在2002年冬季奥运会的竞标中存在财务管理不善和可能的贿赂行为。具有讽刺意味的是,贿赂很可能发生在1995年之后,正如早些时候所指出的那样,国际奥委会本应在1995年之后加强对此类问题的监管。从技术上讲,新规则适用于从1996年开始的2004年雅典奥运会主办国的遴选过程。至少到目前为止,还没有人指控这一投标过程中存在腐败现象。霍德勒还声称,在10—15年间(1983/1988—1998年),包括国际奥委会一名成员在内的四名体育经纪人向申办城市提供了服务,声称他们可以有效地"购买"国际奥委会的选票,让那些愿意为此付出的城市获得这些选票。他们为申办各种奥运会项目的各个城市提供了高达100万美元的服务,包括1996年亚特兰大奥运会、2000年悉尼奥运会和2002年盐湖城奥运会。

尽管国际奥委会最初试图淡化这些指控,但还是成立了一个调查机构——庞德调查团(Pound Inquiry)专门调查盐湖城一案。[20]这一行动避免了第五章所指出的问题,即在1992年奥运会的前几轮投标中可能存在腐败。国际奥委会声称,所有这些潜在的腐败案件都缺乏书面证据，因此没有足够的依据进行进一步的调查。庞德报告在1999年国际奥委会的一次会议上获得通过，以国际奥委会历史上前所未有的方式驱逐了六名国际奥委会成员，并对其他一些成员进行正式谴责。此外，新的规则从2000年开始运用于包括2008年奥运会在内的后续奥运会的申办和选拔过程。从1999年开始，国际奥委会的执行机构建立了一个十三人的遴选委员会来进行遴选，将候选城市减少到两个。国际奥委会的全体成员将在这两者之间做出最后决定。非国际奥委会遴选委员会成员被禁止访问候选城市，城市申办团队也被禁止访问这些城市。时间将告诉我们这个新版本的"申办规则"是否会奏效，是否能有效根除奥林匹克运动中的腐败，以及它与全球公民社会其他参与者之间的关系。

7.5 "奥林匹克休战"计划：理想、现实和风险

早期一些迹象表明，国际奥委会特别是奥林匹克运动目前在国际社会和治理领域中发挥或渴望发挥作用。这些作用中最重要且最具有重大意义的是"奥林匹克休战"计划，旨在保护人类生命和促进实现和平共处理想。当代奥林匹克运动提供的是一个理论基础，通过组织活动，提供可定义的时间段，在这个时间段里，与其他国家处于战争状态的国家（或发生内战）可能同意至少暂时停止敌对状态。如果说有什么能肯定奥林匹克运动在现代社会中真正的"文明使命"的话，那就是它了。批评人士有理由怀疑实施"休战"项目的动机，认为这可能也与国际奥委会主席获得诺贝尔奖有关。[21]然而，在我看来，这似乎与当前版本的"奥林匹克主义"无关。如果"休战"理念的成功实施挽救了一条生命，那么可以说这是值得的。如果它创造了某种有说服力的先例，并对有组织的人类侵略行为进行常规约束，那么它将更有价值。

在西方传统中,奥林匹克休战思想的历史先例是希腊世界中临时休战的显著效果,在古代奥运会一千年的历史中,这种临时休战被多次启用。[22]这无疑是在现代奥运会的传统背景下复兴这一理念的一个令人印象深刻的先例。然而,从第一次世界大战到冷战的核僵局以及冷战之后,现代性不断发展科学技术,在国家、世界区域和全球人类生活中制造"全面"死亡和毁灭的动机。面对这种情况,现代奥林匹克运动在数代人的努力下,所能做的只是让国际社会(过去和现在)聚集在一起舔舐两次世界大战的伤口,在所谓的"超级大国"之间的冷战"和平"中,充当一个舞台,使暴力得到象征性和戏剧化的勉强压制。展望21世纪阴云密布、前途未卜的未来,情况是否会有所不同呢?

20世纪90年代末的国际冲突进程并不是个好兆头。1998年底,美国和英国不愿意在轰炸伊拉克时受到圣诞节、斋月和光明节这三大世界宗教节日的影响。面对来自长期致力于奥林匹克运动的国家的这类现实证据,为什么要假定现代国家可能有丝毫倾向于尊重现代奥林匹克主义所传播的不那么成熟和更世俗的价值观和做法呢?

停止国际冲突以纪念现代奥林匹克运动会的举行,这一想法不是一项长期确立的传统,不管它与希腊文明的成就有何相似之处。从19世纪末到20世纪20年代,顾拜旦并没有认真地提出这一建议,而在20世纪30年代,国际奥委会不幸地受到法西斯主义的邪恶影响,这一建议显然也没有得到遵守。事实上,直到20世纪90年代,奥林匹克休战的想法才作为与联合国有关的奥林匹克国际政治和外交的一个明确内容而受到关注。

奥林匹克运动和联合国在战后和后殖民时期的国际领域中发挥了类似的作用,特别是新兴国家需要政治和文化的"国际舞台"或公共领域来展示自己,以期得到认可和合法化。如果允许夸大其词的话,有一种观点是有一些道理的,那就是,尽管以不同的方式和不同的影响,各国都需要得到奥林匹克运动的认可——特别是定期参与仪式和奥运会项目——这几乎和各国需要得到联合国的认可一样。然而,值得注意的是,在战后的大部分时间里,国际奥委会与联合国及其组织体系之间存在着令人担忧且毫无成果的关系。特别是在20世纪70年代,联合国教科文组织在苏联及其非洲和其他地方的第三世界盟国的影响下,试图接管奥运会的主办权,但遭到当时国际奥委会主席基拉宁勋爵的抵制。[23]

然而,奥林匹克休战计划是近年来国际奥委会活动的重要组成部分,是与联合国合作开展的。[24]当然,在没有联合国组织支持和参与的情况下,进行奥林匹克休战计划的想法是完全不切实际的,因为联合国组织有更大的能力来潜在地协调和执行国际和平安排。

起初,克罗地亚和斯洛文尼亚,最后是波斯尼亚,寻求独立建国,遭到塞尔维亚的强烈反对,塞尔维亚是这个前南斯拉夫国家的主导者。1991年,联合国安理会宣布对塞尔维亚/南斯拉夫实行国际制裁政策。1992年,联合国第757号决议将"体育"列入这些制裁。这是在1992年巴塞罗那奥运会前夕发生的,在那次奥运会上,这个实际上的塞尔维亚国家打着"南斯拉夫"的旗号成功地获得了参赛资格。这对国际奥委会来说非常尴尬,因为它可能被解读为违反了联合国的制裁政策。国际奥委会向联合国提出申诉,并达成一项协议,即塞尔维亚/南斯拉夫不允许参赛,但塞尔维亚/南斯拉夫运动员可以个人名义参加奥运会,波斯尼亚可以作为一个国家参赛。近年来,国际奥委会与联合国之间的合作日趋广泛。20世纪90年代初,在巴塞罗那奥运会上就这些外交问题达成的谅解有力地推动了国际奥委会与联合国合作的可能性。

1993年,国际奥委会向联合国秘书长提出了定期自愿休战的概念。国际奥委会要求将其提交大会以获得支持,并建议宣布1994年为"国际体育运动年和奥林匹克理想年"。秘书长同意了这一要求，但条件是可以证明这一要求事先得到相当数量国家的支持。国际奥委会曾游说联合国成员国支持这一项目，联合国大会在提出奥林匹克休战计划时得到了一致支持。

1994年巴尔干半岛的暴力事件继续发生，塞尔维亚夺取了1984年冬季奥运会主办城市萨拉热窝。1994年是利勒哈默尔冬季奥运会之年，这是第一次在新的四年一届的夏季奥运会之外的年份举办的冬季奥运会。在联合国的支持下，国际奥委会主席访问了萨拉热窝，暴力活动也暂时停止了。1995年，国际奥委会主席在联合国成立50周年大会上发表讲话，要求他们自愿支持1996年亚特兰大奥运会期间的奥林匹克休战，得到了一致同意。此外，他还建议，作为联合国的正常周期，应在每年冬季和夏季奥运会之前，每两年考虑一次奥林匹克休战，并在这些活动上重申这一点，也得到了一致同意。因此，作为其议程的一部分，联合国在1997年审查了奥林匹克休战计划，并在1998年即将举行的长野冬季奥运会上重申了这一计划。

因此，奥林匹克休战计划中有一些实质性的证据表明，奥林匹克运动和联合国之间有一种新的、可能是积极的合作关系。国际奥委会对这种合作的兴趣，无论是否包括其主席的个人政治抱负，无疑减少了国际冲突对其赛事造成破坏的实际愿望。此外，国际奥委会需要与联合国建立某种联系，以便为其意识形态的抱负和言论增添外交分量和国际合法性。联合国方面与奥林匹克运动合作的兴趣尚不明确。

或许联合国认为，国际冲突和战争相对小规模和局部化，奥林匹克休战计划呼吁暂时停止暴力，比冷战时期更现实，更有可能得到重视，也更有可能发挥作用。此外，联合国也可能认为自己在国际舆论和媒体中的形象既抽象又消极。也就是说，联合国可能会认为，作为一个组织，它被视为一个疏远而形式主义的机构，除了战争和灾难等负面经历之外，与世界各地的普通人几乎没有接触。

因此,在公共关系方面,它可以受益于奥运会和奥林匹克运动联盟,至少奥林匹克运动一直被普遍认为是20世纪国际文化和公民社会运动中最有魅力和理想主义的运动之一。体育文化的全球流行对国际公众和媒体有积极的感受和体验。联合国也可能认为,通过将自己与奥林匹克运动对体育文化及其全球活动周期的承诺联系起来,可以为和平国际主义做出更文明且更积极的实践贡献,而不再孤立无援。

国际奥委会与联合国在奥林匹克休战计划上的合作涉及双方的潜在利益,显然存在风险。联合国与一个像奥林匹克运动目前这样致力于商业主义、全球资本主义和消费文化的组织合作存在风险。原因之一是奥林匹克运动的理想主义的声誉和地位受到损害,这可能源自其商业化,尤其是与之相关的贿赂和腐败问题,这种损害可能会因关联性而转嫁给联合国。

从奥林匹克运动的角度来看,与联合国这样的组织联系在一起也是有风险的,特别是冷战时期,在促进国际和平与正义方面是无效的,而且,进入21世纪,世界需要建设新的全球治理体系,联合国并没有发挥太多的领导作用。此外,如果奥林匹克休战计划经常被忽视或破坏,奥林匹克运动就有丧失信誉的危险,建立和平的事业本身也可能受到损害。虽然原则上为休战而付出努力是值得冒险的,但实际上国际奥委会目前可能没有足够的信誉来有效地进行休战努力。

7.6 结论

本章考虑了当代大型活动——奥林匹克运动在全球文化中的作用。从"全球公民"的概念及各个维度分析了国际奥委会目前面临的一些问题和危机,以及国际奥委会对这些问题和危机的回应。

首先,在人权的"全球公民身份"方面,奥林匹克运动尽管具有普遍主义的意识形态，但在利益运作方面总是遇到问题。在21世纪最初的几十年里，当它与不同国家和地区谈判时，很可能将继续面对这些问题。

其次，是"媒体社区"的问题，以及公众和媒体参与奥运会体验的相关权利。奥林匹克运动致力于通过将奥运会组织为全球电视媒体事件，确保全球公众对其赛事的访问不断增长。然而，这个大型活动正面临着问题和挑战，至少在活动的商业化方面。商业化有可能使媒体活动对全球观众的意义和价值贬值。此外，国际奥委会与特定的世界区域性媒体机构之间合同的排他性，涉及限制全球公众通过互联网及更个性化和互动性更强的媒体体验形式来访问活动。国际奥委会目前似乎对这些问题的重要性知之甚少，也没有提出解决这些问题的策略。

再次，"公民运动"长期以来存在的排斥问题与普通体育和奥林匹克运动会有关。一方面，运动会缺乏民主和问责制，另一方面，运动会明显无法彻底根除违禁药物和欺骗事件。国际奥委会在1999年采取了一系列措施来解决这些问题，一是试图建立一个半独立的委员会，为国际奥委会和奥林匹克运动的运作进行根本性改革提供建议；二是试图建立一个新的国际机构，与其他国家、国际机构和组织合作，控制兴奋剂的使用。

最后，全球公民社会的"企业公民身份"存在问题和挑战。存在的问题是，目前国际奥委会与申办奥运会的国家和城市之间的互动存在危机，贿赂和腐败问题似乎已成为这一过程的通病。而维持和发展奥林匹克休战这一具有政治潜在重要性的计划是一个挑战。1999年，国际奥委会改革了城市遴选程序，限制国际奥委会成员参与游说和决策过程。尽管新制度在某种程度上是一种妥协，但原则上，我们有理由认为，它有很好的机会将贿赂和腐败的机会和诱惑从这一过程中排除。然而，这一结论只有在新制度得到严格执行和督管的情况下才能成立。不幸的是，对于像国际奥委会这种在自我监管方面记录可疑的组织来说,这种情况可能很难实现。更不幸的是,在实现这一条件之前,国际奥委会很可能缺乏可信度和合法性,无法让国际社会真正默许奥林匹克休战计划。

第八章 大型活动、身份认同和全球社会：理论思考

引言

本书对大型活动与现代性进行了一系列广泛的社会历史探索和叙述。基于这些叙述，我们将在本章通过思考一些关键问题来集中讨论一些主题。本着整体讨论的宗旨，通过重新审视第一章中概述的一般主题和问题，阐明本书试图在其历史性、描述性和分析性论述中开辟的大型活动政治社会学和社会理论领域。鉴于这些叙述实际上是对大型活动的初步调查，本章旨在建议并说明一些可以进一步探索这项特定研究中关键问题的路线，从而在更广泛、更深入、更系统的描述性和理论性研究中对大型活动进行探讨。此外，鉴于这些叙述倾向于优先考虑大型活动的戏剧性、政治和经济维度，本章将试图深入挖掘潜藏在这些维度之下的关于现代性的社会学条件和过程的理论。

因此，我们需要考虑两个关键问题。第一，20世纪末，有哪些主要个人和人际意义可归功于大型活动？第二，21世纪初，大型活动在这个时期的世界社会发展中发挥的社会学作用主要有哪些？探讨这些问题提供了不同但相关的方式来反思和理解现代性中大型活动和公共文化之间的关系，以及在全球文化发展的背景下，前者与后者的持续相关性问题。

本章的讨论主要分为两部分。第一部分通过思考现代社会中大型活动与"个人身份"的相关性来解决第一个关键问题,主要从身份、时间和空间以及能动性的范畴概述一些与现代大型活动相关的主要意义结构,特别是那些源自体育文化的意义结构。因此,本节旨在提供一些与理解大型活动相关的晚期现代性中的社会世界现象学要素,特别是但不限于其戏剧特征和吸引力。第二部分通过思考大型活动与当代全球化进程的相关性以及它们所产生的社会治理形式,即"全球社会",来解决第二个关键问题,主要概述大型活动的政治社会学和社会理论,关注它们在当代社会中的实际和潜在作用。这一分析表明,特定大型活动的周期性举办可以被理解为是有助于构成和发展全球社会流动网络的"枢纽"和"开关"。正如我们在第七章中所讨论的那样,大型活动可以被理解为在全球制度文化建设方面,以及更广泛的"全球治理"和全球公民体系建设中发挥重要作用。因此,我们也可以在此基础上理解大型活动的一些政治、经济和背景特征。

8.1 大型活动、身份认同和生活世界:晚期现代性中的社会现象学要素

大型活动以这样或者那样的形式存在——至少在表面上独立于其社会环境的周期性震荡和转变——似乎在现代社会经久不衰。正如我们在本书历史回顾中所指出的,在19、20世纪之交,大型活动的流行比20世纪更甚。不要低估博览会之类的大型活动,这一点在奥运会和国际足联的世界杯足球赛等国际体育大型活动中尤为明显,这只是20世纪最后25年发展起来的大量其他专业和较低级别的国际体育活动的冰山一角(见第一章,注释1)。理解这一现象的方法之一是尝试将文化制度和过程与现代社会个人和社会生活的基本特征联系起来,如人们对大型活动和体育文化

的兴趣及其直接和/或间接参与。也就是说,我们应该探讨这样一种可能性,即大型活动和体育文化已经并将继续发挥独特的作用,为现代社会人们提供一些重要的文化资源和机会,以满足他们对个人(以及群体)身份和能动性的基本需求。

自启蒙运动以来,现代性和现代社会发展的一个重要且相关的方面是,个人主义的推广不断激发人们对其身份和能动性需求的认知。然而,在精英和中产阶级群体和阶级之外尤其明显,现代社会的发展通常是不平衡且矛盾的,往往不能大规模地满足这些需求,还常常似乎系统性地威胁着它们。例如,在马克思和涂尔干的经典社会理论中,这个威胁或风险主题常被提及,即在现代社会中,所有社会群体和阶级之间的"异化"和"失范"系统性地普遍存在。可以说,20世纪以来,现代性的其他系统性方面对社会共存和个人存在,特别是人类身份认同和能动性均构成了更大的威胁,例如,战争的工业化和科学化以及国家和国家间的军国主义和暴力组织,在这些经典分析中基本没有预料到。

许多其他的和更现代的社会理论方法无疑可以被用于探索现代人的身份和能动性。在20世纪末的"风险社会"中(Beck 1992),现代性及其进步带来的有意或无意的后果对满足人类需求所产生的威胁,与满足这些需求的手段一样迅速积累。一些相关的社会理论方法包括来自现象学和对"生活世界"的相关分析(即与自我、他人、体现、时间和空间有关的意义和经验的典型人际结构),[1]以及人类需求和人权理论。[2]此处不深入研究这些理论资源,但我们可以总结出一个一致的论证思路,其中的要素我已在本书其他地方讨论过,现在我们可以进一步考虑具体步骤。[3]

8.1.1 早期现代性、身份需求与大型活动

所有社会和时期的人,特别是现代社会的人,都有对个人身份的终身和实质性体验的基本需求。反过来,除其他因素外,个人身

份取决于一系列文化认可的基本技能的社会化和日常运用。这些技能包括自主行动（能动性）和与他人有效沟通的技能，还包括社会共享空间和时间框架的日常构成所涉及的技能，所有这些都体现了行动、交流和与他人共处的能力。

正如我们在本书第一部分所看到的，早期现代性（19世纪末和20世纪初）可以说是在各种社会构建中的体现、活动（工作）、空间和时间的基础上建立了工业资本主义民族国家，包括严格的性别分工、劳动密集型生产技术、基于就业的时间结构以及基于城市的工作及非工作空间和社会生活结构。在此背景下，人们通过在公共和私人领域的活动产生了与阶级和国家相关的文化，既包括"高级"或实际上不流行的文化版本，也包括"低级"或流行的文化版本。因此，在早期现代性中，人们的个人和群体身份及能动性在很大程度上是由他们对新兴政治-经济社会环境结构的适应和利用所形成的。

我们在第一部分讨论了与大型活动有关的问题，在这种政治-经济社会环境中，各种新的戏剧性文化事件和"过渡仪式"在社会各阶层中不断涌现。现代"事件生态学"开始建立在家庭、邻里、城市、阶级和国家等文化和领域中，这有助于提供个人、人际和文化意义的背景，在这种背景下，个人和群体身份可以通过特殊的行动模式在特殊的时间和空间中塑造出来。这一时期，男性主导的地方、国家乃至国际体育文化及随之而来的活动周期尤其如此。正如我们所看到的，国际大型活动，特别是博览会，也包括体育活动，在提供特殊的非工作机会方面发挥了作用，人们可以利用这些机会来审视工作能动性（或缺乏能动性），构建他们生活的空间和时间框架，与同胞、外国人和"他人"的相同和差异，以及与之和平共处乃至交流的能力。

8.1.2 晚期现代性、身份需求与大型活动

8.1.2.1 社会变迁、晚期现代性和身份认同

可以说,20世纪末的现代性社会变革涉及在全球范围内构建灵活的、基于服务和媒体/信息技术的经济体系。就其对社会结构的体现、活动(工作)、空间和时间的影响而言,它具有独特的新特征,产生了与社会结构以及在早期现代性中发展起来的共同身份和能动性有关的新的威胁和问题,而这种身份和能动性在围绕民族国家和工业经济建设的机构和系统中得到了沉淀和再现。

20世纪末民族国家权力和主权衰落,与之相关的实质性和象征性政治问题、经济和性别的关系变化以及工作相关问题在人们的日常生活中都是显而易见的。一方面,自19世纪以来,由于生产系统和劳动生产率的进步,传统上由男性主导的工业部门中,体力要求高(因而具有强烈的"具象性")的岗位数量和地位长期性下降。另一方面,尤其在20世纪末,经济组织发生了重大转变,这些变化,特别是向更加非具象性工作角色的转变,影响了男性的工作身份。此外,这一转变与妇女大规模进入劳动力市场相吻合,劳动力市场开始需要审视就业角色的性别,并在社会必要和传统的无偿育儿工作方面重新进行更广泛的性别分工谈判。

总的来说,在晚期现代性条件下,早期现代性的个人身份形式需要改变,并在质量上变得更具反思性、更无实体、更复杂和更灵活。[4]个人身份必须能够不断适应经济和政治的变化。在经济方面,一方面需要适应就业制度和劳动力市场不断的技术和组织变革,另一方面也需要适应广告的"信息过载"和消费者市场及媒体化的"消费文化"中的"选择"混乱。[5]在政体中,需要适应与国家内部文化和政治多元化的增长及相互依存,需要适应与跨国治理增长相关的政治社区生活复杂性的不断增加。毫无疑问,与这些需求相关的人类可能的适应是有限度的,这些限度可以从我们在此

考虑的人类需求视角来理解。可以说,在这些适应性限制之外,当代社会变革对后期现代性中的个人身份和能动性的不断要求可以被认为威胁到新形式的"异化"和"失范",甚至威胁到完全实现和维持一致性身份和机构的可能性。[6]

从某个角度来看,可以说体育文化(从地方到国际)以及国际大型体育活动和一般大型活动为晚期现代性的人们提供了重要的文化资源,以适应新社会秩序中的经济和政治机会。从另一个角度来看,它们也可以被认为是为人们提供文化资源,以抵御这种相互矛盾的新秩序可能对保持一致的个人身份和行使有效能动性构成的威胁。尽管这些适应和抵抗潜力都很重要,但可以说后者目前更为重要,我们稍后会进一步考虑这个问题。[7]

为了解释这种基于抵抗的晚期现代性中大型活动和体育文化的流行,首先有必要进一步简要说明新社会秩序对身份和机构构成的威胁本质。人们经常观察到,晚期现代性的结构性趋势(全球化、媒介化、信息化等)能够产生一些深刻的社会心理影响,其中许多影响最终可能与个人身份和能动性的发展和维持不兼容,正如前面所述,这些取决于对活动的体现和时空框架的维持。潜在的负面影响包括人们对个人和社会时空体验的压缩和解构,以及以各种方式使我们对社会、他人以及最终可能对我们自己的体验失衡。另一种负面影响是,面对当代社会和制度变革的"逻辑"和"非逻辑"(丧失权力的不可逆性、不透明的复杂性和任意性),可能失去个人和群体的能动性(计划项目和采取有效行动实施项目的能力)以及宿命论。

8.1.2.2　晚期现代性、身份需求和大型活动

根据前面的分析,大型活动和体育文化,以及其他流行文化形式可以被认为提供了独特的文化资源来抵抗晚期现代性的社会秩序对个人身份的系统性威胁。从大型活动和体育文化在时空压缩和有效能动性问题上的作用可以看出。特殊的大型活动(特别是

那些与地方和国家体育文化中熟悉、可触及的活动世界相联系的赛事)以及国际系列活动、组织和运动的"大型活动世界",对人们理解体现空间、时间和机构的生活具有重要意义。大型活动和体育文化为人们提供了持久的动机和参与集体项目的特殊机会,这些项目的特点包括:构建社会空间和时间,展示有组织和有效的社会行动的戏剧性和象征性的可能性,以及重申人作为个体行为者的具体能动性。

(一)时间结构和大型活动

生活时间的去结构化问题可以从其与生活空间的去结构化问题的其他重要关联中抽象出来。时间的去结构化问题是指时间结构的生活经验的退化或丧失,这往往是在晚期现代性将时间经验(无结构的"空间")作为卡斯特(Castells)称作"永恒的当下"中产生的。

"时间结构"(Roche 1990)的概念是指一种时间体验和对人类生活过程的看法,它使人们能够识别时间差异和时间距离。也就是说,它指的是现在、过去和未来之间的可体验的差异,涉及对现在与未来之间距离的认识,包括个人生活和社会历史中的过去和未来。它还指体验个人生活从过去到现在再到未来的不可逆性和方向性"流动"的能力,理解个人生活从青年、中年、老年,直至死亡的能力,以及将个人生活的流动置于更广泛的社区和历史时间经验中的能力。[8]

在某种程度上,正如安东尼·吉登斯(Anthony Giddens)所说,个人身份可以说是由社会化塑造的,也可以通过日常生活中重复的"常规"生活时间性而融入更广泛的社会制度秩序(Giddens 1984)。然而,实现和复制稳定的常规当然不会耗尽个人身份形成,也不会耗尽人们对此处所示的基于身份的时间结构需求。事实上,人们普遍认为,一种仅限于日常生活(例如长期监禁)的生活经历本身可能会破坏时间结构,威胁身份和能动性。[9] 为了使更完整的时间结构以及这里讨论的更广泛的时间视角在个人生活中反复出现,必须定期进行人际、社区和社会组织活动,这些恰好是非常规的"特殊事件",例如个人和/或集体"通过仪式"(rites de passage)以及其他具有魅力和仪式性的此类庆祝活动。除其他事项外,这些事件被认为标志着时间的流逝,从而在个人和群体之间产生时间结构,其方式比常规活动更有意义,甚至比仪式活动更重要。[10]

参与当代大型活动和/或体育文化为人们提供了非常规的特殊且有魅力的活动,包括独特的动机和戏剧体验、活动和表演的机会,可以用来恢复和重振晚期现代性中个人和社会生活的时间结构维度。无论人们是以直接和具体的方式参与其中,还是以不那么具体且不那么积极的参与形式通过媒体和"媒体活动""媒体体育"等活动参与,都是如此。大型活动和/或体育活动需要人们参与一个具有文化重要性和独特性的行动项目,在这个项目中,人们既可以通过各种方式来体验现实,也可以明显地感受到时间的限制。从中期来看,参与大型活动和/或体育文化会产生关于此类活动之间的距离(以及活动与现在的距离)的经验,这些距离是由其周期性、之前的计划阶段和之后的影响阶段造成的。通过与之相关的记忆和想象性投射实践,参与大型活动和/或体育活动,以及更广泛地参与大型活动和/或运动文化,可以体验能力的产生和培养对传统和未来的长期时间视角。

时间结构涉及"世代性"的生活现实,也就是说,作为特定"一代"的成员而不是其他世代的成员。生活世界的时间结构是在代际和代内经历的,它们涉及与其他世代的共存,也涉及代际交流和影响的过程。生活世界中时间结构的这些特征对于理解个人身份、自我身份和他者身份都很重要。这是一种常见的经验和观察,我们倾向于与同龄人(特别是我们的直接同龄人群体,以及更广泛的同龄人一代)最强烈的认同,并将自己区分为"自我"和他者。我们假设,我们至少大致分享,或者可以合理地预期能够接触到我们这一代人的时间观点和世界观。老年人和年轻一代的经历是,他们比同龄人中的"其他人"更激进地"另类"。我们并不认为他们的世俗世界观能以同样的方式直接获得。正如我们所知,鉴于这些差异,代与代之间可能会出现重大的沟通问题、权力冲突与"认可"和尊重的丧失。大型活动项目为多代人组织策划和运作提供了机会(例如,在大型活动开幕式和闭幕式上,年轻人经常与中年经理和老年政治家一起表演)。他们可以很容易地参与跨代和多代的交流,并在活动现场共同体验(所有年龄组都可以在现场或电视上观看)。它们还涉及集体记忆的构建,这些记忆可以在代际中获得。我们稍后考虑社会结构问题,回到生活世界时间结构的这一代人上。

(二) 生活空间、身份认同与大型活动

我们对生存空间和空间感产生受威胁感,以及我们在现代性中的身份认同,可以说是由时空压缩问题和非实体化问题的结合而产生的。第一,它部分包括在相对较短时间内访问世界上越来越多地方的能力的持续发展,使人们对世界的经验崩溃,因为它涉及遥远的距离和无法到达的地方。第二,它部分地包含了一种信念,即所有地方都在变得相同,失去了地方之间的差异感,而这种差异感是我们感知世界空间性的一部分。第三,部分在于体现的问题,即一方面,我们身体在特定地方的位置和安置对我们生活的意义越来越小,另一方面,我们通过媒体、互联网和通信技术的错位空间对世界的视觉和认知访问变得更为重要。

大型活动,特别是体育类大型活动,为平衡晚期现代性生活空间的这些破坏提供了资源。也就是说,它们为人们提供了可能性,使人们重新认识到自己的世界涉及空间距离和差异。大型活动促进了与主办地和城市有关的国际/全球活动运动历史的地方化,将它们认定为独特的地方,因为它们举办了独特的活动,同时也认定它们有能力将自己从与其他地方无异的平凡之地转变为这些特殊的"主办城市"。大型活动宣告世界作为一个可知的空间世界的意识,即在空间上和历史上分布的主办地和活动可识别的城市。

此外,大型活动重新激活了具身和地点的重要性,以及"身临其境"中具身与他人的接近。体育活动在这方面尤其重要,因为它们也使具身体验成为活动的关键焦点和存在理由。在某种程度上,尽管与时间结构相比程度较低,但这在一定程度上也适用于那些通过媒体参与活动的人——无论是在自己的家中(Rothenbuhler 1988)、在体育酒吧(Eastman and Land 1995)还是在公共场所(如足球世界杯等大型活动期间的城市广场)(Dauncey and Hare 1999;另见第六章)。然而,除此之外,通过"角色扮演"和准备公开"展示自我"的做法、在活动现场饮食中的积极消费主义和社交性以及对公众表演和展示的具身反应,也传达了具身和特殊地点的体验。因此,参加各种类型的大型活动有可能重申在特殊场所进行具体活动和具身的重要性,以体验现代性中的个人和社会生活和身份,否则,现代性会受到非具身性维度和体验空间维度解构的威胁。[11]

(三)能动性、大型活动与现代性

参与大型活动、大型活动世界和/或体育文化的活动世界,为人们提供了机会,使他们能够以多种方式重新激活能动性(并抵御晚期现代性社会生活矛盾所带来的威胁)。第一,是活动运作者的经验,即国际、国家和地方组织者等精英团体的经验。正如我们在对大型活动的各种案例研究中所看到的,这些群体无疑在规划、竞标、设计和管理一个极其复杂的活动的交付过程中,有着个人和集体机构的直接经验。在日常生活中,他们的行动和项目——无论是作为个人还是作为组织的领导成员——往往会因不可预见的情况、市场竞争对手或系统变化的盲目逻辑而失败或失效。然而,与此相反,一个大型活动代表了一个高度可见但有边界的潜在有效行动案例研究。它代表着一项任务,即通过中期计划和行动方案,使一个复杂的短期项目在最后期限内取得成果并完成(无论该事件最终在中长期影响中是否有效和可控)。

第二,活动的成功(至少是内在的)可以成为一个令人印象深刻的有效集体行动模式。对于参加这些活动的观众来说,它们可以被理解为给原本无序的世界带来了一种秩序——尽管这是一种短暂的秩序,且主要由组织者和表演者预先定义的秩序。

第三,与各种类型的活动参与相关的各种类型的替代体验——人们通过现场观摩来参与活动,也可通过观看电视、新闻、广播或互联网来监控活动。

一般来说,活动,特别是大型活动和体育活动,具有"创造社会秩序"或"创造文化秩序"的特点和潜力。[12] 它们不仅提供了受控制的行为和产生独特事物的流行案例,而且还提供了独特的"简单"(单一、有序等)事物的产生,即"复杂事件简单化"。在所有这些方面,特别是大型活动,以及体育界的一般文化活动,都为普通人提供了高光的舞台,让他们可以重新获得能动性和秩序,他们声称自己是伟大和令人愉快的事件的一部分,让他们能够相互观看,也可以观看自己的表演。这与人们的一般理解是一致的,即在特殊事件的特殊世界之外,回到日常的世俗"现实"中,社会无疑是一个更复杂的地方,更不适合发挥能动性。

8.2 大型活动、全球社会和全球治理

8.2.1 晚期现代性"中观社会"进程的社会学要素

上一节我们考虑了 20 世纪末大型活动和体育文化的流行,可以理解为它们为捍卫和行使身份和能动性提供了动机、机会和文

化资源。一般来说,为了在不断变化的社会环境中构建有意义的社会生活,这种社会环境有可能破坏和威胁这些事物。关于大型活动和体育文化潜在的积极和适应性作用的论证,虽然包含了对社会结构和变化的理解,但它的目的和参考点是从其对个人或现象学层面的分析以及对大型活动戏剧化特征的吸引力所给予的优先权来发展的。

我们现在需要更直接地考察社会结构和变革,因此,首先,需要简要考虑当代和不断变化的社会环境的一般性质,可以用"全球社会"这种不可避免的过度简化和简略的表达方式来指代。[13]这包括不同的经济/文化和政治/治理方面。其次,我们需要考虑个人层面与这一结构和系统层面之间联系的性质。我们建议,可以用社会时空"中观层"概念以及从这一领域运作的"网络""流动""枢纽"和"开关"的角度对这些问题进行有益的分析。一般来说,大型活动既是这些中间层进程的重要象征,也是其中一些进程的实质性例子,因为它们通过其运动和日程安排为全球社会提供了社会枢纽和开关。

8.2.2 全球社会、全球治理与大型活动

本书试图从系统的角度叙述自19世纪中后期、20世纪初期和中期到战后和20世纪后期的大型活动。"国际""超国家"和"全球"的概念和周期被用来描述现代社会形态中的长期重大的系统性变化,特别是在国际层面和国家社会的国际层面。有人认为,在19世纪末和20世纪初中期,主要的大型活动类型和运动,比如世博会和奥运会,在国家层面和国际社会层面的体制和制度建设中发挥了重要作用。进入21世纪,全球社会的要素开始出现,这一作用在当代社会变革的条件下仍在继续。

8.2.2.1 经济和文化全球化与大型活动

总的来说,社会,特别是早期现代社会,是建立在受国家限制

的国家和公民社会之上的,是由相互关联的政治、经济和文化机构、制度和进程组成的。相比之下,新兴的全球社会虽然具有我们在第七章中提到的一些"治理"和"公民社会"方面的特征,但目前在经济、政治和文化的各个方面,其制度性和组织性都不如国家社会。正如20世纪末那样,全球社会在很大程度上是一个经济空间,资本主义经济秩序占主导地位,并正在迅速演变。在这个经济空间中,由跨国公司、作为经济实体的国家和世界各地的消费者驱动的市场和生产、分配和消费回路组成的相对不受管制的综合体在各个过程中运作。

全球信息、通信及交通技术和系统使经济空间成为可能。[14]为了组织和规范这些技术和系统的运作,并为冷战后的世界提供一个全球环境受控和国际和平共处的框架,全球社会的政治和法律层面已经开始发展,并在世界层面和世界区域层面(如欧盟)变得更加制度化(Roche and van Berkel 1997)。大型活动可以被认为是现代经济中新部门之间的联系、新的技术经济发展以及政治经济监管新需求的象征和实质性的工作实例。

在这种政治和经济背景下,新兴的国际和跨国社会形态的文化层面[15]似乎不仅不发达,而且也不那么重要。然而,这种观点是没有根据的。首先,自19世纪末以来,世博会和奥运会等大型活动一直在运作,从而促进了国际化文化领域的再生产和发展。其次,已经发展起来的全球经济在许多重要方面相当于所谓的"全球文化经济"。也就是说,它由一系列复杂、不断发展和相互关联的媒体市场组成,将电影、音乐、娱乐、新闻、体育和旅游等流行文化产品和服务的跨国生产和全球大众消费联系起来。反过来,正如我们所看到的,世博会和奥运会,以及许多类似的大型活动和相关活动,显然是不断发展的全球文化经济中重要因素。

8.2.2.2 全球治理与大型活动[16]

正如第七章所述,除了全球化的经济和文化方面,我们还需要考虑全球化的政治方面。战后发展起来的"全球政治",可以说是由一个与"全球公民社会体系"紧密相连的"全球治理体系"组成的。20世纪末的全球治理体系以围绕联合国及其附属国际政府组织系统的国际外交、交流、合作和解决冲突的网络和机构为中心,包括国际法、权力和维和机构。这一治理体系与所谓的"全球公民社会体系"共存并相互联系,其中包括国际非政府组织、跨国公司(作为法律和准政治实体)和民族国家与双边和多边关系及联盟。

这种全球政治目前显然缺乏传统民族国家的一致性和权力。民族国家正在慢慢地、不可逆转地失去这种一致性和权力,但它们仍然在自己的领土上继续拥有足够的一致性和权力,从而使这种比较具有说服力。此外,全球政体也缺乏政治文化,也就是说,缺乏通常与民族国家相关的、并由它们努力培养的集体身份和传统,以及密集的持续内部沟通。[17] 然而,全球社会的公民和政治层面将继续发展,以应对加强治理和监管的迫切需要,其中包括军国主义、环境破坏、贫困和经济不稳定等全球性普遍问题。[18] 因此,对全球政治文化的需求——至少在围绕监管决策、利益代表和诉讼的公民社会沟通方面,以及在可识别的权威象征性的极简主义国家模式方面——将在21世纪初继续增长。[19]

在这种情况下,国际文化机构和进程,例如,主要的大型活动和产生这些活动的组织,以及整个国际层面活动的复杂社会生态,可能越来越与政治层面保持一致。它们很可能被用作新兴全球政治的庆典和庆祝的工具,正如我们在第一部分中看到的,它们被以前的民族国家及其帝国的国际体系世代沿用。与此相关,第七章思考了奥运会和奥林匹克运动在促进全球政治文化方面的潜在作用。

因此,大型活动,特别是以国际体育政治和文化的形式,在当代国际秩序中具有相当重要的意义。这一领域的问题似乎很少引起学术界社会科学家的注意,但是自20世纪90年代中期以来这种状况有所改善。霍伯曼、巴里·霍利汉(Barrie Houlihan)、萨格登和汤姆林森等开展了相关研究,不再对体育政治和文化对国际秩序的重要性漠不关心。这里有必要进一步探讨霍利汉对体育和国际政治的讨论。

霍利汉的分析为本书中探讨的一些奥林匹克和体育相关主题提供了支持。他指出,特别是在战后时期,体育运动与许多重大政治问题和运动有关,其中包括冷战时期资本主义和共产主义之间的斗争,以及与之相关的不同版本的"民主",还有南非历史上反对制度化种族主义的斗争。霍利汉考虑了国际体育管理机构的发展及其与联合国、欧盟和英联邦等的互动。国际政府组织与国家一样,经常希望通过体育运动来帮助它们在大众中树立自己的形象。值得注意的是,虽然有"英联邦运动会"大型体育活动,但(至少到目前为止)还没有联合国或欧盟的同类活动。正如霍利汉所指出的,这并不是因为联合国和欧盟缺乏努力,因为这些组织都定期尝试举办此类大型体育活动。然而,它们失败了,因为无法从强大的国际体育管理机构,特别是国际奥委会获得必要的合法性和合作,这些机构地位较高,并致力于捍卫自己的领土(Houlihan 1994:chs.4,5)。

分析体育在国际政治中的实际和潜在作用时,霍利汉提出了一些需要思考的国际关系理论和观点。他特别提出了"现实主义"观点(体育政策是民族国家和国家利益在国家间竞争中的工具)和"多元主义"观点(体育政策是包括跨国政府间组织和国际非政府组织以及国家在内的各种机构影响的产物)。尽管霍利汉对这一问题持谨慎态度和批判观点,但他讨论的主要内容和一个值得注意的结论是,过去三十年中,"全球体育基础设施的出现"是"非常重要的"。他认为,现在国家"国内体育已牢牢地融入国际组织的关系网络中"。(Houlihan 1994:208)

正如我们在第六章所指出的,全球媒体的作用及其与奥林匹克运动的共生关系加强了该组织和其他国际体育组织在全球舞台上相对独立于国家体育组织和民族国家的能力,并促进了文化和经济的全球化进程。与此相一致,霍利汉指出,各国将国际体育非政府组织视为"国际体系中的重要参与者",全球体育结构已经"发展出促进全球化进程的能力"(Houlihan 1994:208;2010)。霍利汉指出,全球体育基础设施已开始在体育之外发挥国际政治和外交作用：

> (体育)国际政府间组织和国际非政府组织网络覆盖了世界上不属于联合国等其他主要世界机构的国家和地区。[国际体育为各国政府提供了一个]精心但低调的接触和对话网络,[而且它]对建立一套支持资本主义利益和西方外交活动的规范和价值观具有重要意义。
>
> (Houlihan 1994:209)

在当代社会现实中,关于体育在国际政治中作用的"现实主义"和"多元主义"观点所提及的过程之间存在着持续的辩证关系。然而,霍利汉的调查结果以及本书中的讨论结果似乎都证实了批判性"多元主义"方法的重要性。这两项研究都体现了大型体育活动在当代国际和全球公共文化领域的社会和政治的重要性。

8.2.2.3 全球结构化、"中观社会"领域和大型活动

(一)个人能动性、社会结构和结构化：一般问题

理解个人与社会、微观社会和宏观社会之间关系的基本性质,同时理解社会是由人的行为产生的"结构建构"(或"结构化")(Giddens 1984)的产物,反过来,只要人们对这一问题进行了系统的思考,这些行为的形式和内容(或结构)就一直是一个问题和谜

团。个人与社会关系的一个问题是:一方面,个人被视为有意识的选择主体;另一方面,社会系统被视为一种不可还原的现实,受"逻辑性"和自身决定性的影响。正如我们前面所指出的,这个问题尽管没有得到解决,但马克思在其著名的观点中进行了总结,即人们自己创造自己的历史,并不是在他们自己选定的条件下创造的。当然,对马克思来说,重要的是能够辩证地思考,并根据政治和历史的需求在这种关系的两边都采取立场——这里主张需要承认"条件"的力量,例如以"历史规律"的形式,主张工人阶级政党和集体行动需要"创造历史"和"改变世界",抑或通过社会主义革命的政治(特大)事件(Marx and Engels 1970:96)。

民族主义、自由主义和资本主义中产阶级和精英群体,试图驾驭和引导新的"条件"(即19世纪末和20世纪初不断发展的工业资本主义国际经济中以科学和技术为基础的大规模生产的物质力量),往往喜欢把自己描绘成"历史的创造者",或者至少是"历史/难忘事件的创造者"。因此,他们经常利用文化和大型体育活动来帮助将其对现代国家和国际社会的性质和命运的看法进行大众化、合法化和制度化。20世纪初反对这些阶级和精英群体的主要革命是由试图在其他方向上驾驭现代经济的新物质条件的人所领导的,无论是共产主义还是法西斯主义,也利用文化和大型体育活动(尽管明显政治化)作为意识形态工具来帮助他们对现代国家和国际社会的另一种可能的性质和命运进行大众化、合法化和制度化。

可以说,个人和社会的基本关系,以及一般的结构化过程,在当代(现代晚期)变得更为神秘,在这个时期,人类个体的性质和社会的性质都在发生重大的、不可逆转的变化。一方面,医学、遗传学和其他科学的进步日益(为个人和社会)提供干预和影响人类个性性质的方法。另一方面,社会的性质正在发生变化,并变得更加复杂,因为在全球化的新时代,传统的民族国家模式决定了一个社会的现代性被迫让位给各种重叠的次国家和跨国社区、治理和集体认同模式,并与之共存。

为了掌握19世纪末和20世纪初现代性中存在的个体-社会和能动性-结构化的关系,这些关系通过大型活动的生产和消费表现出来,我们前面已提出(第一章和上文)有必要将大型活动设想为具有三维特征,其中各维度与时间的各个方面相关联。最明显的动因维度是这一事件被理解为短期戏剧性事件。相比之下,最明显的"条件"导向或社会系统维度是事件被理解为长期时间范围内的事件,包括事件的潜在结构变化和原因/动机,以及事件的长期影响和记忆。然而,我们并没有像这一领域许多思考所假设的那样,将其作为一个简单的并列,而是试图通过考虑第三个维度,即事件的中期时间范围,来提供思考机构和条件之间联系的一些方法。这是计划事件的范围,也是管理其主要中期影响和结果的范围。这一领域要求我们将事件视为复杂的集体项目,在其生产和消费过程中都涉及事件运动和网络。这些思考还指出了大型活动在现代性中调解和连接"微观"和"宏观"进程的性质和作用。为了进一步探讨这一作用,首先有必要概述一个基于时间结构的潜在联系形式的概念,即社会世界的中介或"中观"维度。

(二)"中观社会"进程的概念一:世代和时间世界观

本章第一节中提到的世代、代内和代际概念有助于描述宏观结构和微观结构之间的中观领域和结构化关系。社会结构在生活世界中被体验为社会世界的诸多特征,这些特征具有一定的连续性,并且在几代人之间代代相传。正是在这种代际连续性的背景下,我们才能够识别与概念化社会和结构变化,例如那些涉及全球化的变化。这也使我们能够将中观社会描述得更加模糊,因为它是一个中间时间的领域。一方面,它是多代的和跨代的,由多个代际群体组成,每个代际群体都代表着宏观社会结构的连续性和/或变化因素。这些代际群体的不同之处在于他们的年龄,他们的时间世界观,他们对过去、现在和未来的不同看法,以及在他们的人生规划和由此产生的政治中给予的优先权。

中观社会由这些群体表达和传达其在宏观秩序方面所代表的代际差异的舞台组成,在这个舞台上,对于这些差异,他们选择调和或不调和。在中观社会的代际层面,人们感受到了自己生命的极限。一方面,他们(我们)经历了宏观秩序,在其持续性和变化中,似乎比他们长寿,并以各种方式超越了他们的生命。另一方面,中观社会也包含一个代内维度。在这里,个人和集体的能动性似乎优先于结构。人们会成长和改变,他们相信自己可以通过自己的项目做出改变。他们倾向于相信,在生活和社交世界中遇到的个人社会问题,在他们的一生中都是可以解决的,如果按照这个假设来处理,可能会得到更有效的管理。人们还可以相信,在他们的一生中,社会世界的结构特征可能会变得年轻而可改变,也可能是因衰落而可变。在代内维度上,能动性相信它有时间影响我们条件反射地认定为结构性的东西,并在它成为不可改变和确定的生活事实之前对它做出改变。这一分析提供了一个基础,我们现在可以开始从中观社会过程的角度来阐述现代性中大型活动的中观位置和社会作用,可以使用"流动""网络""枢纽"和"开关"之类的隐喻将这些概念化。

(三)"中观社会"进程的概念二:流动和网络

将大型活动视为复杂和流动的社会过程的观点,是当代社会理论对中间或中观过程更普遍关注的一个实例。[20]这一中观视角已被用来更充分地理解能动性-结构化及微观-宏观关系,它不仅与19世纪末和20世纪初有关,而且也与20世纪末和21世纪初有关。19世纪末和20世纪初的"古典"社会理论从当时的工业技术和科学图像如"机制"和"有机体"中,寻找其对社会和社会秩序的主要理论隐喻和类比。在20世纪末的变化中,当代社会理论有时似乎已经放弃了寻找等价的类比来把握新的社会秩序,而诉诸

"混沌"理论或"后现代"分裂和相对论来把握新的社会秩序,或者与此相反,夸大(人工)智能自我调节控制论系统图像中出现的有序性。当它继续寻找等价物和相关类比时,它的图像往往来源于(基本上是跨国的)交通基础设施和信息通信技术系统的时间图像,如"流动""运动"和"网络",以及这些过程发生和/或通过其活动构成的"空间"。[21]

例如,曼纽尔·卡斯特(Castells 1996,1997,1998)最近对"信息时代"现代性进行了引人注目的分析,指出在这个时代,全球社会世界的主导社会形态不再是民族国家,而是"网络"。网络由一系列相互连接的节点和它们之间的流动组成。权力在于控制网络的网络(或我们可以称之为"元网络"),以及能够连接网络并充当网络之间开关的个人和团体。

关于空间,卡斯特认为,当代全球资本主义经济中的精英力量目前在全球和电子的"流动空间"(商品、服务、图像、金钱、人等)中形成,而普通人仍然参与"地方空间",即地方社区和文化。与拉希和厄里(Lash and Urry 1994)的分析一致,卡斯特认为"流动空间"由三层组成:电子脉冲、节点(控制中心)和枢纽(通信中心),以及管理精英占据的全球分布和相互连接的空间(隔离的城市/郊区住宅和休闲区,以及城市中的中心大都会区,如国际酒店和国际机场的办公服务设施)。

相比之下,就时间而言,精英权力也在"永恒的当下"形成,而普通人则被束缚在生物时间和社会组织的时间中。[22]在这两个领域,卡斯特认为,新的社会两极分化以及精英和人民之间可能发生的冲突正在发展,这可以从当前社会的空间和时间组织来描述。然而,在他对晚期现代性的广泛论述中(从本书的角度来看,相当令人惊讶),卡斯特没有实质性地提及世博会、奥运会或其他此类文化和体育盛事。[23]这一疏忽并不影响卡斯特分析的总体价值。因此,大型活动可以被视为重要的文化网络和运动,以其自身的特征以及作为多种网络运动和网络间转换的角色来表征(晚期)现代性。[24]

8.3 结论

大型活动的"枢纽"和"开关":作为全球"中观社会"进程的大型活动

正如我们所看到的,世博会和奥运会本质上是一个复杂的过程。它们通常涉及政治和经济精英,以及许多类型的文化(包括体育和媒体)精英和专业人士,在城市、国家和国际之间运作,并在中期时间范围内共同努力,以产生活动并管理其影响。

任何特定事件的短期戏剧都可以被描绘为一种社会时间节点或"枢纽",在事件发生前,金融、信息、人员、商品、服务等的流动是有针对性的,并在事件中重新配置和重新分配。[25]关于全球信息社会的"网络社会"理论中,卡斯特除了使用"网络"和"流动"的意象外,还使用了"枢纽"的意象,特别是他将现代社会描述为"流动空间"。[26]在他及其他相关分析人士的讨论中,"枢纽"在很大程度上是以城市实体和空间布局形式呈现出来的。"全球城市"和跨国公司全球总部——协调全球经济运作——倾向于聚集在城市中心,这在全球流动"枢纽"的可视化中尤为重要。在卡斯特对当代全球社会分化和两极分化动态(全球精英及其"流动空间"和普通人的"地方空间"之间)的描述中,城市和其他相关空间集群在至少为精英和公众之间的共存以及可能的某种交流中提供了特别重要的意义。[27]卡斯特在分析中提出的城市"枢纽"功能也可以用来理解大型活动在现代性中的作用。

卡斯特对社会两极分化的分析是,人们及其所在地区和地方失去了权力,与真正的权力所在地——精英阶层和他们运作的"流动空间"——隔绝。他建议:

> 两种空间逻辑之间存在着一种结构性的精神分裂症,可能会破坏社会的沟通渠道……除非在这两种空间形式之间刻意搭建文化和物质的桥梁,否则我们可能正走向平行宇宙中的生活,因为它们被扭曲成社会超空间的不同维度,所以无法相遇。
>
> (Castells 1996:428)

这也许是解释大型活动的当代作用的基础。也就是说,它们可以被有效地视为这两种社会空间形式之间、精英和人民之间临时的"文化和物质桥梁"。事实上,正如我们在第一部分中所看到的那样,从19世纪起,它们一直以某种形式存在。

第五章探讨的城市空间位置对大型活动的重要性与此分析一致。大型活动明显需要进行空间定位,通常是在城市,并有能力将空间转化为特殊场所。然而,同样明显的是,"大型活动中心"的空间维度只是画面的一部分。此外,"中心"的想象也有助于理解大型活动,因为它有助于澄清其时间和空间特征。也就是说,正如我们在本书的整个讨论中所强调和说明的那样,大型活动也是(至关重要的)时间枢纽。它们既是短期内对空间和地点临时性的密集利用,又通过中期规划和影响,以及它们在周期和传统中的位置,提到了更广泛的时间和历史维度。

"活动中心"——既是一个临时的空间中心,又是一个更广泛的时间-历史中心——可以从许多方面被认为是一个"转换中心"。首先,各种活动举办者群体及其相关的政治、经济和文化网络聚集在一起,共同消费活动(从而共同构成共同的文化记忆和文化资本)和/或利用活动进行更多工具性的会议和互动,以增进其个人、团体或网络的利益。

其次,"活动中心"还充当了精英群体赋予意义的举办项目和大众赋予意义的消费活动之间的"转换中心",无论是在场的人还是通过电视或其他媒介观看的人。一方面，在"活动中心"中，大众被临时吸纳并动员成为国际文化运动的积极成员。另一方面，在活动期间，这些运动的精英组织者看到他们暂时承担了一些更明确的政治和持久的国际社会运动的实质和规模。大型活动能够暂时呈现19世纪初期至20世纪期间民族主义、帝国主义、社会主义和法西斯运动的实质性仪式。20世纪末，大型活动组织者以类似的方式，试图将其与自由主义、多元文化主义、环保主义以及在有限程度上的女权主义理想和运动联系起来，将其部分作为与当代意识中这些运动相关的定期举办的大规模节日仪式。[28]

再次，"活动中心"和短暂的"转换中心"既象征着当代对融合、互联、交叉和协同的可能性的理解（尤其是全球文化产业的生产者和消费者，以及其他工业和后工业经济部门之间的理解），也在一定程度上促进了这种理解。第五章和第六章讨论的大型活动中体育与媒体之间的联系足以证明这一点，在相互联系中体育与媒体都被用作各种产品的广告和促销工具。

最后，"活动中心"和"转换中心"是指它们所涉及的代际交流。这是奥运会或世博会等活动作为"家庭"活动理念的更深层意义，各代人无论是作为现场观众还是作为电视观众都参与到现场活动的戏剧中。无论是作为短期活动，还是从记忆和未来的长期角度来看，大型活动都提供了代际文化参考点，因此与前面讨论的当代社会中人们面临的身份问题有关。大型活动及其传统和日程提供了代际社会的时空框架，至少在某种程度上，20世纪末和21世纪初国家社会和全球社会的一些社会再生产和变革的中长期进程可按个人和公共方式进行排序和反映。代际性的生活世界体验，即代际社会关系的当前生活、记忆和想象方面是一个流动的时间中观领域，在这个领域中，一方面是能动性（生产）的意义、理想和现实，另一方面是社会结构（再生产），可以被理解为共存和相互关联。

综上所述，大型活动，无论是作为独特活动的特定组织，还是作为维持这些活动的传统和制度、理想和计划，都可以被视为20世纪末社会中观领域的重要进程。随着"全球社会"及其文化在21世纪初开始呈现出更加模式化和制度化的特征，我们可能会看到更多的官方形式和替代形式。因此，更好地理解大型活动，能更广泛地了解人类能动性和社会结构的性质和命运，以及在我们进入新千年之际延续现代性中的变化。本书旨在为此类研究和分析做出初步贡献。

注 释

第一章 大型活动与现代性

1 本书中"博览会"一词指的是英国"国际展览会"、美国"世界博览会"和法国"世界博览会"。关于"大型活动"的相关概念和类型以及"标志性活动"和"特殊活动"的相关类别,见 Ritchie 1984; Hall 1989a, 1992, Getz 1991 ch. 2, Roche 1992a, Rydell and Gwinn 1994, 以及 Burns et al (eds.). 1986, AIEST 1987 和 Syme et al. 1989。

2 当代国际体育赛事日程在国际奥委会(IOC 1996a)第一章中进行了讨论,并在国际体育联合会制作的半年历中得到证实。关于足球世界杯大型活动,其管理机构国际足联及其组织的政治活动见 Sugden and Tomlinson 1998。关于摇滚乐的大型活动,见 Garofolo 1992。

3 关于作为时间标记的博览会活动,见 Rydell 1993 和 Ley and Olds 1988,以及半自传体作品,如 Doctorow 1985;关于作为时间标记的体育活动,见 Real 1995,以及自传体作品,如 Hornby 1996;关于城市大型活动的公共意义,见第五章,以及 Roche 1999d;关于大型活动的主体性和主体间性意义,见第八章关于生活时间、空间和能动性的讨论,另见 Gilbert 1994。

4 关于传统的发明,见 Hobsbawm 1992;想象的共同体,见 Anderson 1991;国家纪念活动、仪式和记忆,见 Spillman 1997, Smith 1995, Mosse 1975, Lane 1981, Lukes 1975。

5 关于日常生活世界,见 Schutz and Luckmann 1974, Berger and Luckmann 1967, Roche 1973;关于重新"迷恋"日常生活世界的问题,反对现代社会中松散的理性化和"幻想破灭"的力量,可以说大型活动是对这一问题的有力回应,见 Ritzer 1999 第 5 章和第 8 章, Weber 1947 对现代性中魅力和常规之间关系的开创性分析见 Debord 1973。

6 关于与现代性大型活动相关的时间性和时间结构的社会理论,见第八章。

7 马克思的表述是:"人们自己创造自己的历史,但是他们并不是随心所欲地创造,并不是在他们自己选定的条件下创造,而是在直接碰到的、既定的、从过去承继下来的条件下创造。"(Marx and Engels 1970:96)

8 见 Roche 1999a。奥运会是主要的"表演"类型,但也有重要的展览特征;博览会是主要的"展览"类型,但也需要丰富的复杂表演。这两种类型最终都是表演综合体。它们都是一些活动,在这些活动中,事物被展示,被戏剧化,且(通过这两个方面)被转化为奇观。

9 关于国际文化组织,如国际奥委会、国际展览局、国际足联等,见第二章;关于国际体育文化,见第四章和第七章,以及 Houlihan 1994 和 Hoberman 1995;关于当代世界秩序和全球化进程背景下的文化国际非政府组织,见 Boli and Thomas 1999。

10 "媒体事件"是指非同寻常的事件,通过媒体用户(特别是广播和电视观众,但也在一定程度上可以通过大众媒体)同时或准同时的"见证"形式参与其中,见 Dayan and Katz 1992, Roche and Arundel 1998 和第六章。

11 这应该与社会分析中"戏剧"隐喻/模型的各种其他用法区分开来,如 Goffman 1959, Lyman and Scott 1970; Chancy

1993，Abercrombie and Longhurst 1998，和 Hetherington 1998。这些分析的焦点往往是在微观和日常/常规方面，相比之下，我在大型活动社会学中关注的是大型的、官方的、有计划的活动的社会学意义，这些活动是非同寻常的和非常规的。

12　见 Andersen and Gale 1992，亦见 Kearns and Philo 1993；关于这些领域的公共事件的相关研究，见 Jackson 1988，1992 和 Ley and Olds 1988。

13　见 Huizinga 1971，Rojek 1995，Maffesoli 1996。

14　关于仪式，见 Benedict et al. 1983 pp. 6，7，9；Van Gennep 1960。

15　人类学家维克托·特纳(Turner 1987，1995)和克利福德·格尔茨(Geertz 1975)关于文化事件的研究对这方面和戏剧学研究的其他方面尤其有影响力；关于特纳的影响力，见第六章第一节。

16　见 Benedict 1983，Falassi 1987，Falassi (ed.) 1987，Turner 1987，和 Handelman 1998。

17　见 Rothenbuhler 1988，1989；Duvignaud 1976，MacAloon 1984，以及 Lukes 1975 讨论的一些观点。

18　Roche 1992a 讨论和批评了应用经济学方法的例子，见 Ritchie 1984，Burns et al. 1986，AIEST 1987，Syme et al. 1989，Getz 1991，Hall 1992，Murphy 1994。

19　如 Espy 1979，Hill 1992，Larson and Park 1993，Houlihan 1994，Hoberman 1995，Simson and Jennings 1992，Jennings 1996，Sugden and Tomlinson 1998；霍伯曼的著名分析从意识形态的角度解释了国家和国际体育中的政治和权力，将政治工具主义与批评功能主义联系起来，见 Hoberman 1984，1986。

20　对权力精英举办大型活动的非理性方面进行批评分析的例子

可见 Hall 1989a，1989b，1992，1994a，1994b，Hall and Hodges 1998；对奥运会的批评，如 Gruneau 1984，Whannel 1992，Simson and Jennings 1992，Jennings 1996，Armstrong 1984 以及 Roche 1994，p. 6。

21　如 Lavenda 1980，Hobsbawm and Ranger（eds.）1992，Home 1986，Lukes 1975，Pred 1991，MacArthur 1986。

22　见 Mosse 1975，Lane 1981，Byrne 1987 和第四章。

23　见 Gruneau 1984，Tomlinson and Whannel 1984，Simson and Jennings 1992，Jennings 1996，Bourdieu 1998，1999；另见第七章。

24　到 20 世纪末，西方社会国家文化已经从容忍世界主义、多元文化主义和国际媒体关注，发展到包括公众对"人权"和体现这些事物的跨国法律和制度框架的规范性、相关性和潜在宪法影响力的日益认可。见 Boli and Thomas（eds.）1999，第七章和第八章也有讨论。

25　关于与本书主题相关的后现代文化的讨论，见 Harvey 1989，Featherstone 1991，Rojek 1995 ch. 7 and 8，Stevenson 1995 ch. 5，Real 1996a ch. 8，Harvey 1996 ch. 5，Maffesoli 1996。

26　对于解释晚期现代性中大型活动的当代意义和作用的历史先例和起源而言，19 世纪末和两次世界大战时期远比战后早期以联合国为导向的国际主义和"超级大国"的超民族主义重要。由于这个原因，也由于篇幅受限，我在本书中基本绕开了 20 世纪 40 年代末到 70 年代末的博览会和奥运会的发展。关于这一时期博览会的资料，见 Hoberman 1986，IOC 1995a，Guttman 1992，Hill 1992。

27　近期有关全球化进程的著名分析对技术和经济维度的发展给予了一定重视，见 Castells 1996，1997，1998，和 Held et al. 1999，以及第六章和第七章的讨论，第八章的讨论和注释。

28 如 Featherstone 1991, Robertson, R. 1992, Lash and Urry 1994, ch. 11。

第二章　博览会与文化权力

1 Anderson 1991 和 Habermas 1989a,1991;关于"公共文化"的分析,见 Horne 1986,另外 Keane 1998 pp. 157－190 也有关于公民社会和公共领域的相关讨论。

2 如 Rydell 1984,1993,Greenhalgh 1988,Mosse 1975,Lane 1981,Spillman 1997。

3 关于"统治阶级"、基于阶级的"宣传"和"公众操纵"的相关概念,以及在分析和讨论博览会和其他大型文化活动中运用基于阶级的概念,见 MacKenzie 1984,Greenhalgh 1988,Rydell 1984,1993;关于博览会中的阶级,见下文和第三章。

4 见 Mosse 1975,Hoberman 1984,1985;Guttman 1994 和第四章。

5 体育和体育教育在现代社会历史中的民族文化作用是一个很好的领域。关于英国特别是 19 世纪末的体育,见 Vamplew 1988,Holt 1992,Tranter 1998;关于这一时期英国的体育教育,见 McIntosh 1968;关于体育文化的国际维度而非国家维度,见 Houlihan 1994,Hoberman 1995 和第四章。

6 Hobsbawm 1992 p. 305;关于共产主义群众仪式,见 Roche 1999c,Lane 1981 和 von Geldern 1993。

7 关于体育相关的社会学批判史,见 John Hargreaves 1986,Jennifer Hargreaves 1994,Jones 1988 和第四章。

8 事实确实如此,即使在最细微的方面,如遵守着装规范和"穿得漂亮",或为了被人看到而游行(闲逛)。这里的重点是,人们需要积极地做事或者执行某事,而不是被动地接受。所有这一切对于"人民(特别是政党)为自己表演"的概念来说非常真实,见

Roche 1999d 和第四章。

9 这种国际维度可以从经验上理解为所有国家公众对移民、外国人和"世界社会"的理解、形象和态度的集合。后者可以被概念化，包括媒体事件和持续的"世界舆论"的概念，外交上持续的"国际公民社会"和"全球治理"概念，以及社会运动产生和持续的"人权"概念等。另见第七章。

10 关于"公民社会"概念的相关分析，见 Held 1995，Keane 1998，Boli and Thomas 1999 以及第七章和第八章。

11 关于大型活动常见的"领导者缺失"这一特征，可以与前现代部落间的"冬季赠礼节"(potlatch)仪式活动和罗马的"面包与竞技场"(bread and circuses)相比，见 Harvey 1996。关于通过（通常是亏损的）"大型活动"来追求"声望"，见 Armstrong 1984，Roche 1992a，1994 和第五章。

12 或者，考虑到它们所呈现的各种类型的经验，以及它们要求公众进行的各种各样的表演，最好的说法是"多媒体综合体就是信息"。关于大型活动的多媒体方面，见第六章。

13 关于 1851 年水晶宫世博会的更多细节，见 Auerbach 1999，另见 Luckhurst 1951 chs. 9–10，Allwood 1977 ch.2，和 Greenhalgh 1988 chs.1–3。

14 有趣的是，鉴于为 1889 年世博会建造的埃菲尔铁塔在文化上的重要性，当代关于水晶宫搬迁的一个比较古怪的想法是将其重组为一座 1000 英尺高的巨大玻璃塔(Rattenbury 1997–P)。幸运的是，为了英国工程界的声誉，这个想法并没有付诸实践。

15 当时的利润是 18.6 万英镑（按 2000 年的货币价值，大致相当于 600 万英镑或者 900 万美元）。

16 伦敦的"世博会遗产"包括英联邦（前帝国）研究所、温布利体育场、"水晶宫"（其名称用于伦敦一家主要足球俱乐部）和

"白城"（其名称用于一个地铁站），以及"阿尔伯特城"综合体。

17 自1897年以来，法国围绕德雷福斯事件的国家政治危机对1900年巴黎世博会的筹备工作产生了负面影响，也对法国在竞争国家如英国和德国的形象中产生了不利影响（Mandell 1967），尽管世博会最终成功，但也无法抵消这些影响。

18 世博会除了为国际政治交流和权力精英之间的联系提供平台外，当然也在国际上提供类似的功能。例如，在1889年和1900年巴黎世博会上，法国各地的城镇和社区的市长被邀请参加盛大宴会。1900年世博会上有2万名市长参加了宴会（Mandell 1967，p.86）。

19 关于科尔的作用，见 Bonython 1995，Auerbach 1999 passim，Luckhurst 1951 和 Allwood 1977。

20 见 Allwood 1977，Rydell 1984，1993；关于美国组织者，见 Findling 1994a，Susman 1983。像史密森学会（Smithsonian Institution）这样的文化和科学组织，以及在两次世界大战期间的国家研究委员会（National Research Council），在产生大多数美国博览会的精英网络中提供了联络点和连续性。

21 关于伊姆雷·奇拉菲（Imre Kiralfy），见 Greenhalgh 1988 pp.40，90，91 和 MacKenzie 1984 pp.102–107，Knight 1978 p.6。

22 见 Luckhurst 1951，Allwood 1977，Bonython 1995 和 Auerbach 1999。

23 关于史密森学会在1876年费城博览会和1893年芝加哥博览会中的作用，见 Rydell 1984 pp.22–27，43–46；关于美国博览会和博物馆之间的关系，以及参与其中的精英之间的联系，见 Rydell 1993 pp.31–35。

24 关于涂尔干，见 Lukes 1973 p.350；关于马克斯·韦伯，见

Bendix 1962 p. 3;关于阿尔伯特·爱因斯坦,见 Rydell 1993, pp. 109,111。

25 关于 1908 年世博会,见 Knight 1978, Greenhalgh 1988 pp. 91-92 和 MacKenzie 1984 p. 105;关于当代参与者对世博会的看法,见 Dumas(ed.)1908;关于白城作为后来的主要活动场所,见 Knight 1978。

26 关于 1889 年和 1900 年巴黎博览会的总体研究,分别见 Harriss 1975 和 Mandell 1967;关于 1900 年巴黎博览会的帝国主题,格林哈尔希评论道,"殖民部分"就像"无声史诗电影的大型布景",代表了"欧洲在陷入第一次世界大战灾难之前的傲慢和自信的巅峰"(Greenhalgh 1988 p. 67)。

27 见 Greenhalgh 1988 pp. 71-73。这一时期,比利时国王利奥波德在刚果实行了殖民统治。他的目的是从橡胶开采中获利,以促进具有战略意义的电力(绝缘)和汽车(轮胎)等新技术的蓬勃发展。1870—1940 年间博览会在西方推广这些技术的过程中发挥了战略作用。关于比利时殖民主义时代,见 Hochschild 1999 颇具争议的评论。

28 MacKenzie 1984 p. 108,也可参阅 Stallard 1996 年关于该活动的财务的另一个版本。

29 1924 年,刚成立不久的英国广播公司播出了温布利帝国博览会的开幕式。英国广播公司第一任总干事约翰·里斯(John Reith)1925 年向英国政府提交的一份报告中指出,这次广播的效果是"使全国人民成为一个人"(引自 Keane 1998, p. 168;另见 MacKenzie 1984 pp. 91-93),这有助于阐明英国广播公司在国家和公共服务方面的作用。

第三章 大型活动与文化公民身份

1 关于 19 世纪末的文化发展、20 世纪末的消费文化和后现代文化之间的联系,见 Featherstone 1991。

2　见 Freud 1873;关于维也纳世博会的总体情况,见 Allwood 1977 pp. 48 – 50, 180。

3　关于现代旅游社会学,见 McCannell 1989 和 Urry 1990 的经典分析,以及 Hall 1994a, Apostolopoulos et al. 1996, Ryan 1997, Rojek and Urry 1997, Wang 1999。

4　如 Featherstone 1991, Richards 1990, Pred 1991, de Cauter 1993, Zukin 1993, Gunning 1994;以及 Williams 1982 年关于法国博览会对消费文化发展的影响。

5　关于 1893 年芝加哥博览会,见 Findling 1994a, Lewis 1983, Rydell 1984, Hinsley 1991, Susman 1983;关于 1904 年圣路易斯博览会在旅游消费文化方面的相关讨论,见 Gunning 1994。

6　关于博览会和现代城市博物馆之间的各种联系,见 Rydell 1993, Macdonald 1996, Macdonald, Fyfe 1996;关于博览会与现代城市百货公司之间的等效联系,见 Williams 1982, Lewis 1983, Hinsley 1991;关于博览会和现代主题公园中旅游消费文化制度之间的联系,见第五章,以及 Zukin 1993, 1995, Smoodin 1994。

7　博览会通过提供备受瞩目的机会引入新型机械化游乐设施,影响了现代博览会的形式和内容。这种影响至少可以追溯到 1889 年巴黎世博会上人们乘坐电梯参观埃菲尔铁塔的经历。这一概念在 1894 年被布莱克浦旅游胜地和游乐场复制。1893 年芝加哥博览会(Findling 1994a p. 13)和 19 世纪 90 年代末的伦敦温布利博览会也曾试图建造更高的塔,但均以失败告终。埃菲尔铁塔的主题与当代世界城市中不断涌现的景观塔遥相呼应。博览会对展览的影响还包括为 1893 年芝加哥博览会建造的经典"摩天轮",1894 年科尼岛游乐场(Kasson 1978)和

1897年维也纳普拉特公园摩天轮游乐场(Riesenrad)。

8 关于现代化进程涉及"国家功能主义"形式的构建和重建问题，见 Roche 1996 chs. 1 and 2。

9 这一时期主要政治家参与活动的其他例子包括：法国前总理儒勒·费里(Jules Ferry)是1889年巴黎世博会的主要策划人(Hoberman 1986)，美国索尔·布鲁姆(Sol Bloom)参与了1893年和1933年芝加哥世博会，并在两次世界大战期间担任国会议员(Rydell 1984，1993；Findling 1994)。

10 博览会可能为工人提供了向雇主施加压力的重要机会，而雇主通常在紧迫而苛刻的期限内开展创新、复杂和费力的建筑工作。1889年巴黎博览会建造的埃菲尔铁塔可能是最具创新性和要求最高的博览会建筑，它没有受到太多劳工骚乱的干扰(Harriss 1975)。然而，1893年芝加哥(Rydell 1984，Findling 1994a)、1924—1925年温布利(与妇女的工作条件有关)(Greenhalgh 1988)、1933年芝加哥和1939年纽约都发生了劳工骚乱和/或罢工。在这些和美国其他博览会上，黑人就业普遍不足，偶尔引发争议，1939年博览会开幕式上出现了黑人工会纠察队(Rydell 1993)。

11 见 Benjamin 1973 p. 166；Mehring 1966 pp. 319–321，342；Nicolaievsky and Maechen-Helfen 1976。

12 关于现代化进程中的性别、公民身份和公民社会，以及现代性中"国家功能主义"社会形式的发展和重构，见 Roche 1996 ch. 2，ch. 5 and passim。

13 这一时期，美国传统集市通过大规模巡回演出实现现代化，特别是马戏怪才巴纳姆(P. T. Barnum)和"水牛比尔"科迪(Cody)的巡回演出表演利用了新的铁路系统。巴纳姆的巡回马戏团包括"人种学大会"，有传统的"怪胎""原始人"和外国人的更新版本。巴纳姆于1891年去世，他对1893年芝加哥博览会的"东方主义"和"中间"展览区产生了影响。一位传记记者认为,受巴纳姆影响的博览会的成功导致"后来美国世界博览会的巴纳姆化"(Adams 1997 p.195)。巴纳姆还通过在巴纳姆组织中学习表演技巧的博览会形象代言人伊姆雷·奇拉菲(Imre Kiralfy)对英帝国博览会产生影响。相应地,博览会也影响了这一时期的新一代游乐场,尤其是科尼岛,1893年和1904年博览会结束后,博览会上的景点被重新安置在那里(Kasson 1978,Gunning 1994)。

14 关于美国博览会上印第安人的相关讨论,见 Rydell 1984 和 Benedict 1994;关于北美印第安人的历史及其与美国当局的冲突,见 Brown 1976。

15 科迪在 1884 年推出了"蛮荒西部"表演,并于 1887 年在英国巡回演出(参加庆祝维多利亚登基 50 周年的纪念活动),1889 年在法国(参加巴黎博览会,并访问西班牙和意大利),1890 年在德国(并访问了荷兰和比利时)。他于 1903 年和 1904 年再次在英国和欧洲国家巡演(Blackstone 1986,Pegler and Rimer 1999)。另见 Russell 1960。

16 Benedict 1994 p.39,Greenhalgh 1988 p.98,Rydell 1984 p.53。

17 对早期以博览会为基础的奥运会进行重要分析的是 MacAloon 1981,该书也是本节的主要参考来源;另见 De Coubertin 1979。其他相关资料包括 Meyer 1976,Lucas 1980,Mandell 1967,Rydell 1984 和 IOC 1994。

18 约翰·卢卡斯(Lucas 1980)认为顾拜旦得到了当时担任教育部长的主要政治家和博览会支持者儒勒·费里的支持,但 MacAloon 1981,p.165 持不同观点。费里和顾拜旦的关系,见 Hoberman 1986。

19 关于 1908 年奥运会,见 Killanin and Rodda 1976 p.37,Lucas

1980 ch.3,Guttman 1992 ch.2,和 IOC 1994;关于1908年博览会,见 Knight 1978;关于英国奥林匹克协会,见 Anthony 1987;关于(英国)业余体育协会(Amateur Athletic Association, AAA),见 Lovesey 1979。

20 关于体育社会学的其他相关论点,见 Guttman 1978。

21 关于弗雷德里克·勒·普莱(Frederic Le Play)对社会学传统意义的考虑,见 Nisbet 1970 pp.61-70。

22 此外,负责挖掘特洛伊古城遗址的著名德国考古学家谢里曼(Heinrich Schliemann)是1889年博览会举行的国际考古大会的重要参与者(MacAloon 1981 p.145)。

23 约翰·麦卡隆认为,顾拜旦是在"1888—1892年欧洲人对古奥林匹克的迷恋如痴如醉"的情况下,萌生了恢复奥林匹克运动会的想法。他指出,1889年博览会的前两年,一部重要的古希腊史在法国出版。这部书包含了古代运动会的信息和恩斯特·库尔修斯(Ernst Curtius)在奥林匹克挖掘的遗址地图,顾拜旦很有可能读过这本书(MacAloon 1981 p.143)。

24 威廉·佩妮·布鲁克斯博士(Dr William Penny Brookes)是19世纪60年代和70年代在英国马奇文洛克(Much Wenlock)举办的奥林匹克活动的创始人和组织者。他与希腊政府和王室有联系,且在1890年与顾拜旦会面中了解到希腊人定期尝试举办一些奥林匹克运动(1859年、1870年、1875年和1889年),但在国际上鲜为人知(MacAloon 1981 p.151)。

25 水晶宫博览会组织者亨利·科尔(Henry Cole)在1867年巴黎博览会上与其他五个国家的博览会专员共同起草了一份非官方的国际备忘录,试图规范国际博览会(Allwood 1977 p.179)。

26 见 Dunning and Elias 1986,Dunning and Sheard 1979。邓宁(Dunning)和埃利阿斯(Elias)认为这是"文明进程"的一部

分。我更倾向于将其视作与现代性相一致并具有现代性特征的文化制度化发展的一部分。见 Guttman 1978，Hargreaves 1986，Van der Merwe（ed.）1996。

27　关于国际体育非政府组织，见 Houlihan 1994，Hoberman 1995，Sugden and Tomlinson 1998；关于文化非政府组织，见 Boli and Thomas（eds.）1998。

第四章　奥运会、国际主义和超民族主义

1　关于现代英国和欧洲历史中的体育和帝国，见 Mangan 1986，1992；Holt 1992 ch.4；Guttman 1994；Dine 1996；Arnaud 1998。关于板球和帝国，见 Beckles and Stoddart 1995；Guttman 1994 ch.1。

2　Guttman 1994 ch.1；James 1963；Beckles and Stoddart 1995。

3　Guttman 1994 p.121，Moore 1986，Holt 1992 p.224；关于"盎格鲁-撒克逊奥林匹克运动会"理念的主要推动者之一 John Astley Cooper 的观点，见 Hoberman 1984 pp.91-93。

4　关于纳粹的体育意识形态和国家组织，见 Mandell 1971；Hoberman 1984，1986；Kruger 1986，1998。关于苏联的体育意识形态和组织，见 Riordan 1978，1998；Hoberman 1984；Gounot 1998。

5　关于这段历史，见 Lucas 1980，Kanin 1981，Holt 1998b，Arnaud and Riordan（eds.）1998。关于战时苏联在国际上对体育的利用，见 Riordan 1998。关于纳粹的国际体育政策，见 Kruger 1998。关于这一时期的英国体育和国际政策，见 Holt 1998a，Beck 1999。关于体育和国际关系，见 Taylor 1986，Houlihan 1994，Hoberman 1995，Mangan Small（eds.）1986。

6　顾拜旦在他的奥林匹克回忆录中提到，纪念在战争中牺牲的历届奥运会参赛者的普世宗教仪式特别感人，仪式在奥运会开始

前在安特卫普大教堂举行(de Coubertin 1979，1966 pp. 80 - 87)。

7 见 Riordan 1984。关于战时西欧和苏联的社会主义体育，见 Jones 1988，Gounot 1998，Riordan 1998，Hoberman 1986。

8 关于战时国际奥委会和国际联盟的关系，见 Kanin 1981，IOC 1994。关于战后和当代国际奥委会和联合国的关系，见 Espy 1979，Hill 1992，Houlihan 1994 和第七章。

9 见 IOC 1994，Lucas 1980，Hill 1992，Houlihan 1994，Guttman 1992。

10 不幸的是，无论战后和当代的意识形态和文化角色如何，在 20 世纪 30 年代，国际足联走了一条类似于国际奥委会在这一时期所走的"法西斯同路人"之路。例如，其第一任主席儒勒·雷米(Jules Rimet)于 1933 年在柏林主持了一场法国和德国的比赛，并赞扬了新德国(Hoberman 1995 p.18)。他还与墨索里尼的法西斯体育当局合作，于 1934 年在罗马组织了第二届世界杯比赛(Teja 1998)。

11 见 Guttman 1994 pp.124 - 125，IOC 1994，Dine 1996。

12 见 IOC 1994 pp.234 - 243。关于国际和奥林匹克运动中围绕业余主义和专业原则及实践的冲突历史，见 IOC 1995a pp. 89，155 - 164；1996a pp.236 - 254。

13 MacAloon 1981，见第三章。另见顾拜旦对运动员宣誓的看法(1906 年)和对奥林匹克仪式的看法(1910 年)(de Coubertin 1966，pp.15 - 16，34 - 36)。他指出："奥运会必须通过仪式来区别于一系列世界锦标赛。"(de Coubertin 1966 p.34)

14 见 Wilson 1976，Mandell 1971，Hart-Davis 1986。

15 关于西奥多·莱瓦尔德(Theodore Lewald)和卡尔·迪姆(Carl Diem)，见 Mandell 1971，Guttman 1984 ch.6，IOC

1994，Kruger 1998，Hoberman 1984 pp.50-54。关于支撑德国民族主义的"民族"概念的相关性及其与体育意识形态和政策的联系，见 Mosse 1975 passim，Hoberman 1986 pp.88-105。

16 关于纳粹对体育观点的范围和矛盾的讨论，见 Hoberman 1984 ch.6，1995 passim，Kruger 1986，1998。

17 见 Finley and Picket 1976。就希特勒对奥运会概念的长期性和希腊式类比的相关性而言，值得注意的是，希特勒在1936年柏林奥运会期间与国际奥委会举行了一次会议。会上他宣布第三帝国将继续资助并完成古希腊奥林匹亚运动会遗址的仪式和体育场所的挖掘工作。这项工作从1936年开始，直到战争中断，最终在战后完成（IOC 1994 p.271）。

18 有趣的是，原则上很可能属于这个圈子的斯皮尔（Speer）后来声称，他是在1937年初，即柏林奥运会几个月后才知道这个计划（Speer 1970 p.70，Serenyi 1995 p.154，Mandell 1971 pp.292-293）。

19 如 Byrne 1987年在她对柏林奥运会的叙述和批评中，倾向于关注短期影响。

20 见 Hart-Davis 1986 p.67；Kruger 1986，1998；Hoberman 1986。

21 关于美国不成功的抵制运动，见 Guttman 1984 ch.6。关于领导并支持奥运会抵制活动的艾弗里·布伦戴奇（Avery Brundage），见 Guttman 1992，ch.4，1998，Hoberman pp.50-57。

22 Guttman 1984，ch.6，1998；Kruger 1986，IOC 1994 pp.266-267。球队的两名成员，即击剑运动员海伦·梅耶（Helen Mayer）和冰球运动员鲁迪·巴勒（Rudi Ball）有部分犹太血统。然而，根据当时德国的法律，他们被认定为非"犹太人"。

他们的加入是基于对其犹太身份的否认。对犹太裔德国运动员最明显的歧视是将当时德国杰出的跳高运动员格蕾塔·伯格曼（Gretel Bergmann）排除在德国女子代表队之外（Guttman 1984 ch. 6）。

23 关于意大利的体育系统，见 Kruger 1986 和 Teja 1996，1998。关于西班牙的体育系统，见 Aja 1998。关于德国的体育系统，见 Kruger 1986，1998。

24 冯·哈尔特（Von Halt）是纳粹党成员、冲锋队队员以及希特勒的"帝国体育领袖"。1941年，冯·雷切诺（Von Reichenau）在基辅指挥第6集团军，并在这次交战中对犹太人进行了大屠杀。他在被送上军事法庭之前就已死亡。他在20世纪30年代末被希特勒提名为国际奥委会成员（见 Jennings 1996, pp. 37, 38, ch. 6 passim; Hoberman 1995 p. 29; Kruger 1986, 1998）。

25 无线电广播《现代奥林匹克的哲学基础》(The Philosophical Foundations of Modern Olympism)转载于 de Coubertin 1966 pp. 130 - 134。柏林奥运会闭幕式上，顾拜旦声称，这一活动将留下"关于勇气的记忆，因为勇气是面对困难所必需的……国家元首从一开始就用他的意志力来应对这些困难……"(de Coubertin 1966 p. 136)。另见 Guttman 1984, p. 81。

26 见 Mandell 1971; IOC 1994; Hoberman 1984, 1995。

27 在墨索里尼的支持下，罗马曾在1929年申办1936年奥运会，柏林在1936年申办1940年奥运会，但都以失败告终（Teja 1998 pp. 154 - 155, passim, IOC 1994）。

第五章　大型活动、城市和旅游文化

1 关于大型活动和旅游文化之间关系的一系列研究，特别是它们与城市旅游、城市政策和城市公民身份的关系，见 Roche

1992a，1992b，1994，1999d；Roche and France 1998。关于城市旅游和城市政策，见 Law 1993，Kearns and Philo 1993，Page 1995，Urry 1995，Williams 1997。关于体育、城市文化和城市政策，见 Bale 1992，Henry 1998，Henry et al. 1998，Dauncey 1999。关于节日和游行等活动的城市和社区意义，见 Falassi (ed.) 1987，Jarman 1997。

2　Harvey 1996 pp. 42，167-169，182。威尔士花园节于 1992 年在罗达山谷举行，是由国家政府赞助的两年一次的系列大型节日的一部分。这些大型节日在英国城市周边举行，是 20 世纪 80 年代城市复兴计划的一部分。这里的"迪士尼"可能指的是佛罗里达州迪士尼世界中类似于博览会的 EPCOT 中心。

3　关于迪士尼主题公园的就业、生产以及其他方面，见 Fjellman 1992，TPOD 1995，Bryman 1995。关于迪士尼公司和迪士尼主题公园现象的各个方面，总体上与大型活动和旅游消费主义的分析相关，见 Rojek 1993a；Eliot 1995；Zukin 1993 ch. 8，1995 ch. 2；Smoodin 1994；Ritzer and Liska 1997；Ritzer 1999 ch. 4；Yoshimoto 1994。

4　引自 Ley and Olds 1988 p. 202。在（受博览会影响的）迪士尼主题公园对博览会组织的这种反馈关系的背景下，值得注意的是，2000 年伦敦千禧年博览会的组织者在 1998 年参观了佛罗里达州的迪士尼世界，从而了解他们对经营国际旅游和公共景点的要求和想法。

5　Davis 1996，p. 399；另见戴维斯对圣地亚哥"海洋世界"主题公园的著名研究，该主题公园是由安海斯-布希公司（Anheuser-Busch Corporation）运营的众多主题公园之一，该公司是美国迪士尼公司在该行业的主要竞争对手（Davis 1997）。

6　关于伦敦 18 世纪永久性"游乐园"（如沃克斯豪尔）和 19 世纪露天游乐场和展览的发展，见 Altick 1978；关于纽约在科尼岛具有历史意义的世纪之交露天游乐场,见 Kasson 1978。在欧洲,重要的城市游乐场,如哥本哈根的蒂伏利公园(1843 年)和维也纳的普拉特公园可以追溯到 19 世纪中后期。

7 关于迪士尼主题公园体验中的"控制"维度,见 Bryman 1995 ch. 5。

8 关于迪士尼经营中的电影、电视、出版物、音乐和商品销售之间的联系,见 Fjellman 1992 pp. 152 – 153。环球影城的主题公园也利用了与电影的联系。总的来说,好莱坞率先采用的电视和电影相关的城市旅游概念,现在已成为世界上许多主要城市的常见特征。

9 关于佛罗里达迪士尼主题公园的游客体验和文化意义的描述,见 Fjellman 1992 and TPOD 1995;关于东京迪士尼主题公园,见 Yoshimoto 1994;关于迪士尼组织,见 Rojek 1993, Lewis 1994, Bryman 1995, Hiassen 1998。

10 关于迪士尼和 1964 年纽约博览会,见 Eliot 2995 p. 254。Sorkin 强烈认为"迪士尼主题公园最直接的起源就是世界博览会"(1992 p. 208),并暗示 1939—1940 年纽约博览会向迪士尼展示了一个未来迪士尼乐园渴望成为的形象(Sorkin 1992 p. 224)。此外,众所周知,华特·迪士尼的父母参加了 1934 年芝加哥博览会(Eliot 1995 p. 74)。

11 Fjellman 1992 ch. 7, passim。关于迪士尼和其他主题公园在奥兰多地区发展的影响,Sorkin 记录了它们所产生的区域郊区化的规模,到 1992 年,该地区拥有的酒店客房数量超过了芝加哥、洛杉矶或纽约(Sorkin 1992 p. 205)。

12 如 Zukin 观察到,在纽约曼哈顿创建和发展商业改进区(Business Improvement District, BID)的组织方法在一定程度上受到了主题公园管理经验的影响(Zukin 1995 pp. 65 – 69, chs. 1 and 2 passim, Sorkin 1992)。

13 20世纪80—90年代,1989年巴黎博览会和1992年芝加哥博览会的计划都失败了(Findling 1994a),1984年新奥尔良博览会是一场财政灾难(Dimanche 1994)。然而,世博会的传统在20世纪七八十年代并没有完全沉寂。这一时期还产生了其他具有国家和/或世界区域意义的博览会,特别是在亚太地区,包括1975年日本冲绳、1982年美国诺克斯维尔、1985年日本筑波和1988年澳大利亚布里斯班。关于布里斯班,见Bennett 1991,Spillman 1997 ch. 4。

14 关于1992年塞维亚利博览会,见Findling 1994b,Harvey 1996;关于1993年大田博览会,见Jeong and Faulkner 1996。

15 关于电视对战后世博会的总体影响,见Gilbert 1994;关于世博会在欧洲城市政策和城市间竞争中的当代作用,见Rubalcaba-Bermejo and Cuadrado-Roura 1995。

16 关于格林威治千禧年博览会,见House of Commons 1997,UK Government 1999,Bayley 1998。

17 该地区毗邻新的、在全国范围内非常重要的瓦斯科·达·伽马大桥(Vasco da Gama Bridge),该桥横跨塔古斯河,是葡萄牙中部和南部之间至关重要的新纽带。从国家的角度来看,世博会有效地庆祝了国家基础设施这一重要新元素的开放。

18 在现代奥林匹克传统中,这种出自英国体育传统的想法有多种来源。顾拜旦在1894年雅典的一次演讲中提出的"重在参与,胜负次之"的观点是早期来源(de Coubertin 1966 p. 10)。

19 关于分布在全国的足球世界杯大型活动的观点,请参阅当西和黑尔的"1998年法国"活动研究合集(Dauncey and Hare 1999)。

20 当然,将奥运会视为城市活动尤其适用于夏季奥运会。虽然从技术上讲,冬季奥运会也有主办城市,但事实上,冬奥会出于需要,通常分布在山区和人迹罕至的地区,被用来发展这些地区的基础设施和经济。与夏季奥运会不同,冬季奥运会是区域性政策而非城市政策。

21　然而,伦敦(1948)、罗马(1960)、莫斯科(1980)、洛杉矶(1984)和巴塞罗那(1992)则不然。伦敦使用了为1924年帝国博览会建造的温布利体育场,罗马使用了1934年为意大利申办1936年奥运会而建造的墨索里尼体育场,莫斯科使用了1957年为世界学生运动会建造的列宁体育场,洛杉矶翻新了为1932年奥运会建造的体育场,巴塞罗那翻新了为1929年博览会建造的体育场。

22　不幸的是,这份赛后报告除了提供当代经济数据外,还继续使用1992年制作的官方赛前影响预测中得出的经济影响评估。

23　Kang and Perdue 1994 "Summary" p.205;关于奥运会对汉城和韩国的总体经济影响,见 Seh-Jik 1991 pp.130-136, Larson and Park 1993 ch.5。

24　关于1929年巴塞罗那博览会上的电力概况,见 Allwood 1977 p.135;关于1929年博览会和1992年奥运会的中心蒙特惠奇山(Montjuic)地区,见 Eames (ed.) 1996 (chapter by Xavier Marti, pp.145-151)。

25　关于巴塞罗那市在19世纪末和战时激进的社会、政治和美学运动及特征,见 Kaplan 1993。

26　关于巴塞罗那申奥和1986年国际奥委会对1992年主办城市的遴选过程,见 Simson and Jennings 1992, Hill 1992 ch.9。

27　关于巴塞罗那奥运会的资助问题,见 Garcia 1993, Hooper 1992-P, Tsubota 1993。

28　加西亚(Garcia 1993)提供了巴塞罗那奥运会活动筹办和影响的德语版本的详细描述和评估(见参考文献)。经作者同意,以下段落的讨论主要来自该论文未发表的英文版本,论文曾在1994年比勒费尔德国际社会学协会(International Sociology Association, ISA)世界社会学会议上宣读。

29 关于巴塞罗那奥运会后的经济繁荣,米尔纳(Milner)指出,1998年公共和私营部门投资了65亿英镑用于改善城市的港口和交通基础设施,以鼓励旅游业的进一步发展和外国跨国公司投资的进一步增长(Milner 1998-P)。

30 阿文图拉港是迪士尼主题公园的竞争对手环球影城从美国市场向欧洲主题公园产业主要扩张的首选地点。

31 关于巴塞罗那足球俱乐部,见 Simpson 1998-P, Eames (ed.) 1996 (chapter by Lluis Permanyer pp. 89-91)。

32 Verdaguer 1995 p. 203。"地方抵抗力"的概念与卡斯特关于全球-局部动态的一般性讨论产生了共鸣。有关评论和参考资料,见第八章。

33 Verdaguer 1995 p. 204。关于巴塞罗那奥运会作为城市大型活动的更多方面,见本章关于巴塞罗那"奥运媒体城市"的讨论。关于巴塞罗那奥运会作为媒体事件的讨论,见第六章。

34 引自 Larson and Park 1993 p. 123。关于奥运会作为媒体事件以及奥运会与主要媒体公司之间日益增长的共生关系,见第六章。关于国际奥委会对这种共生关系发展的看法,见 IOC 1996a ch. 1。

35 见 Larson and Park 1993,Wilson 1996,Spa et al. 1995。

36 以下段落主要借鉴了詹姆斯·拉森和朴兴洙对汉城奥运会媒体方面的主要研究,见 Larson and Park 1993, ch. 5 和 passim。

37 以下段落主要借鉴了米格尔·德·莫拉加斯·斯帕、南希·里文伯格和詹姆斯·拉森对巴塞罗那奥运会媒体方面的主要研究,见 Spa et al. 1995 chs. 3 and 4。

38 对这些贿赂问题至少有五项主要调查,分别是国际奥委会委员理查德·庞德(Richard Pound)领导的国际奥委会的调查,参议员乔治·米切尔(George Mitchell)领导的美国国家奥委会的调查,以及盐湖城奥委会、犹他州和联邦调查局组织的调查。见下面的注释和第七章。

39 体育用品制造业的关键人物是霍斯特·达斯勒（Horst Dassler，阿迪达斯创始人的儿子），核心的体育经纪人是马克·麦考马克（Mark McCormack），主要的体育营销机构是国际体育休闲公司（International Sport and Leisure, ISL），达斯勒拥有该公司一半的股份。这些组织都对国际奥委会产生了极大的影响，尤其是获得国际奥委会主席萨马兰奇的支持。关于国际体育休闲公司和达斯勒，见 Hill 1992 ch. 4, Simson and Jennings 1992 chs. 2–4。

40 萨格登和汤姆林森（Sugden and Tomlinson 1998 pp. 88, and ch. 4 passim）认为国际足联的赞助方案可能影响了尤伯洛斯（Ueberroth）1984年奥运会的赞助方式。后者随后无疑又影响了国际奥委会对1988年汉城奥运会及以后奥运会的态度。另见 Simson and Jennings 1992 p. 51 和 ch. 4 passim。

41 见 Ueberroth 1985, Gratton and Taylor 1988a, Hill 1992 ch. 7。

42 关于金云龙，见 Simson and Jennings 1992 ch. 11, Jennings 1996 ch. 9 and passim, Hoberman 1995。关于金云龙参与1999年贿赂的调查，见 Kettle 1999-P, Lashmar 1999-P, Mackay 1999E-P, Mackay 1999J-P 的新闻报道。

43 Howell 1990 p. 330, ch. 14 passim。关于阿姆斯特丹的申奥问题，见 Millward, D. 1999-P。

44 关于利勒哈默尔决定的系列问题，见 Jennings 1996 ch. 2, Davison 1999B-P。

45 关于长野申奥问题的指控，见 Daley 1999-P, Jordan and Sullivan 1999-P, Anon 1999-P。

46 关于魁北克申奥团队的经验和观点，见 Mackay 1999C-P。关于盐湖城贿赂危机，见 Mackay 1999A-P, 1999B-P, 1999D-P; Davison 1999A-P; Rodda 1999-P; Calvert et al. 1999-P。

另见第七章的讨论和注释。

第六章 大型活动与媒体文化

1 从19世纪末到20世纪30年代,在历届世博会上展示的一方面是与电有关的关键媒体技术的发展,另一方面是电灯,分别见 Nye 1994 和 Schivelbusch 1988。亚历山大·格雷汉姆·贝尔(Alexander Graham Bell)的电话在1876年费城博览会上演示(Allwood 1977 p.56; Rydell 1984 p.16),远距离无线电报在1904年圣路易斯博览会上演示(Gunning 1996)。电影技术的早期版本在19、20世纪之交的各种博览会上得到了展示,包括托马斯·爱迪生(Thomas Edison)的"活动电影放映机"(kinetoscope),1900年巴黎卢米埃尔公司的大屏幕"电影放映机",以及1904年圣路易斯的"传记"电影(Gunning 1996)。

2 另见 Toulmin 1994 年关于这一时期通过巡回展览推广早期电影的研究。

3 雷德尔认为战时美国的一系列博览会"席卷了整个国家",大量观众"陶醉于博览会的现场广播"(Rydell 1993 p.1, and passim)。

4 关于20世纪20—50年代英国广播公司对构建英国全国性和大众化体育文化和国家认同的中心作用,见 Barnett 1990, Whannel 1992, Scannell 1996。斯坎内尔(Scannell)对无线电广播经验的"现象学"讨论,特别是大型体育活动,说明媒体事件和作为媒体事件的大型体育活动的"戏剧学"特征,以及与现象学观点的相关性(第八章)。

5 见 MacAloon (ed.) 1984, Dayan and Katz 1992, Handelman 1998, Real 1989。其他受特纳(Turner)影响的相关人种学和人类学研究包括 Falassi 对节日的研究(Falassi 1987),Handelman 对公共事件的研究(其中一些是与 Katz 一起进行

的)(Handelman 1998)和 Schechner 对游戏和仪式的研究(Schechner 1995);关于这些知识上的联系,见 MacAloon 1992 和 Liebes and Curran 1998 关于 Katz 的一些讨论。

6　卡茨和达扬并非没有意识到他们分析中的差距和问题,以及具有替代性的更关键的方法的优势,见 Dayan and Katz 1992, Appendix;关于卡茨涉及媒体对仪式和身份的贡献的一般批判性评论,见 Curran and Liebes 1998, Liebes and Curran 1998;另见 Eastman and Riggs 1994。

7　摘自《黑格尔法哲学批判》,见 Marx and Engels 1969 p.303。

8　关于全球电视的相关分析,见 Barker 1997, Herman and McChesney 1997, McChesney 1998;关于奥运会的媒体全球化,见 Larson and Park 1993, Spa et al. 1995;关于体育媒体全球化,见 Whannel 1992, Rowe et al. 1994, Sugden and Tomlinson 1998 ch.4, Whitson 1998, Rowe 1999。

9　如 Houlihan 1994, Hoberman 1994, Roche 1998。

10　见 Wenner 1989,(ed.)1998; Goldlust 1987; Wenner 1998; Whannel 1992, 1997; Real 1996; Rowe et al. 1994; Rowe 1996, 1999; Maguire 1999 ch.7。

11　关于一般的媒体体育和国家认同,见 Chandler 1988, Klatell and Marcus 1988, Hargreaves 1986 ch.7, Whannel 1992, Blain et al. 1993, Bellamy 1998,以及 Whannel, Blain and O'Donnell 在 Roche 1998 中的讨论。

12　Gratton 1997 列出了更高的数据;Horsman 1998-P 给出了更为谨慎的评估。

13　默多克在 1996 年发表了这一声明(引自 Anon 1998B-P);关于默多克和他的媒体策略,见 Barnett 1996-P, Horsman 1997 chs.4,9; Auletta 1997 ch.14, McChesney 1998。另见肖克罗斯的传记(Shawcross 1993)。

14 关于默多克在美国的媒体体育收购和战略，见 Cornwell 1998-P，Davison 1998-P，Tran 1998-P，Smith 1997-P，Usborne 1997-P。本节内的信息主要来自这些资料，涉及1998年以前的时期。

15 福克斯/自由电视网此前由默多克(Rupert Murdoch)和约翰·马龙(John Malone)共同拥有，1999年由默多克完全接管(Teather 1999-P；Tran 1999-P)；关于"媒体大亨"默多克和马龙，见 Auletta 1997。

16 如曼联在中国估计有2000万球迷，在广东省的直营店直接销售俱乐部商品(Smith 1998-P)。

17 英格兰超级联赛的主要俱乐部中已经开始发生这种情况。基于媒体的利益相关者和足球俱乐部董事会成员可能会对俱乐部的做法产生很大影响，包括对2001年即将到来的英超与天空电视台合同的重新谈判，以及在新的数字电视时代开拓他们的市场。曼联在1998年中期推出了一个订阅频道——曼联电视频道(Manchester United TV，MUTV)，开始测试这个市场(Chaudhary 1998-P)，领先的英超俱乐部有望开发按次付费(Pay Per View，PPV)的"季票"以覆盖其比赛(Cambell 1999-P，Ridley 1999-P)。

18 关于天空电视台试图购买曼联俱乐部的控制权，公平交易委员会的决定和随之而来的政治辩论，见 Anon 1998B-P，Bell et al. 1999-P，Horsman 1999-P，Larsen 1999-P，Watt et al. 1999-P。在收购被否决后，天空电视台在1999年开始采取不同的策略，旨在收购一些英超俱乐部(如切尔西和利兹联)的少量股份。这将确保2001年的电视转播权重新谈判中，在这些俱乐部的董事会和俱乐部、英超以及广播公司的代表中占有一席之地(McIntosh 1999-P)。

19 媒体合作伙伴的计划于1998年初公布(O'Reilly 1998A-P)，

并于同年晚些时候得到确认（O'Reilly 1998B-P，Bell 1998-P）。关于随后发生的一些争论，见 Boggan 1998-P，Boggan and McCann 1998-P。1998年末，欧足联制定了1999—2000年赛季计划，并被各大俱乐部和联赛暂时接受（Walker 1998-p）。

20　文化、媒体和体育部于1998年6月25日发表了一份部长声明，概述了对"列入名单的赛事"的新政策方针。

21　在介绍欧盟委员会对体育机构控制运动项目和限制运动员权利的立场时，欧盟专员范·米尔特（Van Miert）评论道："体育是一门大生意……我们必须与之共存。"然而，"如果有（广播）排他性，我们希望其他人有机会接触比赛……体育机构在行使权力时应遵守限制。如果他们滥用其支配地位或垄断地位，这可能会违反欧盟商业竞争规则"。（引自 Bates 1999-P）

22　1995年波斯尼亚的裁决为欧盟体育专业人员在全欧盟范围内的自由流动和所有体育领域的新劳动力市场创造了可能性（见 Bates 1998-P，Taylor 1997-P；有关国际"体育劳动力迁移"的相关背景问题，见 Bale and Maguire 1994）。

23　1998年，欧盟委员会发布了一份关于"欧洲体育模式"的工作文件，承认"现实的体育世界与其监管框架之间存在差距"。1999年，欧盟委员会仍在考虑其在体育政策上的立场（见 EC 1999）。

24　见 Rowe 1996，1999 pp. 87-91；Roche 1999b；O'Keefe 1998。

25　关于亚特兰大奥运会的电视转播，见 ACOG 1997 ch.7；关于赛事财务，见 ACOG 1997 ch.12；关于悉尼奥运会及后续奥运会的转播权费用，见 Spa et al. 1995 ch.2，IOC 1996 ch.1，6，Culf 1996-P。据称美国全国广播公司（National Broadcasting Company，NBC）获得2000—2008年冬季和夏季奥运会美国转播权的大宗交易中，2000年悉尼夏季奥运会、2004年雅典夏季奥运会和2008年夏季奥运会的转播权价格分别为7.15亿美元、7.93 亿美元和 8.94 亿美元(Rowe 1999 p.71)。

26 见 Larson and Park 1993, Rivenburgh 1992, 另见 Gratton and Taylor 1988b, She-Jik 1991 ch.5 and passim。

27 关于国际奥委会与汉城奥运会有关的政治分析, 见 Hill 1992 ch.8, Simson and jennings 1992 ch.ll, Hoberman 1995, Jennings 1996 ch.9。

28 关于韩国体育传统和这一发展的背景, 见 Larson and Park 1993 pp.3, 34-37; Grayson 1993。

29 关于这个主题, 见 MacAloon 1984; Hill 1992; Hoberman 1986,1995; Houlihan 1994 和第七章。

30 Spa et al. 1995。关于巴塞罗那奥运会的媒体方面, 另见 Blain et al. 1993, Hargreaves 1996。

31 本节其余部分关于巴塞罗那奥运会作为媒体事件的讨论在很大程度上借鉴了斯帕等人的研究。

32 见斯帕等人 1995 年研究中第 9 章的发现和分析。各国主持人对奥运会主办国加泰罗尼亚地区的传播情况各不相同, 既有大量具有实质性和有效性的, 也有边缘化的(埃及、古巴、印度尼西亚、南非和韩国的广播), 再到基本没有的(中国); 另见 Hargreaves 1996。

33 关于国际奥委会的奥林匹克全球合作伙伴计划, 见 Spa et al. 1995 pp.25-31; IOC 1996a ch.7; Simson and jennings ch.2,8 and passim, Hill 1992, Sugden and Tomlinson 1998 ch.4。

第七章　大型活动与全球公民身份

1 关于国家和跨国(全球)公民身份的当代社会和政治理论, 见 Turner 1993, Held 1995, van Steenbergen 1995, Roche 1996, Lister 1997, Boli and Thomas 1999。

2 《奥林匹克宪章》(IOC 1995b)。关于20世纪70年代至90年代《奥林匹克宪章》的发展,见IOC 1996a p.143;宪章的少量修改和更新版本不影响这里讨论的规则和原则的实质内容,见IOC 1996b。关于"奥林匹克主义"作为一种道德世界观,见IOC 1996a chs.1,9,以及McIntosh 1980年关于体育道德的文章;关于"奥林匹克国际主义"的"非道德普遍主义"批判,见Hoberman 1995。

3 大多数主要的人权文件汇集在1992年欧洲委员会手中。

4 关于近几十年来奥林匹克区域协会和其他相关组织(如体育仲裁法庭)的结构和发展,见IOC 1996a chs.1,9。

5 如"奥林匹克大家庭"一词在IOC 1995c(目录,III附录)、IOC 1996a passim、亚特兰大奥运会报告ACOG 1997等文件中使用,且在国际奥委会的奥林匹克运动"内部刊物"《奥林匹克评论》(*The Olympic Review*)中也经常非正式地使用。

6 国际奥委会在20世纪70年代与联合国教科文组织关系不佳(见下文注释24)。关于国际奥委会与世界卫生组织、联合国儿童基金会和其他联合国系统组织的关系概述,见IOC 1996a ch.5;Kidane 1995,1996,1998;Anon 1998a,b,c,d;另见萨马兰奇在国际奥委会1996a p.419中的声明。关于国际奥委会在国际关系中作用的分析,见Houlihan 1994 ch.5。

7 见Castells 1996,1997,1998;Urry 1998;Lash and Urry 1994。

8 赫尔德(Held)1995年为起源于自治原则的全球公民身份提供了规范的理论论证。他主张建立一套新的全球治理机构,其中包括重组的两院制联合国大会和新的国际人权法院,这将在与民族国家有关的问题上拥有真正的权威。关于世界秩序及其所暗示的"世界公民身份"的相关但更注重经验的分析,见Boli and Thomas 1999,Boli and Thomas(eds.)1999。关于相关的国际人权宪章,见Council of Europe 1992。关于人权和跨国公民身份之间的联系,见 Roche 1987b,1995b。

9　关于大众文化权利,包括使用媒体体育的权利,见 O'Keefe 1998, Rowe 1999；关于国际奥委会将体育视作一项人权以及奥林匹克主义与人权的关系,见 Samaranch 1999a, M'baye 1999, Bhuvandendra 1999。

10　见IOC 1995a p.108, IOC 1996 ch.8, Espy 1979, Houlihan 1994 ch.5, Payne 1993。国际奥委会禁止南非参加 1964 年东京奥运会。然而,在其种族主义体育政策出现让步后,国际奥委会最初重新允许南非参加 1968 年墨西哥奥运会,只是在非洲国家和苏联威胁抵制后才重新实施禁令。1970 年,联合国通过决议,要求各国与南非断绝体育联系,南非被驱逐出奥林匹克运动。关于国际奥委会对南非和体育种族主义所采取的矛盾政策,见 IOC 1996a ch.8. pp.205 – 219。

11　关于互联网和社会变革,见 Barrett 1997, Herman and McChesney 1997, Coyle 1997。关于互联网与体育文化和媒体体育的关系,见 Rowe 1999 ch.8。

12　关于批评,见 Simson and Jennings 1992, Jennings 1996；Hill 1992, Hoberman 1986, 1995。关于国际奥委会和奥林匹克运动的正面说法,请参阅国际奥委会百年历史(IOC 1994, 1995a, 1996a)。

13　关于财务审计,见 Mackay 1999I-P, J-P。关于道德委员会和国际奥委会 2000 年奥运会委员会,见 Anon 1999e, 1999f。

14　关于 Pippig, Virenque, de Bruin 和 Barnes 的案例,见 Mackay 1998E-P。科达(Korda)在 1998 年温布尔登网球锦标赛上使用合成代谢类固醇的检测呈阳性,并于 1999 年退出职业网球比赛(Mackay 1999F-P)。

15　关于国际奥委会在打击使用兴奋剂方面的观点和主张,见 IOC 1995a pp.165 – 267 和 IOC 1996a ch.8 pp.255 – 273。关

于国际奥委会在 1999 年试图恢复其在这一领域的领导地位，见《洛桑-反兴奋剂宣言》(Lausanne-Anti-Doping Declaration)(Anon 1999b)和 Samaranch 1999b。

16 1998 年，萨马兰奇提出了一个颇有争议的建议，即国际奥委会等体育主管部门禁用药物清单应该仅限于那些真正损害运动员健康的药物，而非损害性的提高成绩的药物应该在体育运动中合法使用。关于萨马兰奇观点的批评，见 Williams 1998-P；关于更多的支持观点，见 Collier 1998-P。

17 关于国际奥委会召开的"世界体育兴奋剂大会"上支持和反对国际奥委会的记录和作用的辩论，见 Mackay 1999G-P, Rowbotham 1999-P。

18 国际奥委会 1995c 中提到了 150 美元的限额。1986 年，伯明翰申办 1992 年奥运会的领导人丹尼斯·豪厄尔(Dennis Howell)发现了腐败问题，并向萨马兰奇提出了明确的建议，要求国际奥委会制定新的规则来根除腐败(Howell 1990 ch. 14)。国际奥委会的官方历史记录显示，萨马兰奇和国际奥委会执委会从 1986 年起就对过度送礼表示担忧。然而，它完全没有提到豪厄尔或他的建议。从 1986 年到 20 世纪 90 年代初，国际奥委会关于礼物和贿赂的政策缓慢演变，见 IOC 1996a pp. 85 – 86，pp. 80 – 87 passim；另见 Hill 1992, Simson and Jennings 1992, Rodda 1993-P, Jennings 1996 和第五章的讨论。

19 霍德勒(Hodler)在 1998 年 12 月提出了他的主张，见 Anon 1998C-P, Mackay 1998C-P, Mackay 1998D-P, Anon 1999c。另见第五章的讨论和注释。

20 庞德报告（由国际奥委会副主席理查德·庞德领导的调查小组编写）于 1999 年 1 月公布。关于主要结论的声明，见 IOC 1999；另见 Samaranch 1999c, Anon 1999f。关于报告和相关问题的新闻报道,见 Mackay 1999B-P, D-P, J-P；Mackay and Chaudhary 1999-P；Daley 1999-P；Davison 1999A-P, B-P；Calvert et al. 1999-P。另见第五章的讨论和注释。

21 见 Jennings 1996 ch. 20。关于顾拜旦对诺贝尔奖的兴趣,他与早期诺贝尔奖得主的友谊以及他未能获得诺贝尔奖,见 Hoberman 1986 and 1995,另见第四章。

22 关于古希腊的奥林匹克休战,见 Finley and Picket 1976 p. 98 and ch. 8 passim。他们指出,停战并不是为了停止国家间的战争(除了奥林匹亚所在地埃利斯),而且也并没有这样做。其目的是阻止战争(在奥运会期间可能会进行)干扰奥运会,并确保运动员和观众在国家间旅行的安全,因为这实际上是奥林匹亚朝圣之旅。

23 关于国际奥委会和联合国教科文组织,见 Killanin 1983，IOC 1996 pp. 130 – 3, Stivachtis 1999；另见 Hill 1992, Houlihan 1994 chs. 4, 5。关于国际奥委会和联合国,见 IOC 1996a ch. 5。关于国际奥委会与联合国关系的持续性,值得注意的是,两位联合国前秘书长愿意参与 1999 年奥林匹克改革进程,且联合国秘书长科菲·安南(Kofi Annan)也愿意在 1999 年接受国际奥委会颁发的奖项(Anon 1999a)。

24 关于国际奥委会在 1992—1995 年间与联合国开展的停战项目,见 IOC 1996a pp. 136 – 139, Kidane 1995；关于国际奥委会与联合国关系的最新发展,见 Kidane 1996(其中包括萨马兰奇 1995 年在联合国的讲话和联合国的"奥林匹克休战"决议,即联合国 A/50/L.15 决议"通过体育和奥林匹克理想建立一个和平且更美好的世界"),Kidane 1998, Samaranch 1999d。

第八章 大型活动、身份认同和全球社会

1 关于"生活世界"、社会建构主义和传播理性理论的讨论,见

Berger and Luckmann 1967, Schutz and Luckmann 1974, Habermas 1989b, Roche 1973;关于流行文化的相关分析,声称使用现象学和/或主观主义方法,但源自另一种"后现代"视角,见 Rojek 1993b, 1995; Ritzer 1999; Maffesoli 1996。

2　关于人类需求理论,见 Doyal 和 Gough 1991 年的开创性研究;关于公民身份和人权理论,见 Turner 1993; Roche 1987a and b, 1995b; Marshall 1992。

3　关于现象学观点与一般社会学的相关性,见 Roche 1973, 1987a, 1988;关于它们与公民身份理论的相关性,见 Roche 1987b, 1996;关于暂时性,见 1990, 1989;关于体育和大型活动对身份和文化的意义,见 Roche 1992a, 1998。

4　有关分析,见 Giddens 1984, 1991;关于吉登斯观点的讨论,见 Roche 1987a。

5　关于消费文化的相关讨论,见 Featherstone 1991, Rojek 1993b。关于"麦当劳化"的争论,见 Ritzer 1996, 1998, 1999; Smart 1999。关于媒体和媒介化在构成和重构现代性身份和生活的社会世界中的重要性,见 Scannell 1996 年关于与媒体有关的生活世界的现象学,Thompson 1995 chs. 1, 3, 4, 7, Stevenson 1995。

6　关于对"生活世界"重要而有影响力的分析,以及现代社会形态的系统性特征对"生活世界"的威胁,这些威胁被表述为"生活世界的殖民化"过程,见 Habermas 1989。

7　关于体育文化与现代性关系的一般社会理论和观点的回顾,见 Jarvie and Maguire 1994 chs. 9, 10 and passim; Houlihan 1994 ch. 8, Maguire 1999。另见 Binfield and Stevenson (eds) 1993。

8　关于"时间结构"和"解构"概念在退休和失业这两种生活事件和经验形式上的应用,分别见 Roche 1989, 1990;关于现代性中时间理论和经验的相关研究，见 Minkowski 1970，Toffler 1970，Rifkin 1987，Young and Schuller 1988。

9 关于长期监禁"服刑"经历中的暂时性和程序化，见 Cohen and Taylor 1972 ch.4；关于与日常生活相关的"尝试逃跑"研究，见 Cohen and Taylor 1978，Rojek 1993b；关于当代日常生活审美化的分析，通过人们对定期仪式和临时"新部落"聚会的兴趣，见 Maffesoli 1996。

10 第一章和第六章从理解大型活动的相关性角度考虑了有关仪式在现代性中作用的各种观点。当代对仪式的重要性及其与社会生活中异常事物联系的研究为吉登斯等人对日常生活中角色的过高估计提供了有用的平衡（无论是从范·热内普 1960 年和特纳 1995 年的经典研究还是从后现代理论中获得灵感和见解，如 Rojek 1993b 和 Maffesoli 1996 的研究）。现代性的仪式可以说是在日常和"独特"的个人体验之间，以及个人和公众之间提供了中介。然而，从本章所概述的"时间结构"角度来看，更全面地描述生活世界及其时间性的本质，需要的不仅仅是对当代生活中仪式的新认识，还需要对人类需求、权利、生活事件和历史性等概念进行认真处理和整合（Roche 1987a，1987b，1988，1996）。

11 为了更广泛地理解当代现代性中的"身体文化"，需要以更加协调和系统的方式来探索体育、性、服装、舞蹈、俱乐部、食品、饮料、毒品、运动的吸引力、审美和麻醉等"产业"和文化的作用，这种方式在许多当代社会科学中已经尝试过。关于社会和人种学分析中的"身体文化"概念，见 Brownell 1995。

12 汉德尔曼对公共事件和仪式潜在的秩序创造和行为（"行为模式"）特征的讨论似乎提供了深刻的见解（Handelman 1998）。然而，他的方法要求他关注事件的"逻辑"，而不是能动性在事件中的作用，因此，就我在本章中所关注的问题而言，这种方法受到了限制。

13 关于 20 世纪末现代性中出现的日益一体化的全球维度及其各种结构上的不平衡（例如经济发达和政治迟缓）和规范上有问题的社会学论述，见 Sklair 1991，Robertson 1992，Waters 1995，Spybey 1996，Castells 1996，1997，1998；Held et al. 1998。关于全球化的政治和经济方面，见 Ohmae 1995，Gamble and Payne 1996，Coyle 1997（chs. 7，8）。关于全球化辩论的重要贡献，见 Hirst and Thompson 1996，Martin and Schumann 1997，Bauman 1998。

14 关于当代全球化的信息技术和"信息时代"方面，见 Castells 1996，1997，1998。关于互联网当前和潜在的经济和社会影响，见 Barrett 1997，Coyle 1997，Herman and McChesney 1997。此外，关于信息和通信技术在现代社会历史中的作用，见 Rogers 1986。

15 关于全球层面的文化和消费的一般研究，见 Featherstone（ed.）1990；Robertson 1990，1992；Waters 1995 ch. 6.，Held et al. 1998 ch. 7，Ritzer 1999，Stevenson（ed.）1999；媒体和体育特别是全球层面的文化和消费主义现象的一些有用分析，关于媒体，见 Thompson 1995 ch. 5，Morley and Robins 1995，Herman and McChesney 1997 ch. 3 and passim，Barker 1997，Sreberny-Mohammadi et al.（eds）1997。关于体育，见 Jarvie and Maguire 1994 ch. 10，Houlihan 1994 ch. 8，Hoberman 1998，Maguire 1999。

16 见第七章。关于全球层面政治、政治秩序和治理的出现，见 Held 1995，Waters 1995 ch. 5，Gamble and Payne 1996，Held et al. 1998。关于全球公民身份、公民社会和人权与这种全球政治秩序的关系，见 Held 1995，van Steenbergen 1995（ed.）(chapters by van Steenbergen and Falk)；Spybey 1996

ch. 3，Deacon 1997，Urry 1998，Keane 1998，Boli and Thomas 1999。

17 关于主张民族国家和民族文化在全球化时代持续相关性的社会学分析，见 Smith 1995，1998。

18 关于这些常见的全球社会问题的讨论以及与发展"全球公民"概念相关的讨论，见 Urry 1998，另见第七章。

19 戴维·赫尔德对此提出了一个最清晰、最有力的规范案例（Held 1995，Keane 1998，Boli and Thomas 1999）。赫尔德认为全球政治文化的发展不仅在规范上与全球化进程保持一致，而且实际上很可能受到这一进程的动力和问题的推动（Held et al. 1998 passim）。

20 可以说，当代对社会理论中观视角的兴趣在某些方面再现了罗伯特·默顿（Robert Merton）及其同事在战后社会理论中对"中观"理论的类似兴趣（见 Merton 1968）。

21 除了大众传播的观点，"流动"的相关社会文化概念的起源还包括 Toffler 1970 和 Williams 1974。在当代社会分析中，"流动理论"由 Appadurai 1990，Hannerz 1990，Lash and Urry 1994，Urry 1998 等人发展。"社会运动"的概念在过去 20 年中得到了很好的运用，近期相关讨论见 Touraine 1995，Roche 1995a，Maheu (ed.)1995。关于隐喻在一般理论中的作用，见 Lakoff and Johnson 1980。

22 关于各种类似群体间的"时间战争"，见 Toffler 1970 和 Rifkin 1987。

23 然而，卡斯特确实注意到，1995 年通过选举新市长，东京人拒绝了在 1997 年举办博览会的可能性（Castells 1996，pp. 425-428）。他认为这是普通人对国际资本主义逻辑的地方抵抗的案例，显然是地方空间政治对流动空间的罕见胜利。这一理论公式如何应用于巴塞罗那的情况尚不清楚（他偶尔提及这个理论,见 Castells 1996 pp. 421-422)。正如第五章所述,根据任何合理的评估,1992年奥运会的投资大大改善了这座城市的经济命运,这对当地就业和社会生活质量都有积极的影响。

24 戴维·赫尔德及其同事关于全球化和相关问题的著作,虽然在其他方面与本书的主题有关,但似乎也忽略了世博会、奥运会和其他此类大型活动的作用(Held 1995 and Held et al. 1998)。

25 在描述当代社会中不同流动和元素相互混合的相关概念时,"去差异化"概念(由于其后现代理论背景)不如"枢纽"有用,见 Crook 等人 1992 年关于"后现代"分析的讨论,以及 Harvey 1989 年关于作为当代"后现代条件"之一的去差异化的分析。

26 卡斯特对"流动空间"及其"层次"的分析见 Castells 1996 ch.6。根据这一理论,"第一层"是全球计算机化的连接系统,由"电子脉冲电路构成"(Castells 1996 p.412);"第二层""由……节点和枢纽构成","以地方为基础"并由"全球城市"加以说明(Castells 1996 pp.413,415)。

27 Castells 1996 passim。另外两位当代社会分析家 Hannerz 1992 和 Appadurai 1990 在他们的流动分析中关注了城市。像卡斯特一样,他们也将城市视为流动运作的社会空间枢纽,城市本身也是由它们所包含的流动所构成的重要场所,在这些地方最容易观察和评估现代性流动的社会事实的多样性。

28 国际奥委会近年来一直试图建立这些联系,并试图利用与这些运动相关的话语和修辞,特别是越来越多地使用与环保主义相关的话语和修辞来宣传奥运会,并操纵奥林匹克运动的全球公众形象。

参考文献

Abercrombie, N. and Longhurst, B. (1998) *Audiences: A Sociological Theory of Performance and Imagination*, London: Sage.

Abrahams, H. (1976) 'London 1948', pp. 60 – 64 in Killanin and Rodda (eds.) *The Olympic Games*, New York: Macmillan.

ACOG (1997) *The Official Report on the Centennial Olympic Games*, Vol. 1, Atlanta: AGOG.

Adams, B. (1997) *E Pluribus Barnum: The Great Showman and the Making of U.S. Popular Culture*, Minneapolis: University of Minnesota Press.

AIEST (1987), *The Role and Impact of Mega-Events and Attractions on Regional and National Tourism Development*, St Gall, Switzerland: AIEST (Association Internationale d'Experts Scientifique du Tourisme).

Aja, T. (1998) 'Spanish sport policy in Republican and Fascist Spain', in Arnaud and Riordan (eds.) *Sport and International Politics: The Impact of Fascism and Communism on Sport*, London: E & FN Spon/Routledge.

Allan, D. (1981) 'The "Red Doctor" amongst the Virtuosi: Karl Marx and the society', *Journal of the Royal Society of Arts*, 129, 259 – 261 and 309 – 311.

Allwood, J. (1977) *The Great Exhibitions*, London: Cassell and

Collier.

Altick, R. (1978) *The Shows of London*, Cambridge, Mass.: Harvard University Press.

Anderson, B (1991) *Imagined Communities*, London: Verso.

Anderson, K. and Gale, F. (eds.) (1992) *Inventing Places*, Melbourne: Wiley.

Anderson, R. and Wachtel, E. (1986) 'Introduction' in Anderson and Wachtel (eds.) *The Expo Story—1986*, Vancouver: Harbour Publishing.

Anderson, R. and Wachtel, E. (eds.) (1986) *The Expo Story—1986*, Vancouver: Harbour Publishing.

Anthony, D. (1987) *Britain and the Olympic Games*, London: British Olympic Association.

Anon (1998a) 'Finding solutions to youth problems on the eve of the third millennium', *Olympic Review* 19, pp. 25 – 26.

——(1998b) 'Sport against poverty', *Olympic Review*, 19:77 – 78.

——(1998c) 'Health and sport', *Olympic Review*, 20:52.

——(1998d) 'The IOC and ILO', *Olympic Review*, 20:75.

——(1998e) 'From Lisbon to Seville', *Olympic Review*, 21: 23 – 27.

——(1999a) 'Jesse Owens Award to Kofi Annan', *Olympic Review* XXVI – 24:55.

——(1999b) 'Lausanne—Anti-Doping Declaration', *Olympic Review* XXVI – 25:17 – 18.

——(1999c) 'The Salt Lake City: crisis', *Olympic Review* XXVI – 25:33.

——(1999d) 'The 108th IOC Session', *Olympic Review* XXVI –

26:6-7.

——(1999e) 'The Ethics Commission', *Olympic Review* XXVI-27:5.

——(1999f) 'IOC 2000 Commission', *Olympic Review* XXVI-27:6-8.

Appadurai, A. (1990) 'Disjunctive and difference in the global cultural economy', in Featherstone (ed.) *Global Culture*, London: Sage.

Apostolopoulos, Y. *et al.* (eds.) (1996) *The Sociology of Tourism: Theoretical and Empirical Investigations*, London: Routledge.

Armstrong, J. (1984), 'Contemporary prestige centres for art, culture, exhibitions, sports and conferences: an international survey' Unpublished Ph. D., University of Birmingham, Birmingham.

Arnaud, P. (1998) 'Sport and international relations before 1918', in Arnaud and Riordan (eds.) *Sport and International Politics: The Impact of Fascism and Communism on Sport*, London: E & FN Spon/Routledge.

Arnaud, P. and Riordan, J. (eds.) (1998) *Sport and International Politics: The Impact of Fascism and Communism on Sport*, London: E & FN Spon/Routledge.

Auf der Maur, N. (1976), *The Billion Dollar Game: Jean Drapeau and the 1976 Olympics*, Toronto: James Lorimer.

Auletta, K. (1997) *The Highwaymen: Warriors of the Information Superhighway*, New York: Random House.

Auerbach, J. (1999) *The Great Exhibition of 1851*, London: Yale University Press.

Bahktin, M. (1984) *Rabelais and his World*, Bloomington: Indiana University Press.

Bailey, P. (1978) *Leisure and Class in Victorian England: Rational Recreation and the Contest for Control*, London: Routledge & Kegan Paul.

Bale, J. (1992) *Sport, Space and the City*, London: Routledge.

Bale, J. and Maguire, J. (1994) 'Introduction: sports labour migration in the global arena', in Bale, J. and Maguire, J. (eds.) (1994) *The Global Sports Arena*, London: Frank Cass.

Barker, C. (1997) *Global Television*, Oxford: Blackwell.

Barnett, S. (1990) *Games and Sets: the Changing Face of Sport on Television*, London: BFI Publishing.

Barrett, N. (1997) *The State of Cybernation: Cultural, Political and Economic Implications of the Internet*, London: Kogan Page.

Bauman, Z. (1998) *Globalization: The Human Consequences*, Cambridge: Polity Press.

Bayley, S. (1998) *Labour Camp: The Failure of Style over Substance*, London: B. T. Batsford.

Beck, U. (1992) *Risk Society: Towards a New Modernity*, London: Sage.

Beck, P. (1999) *Scoring for Britain: International Football and International Politics 1900—1939*, London: Frank Cass.

Beckles, H. and Stoddart, B. (1995) *Liberation Cricket: West Indian Cricket Culture*, Manchester: Manchester University Press.

Bellamy, R. (1998) 'The Evolving Television Sports Marketplace', in Wenner (ed.) *MediaSport*, London: Routledge.

Bendix, R. (1962) *Max Weber: An Intellectual Portrait*, New York: Anchor/Doubleday & Co.

Benedict, B. (1983) 'The anthropology of world's fairs', in Benedict, B. *et al. The Anthropology of World's Fairs* London: Scolar Press.

Benedict, B. (1994) 'Rituals of Representation: ethnic stereotypes and colonized peoples at world's fairs', in Rydell and Gwinn (eds.) *Fair Representations: World's Fairs and the Modern World*, Amsterdam: VU University Press.

Benjamin, W. (1973) 'Grandville or the world exhibitions' (in Section III, 'Paris—the Capital of the nineteenth century'), pp. 164 – 166, in *Charles Baudelaire: A Lyric Poet in the Era of High Capitalism*, London: NLB.

Bennett, T. (1988) 'The exhibitionary complex', *New Formations*, 73 – 102.

——(1991) 'The shape of things to come: Expo' 88', *Cultural Studies*, 5, 30 – 51.

Berger, P. and Luckmann, T. (1967) *The Social Construction of Reality*, New York: Anchor/Doubleday & Co.

Bhuvandendra, T. (1999) 'Human rights in the realm of sport', *Olympic Review* XXVI – 24: 15 – 25.

BIE (a) (undated), 'International Exhibitions Protocol', Paris: Bureau International des Expositions (BIE).

——(b) (undated), 'Regulations Respecting International Exhibitions', Paris: BIE.

Binfield, C. and Stevenson, J. (eds.) (1993) *Sport, Culture and Politics*, Sheffield: Sheffield Academic Press.

Blackstone, S. (1986) *Buckskins, Bullets and Business: A History of Buffalo Bill's Wild West*, New York: Greenwood Press.

Blain, N., Boyle, R., and O'Donnell, H. (1993) 'Centrality and peripherality at the Barcelona Olympics', in Blain, N., Boyle, R., and O'Donnell, H. (eds.) (1993) *Sport and National Identity in the European Media*, Leicester: Leicester University Press.

Boli, J. and Thomas, G. (1999) 'INGOs and the Organization of World Culture', in Boli and Thomas (eds.) *Constructing World Culture: International Nongovernmental Organisations Since 1875*, Stanford: Stanford University Press.

Boli, J. and Thomas, G. (eds.) (1999) *Constructing World Culture: International Nongovernmental Organisations Since 1875*, Stanford: Stanford University Press.

Bond, L. (1996) *Statue of Liberty*, Santa Barbara: Albion Publishing Group.

Bonython, L. (1995) 'The planning of the Great Exhibition 1851', *Journal of the Royal Society of Arts*, 143:45–48.

Booker, C. (1981) *The Games War: A Moscow Journal*, London: Faber.

Bourdieu, P. (1998) 'The Olympics—an agenda for analysis', Appendix in his *On Television and Journalism*, London: Pluto Press.

——(1999) 'The state, economics and sport', pp. 15–21, in Dauncey and Hare (eds.) *France and the 1998 World Cup*, London: Frank Cass.

Bowles, S. and Gintis, H. (1976) *Schooling in Capitalist America*,

London: Routledge.

Brown, D. (1976) *Bury My Heart at Wounded Knee: An Indian History of the American West*, New York: Bantam.

Brownell, S. (1995) *Training the Body for China*, London: University of Chicago Press.

Bryman, A. (1995) *Disney and his Worlds*, London: Routledge.

Burke, B. (1994) 'World's fairs and international expositions: selected references 1987—1993', in Rydell and Gwinn (eds.) *Fair Representations: World's Fairs and the Modern World*, Amsterdam: VU University Press.

Burns, J., Hatch, J., and Mule, T. (eds.) (1986) *The Adelaide Grand Prix: The Impact of a Special Event*, Adelaide: Centre for South Australian Economic Studies.

Buzard, J. (1993) *The Beaten Track: European Tourism, Literature and Culture 1800—1918*, Oxford: Oxford University Press.

Byrne, M. (1987) 'Nazi festival: The 1936 Berlin Olympics', in Falassi (ed.) *Time Out of Time: Essays on the Festival*, Albuquerque: University of New Mexico Press.

Castells, M. (1996) *The Information Age, Vol. I—The Rise of the Network Society*, Oxford: Blackwells.

——(1997) *The Information Age, Vol. II—The Power of Identity*, Oxford: Blackwells.

——(1998) *The Information Age, Vol. III—End of the MIllenium*, Oxford: Blackwells.

Chandler, J. (1988) *Television and National Sport: The United States and Britain*, Chicago: University of Illinois Press.

Chaney, D. (1986) 'The symbolic form of ritual in mass

communication' in P. Golding et al. *Communicating Politics*, New York: Holmes & Meier.

——(1993) *Fictions of Collective Life*, London: Routledge.

Cohen, S. and Taylor, L. (1972) *Psychological Survival: The Experience of Long-Term Imprisonment*, London: Penguin.

——(1978) *Escape Attempts*, London: Penguin.

Coyle, D. (1997) *The Weightless World: Strategies for Managing the Digital Economy*, London: Capstone.

Crook, S. et al. (1992) *Postmodernization: Change in Advanced Society*, London: Sage.

Council of Europe (1992) *Human Rights in International Law*, Strasbourg: Council of Europe Press.

Cunningham, H. (1980) *Leisure in the Industrial Revolution 1780—1880*, London: Groom Helm.

Curran, J. and Liebes, T. (1998) 'The intellectual legacy of Elihu Katz', in Liebes and Curran (eds.) *Media, Ritual and Identity*, London: Routledge.

Dauncey. H. (1999) 'Building the finals (France 1998): facilities and infrastructure', pp. 98 – 120 in Dauncey and Hare (eds.) *France and the 1998 World Cup*, London: Frank Cass.

Dauncey, H. and Hare, G. (1999) 'The impact of France 98' in Dauncey and Hare (eds.) *France and the 1998 World Cup*, London: Frank Cass.

Dauncey, H. and Hare, G. (eds.) (1999) *France and the 1998 World Cup*, London: Frank Cass.

Davis, S. (1996) 'The theme park: global industry and cultural form', *Media, Culture and Society*, 18:399 – 422.

—— (1997) *Spectacular Nature: Corporate Culture and the Sea World Experience*, London: University of California Press.

Dayan, D. and Katz, E. (1987) 'Performing media events', in Curran, J. et al. (eds.) *Impacts and Influences: Essays on Media Power in the Twentieth Century*, London: Methuen.

—— (1988) 'Articulating consensus: the ritual and rhetoric of media events', in J. Alexander (ed.) *Durkheimian Sociology*, Cambridge: Cambridge University Press.

—— (1992) *Media Events*, London: Harvard University Press.

De Cauter, L. (1993) 'The panoramic ecstasy: on world exhibitions and the disintegration of experience', *Theory, Culture and Society*, 10:1 – 23.

De Coubertin, P. (1966) *The Olympic Idea: Discourse and Essays*, Cologne: Carl Diem Institute.

De Coubertin, P. (1979) *Olympic Memoirs*, Lausanne: IOC.

Deacon, B. (1997) *Global Social Policy*, London: Sage.

Debord, G. (1973) *The Society of the Spectacle*, Detroit: Black and Red.

Dimanche, F. (1994) 'Ten years after: the Louisiana World's Fair legacy in New Orleans', in Murphy (ed.) *Mega-Event Legacies*, Victoria: Province of British Columbia.

Dine, P. (1996) 'Sport, imperial expansion and colonial consolidation: a comparison of the French and British experiences', in Van der Merwe (ed.) *Sport as Symbol, Symbols in Sport*, Augustin, Germany: Academia Verlag, Sankt Augustin.

Doctorow, E. L. (1985) *World's Fair*, New York: Random

House.

Doyal, L. and Gough, I. (1991) *A Theory of Human Need*, London: Macmillan.

Dumas, F. (ed.) (1908) *The Franco-British Exhibition*, London: Chatto and Windus.

Dunning, E. and Elias, N. (1986) *The Quest for Excitement: Sport and Leisure in the Civilizing Process*, Oxford: Blackwell.

Dunning, E. and Sheard, K. (1979) *Gentlemen, Barbarians and Players*, Oxford: Blackwell.

Duvignaud, J. (1976) 'Festivals: a sociological approach', in *Cultures*, III, 1:13 – 25.

Eames, A. (ed.) (1996) *Barcelona*, London: APA Publications (HK).

Eastman, S. and Land, A. (1995) 'The best of both worlds: sports fans find good seats at the bar', *Journal of Sport and Social Issues*.

Eastman, S. and Riggs, K. (1994) 'Televised sports and ritual: fan experiences', *Sociology of Sport Journal*, 11: 249 – 274.

EC (1999) 'Sport and the European Union: the European model of sport' EC (European Commission), DGX Consultation document, Brusssels. (Also, Internet publication: http://europa.eu.int/search97cgi/).

Eliot, M. (1995) *Walt Disney: Hollywood's Dark Prince*, London: André Deutsch.

Espy, R. (1979) *The Politics of the Olympic Games*, Berkeley: University of California Press.

Falassi, A. (1987) 'Festival: definition and morphology', in Falassi (ed.) *Time Out of Time: Essays on the Festival*, Albuquerque: University of New Mexico Press.

Falassi, A. (ed.) (1987) *Time Out of Time: Essays on the Festival*, Albuquerque: University of New Mexico Press.

Featherstone, M. (1991) *Consumer Culture and Postmodernism*, London: Sage.

Featherstone, M. (ed.) (1990) *Global Culture*, London: Sage.

Findling, J. (1994a) *Chicago's Great World's Fairs*, Manchester: Manchester University Press.

——(1994b) 'Fair legacies: Expo' 92 and Cartuja' 93', in Rydell and Gwinn (eds.) *Fair Representations: World's Fairs and the Modern World*, Amsterdam: VU University Press.

Fiske, J. (1989a) *Understanding Popular Culture*, London: Unwin.

——(1989b) *Reading Popular Culture*, London: Unwin.

Finley. M. and Picket, H. (1976) *The Olympic Games: The First Thousand Years*, London: Chatto & Windus.

Fjellman, S. (1992) *Vinyl Leaves: Walt Disney World and America*, Boulder Co.: Westview Press.

Foner, P. (1976) 'Black participation in the Centennial of 1876', *Negro History Bulletin*, 39, pp. 532–538.

Freedberg, C. (1986) *The Spanish Pavilion at the Paris World's Fair*, vol. 1, New York: Garland Publishing Inc.

Freud, S. (1873) Letter to Emil Fluss, (16th June, 1873), reproduced in *The Freud Museum Catalogue*, Vienna: Sigmund Freud Society, Vienna.

Gamble, A. and Payne, A. (eds.) (1996) *Regionalism and World Order*, London: Macmillan.

Garcia, S. (1993) 'Barcelona und die Olympische Spiele' in Haubermann, H. and Siebel, W. (eds.) *Festivalisierung der Stadpolitik*, Stuttgart: Leviathan-Westdeutcher Verlag. (English version: (1994) 'Big Events and Urban Politics: Barcelona and the Olympic Games', unpublished paper, ISA World Sociology Congress, Bielefeld, Germany).

Garofolo, R. (1992) 'Understanding mega-events: if we are the world, then how do we change it?' in Garofolo, R. (ed.) *Rockin' the Boat: Mass Music and Mass Movements*, Boston: South End Press.

Geertz, C. (1975) *The Interpretation of Culture*, London: Hutchinson.

Gellner, E. (1983) *Nations and Nationalism*, Oxford: Blackwell.

Georgiadis, K. (1996) 'The press and the first Olympic Games in Athens', *Olympic Review* XXV - 8, 11 - 12.

Getz, D. (1991) *Festivals, Special Events and Tourism*, New York: Van Nostrand Reinhold.

Gilbert, J. (1994) 'World's fairs as historical events', in Rydell and Gwinn (eds.) *Fair Representations: World's Fairs and the Modern World*, Amsterdam: VU University Press.

Giddens, A. (1984) *The Constitution of Society*, Cambridge: Polity.

Giddens, A. (1991) *Modernity and Self-Identity*, Cambridge: Polity.

Goffman, E. (1959) *The Presentation of Self in Everday Life*, London: Penguin.

Goldlust, J. (1987) *Playing for Keeps: Sport, the Media and Society*, Melbourne: Longman Cheshire.

Gounot, A. (1998) 'Between revolutionary demands and diplomatic necessity: Soviet and bourgeois sport in Europe 1920—1937', in Arnaud and Riordan (eds.) *Sport and International Politics: The Impact of Fascism and Communism on Sport*, London: E & FN Spon/ Routledge.

Gratton, C. (1997) 'The economic and social significance of sport', unpublished paper, Leisure Industries Research Centre, Sheffield Hallam University, Sheffield.

Gratton, C. and Taylor, P. (1988a) 'The Olympic games: an economic analysis', (Los Angeles 1984), *Leisure Management*, 8, 3, pp. 32 – 34.

Gratton, C. and Taylor, P. (1988b) 'The Seoul Olympics: economic success or sporting failure?' *Leisure Management*, 8, 12, 54 – 58.

Grayson, J. (1993) 'Sport in Korea: tradition, modernization and the politics of a newly industrialized state', pp. 151 – 167 in Binfield and Stevenson (eds.) *Sport, Culture and Politics*, Sheffield: Sheffield Academic Press.

Greenhalgh, P. (1988) *Ephemeral Vistas: The Expositions Universelles, Great Exhibitions and World's Fairs, 1851— 1939*, Manchester: Manchester University Press.

Grunberger, R. (1974) *A Social History of the Third Reich*, London: Penguin.

Gruneau, R. (1984) 'Commercialism and the modern Olympics' in Tomlinson and Whannel (eds.) *Five Ring Circus: Money, Power and Politics at the Olympic Games*, London: Pluto

Press.

Gunning, T. (1994) 'The world as object lesson: cinema audiences, visual culture and the St. Louis world's fair, 1904', *Film History*, 6, 422–444.

Gutstein, D. (1986) 'Expo's Impact on the city' (Expo 1986, Vancouver), in Andersen and Wachtel (eds.) *The Expo Story—1986*, Vancouver: Harbour Publishing.

Guttman, A. (1978) *From Ritual to Record: The Nature of Modern Sports*, New York: Columbia University Press.

——(1984) *The Games Must Go On: A Very Brundage and the Olympic Movement*, New York: Columbia University Press.

——(1992) *The Olympics: A History of the Modern Games*, Chicago: University of Illinois Press.

——(1994) *Games and Empires: Modern Sports and Cultural Imperialism*, New York: Columbia University Press.

——(1998) 'The "Nazi Olympics" and the American boycott controversy', in Arnaud and Riordan (eds.) *Sport and International Politics: The Impact of Fascism and Communism on Sport*, London: E & FN Spon/Routledge.

Habermas, J. (1989a) 'The public sphere', in S. Bronner and D. Kellner (eds.) *Critical Theory and Society*, London: Routledge.

——(1989b) *The Theory of Communicative Action: Lifeworld and System*, Cambridge: Polity.

——(1991) *The Structural Transformation of the Public Sphere* (original 1962) Cambridge: Polity.

——(1994) 'Citizenship and national identity' in B. van Steenbergen, (ed.) *The Condition of Citizenship*, London:

Sage.

Hall, C. M. (1989a) 'The definition and analysis of hallmark tourist events', *Geojournal*, 19, 3: 263 - 268.

——(1989b) 'The politics of hallmark events', in Syme *et al.* (eds.) *The Planning and Evaluation of Hallmark Events*, Aldershot: Avebury.

——(1992) *Hallmark Tourist Events*, London: Bellhaven.

——(1994a) *Tourism and Politics, Policy, Power and Place*, London: Bellhaven.

——(1994b) 'Mega-events and the legacies' in Murphy (ed.) *Mega-Event Legacies*, Victoria: Province of British Columbia.

Hall, C. M. and Hodges, J. (1998) 'The politics of place and identity in the Sydney 2000 Olympics: sharing the spirit of corporatism', in Roche (ed.) *Sport, Popular Culture and Identity*, Aachen: Meyer and Meyer Verlag.

Handelman, D. (1998) *Models and Mirrors: Towards an Anthropology of Public Events*, 2nd ed. (original 1990), Cambridge: Cambridge University Press.

Hannerz, U. (1992) *Cultural Complexity*, New York: Columbia University Press.

Hargreaves, Jennifer, (1994) *Sporting Females: Critical Issues in the History and Sociology of Women's Sports*, London: Routledge.

Hargreaves, John, (1986) *Sport, Power and Culture*, Cambridge: Polity.

——(1996) 'The catalanization of the Barcelona Olympics' (unpublished paper), European Association conference 'Collective Identity and Symbolic Representation', Fondation

Nationale des Sciences Politiques, Paris.

Harriss, J. (1975) *The Tallest Tower: Eiffel and the Belle Epoque*, Boston: Houghton Mifflin Co.

Hart-Davis, D. (1986) *Hitler's Games: the 1936 Olympics*, London: Century Hutchinson.

Harvey, D. (1989) *The Condition of Postmodernity*, Oxford: Blackwell.

Harvey, P. (1994) 'Nations on display: technology and culture in Expo 92', *Science as Culture*, 5, 1:85 – 105.

Harvey, P. (1996) *Hybrids of Modernity: Anthropology, the Nation State and the Universal Exhibition*, London: Routledge.

Held, D. (1995) *Democracy and the Global Order*, Cambridge: Polity.

Held, D. et al. (1999) *Global Transformations: Politics, Economics and Culture*, Cambridge: Polity.

Henry, I. (1998) 'Sport, symbolism and urban policy', in Roche (ed.) 1998 *Sport, Popular Culture and Identity*, Aachen: Meyer and Meyer Verlag.

Henry, I., Gratton, C., and Taylor, P. (eds.) (1998) *Sport in the City*, vols. 1 and 2, (international conference proceedings), Centre for Leisure Industries Research, Sheffield Hallam University, Sheffield.

Herman, E. and McChesney, R. (1997) *The Global Media: The New Missionaries of Global Capitalism*, London: Cassell.

Hetherington, K. (1998) *Expressions of Identity*, London: Sage.

Hiassen, C. (1998) *Team Rodent: How Disney Devours the World*, New York: Ballantine Publishing Group.

Hill, C. (1992) *Olympic Politics*, Manchester: Manchester University Press.

Hinsley, C. (1991) 'The world as marketplace: commodification of the exotic at the world's Columbian Exhibition, Chicago, 1893', ch. 18, in I. Karp and S. Lavine (eds.) *Exhibiting Cultures: The Poetics and Politics of Museum Display*, Washington: Smithsonian Institution Press.

Hirst, P. and Thompson, G. (1996) *Globalization in Question*, Cambridge: Polity.

Hoberman, J. (1984) *Sport and Political Ideology*, London: Heinemann.

——(1986) *The Olympic Crisis: Sports, Politics and the Moral Order*, New Rochelle: Aristide D. Caratzas.

——(1995) 'Toward a theory of Olympic internationalism', *Journal of Sport History*, 22, 1:1–37.

Hobsbawm, E. (1992) 'Mass-producing traditions: Europe, 1870—1914' in Hobsbawm and Ranger (eds.) *The Invention of Tradition* (original 1983) Cambridge: Canto/Cambridge University Press.

Hobsbawm, E. and Ranger T. (eds.) (1992) *The Invention of Tradition* (original 1983) Cambridge: Canto/Cambridge University Press.

Hochschild, A. (1999) *King Leopold's Ghost*, London: Macmillan.

Holt, R. (1992) *Sport and the British: A Modern History*, Oxford: Clarendon.

——(1998a) 'The Foreign Office and the Football Association: British sport and appeasement, 1935—1938', in Arnaud and Riordan (ed.) *Sport and International Politics: The Impact of Fascism and Communism on Sport*, London: E & FN Spon/Routledge.

——(1998b) 'Interwar sport and interwar relations', in Arnaud and Riordan (eds.) *Sport and International Politics: The Impact of Fascism and Communism on Sport*, London: E & FN Spon/Routledge.

Hornby, N. (1996) *Fever Pitch*, London: Indigo.

Horne, D. (1986) *The Public Culture*, London: Pluto Press.

Horsman, M. (1997) *Sky High: The Inside Story of BSkyB*, London: Orion Business Books.

Houlihan, B. (1991) *The Government and Politics of Sport*, London: Routledge.

——(1994) *Sport and International Politics*, London: Harvester Wheatsheaf.

House of Commons, (1997) *The Millenium Dome*, (Second Report of the Culture, Media and Sport Committee, House of Commons), London: The Stationery Office.

Howell, D. (1990) *Made in Birmigham: The Memoirs of Denis Howell*, London: Queen Anne Press/ Macdonald.

Hughes, H. (1993) 'Olympic Tourism and Urban Regeneration', *Festival Management and Event Tourism*, 1:157-162.

Huizinga, J. (1971) *Homo Ludens*, London: Paladin.

IOC (1994) *The International Olympic Committee—One Hundred Years, Vol 1: 1894—1942*, Lausanne: IOC (International Olympic Committee).

——(1995a) *The International Olympic Committee—One Hundred Years, Vol 2: 1942—1972*, Lausanne: IOC.

——(1995b) *Olympic Charter*, Lausanne: IOC.

——(1995c) *Manual for Candidate Cities for the the Games of the XXVIII Olympiad 2004*, Lausanne: IOC.

——(1996a) *The International Olympic Committee—One Hundred Years, Vol 3: 1972—1996*, (first printed September 1997) Lausanne: IOC.

——(1996b) *Olympic Charter*, Lausanne: IOC.

——(1999) 'The Inquiry' (Findings of the Pound Report) *Olympic Review* XXVI-25:34

ITU (1996) 'The Olympic games and the media', in *Olympic Review* XXV-9:57-66 (ITU, International Telecommunications Union).

Jackson, P. (1988) 'Street life: the politics of carnival', *Environment and Planning D: Society and Space*, 6:213-227.

——(1992) 'The politics of the streets: a geography of Caribana', *Political Geography*, 11, 2:130-151.

Jackson, R. and McPhail, T. (eds.) (1989) *The Olympic Movement and the Mass Media*, Calgary: Hurford Enterprises.

James, C. L. R. (1983) *Beyond a Boundary* (2nd edition), New York: Pantheon.

Jarman, N. (1997) *Material Conflicts: Parades and Visual Displays in Northern Ireland*, Oxford: Berg.

Jarvie, G. and Maguire, J. (1994) *Sport and Leisure in Social Thought*, London: Routledge.

Jennings, A. (1996) *The New Lords of the Rings*, London: Pocket Books, Simon and Schuster.

Jeong, G-H. and Faulkner, B. (1996) 'Resident perceptions of mega-event impacts: the Taejon International Exposition case', *Festival Management and Event Tourism*, 4:3 - 11.

Jones, S. (1988) *Sport, Politics and the Working Class*, Manchester: Mancheter University Press.

Kang, Y-S and Perdue, R. (1994) 'Long-term impact of a mega-event on international tourism to the host country: a conceptual model and the case of the 1988 Seoul Olympics', *The Journal of International Consumer Marketing*, 6, 3/4: 205 - 225.

Kanin, D. (1981) *A Political History of the Olympic Games*, Boulder Colorado: Westview Press.

Kaplan, T. (1993) *Red City, Blue Period: Social Movements in Picasso's Barcelona*, London: University of California Press.

Kasson, J. (1978) *Amusing the Million: Coney Island at the Turn of the Century*, New York: Hill & Wang.

Keane, J. (1998) *Civil Society: Old Images, New Visions*, Cambridge: Polity.

Kearns, G. and Philo, C. (eds.) (1993) *Selling Places: The City as Cultural Capital, Past and Present*, Oxford: Pergamon.

Kidane, F. (1995) 'The IOC and the United Nations', *Olympic Review*, 25, 5.

——(1996) 'Samaranch at the United Nations', *Olympic Review*, 25, 6:4 - 9.

——(1998) 'The Olympic Truce', *Olympic Review*, 19:5 - 7.

Killanin, L. (1983) *My Olympic Years*, London: Seeker and Warburg.

Killanin, L. and Rodda, J. (1976) *The Olympic Games*, New York: Macmillan.

Klatell, D. and Marcus, N. (1988) *Sports for Sale: Television*,

Money and the Fans, Oxford: Oxford University Press.

Knight, D. (1978) *The Exhibitions: Great White City*, London: Barnard and Westwood.

Kruger, A. (1986) 'The influence of the state sport of fascist Italy on Nazi Germany 1928—1936', pp. 145 – 164 in Mangan and Small (eds.) *Sport, Culture, Society: International Historical and Sociological Perspectives*, London: E. & F. Spon.

——(1998) 'The role of sport in German international politics 1918—1945', in Arnaud and Riordan (eds.) *Sport and International Politics: The Impact of Fascism and Communism on Sport*, London: E & FN Spon/Routledge.

Lakoff, G. and Johnson, M. (1980) *Metaphors We Live By*, Chicago: University of Chicago Press.

Lane, C. (1981) *The Rites: of Rulers: Ritual in Industrial Society—The Soviet Case*, Cambridge: Cambridge University Press.

Larson, J. and Park, H-S. (1993) *Global Television and the Politics of the Seoul Olympics*, Oxford: Westview Press.

Lash, S. and Urry, J. (1994) *Economies of Signs and Space*, London: Sage.

Lavenda, R. (1980) 'The festival of progress: the globalising world-system and the transformation of the Caracas carnival 1873', *Journal of Popular Culture*, 14:465 – 475.

Law, C. (1993) *Urban Tourism*, London: Mansell.

Leibold, M. and Van Zyl, C. (1994) 'The Summer Olympic Games and its tourism marketing: with specific reference to Cape Town, South Africa', in Murphy (ed.) *Mega-Event*

Legacies, Victoria: Province of British Columbia.

Lekarska, N. (1976) 'Olympic ceremonial', in Killanin and Rodda (eds.) *The Olympic Games*, New York: Macmillan.

Lewis, J. (1994) 'Disney after Disney: family business and the business of family', in Smoodin (ed.) *Disney Discourse: Producing the Magic Kingdom*, London: Routledge.

Lewis, R. (1983) 'Everything under one roof: world's fairs and department stores in Paris and Chicago', *Chicago History*, 12, 3:28-47.

Ley, D. and Olds, K. (1988) 'Landscape as spectacle: worlds fairs and the culture of heroic consumption', *Environment and Planning D: Space and Society* 6:191-212.

Liebes, T. and Curran, J. (eds.) (1998) *Media, Ritual and Identity*, London: Routledge.

Lister, R. (1997) *Citizenship: Feminist Perspectives*, London: Macmillan.

Loventhal and Howarth (1985) 'The impact of the 1984 Summer Olympic Games on the lodging and restaurant industry in Southern California', Sydney: Loventhal and Howarth.

Lovesey, P. (1979) *The Official Centenary History of the Amateur Athletic Assocation*, London: Guinness Superlatives Limited.

Lucas, J. (1980) *The Modern Olympic Games*, New York: A. S. Barnes & Co.

Luckhurst, K. (1951) *The Story of Exhibitions*, London: The Studio Publications.

Lukes, S. (1973) *Emile Durkheim: His Life and Work*, London: Penguin.

——(1975) 'Political Ritual and Social Integration', *Sociology*, 9:289–308.

Lyman, S. and Scott, M. (1970) *A Sociology of the Absurd*, New York: Appleton-Century-Crofts.

MacAloon, J. (1981) *This Great Symbol: Pierre de Coubertin and the Origins of the Modern Olympic Games*, Chicago: University of Chicago Press.

——(1984) 'Olympic Games and the theory of spectacle in modern societies', in MacAloon (ed.) *Rite, Drama, Festival, Spectacle*, Philadelphia: The Institute of Human Issues.

——(1989) 'Festival, ritual and TV' (Los Angeles Olympics 1984), in Jackson and McPhail (eds.) *The Olympic Movement and the Mass Media*, Calgary: Hurford Enterprises.

——(1992) 'The ethnographic imperative in comparative Olympic research', *Sociology of Sport Journal*, 9:104–130.

MacAloon, J. (ed.) (1984) *Rite, Drama, Festival, Spectacle*, Philadelphia: The Institute of Human Issues.

MacArthur, C. (1986) 'The Glasgow Empire Exhibition of 1938: the dialectics of national identity' pp. 117–134, in Bennett, T. (ed.) *Popular Culture and Social Relations*, Milton Keynes: Open University Press.

MacCannell, D. (1989) *The Tourist*, 2nd edition, London: Macmillan.

McChesney, R. (1998) 'Media convergence and globalisation', ch. 2 in Thusu, A. (ed.) (1998) *Electronic Empires: Global Media and Local Resistance*, London: Arnold.

Macdonald, S. (1996) Introduction, in Macdonald and Fyfe *Theorizing Museums*, Oxford: Blackwell.

Macdonald, S. and Fyfe, G. (eds.) (1996) *Theorizing Museums*, Oxford: Blackwell.

McGuigan, J. (1992) *Cultural Populism*, London: Routledge.

——(1995) *Culture and the Public Sphere*, London: Routledge.

McIntosh, P. (1968) *Physical Education in England since 1800*, London: Bell & Hyman.

——(1980) *Fair Play: Ethics in Sport and Education*, London: Heinemann.

MacKenzie, J. (1984) *Propaganda and Empire: The Manipulation of British Public Opinion 1880—1960*, Manchester: Manchester University Press.

Maffesoli, M. (1996) *The Time of the Tribes*, London: Sage.

Maguire, J. (1999) *Global Sport: Identities, Societies, Civilizations*, Cambridge: Polity.

Maheu, R. (ed.) (1995) *Social Movements and Social Classes*, London: Sage.

Mandell, R. (1967) *Paris 1900: The Great World's Fair*, Toronto: University of Toronto Press.

——(1971) *The Nazi Olympics*, New York: Macmillan.

Mangan, J. (ed.) (1986) *The Games Ethic and Imperialism*, New York: Viking Press.

——(ed.) (1992) *The Cultural Bond: Sport, Empire and Society*, London: Frank Cass.

Mangan, J. and Park, R. (eds.) (1987) *From 'Fair Sex' to Feminism: Sport and the Socialization of Women in the Industrial and Post-Industrial Eras*, London: Frank Cass.

Mangan, J. and Small, R. (eds.) (1986) *Sport, Culture, Society: International Historical and Sociological Perspectives*, London: E. & F. Spon.

Marshall, T. H. (1992) 'Citizenship and social class' (original 1949), in T. H. Marshall and T. Bottomore, *Citizenship and Social Class*, London: Pluto Press.

Martin, H-P. and Schumann, H. 1997 *The Global Trap*, London: Pluto Press.

Marx, K and Engels, F. (1969) *Marx and Engels: Basic Writings on Politics and Philosophy*, Feuer, L. (ed.) London: Fontana.

——(1970) *Karl Marx and Frederick Engels: Selected Works*, London: Lawrence and Wishart.

Mattie, E. (1998) *World's Fairs*, New York: Princeton Architectural.

M'baye, K. (1999) 'Sport and human rights', pp. 8 – 14, *Olympic Review*, XXVI – 24.

Mehring, F. (1966) *Karl Marx: The Story of his Life*, London: Allen and Unwin.

Merton, R. (1968) *Social Theory and Social Structure*, Chicago: Free Press.

Meyer, G. (1976) 'The 1900 and 1904 Olympics', in Killanin and Rodda (eds.) *The Olympic Games*, New York: Macmillan.

Mihalik, B. (1994) 'Mega-event legacies of the 1996 Atlanta Olympics', in Murphy (ed.) *Mega-Event Legacies*, Victoria: Province of British Columbia.

Minkowski, E. (1970) *Lived Time: Phenomenological and Pathological Studies*, Evanston: Northwestern University

Press.

Moore, K. (1986) 'The 1911 Festival of Empire: a final fling?', pp. 84 - 90 in Mangan and Small (eds.) *Sport, Culture, Society: International Historical and Sociological Perspectives*, London: E. & F. Spon.

Morley, D. and Robbins, K. (1995) *Spaces of Identity: Global Media, Electronic Landscapes and Cultural Boundaries*, London: Routledge.

Morris, P. (ed.) (1994) *The Bakhtin Reader*, London: Edward Arnold.

Mosse, G. (1975) *The Nationalization of the Masses: Political Symbolism and Mass Movements in Germany*, New York: Howard Fertig.

Murphy, P. (ed.) (1994) *Mega-Event Legacies*, Victoria: Province of British Columbia (An edited version of some of these conference proceedings was subsequently published as Murphy, P. (ed.) 1995 *Quality Management in Urban Tourism*, New York: John Wiley and Sons).

Nicholaievsky, B. and Maechen-Helfen, O. (1976) *Karl Marx: Man and Fighter*, London: Penguin.

Nisbet, R. (1970) *The Sociological Tradition*, London: Heinemann.

Nye, D. (1994) 'Electrifying expositions: 1880—1939', in Rydell and Gwinn (eds.) *Fair Representations: World's Fairs and the Modern World*, Amsterdam: VU University Press.

O'Keefe, R. (1998) 'The "Right to take part in cultural life" under Article 15 of the ICESCR', *International and Comparative Law Quarterly*, 47: 904 - 923.

Ohmae, K. (1995) *The End of the Nation State: The Rise of Regional Economies*, New York: Harper Collins.

Page, S. (1995) *Urban Tourism*, London: Routledge.

Payne, A. (1993) 'The Commonwealth and the politics of sporting contacts with South Africa', in Binfield and Stevenson (eds.) *Sport, Culture and Politics*, Sheffield: Sheffield Academic Press.

Pegler, M. and Rimer, G. (1999) *Buffalo Bill's Wild West*, Leeds: The Royal Armouries Museum.

Phillips, G. and Oldham, T (1994) *World Cup USA '94*, London: Collins Willow.

Pred, A. (1991) 'Spectacular articulations of modernity: the Stockholm exhibition of 1897', *Geografiska Annaler*, 73 B 1:45 - 84.

Puijk, R. (ed.) (1996) *Global Spotlights on Lillehammer*, Luton: John Libbey Media.

Pyo, S., Cook, R. and Howell, R. (1988) 'Summer Olympic tourism market-learning from the past', *Tourism Management*, 9, 2:137 - 144.

Real, M. (1989) *Super Media: A Cultural Studies Approach*, London: Sage.

——(1995) 'Sport and the spectacle', in J. Downing, A. Mohammadi and A. Sreberny-Mohammadi (eds.) *Questioning the Media*, 2nd ed. London: Sage.

——(1996a) *Exploring Media Culture*, London: Sage.

——(1996b) 'The postmodern Olympics: technology and the commodification of the Olympic movement', *Quest*, 48:9 - 24.

——(1996c) 'Is television corrupting the Olympics? Media and the (post) modern games at age 100', *Televion Quarterly*, Summer: 2-12.

——(1996d) 'The Televised Olympics from Atlanta: a look back and ahead', *Television Quarterly*, Autumn, 9-12.

——(1998) 'Mediasport: technology and the commodification of postmodern sport', in Wenner (ed.) *MediaSport*, London: Routledge.

Richards, T. (1990) *The Commodity Culture of Victorian England: Advertising and Spectacle 1851—1914*, Stanford: Stanford University Press.

Rifkin, J. (1987) *Time Wars: The Primary Conflict in Human History*, New York: Henry Holt & Co.

Riordan, J. (1978) 'Sport in the Soviet Union' in Riordan J. (ed.) *Sport under Communism*, London: Hurst.

——(1984) 'The workers' Olympics', in Tomlinson and Whannel (eds.) *Five Ring Circus: Money, Power and Politics at the Olympic Games*, London: Pluto Press.

——(1998) 'The sports policy of the Soviet Union, 1917—1941', in Arnaud and Riordan (eds.) *Sport and International Politics: The Impact of Fascism and Communism on Sport*, London: E & FN Spon/Routledge.

Ritchie, B. (1984) 'Assessing the impacts of hallmark events', *Journal of Travel Research*, 23, 2: 2-11.

Ritzer, G. (1996) *The McDonaldization of Society*, London: Sage.

——(1998) *The McDonaldisation Thesis*, London: Sage.

——(1999) *Enchanting a Disenchanted World: Revolutionizing*

the Means of Consumption, London: Sage.

Ritzer, G. and Liska, A. (1997) "McDisneyization" and "Post-Tourism": complementary perspectives on contemporary tourism', in Rojek and Urry (eds.) *Touring Cultures: Transformations of Travel and Theory*, London: Routledge.

Rivenburgh, N. (1992) 'National image richness in US-televised coverage of South Korea during the Seoul Olympics', *Asian Journal of Communication*, 2, 2:1-39.

Robertson, M. (1992) 'Cultural hegemony goes to the fair', *American Studies* 33, 1:31-44.

Robertson, R. (1990) 'Mapping the global condition', in Featherstone (ed.) *Global Culture*, London: Sage.

——(1992) *Globalization: Social Theory and Global Culture*, London: Sage.

Roche, M. (1973) *Phenomenology, Language and the Social Sciences*, London: Routledge and Kegan Paul.

——(1987a) 'Social theory and the lifeworld', *British Journal of Sociology*, 38:283-286.

——(1987b) 'Citizenship, social theory and social change', *Theory and Society*, 16:363-399.

——(1988) 'The political sociology of the lifeworld', *Philosophy of the Social Sciences*, 18: 259-263.

——(1989) 'Lived time, leisure and retirement', pp. 54-79, in Winnifrith, T. and Barrett C. eds. *The Philosophy of Leisure*, London: Macmillan.

——(1990) 'Time and unemployment', *Human Studies*, 13:1-25.

——(1992a) 'Mega-events and micro-modernization', *British*

Journal of Sociology, 43: 563 - 600.

——(1992b) 'Mega-events and citizenship', *Vrijtijd en Samenleving (Leisure and Society)*, 10, 4: 47 - 67.

——(1993) 'Sport and community: rhetoric and reality in the development of British sport policy', pp. 72 - 112, in Binfield and Stevenson (eds.) *Sport, Culture and Politics*, Sheffield: Sheffield Academic Press.

——(1994) 'Mega-events and urban policy', in *Annals of Tourism Research*, 21, 1, 1 - 19.

——(1995a) 'Rethinking citizenship and social movements', in Maheu (ed.) *Social Movements and Social Classes*, London: Sage.

——(1995b) 'Citizenship and modernity', *British Journal of Sociology*, 46, 4:715 - 733.

——(1996) *Rethinking Citizenship*, Cambridge: Polity.

——(1997) 'Citizenship and exclusion: reconstructing the European Union', in Roche and van Berkel (eds.) *European Citizenship and Social Exclusion*, Aldershot: Ashgate.

——(1998) 'Sport, popular culture and identity', in Roche (ed.) *Sport, Popular Culture and Identity*, Aachen: Meyer and Meyer Verlag.

——(1999a) 'Mega-events, culture and modernity: expos and the origins of public culture', *International Journal of Cultural Policy*, 5, 1:1 - 31.

——(1999b) 'Citizenship, popular culture and Europe', in Stevenson (ed.) *Citizenship and Culture*, London: Sage.

——(1999c) 'Mega-events as theatres of power: mass festivals and cultural policy in the USSR and Nazi Germany', unpublished paper, Sociology Department, Sheffield University, Sheffield.

——(1999d) '"Event cities" and cultural citizenship', unpublished paper, Sociology Department, Sheffield University, Sheffield.

Roche, M. (ed.) (1998) *Sport, Popular Culture and Identity*, Aachen: Meyer and Meyer Verlag.

Roche, M. and Arundel, J. (1998) 'Media sport and local identity: British Rugby League and Sky TV', in Roche (ed.) *Sport, Popular Culture and Identity*, Aachen: Meyer and Meyer Verlag.

Roche, M. and France, A. (1998) 'Sport mega-events, urban policy and youth identity: Issues of citizenship and exclusion in Sheffield', in Roche (ed.) *Sport, Popular Culture and Identity*, Aachen: Meyer and Meyer Verlag.

Roche, M. and van Berkel, R. (eds.) (1997) *European Citizenship and Social Exclusion*, Aldershot: Ashgate.

Rogers, E. (1986) *Communicaton Technology: The New Media in Society*, New York: Free Press.

Rojek, C. (1993a) 'Disney culture', *Leisure Studies*, 12: 121 - 135.

——(1993b) *Ways of Escape: Modern Transformations in Leisure and Travel*, London: Macmillan.

——(1995) *Decentering Leisure Theory*, London: Sage.

Rojek, C. and Urry, J. (eds.) (1997) *Touring Cultures: Transformations of Travel and Theory*, London: Routledge.

Rothenbuhler, E. (1988) 'The living room celebration of the Olympic Games', *Journal of Communication*, 38, 4: 61 - 81.

——(1989)'Values and symbols in orientations to the Olympics', *Critical Studies in Mass Communication*, 6: 138-157.

Rowe, D. (1996)'The global love-match: sport and television', *Media, Culture and Society*, 18: 565-582.

——(1999) *Sport, Culture and the Media: The Unruly Trinity*, Buckingham: Open University Press.

Rowe, D. et al. (1994)'Global sport? Core concern and peripheral vision', *Media, Culture and Society*, 16: 661-675.

Rubalcaba-Bermejo, L. and Cuadrado-Roura, J. (1995)'Urban heirarchies and teritorial competition in Europe: exploring the role of fairs and exhibitions', *Urban Studies*, vol. 32, 2, 379-400.

Russell, D. (1960) *The Lives and Legends of Buffalo Bill*, Norman: University of Oklahoma Press.

Ryan, C. (ed.) (1997) *The Tourist Experience*, London: Cassell.

Rydell, R. (1984) *All the World's a Fair: Visions of Empire at American International Expositions 1876—1916*, Chicago: University of Chicago Press.

——(1993) *World of Fairs: The Century-of-Progress Expositions*, Chicago: Chicago University Press.

Rydell, R. and Gwinn, N. (1994)'Introduction: fair representations—world's fairs and the modern world', in Rydell and Gwinn (eds.) *Fair Representations: World's Fairs and the Modern World*, Amsterdam: VU University Press.

Rydell, R. and Gwinn, N. (eds.) (1994) *Fair Representations: World's Fairs and the Modern World*, Amsterdam: VU University Press.

Samaranch, J. (1998) 'The IOC and the exhibitions' Editorial, *Olympic Review*, 21.

—— (1999a) 'Human rights and Olympism', Editorial, *Olympic Review*, XXVI-24.

—— (1999b) 'Doping destroys health', Editorial, *Olympic Review*, XXVI-25.

—— (1999c) 'A new horizon', Editorial, *Olympic Review*, XXVI-26.

—— (1999d) 'The culture of peace', Editorial, *Olympic Review*, XXVI-27.

Scannell, P. (1996) *Radio, Television and Modern Life*, Oxford: Blackwell.

Schechner, R. (1995) *The Future of Ritual; Writings on Culture and Performance*, London: Routledge.

Schivelbusch, W. (1988) *Disenchanted Night: The Industrialisation of Light in the Nineteenth Century*, Oxford: Berg.

Schroeder-Gudehus, B. and Rasmussen, A. (1992) *Les Pastes du Progres: Les Guides des Exposition Universelles 1851—1992*, Paris: L'Atelier d'Edition Europeen, Flammarion.

Schutz, A. and Luckmann, T. (1974) *The Structures of the Lifeworld*, London: Heinemann.

Scobey, D. (1994) 'What shall we do with our walls? The Philadelphia centennial and the meaning of household design', in Rydell and Gwinn (eds.) *Fair Representations: World's Fairs and the Modern World*, Amsterdam: VU

University Press.

Seh-Jik, P. (1991) *The Seoul Olympics: The Inside Story*, London: Bellew Publishing.

Sereny, G. (1995) *Albert Speer: His Battle with Truth*, London: Picador.

Shaikin, B. (1988) *Sport and Politics: The Olympics and the Los Angeles Games*, New York: Praeger.

Shawcross, W. (1993) *Rupert Murdoch: Ringmaster of the Information Circus*, London: Pan.

Sklair, L. (1991) *The Sociology of the Global System*, London: Harvester/Wheatsheaf.

Simson, V. and Jennings, A. (1992) *The Lords of the Rings: Power, Money and Drugs in the Modern Olympics*, London: Simon & Schuster.

Smart, B. (ed.) (1999) *Resisting McDonaldization*, London: Sage.

Smith, A. (1995) *Nations and Nationalism in a Global Era*, Cambridge: Polity.

——(1998) *Nationalism and Modernism*, London: Routledge.

Smoodin, E. (ed.) (1994) *Disney Discourse: Producing the Magic Kingdom*, London: Routledge.

SOOC (1988) 'Olympics and the Korean economy,' Seoul: SOOC (Seoul Olympic Organising Committee).

Sorkin, M. (1992) 'See you in Disneyland', in Sorkin, M. (ed.) *Variations on a Theme Park*, New York: Hill and Wang.

Spa, M de M., Rivenburgh, N., and Larson, J. (1995) *Television in the Olympics*, Luton: John Libbey Media.

Speer, A. (1970) *Inside the Third Reich*, London: Weidenfeld and Nicolson.

Spillman, L. (1997) *Nation and Commemoration: Creating National Identities in the United States and Australia*, Cambridge: Cambridge University Press.

Spybey, T. (1996) *Globalization and World Society*, Cambridge: Polity.

Sreberny-Mohammadi, A. *et al.* (eds.) (1997) *Media in a Global Context: A Reader*, London: Arnold.

Stallard, P. (1996) 'A fractured vision: The World Fair comes to Wembley', unpublished paper, Geography Department, Sheffield University.

Stallybrass, P. and White, A. (1986) *The Politics and Poetics of Transgression*, London: Methuen.

Stevenson, N. (1995) *Understanding Media Cultures: Social Theory and Mass Communication*, London: Sage.

Stevenson, N. (ed.) (1999) *Citizenship and Culture*, London: Sage.

Stivachtis, K. (1999) 'Cooperation between the IOC and UNESCO', *Olympic Review* XXVI – 24:47.

Sugden, J. and Tomlinson, A. (eds.) (1994) *Hosts and Champions: Soccer Cultures, National Identities and the USA World Cup*, Aldershot: Arena/Ashgate.

Sugden, J. and Tomlinson, A. (1998) *FIFA and the Contest for World Football*, Cambridge: Polity.

Susman, W. (1983) 'Ritual Fairs', *Chicago History*, 12, 3:4–7.

Syme, G., Shaw, B., Fenton, M. and Mueller, W. (eds.) (1989) *The Planning and Evaluation of Hallmark Events*,

Aldershot: Avebury.

Taylor, T. (1986) 'Sport and international relations', in Allison, L. (ed.) *The Politics of Sport*, Manchester: Manchester University Press.

Teja, A. (1996) 'The transformation of the national Italian Olympic Committee during the Fascist regime: sport as a symbol of political power', in Van der Merwe (ed.) *Sport as Symbol, Symbols in Sport*, Augustin, Germany: Academia Verlag, Sankt Augustin.

——(1998) 'Italian sport and international relations under fascism', in Arnaud and Riordan (eds.) *Sport and International Politics: The Impact of Fascism and Communism on Sport*, London: E & FN Spon/ Routledge.

Thompson, J. (1995) *The Media and Modernity: A Social Theory of the Media*, Cambridge: Polity.

Toffler, A. (1970) *Future Shock*, London: Pan Books.

Tomlinson, A. and Whannel, G. (eds.) (1984) *Five Ring Circus: Money, Power and Politics at the Olympic Games*, London: Pluto Press.

Touraine, A. (1995) 'Democracy: From a politics of citizenship to a politics of recognition', in Maheu (ed.) *Social Movements and Social Classes*, London: Sage.

Toulmin, V. (1994) 'Telling the tale', *Film History*, 6:219-237.

TPOD (1995) *Inside the Mouse: Work and Play at Disney World*, London: Rivers Oram Press. (The acronym TPOD refers to the collectively authored work of 'The Project on Disney' group).

Tranter, N. (1998) *Sport, Economy and Society in Britain 1750—1914*, Cambridge: Cambridge University Press.

Tsubota, R. (1993) 'A comparative analysis of the Summer and Winter Olympic Games 1992, Barcelona and Albertville' (unpublished M. A. thesis, Programme in European Leisure Studies (PELS), Tilburg University and Loughbourough University).

Tunstall, J. and Palmer, M. (1991) *Media Moguls*, London: Routledge.

Turner, B. (1993) 'Outline of a theory of human rights', in Turner, B. (ed.) *Citizenship and Social Theory*, London: Sage.

Turner, V. (1987) 'Carnival, ritual, and play in Rio de Janeiro' in Falassi (ed.) *Time Out of Time: Essays on the Festival*, Albuquerque: University of New Mexico Press.

Turner, V. (1995) *The Ritual Process: Structure and Anti-Structure*, New York: Aldine de Gruyter (original 1969).

Ueberroth, P. (1985) *Made in America*, New York: William Morrow & Co. Inc.

UK Government (1996) *The Broadcasting Act*, London: The Stationery Office.

——(1999) 'Not only the Dome' (Government response to the 6th report of the Culture, Media and Sport Committee of the House of Commons), London: The Stationery Office.

Urry, J. (1990) *The Tourist Gaze*, London, Sage.

——(1995) *Consuming Places*, London: Routledge.

——(1998) 'Globalization, the media and new citizenships', unpublished paper, Department of Sociology, Lancaster

University, Lancaster.

Vamplew, W. (1988) *Play Up and Play the Game: Professional Sport in Britain 1875—1914*, Cambridge: Cambridge University Press.

Van der Merwe, F. (ed.) (1996) *Sport as Symbol, Symbols in Sport*, Augustin, Germany: Academia Verlag, Sankt Augustin.

Van Gennep, A. (1960) *The Rites of Passage*, Chicago: University of Chicago Press (original 1908).

Van Steenbergen, B. (1995) *The Condition of Citizenship*, London: Sage.

Varrasi, F. (1997) 'Creating Wembley: sport and suburbia', unpublished paper, School of Humanities, De Montfort University, Leicester.

Verdaguer, C. (1995) 'Mega-events: local strategies and global tourist attractions', in Montanari, A. and Williams, A. (eds.) *European Tourism*, Chichester/New York: Wiley.

Verdier, M. (1996) 'The IOC and the press', *Olympic Review*, XXV-9:65-66.

Von Geldern, J. (1993) *Bolshevik Festivals 1917—1920*, London: University of California Press.

Wachtel, E. (1986) 'Expo 86 and the World's Fairs', in Anderson and Wachtel (eds.) *The Expo Story—1986*, Vancouver: Harbour Publishing.

Wang, N. (1999) *Tourism and Modernity: A Sociological Analysis*, Oxford: Elsevier Science.

Walthew, K. (1981) 'The British Empire Exhibition of 1924' *History Today*, 34-39.

Waters, M. (1995) *Globalization*, London: Routledge.

Weber, M. (1947) 'Charismatic authority' in *The Theory of Social and Economic Organization* (Part III, sections IV-VI) (original 1920) London: Free Press, Collier-Macmillan.

Wenner, L. (1998) 'Playing the mediasport game', in Wenner (ed.) *Media Sport*, London: Routledge.

Wenner, L. (ed.) (1989) *Media, Sports, and Society*, London: Sage.

——(1998) *MediaSport*, London: Routledge.

Whannel, G. (1992) *Fields in Vision: Television Sport and Cultural Transformation*, London: Routledge.

Whitson, D. (1998) 'Circuits of promotion: media, marketing and the globalization of sport', in Wenner (ed.) *MediaSport*, London: Routledge.

Williams, C. (1997) *Consumer Services and Economic Development*, London: Routledge.

Williams, R. (1974) *Television: Technology and Cultural Form*, London: Fontana/Collins.

Williams, R. H. (1982) *Dream Worlds: Mass Consumption in Late Nineteenth Century France*, Oxford: University of California Press.

Wilson, A. (1994) 'The Betrayal of the Future: Walt Disney's EPCOT Centre', in Smoodin (ed.) *Disney Discourse: Producing the Magic Kingdom*, London: Routledge.

Wilson, H. (1996) 'What is an Olympic city? Visions of Sydney 2000', *Media, Culture and Society*, 18:603–618.

Wilson, P. (1976) 'The 1936 Berlin Olympics', in Killanin and Rodda (eds.) *The Olympic Games*, New York: Macmillan.

Yoshimoto, M. (1994) 'Images of Empire: Tokyo Disneyland

and Japanese Cultural Imperialism', in Smoodin (ed.) op. cit.

Young, M. and Schuller, T. (1988) *The Rhythms of Society*, London: Routledge.

Zukin, S. (1993) *Landscapes of Power: From Detroit to Disney World*, Oxford: University of California Press.

Zukin, S. (1995) *The Cultures of Cities*, Oxford: Blackwell.

Press articles

The list contains news reports and commentary in UK newspapers of record particularly on professional sport, media sport and the Olympics in the 1996—1999 period. Items in the list are indicated in the text and the Notes in the form: Name, Year-P.

Anon, 1998A 'World body trusts China to put its house in order', *Guardian*, 19th January.

——1998B 'Murchester United? Sky must be resisted', *Guardian*, 7th September.

——1998C 'IOC whistle-blower in "muzzling" claim', *Independent*, 14th December.

——1999 'Nagano's 1998 bid prompts concern', *Independent*, 18th January.

Barnett, S. 1996 'Turn on, pay up', *Guardian*, 26th July.

Bates, S. 1998 'Europe reaffirms Bosnian ruling', *Guardian*, 7th January.

Bates, S. 1999 'Brussels gets tough on TV deals', *Guardian*, 25th February.

Bell, E., Cambell, D, and Honigsbaum, M. 1999 'How

Murdoch was caught', *Observer*, 11th April.

Bell, E. 1998 'Nothing super about this league for BSkyB-unless it's in the game', *Observer*, 9th August.

Boggan, S. 1998 'Revealed: secret plan for football revolution', *Independent*, 6th August.

Boggan, S. and McCann, P. 1998 'Murdoch moves on superleague', *Independent*, 5th August.

Butcher, M. 1996 'Police raids may rewrite Olympics', *The European*, 27th June.

Butcher, M. 1999 'Delors on IOC wish list', *Observer*, 14th March.

Calvert, J. Connett, D. Gillard, M, MacKay, D. 1999 'There's all to pay for', *Observer*, 24th January.

Cambell, D. 1999 'Armchair fans to have digital season tickets', *Guardian*, 2nd May.

Chaudhary, V. 1998 'United launch own TV channel', *Guardian*, 11th August.

Collier, J. 1998 'Injection of realism', *Guardian*, 5th August.

Cornwell, R. 1998 'Rupert strikes out at Ted' *Independent*, 20th March.

Gulf, A. 1996 '£961m bid wins the Olympics for BBC', *Guardian*, 31st January.

Daley, K. 1999 'IOC report shows "decades of bribery"', *Independent*, 21st January.

Davison, J. 1999 A 'IOC expels six as bribe row grows', *Independent*, 25th January.

Davison, J. 1999B 'Shameful story of how the games were won', *Independent*, 25th January.

Davison, P. 1998 'Baseball team owners allow Murdoch to swing their club', *Independent*, 20th March.

EP 1996 'TV-Challenge to satellite sports monopoly' EP (European Parliament), *EP News* 4.

Evans, G. 1998 'Medicine cabinet', *Guardian*, 30th January.

Harrison, B. 1995 'Atlanta counts its 1996 chickens', *Financial Times*, 3rd November.

Harverson, P. Robinson, G. and Jones, S. 1999 'Olympic games scandal officials refuse to quit', *Financial Times*, 26th January.

Henderson, J. 1996 'What big Games hunter is after', *Observer*, 14th January.

Higgins, A. 1996A 'Humbled Roh 'ready for punishment'', *Guardian*, 16th January.

——1996B 'Politics exploits past sins', *Guardian*, 20th January.

——1996C 'Graft at the heart of Seoul miracle', *Guardian*, 24th January.

Hooper, J. 1992 'Barcelona goes for gold', *Observer*, 31st May.

Horsman, M. 1998 'They think its all over', *Guardian*, 1st June.

——1999 'Sky Blues', *Guardian*, 12th April.

Jordan, M and Sullivan, K. 1999 'Multi-million mystery as lid blows off Nagano', *Guardian*, 22nd January.

Kettle, M. 1999 'Corruption probe spares Samaranch', *Guardian*. 2nd March.

Larsen, P. 1999 '"Damage to the quality of football"', *Independent*, 10th April.

Lashmar, P. 1999 'Samaranch escapes the bloodletting',

Independent, 18th March.

McIntosh, B. 1999 'BSkyB in talks to buy 9.9% of Chelsea', *Independent*, 16th August.

Mackay, D. 1998A 'Samaranch doubt over Beijing bid', *Guardian*, 16th January.

Mackay, D. 1998B 'Behind the screen', *Observer*, 31st May.

Mackay, D. 1998C 'Samaranch to act over bribes', *Guardian*, 15th December.

Mackay, D. 1998D 'It's the taking bribes that counts and the winning city that profits', *Guardian*, 19th December.

——1998E 'Plague pulls pedallers from their pedestal', *Guardian*, 30th December.

——1999A 'Salt Lake bribery scandal claims first victim', *Guardian*, 20th January.

——1999B 'Acrobats fall in five-ring circus', *Guardian*, 21st January.

——1999C 'Samaranch in the dock', *Guardian*, 23rd January.

——1999D 'Bribe claims dim the flame of sport', *Guardian*, 25th January.

——1999E 'Suave Samaranch facing angry backlash', *Guardian*, 26th January.

——1999F 'Korda sweats over court ruling', *Guardian*, 29th January.

——1999G 'Samaranch to lead drug agency', *Guardian*, 2nd February.

——1999H 'Samaranch told by sponsors to reform', *Guardian*, 11th February.

——1999I 'Long live the king, says IOC, after six voted out',

Guardian, 18th March.

——1999J 'Samaranch's expensive tastes revealed as IOC open its books', *Guardian*, 19th March.

Mackay, D. and Chaudhary, V. 1999 'Bribes scandal forces Olympics shake-up', *Guardian*, 25th January.

Millward, D. 1999 'IOC fights to rescue tarnished games', *Daily Telegraph*, 23rd January.

Milner, M. 1998 'Barcelona enjoys a post-Olympics boom', *Guardian*, 5th September.

Nash, E. 1996 'A capital vision-from Spain', *Independent*, 29th October.

O'Reilly, D. 1998A 'Football set for the great leap forward', *The European*, 30th March.

O'Reilly, D. 1998B 'Sports gang up against EU', *The European*, 30th March.

O'Reilly, D. 1998C 'Ban on computer games', *The European*, 27th April.

Rattenbury, K. 1997 'A Crystal Palace for the Millenium', *Independent* (tabloid pp. 6 – 7), 23rd May.

Ridley, I. 1999 'Passion will see our game survives latest fat-cat spat', *Observer*, 17th January.

Rodda, J. 1993 'How Sydney bought the winning votes', *Guardian*, September 25th.

Rodda, J. 1999 'How money made all the running', *Guardian*, 25th January.

Rowbotham, M. 1998 'Uncertainty leads to embarrassment', *Independent*, 12th December.

Rowbotham, M. 1999 'Banks leads attack on "sad, soured,

sullied" IOC', *Independent*, 3rd February.

Short, D. 1996 'TV sports contenders get a new referee', *The European*, 25th July.

Short, D. 1997 'Brussels to back fans of TV sport', *The European*, 13th February.

Simpson, A. 1998 'More than just a football club', *The European*, 24th August.

Smith, A 1997 'Murdoch goes into bat for Dodgers', *Guardian*, 14th May.

Smith, D. 1998 'Why the best of British is big in China', *Sunday Express*, 9th August.

Sudjic, D. 1992 'Homage to Catalonian planning', *Guardian*, 16th July.

Taylor, R. 1997 'Bosnian effect is spreading', *Independent*, 13th September.

Teather, D. 1999 'AT&T joins Murdoch register', *Guardian*, 7th April.

Thomas, T. 1992 'Olympic record as Spain wins gold', *European*, 25th June.

Tran, M. 1998 'Murdoch steps up his American game plan', *Guardian*, 4th April.

Tran, M. 1999 'Murdoch raises his TV sports game with share-swap deal', *Guardian*, 3rd April.

Travis, A. 1998 'Don't let Sky claim key sporting events, say viewers', *Guardian*, 7th April.

Usborne, D. 1997 'Murdoch scores a media double', *Guardian*, 6th June.

Walker, M. 1998 'UEFA to turn its own league super',

Guardian, 7th October.

Watt, N., Wainwright, M., Finch, J., Gibson, J., Cowe, R. 1999 'Soccer decision leaves Murdoch's backing for New Labour in doubt', *Guardian*, 10th April.

Williams, R. 1998 'No time for amnesty in war on drugs', *Independent*, 12th December.

Wilson, K. 1998 'The Web gets its skates on', *Guardian*, 5th February.

Wolf, J. and Finch, J. 1999 'F1 chief abused market power, says EC', *Guardian*, 1st July.

索 引

A

阿尔伯特城(伦敦的展览区) 65

埃菲尔铁塔 45,58,64,73,85,118

《奥林匹克宪章》 13,152,178,254 - 256,266

《奥林匹亚》(电影) 144,211

奥林匹克电视,奥运电视 211 - 212, 215 - 218,237 - 238,243,245 - 246,250 - 251,262,265 - 266

奥林匹克休战 242,257,263,265, 273,275 - 281

奥林匹克意识形态 51,90,123,128, 143,241,253 - 254,257 - 258, 262,264 - 265,278

奥林匹克运动的组织 255

奥林匹克运动和博览会 109 - 119

奥林匹亚 116 - 117,142,145,149

奥运标志 124,178 - 179,196,238, 250,255

奥运城市 13,36,162,174 - 175,179, 191 - 193,195,197,198,205,273

 申办奥运城市 155,176,183 - 184,186,196 - 204,269

奥运会

 阿姆斯特丹 1928 年 120,124, 128,133,140,142,147,192

 安特卫普 1920 年 120,124,128, 132 - 133,140,142,176,192

 雅典 1896 年 111,114,118,120, 137,176 - 177,192,202,211

 亚特兰大 1996 年 3,162,177, 180,193,202,205,237,239, 267,271,278

 巴塞罗那 1992 年 3,115,162, 175,177,180,182,184 - 189, 193,201,205,207,237 - 239, 244 - 251,265,271,277

 柏林 1936 年 24,37,120,124, 126,127 - 128,140,143 - 156, 176,192,211 - 212,215,243, 267

 赫尔辛基 1952 年 176,192,198

 伦敦 1908 年 73,113,176 - 177, 192

 伦敦 1948 年 73,176 - 177,192, 198

 洛杉矶 1932 年 120,128,134,

136,140,142,144,176－177,192,211

洛杉矶 1984 年 2,24－25,143,177－179,182,184,187,192－193,195,200,202,237,239－240,250,273

墨西哥 1968 年 144,177,182,192,199,239

蒙特利尔 1976 年 177,182,187,193,199,205,239

莫斯科 1980 年 2,143,182,193,199－200,239

慕尼黑 1972 年 177,179,182,192,199,216,239

巴黎 1900 年 111－114,176,192,200

巴黎 1924 年 120,133,140,142,144,176－177,192,200

罗马 1960 年 177,192,198,239

汉城 1988 年 3,162,177,183,193－196,202,213,215,237－239,241,244,271

圣路易斯 1904 年 53,55,57,112,114,176,192

斯德哥尔摩 1912 年 120,147,176,192

悉尼 2000 年 3,177,181,205,222,239,268,274

东京 1964 年 177,180,182,192,198,239,242

1924 年冬季运动会 144

1936 年冬季运动会（加尔米施）144,150－152,155

1984 年冬季运动会（萨拉热窝）278

1992 年冬季运动会（阿尔伯维尔）201

1994 年冬季运动会（利勒哈默尔）200－201,237,249,278

1998 年冬季运动会（长野）203,257,267,271,278

2002 年冬季运动会（盐湖城）3,197,274

奥运会民主问题 241,243－244,253,262－263,268.271,280

奥运会兴奋剂问题 255－256,270－272,280

奥运会仪式 17,31－32,71,119,123－124,128,142,149,179,215－219,246－250

奥运媒体城市 36,162,175,191－196

奥运媒体事件 36－37,119,145,175,213,215－217,233,237－238,240,244

B

霸权 47,51,92－94

"白城"博览会（芝加哥 1893 年）107－108

"白城"体育场（伦敦）73,78,

被发明的传统 42－45

表演综合体 246

C

超民族主义 109,124,126-156

D

大型活动

 大型活动的多维度 9-15,18,26-27,29-30,32,35

 大型活动的社会理论 9,43,259,282-284,300

 大型活动的社会学 2,6,7,9-11,14,16-18,22,26-27,29,42,212,215,218,251,292

 其他社会学方法 9,18-26

 异化与失范 284,287

 与奥运电视 248-251

 与超民族主义 126-157

 与城市 161-206

 与公民身份(见公民身份)

 与国际主义 27-30,32,87,109-124,126-128,134-143,156-157,190-191,216-217,248,254,265

 与空间(社会,生活) 216,220-221,229,247,259,283-286,288-291,301

 与旅游文化 82-85,161-170

 与媒体文化 207-252

 与民族主义 70,81,248-249,304

 与全球公民身份 253-281

 与全球结构化 297-305

 与全球社会 253,258,260,263,282-283,292-293-295,304

 与全球社会的网络 260,283,293

 与商业化(在奥林匹克电视中) 124,131,139,161,199-200,210,213,218-220,235,237,241,248,250-231

 与社会变革 9,12,16,27,49,286-287,293,304

 与社会现象学要素 283-293

 与时间(生活的、世代的) 220,283-286,288-291,299,301,303-304

 与文化公民身份 82-125

 与文化权力 41-51,65-81

 与文化政策 43-44,48,51,258-260,263

 与现代性 1-38,283-305

 与现代性中的身份需求 284-292

 与消费主义 34,52,57,82-89,208,291

 与仪式(见仪式)。

 与中观社会进程的社会学要素 292-293

 战时时期 126-157

 作为连接"流动"的"枢纽"和"开关" 260,283,293,300-302

 作为"剧场"(权力等,71,118,147-149,156,244

作为一种现象 2-6

迪士尼(主题公园) 163,165-167

帝国主义 28,30,32,41,50,57,70-76,81,108,119,126-127,141,156,304

第二次世界大战 29,33,71-72,75,90,109,114,198

第一次世界大战 29,31,54-55,57,70-71,73,77,89,104,109-110,120-121,134,138

F

法兰克福学派 59

法西斯主义 119,125,127-128,136,143-144,152-157

福克斯电视 222-225,267

付费电视 221,225,227,230-232,245,262,266,

妇女业余田径协会 137,142

G

公共领域 42,49

公共文化 1-2,4,6,9,12,14,17,24,27,28-33,41-52,60-61,83-91,98-103,109-110,119,127-128,143,208,212,218

 公共活动 4-6,7,19,22,44,82,147,213

 日程 4,29

 与生态学 4-6,9

 国际公共文化 2,4,28-30,33,44,46,50,110,119,127,208,220

 国家公共文化 4-6,27,29,51-52,81

 公共文化类型 6

 城市公共文化 88

公民社会 1,17,28,37,47,51,65,98-99,236,253,258,262-264,268,272,275,279-280,294-295

公民身份 12,17.82,90-92,109,124,160-161,220,233,236,253,258-260

 企业公民身份 263,272-273,280

 世界性的民主 95,253,261-263

 文化公民身份 37,82-125,229-236

 体育公民身份 218-219

 全球公民身份 258-265

 媒体公民身份(奥林匹克) 262,265-268

 运动公民身份(奥林匹克) 262-263,268-270

 城市公民身份,198-9

 人权的普遍性 264

 流动公民身份 259-260

古希腊文化 111,149

圭亚那 79

国际奥林匹克委员会(国际奥委会) 13,111-114,118,120,122-123,137-142,145,147,152-

156,175 - 178,187,196 - 204,
234 - 235,239,241,248 - 251,
254 - 258,262,264 - 269,271 -
281,296

奥林匹克机构、规则 123,139,
175,201,254 - 256,266,274 -
275

和联合国 278

国际非政府组织

文化和体育非政府组织 70,121,
255 - 256

与奥林匹克运动 123,256

与国际文化 28 - 30,82,110,
273,279

与国际社会 18,26 - 28,30,52,
193,200,264,275 - 276,298,
304

与国际主义 27 - 28

与互联网,(与奥运会) 262,265 -
268

国际妇女体育联合会(FSFI) 137 -
139,142

国际劳工组织 257

国际联盟 138

国际体育赛事

帝国体育 129 - 134

媒体体育 167 - 181,与 159 - 193

社会主义国际体育运动 134 -
136

妇女的国际体育运动 136 - 138

与兴奋剂问题 241,255 - 257,

268,270 - 272,280

与宗教 115,117,124,142,156,
216,218,254

国际足联 123,139 - 140,178,199 -
201,230,256 - 257,268,283

国际足球联合会 70,123,230,232,
256 - 257,268,283

H

汉诺威(2000年世博会) 3,59,171

红场(莫斯科) 133

红色体育国际 133 - 136

后现代文化

考古学和起源 116 - 118,148

和国际文化中的差异 10,34,50,
259,285,288,290

和媒体(奥林匹克电视) 215

和现代化 9 - 12,17,22,29,83,
141,260

皇家艺术协会(RSA) 66,98

K

科尼岛 167

L

联合国 28,254,257,261,264,269,
276 - 279,295

联合国儿童基金会 257

联合国教科文组织 237,257,277

M

曼联(FC) 226 - 227,233

媒体活动 122,162-167,和 159-193
媒体体育 207,215,218-222,229-236
美国广播公司 238-239,241,
美国全国广播公司 180,239,243
蒙特惠奇体育场（巴塞罗那）136,186-187
民族主义 41,45,48,60,70,91,114,146
摩天轮 85,88
默多克媒体公司 203,207,221-223,227,231

N

纳粹奥运会 143-152
纳粹德国 5,24,32,124,127,143,18,24,56,99,103-5,
纽伦堡 127,147-148,151,176

O

欧洲广播联盟 233-235,239,266
欧洲经济和货币联盟 234
欧洲议会 234-235
欧足联 228,232

Q

奇观 9,49,167,213,215-216,218,246-247,265
千禧年博览会（格林威治）3,172
千禧穹顶 115,167
全球城市 191,302

全球公民社会体系 253,283,295
全球公民身份 197,205,258-262,264,275,279
全球媒体活动 36,191,203,217,238,252 见 媒体体育
全球媒体组织 36,141,164 见 默多克媒体公司
全球社会 253,258,260,263,283,292-295,303
全球文化 13,30,32,34-36
全球治理 253,263,279,283,292-295

R

人体展示 50,57,108 见 土著村落,原始村落

S

社会达尔文主义 50,105-106
社会阶层 19,51-52,60,72,149,285
社会主义工人体育国际 134-136
身体文化 49,131,137,147
史密森学会 69,105-106
世博会
　巴塞罗那 1929 年 53,58,80,136
　布鲁塞尔（数次）53-54,58,73,106,120,171-172
　布法罗 1901 年 53,58-59,68,74,112,120,208
　芝加哥（数次）53,55,57-59,64,68-70,73-75,80,85,88,

95,101－103,106－109,112,115,117,120,167－168,205,208－210

都柏林 1853 年 86

格拉斯哥（数次）53－54,75,120

里斯本 1998 年 3,59,169,171－172

水晶宫 1851 年 37,41,55－56,61－62,64,66,72,76,81,98,116

温布利（帝国博览会）37,41,54,74－81

伦敦千禧年博览会 3,172

伦敦（数次）3,25,53－55,57－58,61,68,70,72－73,76,78,84,86,88,98,106,120,169,171－172,208

马赛 1922 年 54,74

蒙特利尔 1967 年 54,58,114,167,171－172

纽约（数次）54－55,58,64,69,75,97－98,101,108－109,114,120,122,167－168,171,208－210,212

大阪 1970 年 54,171

巴黎（数次）3,45,53－59,62,64,68－69,73,75－76,80,84－86,88,96,98,105,111,171

费城（数次）45,53,55－58,68－69,95,101－103,106－108,120,208－210

旧金山（数次）53－55,58,75,84,95,101,120,122

西雅图 1958 年 58,171－172

塞维利亚 1992 年 3,115,163,171,173－174,185,209

圣路易斯 1904 年 53,55,57－58,68－70,74,95,105－106,111－112,114,,10,176,192,208

温哥华 1986 年 3,94,164,171,173,209

与建筑 8,46,55－58,62,64－65,72,79－80,84,96,101－103,107－108,172,174,190

包容/排斥 89－109,130

起源与发展 52－65

与奥运会 109－119

与百货商店 8,83,86,88

与博物馆 66,71

与城市 36,52,55－56,88,163,168－174

与帝国主义 70－81

与购物中心 65

与国际主义 76,87,91,109

与技术 31,57－59,75

与阶级 89－98

与旅游,旅游消费主义 52,56－57,82－89

与媒体技术 45－6,69,160－1

与民族主义,国家建设 33－98

与权力精英 30,54,56,60－62,

66
　　与商品文化 86
　　与社会分层/社会排斥 92
　　与社会主义国际组织 98
　　与世界主义 88
　　与文化包容 65-71
　　与文化公民身份 15-17,27,82-
　　　89,109,221,233,236,264
　　与文化机构/产业 43,83-84
　　与文化权力 41-81
　　与戏剧 57,71
　　与消费主义 52,57,81,83-89,
　　　92,100,124,165,168
　　与性别/性别歧视 30,89,91,98-
　　　100,102
　　与宣传 57,73,85,94,96,98,101
　　与艺术画廊 8,83
　　与意识形态("进步"等) 52,60,
　　　76,87,93,96,100-101,115-
　　　116
　　与种族(种族主义) 30,87-92,
　　　103,109-125
　　与主题公园 83,88,162-174
　　与资本主义 41,51,92-93,96-
　　　97,116
　　作为一种文化运动 48,115
世界杯(足球) 2-4,6,23,110,121,
　　123,128,140,155,178-179,
　　226,230,232-233,283,291
世界大学生运动会(1991年谢菲尔
　　德) 205

世界卫生组织 257-258
事件
　　核心区域 15-16
　　生态 4-6,9,259,285,295
　　中间区域 15-17,26
　　活动遗产 62,65,163,172-174,
　　　178-180
　　横向区域 15-18,26-27
　　媒体事件 14,22,25,36-37,79,
　　　119,162,175,212-217,233,
　　　236-238,240-246,259,262,
　　　264,266,280
　　规划 13,24,66,165,169
　　生产 15-16,27,30,36,161,260
　　和空间(生活空间) 10,13,28,35-
　　　36,161,220-221,259,283-
　　　286,288,290-291,301-302
　　流动和位置 259-260,283,288,
　　　293,300-301
　　和时间性(个人时间结构) 10,
　　　13,27,283-286,288-291,
　　　299-301,303-304
　　和世代性) 289,299
事件分析
　　人类学方法 20-21
　　语境方法 15-,20,22,26
　　批判功能主义 15,18,,24-26
　　文化功能主义视角 15,18,20-
　　　21,26
　　涂尔干的理论 21-22,25,69,88
　　戏剧学视角 9,15-19,26-27,36

经济功能主义视角 15,18,22 - 23

人种学视角 15,18 - 20

新马克思主义方法 24 - 26,43

政治工具主义视角 15,18,23

现象学 283 - 284,293

文本主义视角 15,20 - 22

水晶宫 56,62,64 - 65,72,87,96

水晶宫博览会,水晶宫世博会 37,41, 55,61,66,72,76,98,116

T

体操 45,49,71,124,131,133 - 134

体育文化 36 - 37,49,110,117,129, 131 - 132,136 - 137,144,146, 217,219,242,254,256 - 257, 268,270,279,283 - 289,291

体育运动,起源 45,49,115

替代奥运会 120 - 123,135,156 - 157

    苏联"斯巴达 奥运会" 121,133, 135

    女子奥运会 121,123,134,136 - 137

    工人奥运会 135

    "红色"奥运会 136

    社会主义奥运会 134

    大英帝国运动会(英联邦运动会) 121,131,232,296

天空电视台(英国天空广播公司) 222 - 223,226 - 227,230 - 232,236

W

维多利亚女王禧年节日 54

温布利博览会 37,54,74 - 80

温布利体育场 73,78 - 79

文化产业 43,83,161,163,166,174, 304

文化机构 43,46,52,68,83 - 84,219

文化全球化 9,36,110,161 - 162, 191,219,293

    和博览会城市 35 - 36,161 - 163, 171 - 174

    和媒体 110,161 - 162,164,171, 191

    和"全球文化经济" 36,294

    和国际非政府组织 28,68,70, 121,123

    和旅游文化 35,82 - 83,161 - 162

    和大型活动 8 - 9,13,28 - 29, 32 - 35,109 - 110,161,193

    和奥运城市 175,191

    和消费文化 33 - 34,36

文化政策 17,21,43 - 44,48,51,185, 228,252,258,263

五一节 44

X

想象的共同体 42,51

消费文化 8,33 - 34,36,217,234, 250.279,286

消费主义 19,24,30,52,57,81,100,

103,168,291

旅游消费主义 13,34-35,82,84,86-89,208,259

兴登堡号飞艇 145

性别歧视 30,37,81,98,102,125,137,140-141

 在体育中 137,140-141

 在奥运会中 137,140-141

 在博览会上 98,102,125,

Y

业余田径协会 139

仪式 6,10,12,19,21-22,25-26,31-32,44-47,50,59,71,74,96,105,109-110,118-119,123-124,128,142-143,146-147,149,157,179,207,212-219,246-250,277,285,289,304

 奥运会 71,119,123-124,128,142,149,179,215-217,246-250,277,

 "通过仪式" 289

 公共仪式 6,19,45,212-213,218

 官方仪式 45,71

 和节日 45,59

 媒体仪式 207

英超联赛 226-228,230,234

英国奥林匹克委员会 139

英国广播公司 211,226,229,232-233

Z

展览情结 41-42,46-51,65,69

种族主义 30,37,50,76,81,87-88,91,103,105,107-109,125,129,131,140-141,147,150-152,296

 在博览会上 87-88,92,103,105,107-109,125（另见"本土村落"）

 土著村落,原始村落 50,57,105,108

 在体育运动中 129,131,140-141,147,150-152,264

 奥运会中 140-141,264

主题公园 8,83,88,162-170,174-174

资本主义 10-11,24,29,33,41,43,48,83,92-93,96,115-116,248,279,285,296,298,301

自由女神像 45

族裔 12,28,91 见 种族主义